U0723074

文天祥

余德予 著

長江出版傳媒
长江文艺出版社

图书在版编目（CIP）数据

文天祥 / 余德予著. -- 武汉 ：长江文艺出版社,
2019.11
ISBN 978-7-5702-1232-3

Ⅰ. ①文… Ⅱ. ①余… Ⅲ. ①文天祥（1236-1282）
—传记 Ⅳ. ①K827=442

中国版本图书馆 CIP 数据核字(2019)第 206340 号

责任编辑：田敦国　邓　妙　　　　责任校对：毛　娟
封面设计：笑笑生设计·张俊峰　　责任印制：邱　莉　杨　帆

出版：长江出版传媒　长江文艺出版社
地址：武汉市雄楚大街 268 号　　邮编：430070
发行：长江文艺出版社
http://www.cjlap.com
印刷：武汉市洪林印务有限公司

开本：710 毫米×1000 毫米　1/16　　印张：21.75
版次：2019 年 11 月第 1 版　　2019 年 11 月第 1 次印刷
字数：437 千字

定价：42.00 元

过零丁洋
(宋·文天祥)

辛苦遭逢起一经,干戈寥落四周星。
山河破碎风飘絮,身世浮沉雨打萍。
惶恐滩头说惶恐,零丁洋里叹零丁。
人生自古谁无死?留取丹心照汗青。

正气歌(节选)
(宋·文天祥)

天地有正气,杂然赋流形。下则为河岳,上则为日星。
於人曰浩然,沛乎塞苍冥。皇路当清夷,含和吐明庭。
时穷节乃见,一一垂丹青。在齐太史简,在晋董狐笔。
在秦张良椎,在汉苏武节。为严将军头,为嵇侍中血。
为张睢阳齿,为颜常山舌。或为辽东帽,清操厉冰雪。
或为出师表,鬼神泣壮烈。或为渡江楫,慷慨吞胡羯。
或为击贼笏,逆竖头破裂。是气所磅礴,凛烈万古存。
当其贯日月,生死安足论。地维赖以立,天柱赖以尊。
……

阿提拉、成吉思汗和帖木儿,他们的名字广为人知。西方的编年史家和中国的或者波斯的编年史家们对他们的叙述使他们名扬四海。这些伟大的野蛮人闯入了发达的历史文明地区,几年之内,他们使罗马、伊朗或者中国瞬间被夷为废墟。他们的到来、动机及消失似乎都是极难解释的,以致使今天的历史学家们还倾向于古代著作家们的结论,视他们为上帝之鞭,他们是被派来惩罚古代文明的。

——(法)勒内·格鲁塞《草原帝国》序言

自 序

本书讲的是中国历史上的一位伟大的人物——文天祥。讲述一定要真实，使人信服，才能将这人物形象地表现出来。所以本书中的历史人物的事迹是真实的，历史事件是纪实的，连事件的日期都是准确的。一切资料都来源于史书。读者可以从本书获得正确的历史知识，像读史书一样。

不言而喻，讲述要做到真实必须耗费大量的精力和时间来查阅史书。史书有的记载不够完备，有的不正确，有的史料互相抵牾，这就需要参考很多别的资料来进行补充和厘清。比如崖山海战中，张弘范攻打宋军是否用了火炮，大多数资料说不曾用。《经世大典》的记载很详细："诸将请以炮攻之，弘范曰：'炮攻，敌必浮海散去，吾分追，非所利，不如以计聚留而与战也。且上戒吾属必诛灭此，今使之遁，何以复命？'"但是被押在元军船上观战的文天祥，目睹这场悲壮激烈的大海战的全过程，写下诗歌《二月六日海上大战，国事不济，孤臣天祥坐北舟中，向南恸哭，为之诗》，其中有描述当时情景的句子："一朝天昏风雨恶，炮火雷飞箭星落。"明确地说有炮击，发出火光和雷鸣。这像现代战地记者写的报道一样，应该是更为可信。

又比如史书中说，二位小王逃出临安，元丞相伯颜立即发兵五千追赶，"追之不及而返"，只抓到随行的驸马杨镇。没有史书说明为什么会追之不及。又比如说，元水师追击二王，与之进行过三次大海战：甲子门海战、十字门海战和崖门海战。史书对前两次海战的经过的叙述多有混淆。要在小说中把故事说得正确，完整，清楚，真的不容易。不仅大的事件的记载不清会不利于小说的写作，连细节不清，哪怕是容易被忽略的细节，都增加了写作的困难。

为了保证本书涉及的历史事实叙述正确,我得查阅大量的资料。显而易见,是很多对那段历史心怀余痛的仁人志士写的文章所提供的丰富资料协助我把这部历史小说写得翔实可信。

本书是历史小说,不是历史书。书中对历史人物的描写是纪实性的,有据可查。而名不见经传的小人物的故事则是虚构的,但是对他们生活的描写符合当时的时代背景。情节和细节都是可信的。

纪实与虚构相结合的写法就是本书的特点。

法国作家雨果在《论司各特》一文中说:"司各特把历史所具有的伟大灿烂,小说所具有的趣味和编年史所具有的那种严格的精确结合起来。"这使得我们知道,历史小说至少要具备此三要素才能成为优秀的历史小说。达到这要求确非易事,但是我是朝此方向努力的。

余德予

2019 年 3 月完稿于汉口

楔 子

赵匡胤从后周的孤儿寡母手中夺取政权,建立了大宋王朝。那事发生在公元960年的正月。赵匡胤原是后汉大将郭威的部下,因为拥立郭威称帝,建立后周有功,受到重用。郭威去世,传位于养子柴荣,是为周世宗。赵匡胤因为战功,被提拔为殿前都点检,执掌兵权。周世宗中道崩殂,孤儿即位,年仅七岁,十分无助。赵匡胤发动政变,当上皇帝。这就是历史上有名的"陈桥兵变,黄袍加身"一事。

宋太祖赵匡胤在历代帝王中算是仁慈而有人情味的。当时是五代十国时期,藩镇割据,弑君自立的事比比皆是。赵匡胤发动的基本上是不流血的政变。他善待废帝,给柴氏家族颁发丹书铁券,保证他们享有一些特权。明末思想家王夫之赞扬他说:"太祖勒石,锁置殿中,使嗣君即位,入而跪读。其戒有三:一、保全柴氏子孙;二、不杀士大夫;三、不加农田之赋。呜呼!若此三者,不谓之盛德也不能。"

赵匡胤"杯酒释兵权"的故事为人们熟知。不管这事是假是真,但是他确实没有滥杀拥立他的功臣。只要他们和平地交出兵权,君臣无猜,就与他们同享富贵。武将作乱的危险消除了,国内安定,百姓可以过上太平生活。

内部安定了,而天下还是割据势力林立。赵匡胤对谋臣赵普说:"卧榻之侧,岂容他人鼾睡乎!"他采取先南后北的统一中国的策略,先后攻灭了南平、楚、后蜀、南汉、南唐等割据政权,加强对北方契丹的防御,进行了收复燕云十六州的军事行动。

宋太祖赵匡胤结束了自唐朝安史之乱以来长达两百年的诸侯割据和

军阀战乱的五代十国时期。他实行扬文抑武政策,成为我国历史上的一代文治之君。他减轻徭役,兴修水利,发展生产,社会出现空前的繁荣富裕。

宋朝虽然不及汉唐强盛,领土不够辽阔,但其社会的发展却超越了前朝。它在邻国强悍,边患不断的情况下,不仅前后维持了三百二十年的统治,而且政权稳定,经济繁荣,文化辉煌,这些都是为人称道的。史学大师陈寅恪先生断言:"华夏民族之文化,历数千年之演进,造极于赵宋之世。"

好人不长命,赵匡胤于976年暴亡,年仅四十九岁,留下"烛影斧声"的千古之谜。他的弟弟赵匡义(后改名赵光义)即位,是为宋太宗。以下即位的是真宗、仁宗、英宗、神宗、哲宗、徽宗,钦宗。这时候金人入侵,打到汴京,掳走徽、钦二帝。这事发生在靖康二年(1127年),北宋即宣告灭亡。

1127年,徽宗的第九个儿子康王赵构在应天府(今河南商丘)即位,是为宋高宗。1129年,高宗渡过长江,来到杭州,把杭州作为行宫,升为临安府。1138年,称临安府为行在所,正式定都。历史上称汴京时的宋朝为北宋,南渡以后的宋朝为南宋。

高宗传位于孝宗。以后传下去的是光宗、宁宗、理宗、度宗。度宗孱弱,不理朝政,纵欲丧身,三十五岁就一命呜呼。年仅四岁的赵㬎被捧上皇位,是为恭帝,又称为恭宗。度宗的全皇后晋升为太后,理宗的皇后谢道清被尊为太皇太后,执掌朝政。1276年,忽必烈的大军已到临安,逼降宋朝。而度宗之子赵昰、赵昺二王出逃,组织了流亡朝廷。1279年元军追至广东崖山,在一场激烈的海战后,歼灭了宋军。南宋自建炎元年(1127年)建立至祥兴二年(1279年)灭亡,持续153年。

中国自古就是多民族的国家。有人说中国的历史就是一部北方少数民族南下的历史。魏晋之后,隋唐之前的五胡十六国时期,以及唐之后,宋之前的五代十国时期,在中原建立政权的多为少数民族。宋朝建立后,它的四周是实力强大的邻国,辽、西夏、吐蕃、大理。金兴起后,灭了辽,灭了北宋。在金人与南宋纷争不断的时候,北方草原帝国悄然兴起。一个名叫铁木真的人统一了蒙古各部落,于1206年在斡难河畔举行的忽邻勒台大会上被授予成吉思汗的称号。蒙古汗国建立,开始东征西讨。

蒙古军队所到之处,城市被夷为平地,尸横遍野。这并不一定是因为他们天性残忍,而是因为这些游牧者不理解农业和都市经济。他们"认为通过夷平城市和破坏农田,使这些地区变为草原是很自然的事"。(见《草原帝国》第 318 页）成吉思汗的一名辅佐耶律楚材成功地使蒙古人改变了观念，使世界人民免受大屠杀之苦。耶律楚材是汉化的契丹人，他向蒙古人证明仁政是上策。

“当成吉思汗在甘肃进行他的最后的战争时，一员蒙古将军向他指出，他新征服的中国人对他将是无用的，因为他们不适宜战争，因此，最好把他们都消灭掉——几乎有一千万人——这样他至少可以利用土地作为骑兵们的牧场。成吉思汗认为这一提议很中肯，但遭到耶律楚材的反驳，他对蒙古人解释说，从农田和各种劳作中可以获利，这种思想是蒙古人不知道的。他指出从对土地和商业的各种税收中，他们每年可以得到‘银五十万两、帛八万匹、粟四十余万石’。他说服了成吉思汗，成吉思汗命令他拟定各路的税收制度。”（见《草原帝国》第 321 页）

1227 年 8 月成吉思汗在进攻西夏时病逝，时年六十六岁。

1229 年秋，成吉思汗的第三个儿子窝阔台继位为合汗。他继承成吉思汗遗志，向外扩张帝国领土。

1229 年他派兵侵入伏尔加河地区。

1230 年他派绰尔马罕率兵追踪逃亡的扎兰丁进入伊朗和外高加索地区，攻打花剌子模，攻入小亚细亚。直到 1243 年，蒙古军队才有效地控制这一地区。

1231 年蒙古军队侵占斡罗斯和钦察草原。

1231 年秋，窝阔台进攻高丽，迫使高丽国王投降。

在欧亚地区进行大规模战争的同时，窝阔台开始了蓄谋已久的消灭金的战争，于 1230 年开始对金进攻，遇到金的顽强抵抗。蒙古曾经是金的附属国，向金称臣纳贡，受尽欺凌。它强大以后就开始了对金的报复。

1231 年，蒙古军队大举进攻，于 1234 年灭金。窝阔台的下一个打击目标就是南宋。1235 年 6 月，蒙古军队分三路进军，西路攻四川，中路攻襄阳，东路攻江淮。由于宋军顽强抵抗，蒙军未能取得成果。

1241 年 12 月，窝阔台酗酒死亡。在这之后，蒙古上层因为争权夺利的内讧而放缓了对外扩张的脚步。

1251 年夏，成吉思汗幼子拖雷的长子蒙哥即位为汗。经过精心准备，他向西亚、高丽和南宋同时发动进攻。

1252 年夏，蒙古出征西亚的先遣部队出发，次年主力部队出发，于

1256 年抵达呼罗珊。1259 年,蒙古在西亚的统治得到了巩固,但是蒙哥去世,蒙古军主力撤回亚洲,留下的军队在攻击叙利亚的战争中被埃及人打败。

1252 年下半年,蒙古军队进攻高丽,战争打到 1259 年,高丽人才被迫承认蒙古为宗主国。

这一年蒙军从临洮经四川西部进入云南迂回进攻南宋。1258 年,蒙哥亲自率军攻打南宋。他的庞大的军队里包括蒙古人、突厥人、汉人、西夏人、高丽人、畏兀儿人,还有北高加索居民阿速人。他在四川遇到意想不到的顽强抵抗。

1259 年 8 月蒙哥在四川合州钓鱼城被守城的宋军用抛石机击中,伤重死亡。

蒙哥死后,蒙古军队被迫撤回蒙古。贵族间掩盖已久的争夺汗位的斗争爆发,直到蒙哥的二弟忽必烈登上汗位。他名义上是大蒙古的汗,而实际上他的统治只在东方的元帝国。成吉思汗给子孙留下的四大汗国,金帐汗国、窝阔台汗国、伊利汗国和察合台汗国从此再也没有进行齐心协力的军事行动,他们征服世界的步伐停止了。世界应该记住钓鱼城这个位于中国四川的城市。

南宋本应该抓住这一喘息的时机重整军备,以抵御强敌的卷土重来,可是宋度宗荒淫无道,权奸贾似道却利用"打算法"剪除异己,大肆迫害战功卓著的将领。1262 年潼川府路安抚副使兼知泸州的刘整害怕大祸临头,带了他管辖的十五郡、州,户口三十万投降蒙古。

刘整对忽必烈说,灭宋易如反掌,坚定了忽必烈出兵的决心。他指出攻四川的错误,建议由襄阳突破,顺长江而下直取临安,并且帮助不习水战的蒙古军队训练了水军。后来文天祥评说:"亡宋罪臣,整罪居首。"当然文公总结宋朝灭亡的原因是权奸误国。他说过,"三百年宗庙社稷为贾似道一人所破坏"。大好江山断送于权奸手中。

1268 年忽必烈命阿术、刘整率师围攻襄阳,襄阳军民血战苦守孤城达六年之久。蒙军调来回回炮攻破樊城,襄阳守帅吕文焕无奈之下出降。襄阳失守标志宋军长江防线被突破。1274 年六月忽必烈命伯颜统率诸军分两路大举南进。左路由合答率领,刘整为先锋,攻打淮西。右路是主力,由伯颜和阿术率领,九月自襄阳出发,沿汉水入长江,十二月攻克宋江防要塞阳逻堡。宋水师统帅夏贵逃遁。伯颜以吕文焕为先锋,宋沿江守将多为吕氏旧部,纷纷不战而降。宋军一溃千里,京都临安危殆。大臣纷纷或出逃,或投敌。有一天上朝的官员只有六人。此时度宗已经一命归西,年仅四岁的赵㬎当了皇帝,称为恭帝。太皇太后谢道清摄政,向天下发出勤王诏书,可是应者寥寥无几。江西庐陵人,时任赣州知州的文天祥公响应号召,变卖家产充作军费,募集义兵三万,积极训练,整装待发。

一

“天地有正气。天上有日月星辰,那是正气。地上有山河万物,那是正气。太阳月亮为什么东升西落?那是正气驱动。大树为什么生长?赣江为什么流动?那是正气驱动。义士们,你们响应皇帝勤王的号召,从城镇走来,从田野走来,从山间走来,聚集为一股强大的正气。你们不再是市民、农夫、猎户,你们成为大宋的将士。今天你们接受我的检阅,都是赳赳武夫,是我大宋的勇士。我们即将出发,去保卫临安行在,保卫皇上,抗击元军,消灭鞑靼。鞑靼侵略我国,烧杀劫掠,无恶不作,看来气势汹汹,但是那是一股邪气。自古道,邪不压正,鞑靼一定会被我们击溃。我们有信心战胜敌人,我们是浩然的正气。”

孟春的初阳照耀着鲜艳的军旗,江西赣州郊区的校场上肃立着三万士卒,接受检阅,即将出师。文天祥站在点将台上向着校场上接受检阅的三万将士发表出师誓词。

文天祥于宋理宗端平三年五月初二日(1236年6月6日)出生于江南西路吉州庐陵县顺化乡富川镇(今江西省吉安市青原区富田镇),字宋瑞,又字履善,小名云孙。据说,“天祥”这个名字是皇帝所赐。他二十岁那年考中状元。理宗看到他试卷上写的名字是“宋瑞”,大为欢喜说,“这是天赐大宋祥瑞”,就赐他名“天祥”。另一个说法是,理宗见试卷署名曰天祥,认为很瑞祥:“此天之祥,乃宋之瑞也。”故而他又字宋瑞。也有说“天祥”这个名字是他年长读书时,朋友为他取的字。他参加乡贡考试时,就以字作名为天祥。

至于“履善”，是因改名后，遂取字履善。“云孙”是他出生时，他的祖父梦见地腾紫云而上，因此取的小名。

他号“文山”，是因为故乡富川旁有一座山叫东山，他将山名易为文山，并以文山自号。晚年时他又自号“浮休道人”。这是取自庄子的话，“其生若浮，其死若休”。

文天祥中状元后，仕途坎坷，几经贬谪，到起兵勤王时刚四十岁。《宋史》描写他是“体貌丰伟，美皙如玉，秀眉而长目，顾盼烨然”。此日他头戴软翅幞头，身着一袭白色战袍，胸前用红线绣有“拼命文天祥”，腰悬一柄长剑，神采奕奕。他是江西安抚兼赣州知州，有军队管辖权指挥权。宋朝文官是可以带兵的。他宣讲完誓词，校场上三万将士山呼万岁。文天祥的部下邹㵯、尹玉等文官武将都拊掌赞叹他的誓词讲得好，非常鼓舞士气。

刘子俊将军走到台前向校场上的将士宣布今日誓师出兵的有关事宜。刘子俊字民章，庐陵富川人，与文天祥是同乡，也是同窗好友，与文天祥仿佛年纪，相貌也有几分相像。他从吉安带兵数千，跟随文天祥来到赣州。

校场上整齐排列的这支勤王军号称三万实际上只有两万六千余人。原来的正规军盔甲鲜明，而匆匆凑合起来的几支军队却连服装也不统一，更说不上有像样的兵器装备。每个方阵的前面飘扬着色彩鲜艳的军旗，有的上面写的是“宋”，有的上面写的是“文”，有的写的是那支军队的将军的姓。这些将军是：邹㵯，他外表瘦弱，却精通军事；富川人刘沐，他带同乡数千人参加勤王军；孙皋，是文天祥大妹文懿孙的丈夫；永新彭震龙，是文天祥二妹文叔孙丈夫，他带有萧劲夫、萧焘夫兄弟，和数千子弟兵。另外还有张云、何时、张履翁、金应、萧资、刘伯文等人，都是对文天祥忠心耿耿的。他的二弟文璧是随军秘书。

文天祥看着满校场的将士对尹玉将军说：“尹将军，我看这三万将士阵容强大，士气旺盛，不过比较起来还是你的赣军和朱华将军的粤北军显得军容整齐，很有素养。”

全副戎装的尹玉将军，三十余岁，面阔口方，身材壮实。他是江西宁都人，以军功升任赣州三寨巡检，是一员骁勇善战的猛将。他回答说：“谢谢文大人夸奖。部下带这支军队多年，我信赖他们，他们也信赖我。”

“那些刚召集来的山民看起来忠厚朴实，他们那队伍显得松散些。不知道上战场表现会如何？”

"我知道,这是一批被称为溪峒蛮的人,又叫作南蛮、峒獠、獦獠。他们散居在闽粤赣边界,原来就是部落武装,能打仗的,就是缺乏正规的训练,没有见过真正的大仗。陈继周将军招募他们来,是一支力量。"

"将军看他们可以训练好吗?"

"军队是训练出来的,没有不经过训练就可以成军的。任何军队都可以训练好,没有训练不好的军队。孙子为吴王练兵。吴王戏问,女子亦可练为兵否。孙子曰一样可以。吴王遂以宫女八十八人交其训练。孙子将八十八人分为二队,以二妃为队长。孙子讲明规则,开始训练,众女嬉笑,不能成队伍。孙子曰,申令不明是将之过,申令明白,执行不力是吏士之罪,遂令斩杀二妃。再行训练,宫女不敢嬉笑,遵令前进后退起伏,中规中矩。于是吴王信服,委任孙子练兵。孙子助吴王练兵成功,吴出兵灭楚,称霸中原。"

"将军所言甚是。"文天祥说,"现在陈继周将军需要留守赣州,不能随军前往勤王。溪峒蛮就划拨将军麾下。今日吾军开拔,吾欲委任将军为行军先锋。"

"尹玉将军听令。"文天祥走到台前。

"末将在。"尹玉走到台前,弓身叉手。

"本帅封你为先锋官,即刻领尔部开拔,前往吉州。逢山开路,遇水叠桥,逢敌即灭之。不得有误。"文天祥将一面三角形令旗授予尹玉。校场将士山呼万岁。

"末将得令。"尹玉接过令旗,向校场大军挥舞,"全军出师,现在衅鼓。"

校场上,军士将准备好的一只羊宰杀了,拿羊血涂在战鼓上。军士击鼓,鼓声震动大地,振奋将士精神。

尹玉跨上自己的黄骠马,挥动令旗,指挥赣军出发。走在队伍前面的是数十面军旗,开路的是一面红色矩形大纛,阳光明亮地照耀着那上面文天祥手书的"奉诏勤王"四个遒劲大字。军队井然有序地开拔,肃静无哗。台上观礼兼送行的地方乡绅纷纷鼓掌叫好。

士绅王炎午对文天祥夸耀说:"文大人,好,真是好。我军军容雄壮威武,是正义之师,必然旗开得胜,驱除鞑虏,解君王之困,救民于水深火热。小民看了兴奋不已。"

文天祥对他拱手说:"勤王军得以短期募集,全赖诸位乡里贤达鼎力支持。文奉勤王诏书之时,捧读诏书,泪流满面,首先响应,乃传檄各路,痛斥吕文焕卖国。希望各地勤王。意同志者当接踵而奋起，不想各地守将不思抗元，竟无应者。世事不济，殆由如此。予独自举旗，除了各将领带来的赣南、粤北兵各数千人，广东摧锋军统制方兴率领粤北军千人来投，陈继周又召集三千溪峒蛮，所以得有今日先生看到的气势。”

王炎午说：“文大人忠君爱国，天人同感。朝廷屡次加封，二月任命大人为右文殿修撰、枢密副都承旨、江西安抚副使兼知赣州，不久又命兼任江西提刑，晋升集英殿修撰、江西安抚使，亦是恩宠有加，可是未见朝廷发给一粒粮，一文饷。愚等乡人草莽之民，知道大人困难。感于大人忠义，纷纷解囊捐助，予亦变卖了家产捐赠，以充军饷。三万将士一天吃粮食都不少，还不说添置武器装备，我们的捐献略表心意而已。”

文天祥说：“国难当头，同仇敌忾，有钱出钱，有力出力。眼前这支勤王军的成立壮大全赖父老乡亲的慷慨支持。有感于赣州民众的高义，文亦驰书家中，让变卖家产山庄，充实军饷。今日军队开拔去吉安我家乡，要驻扎训练一阵，亦是就地取食。”

文天祥与赣州乡绅拱手作别，下了点将台，在将士的簇拥中上了一匹白马，在先锋军走后进入队伍，带领刘子俊的吉安军作为中军出发。三万士卒前军走出了几里路，后面军队还没有出校场。走在后面的是数百辆辎重车。最后是殿军千人。

勤王军行进在原野。道路两旁的农夫拄着锄头观望，向军人挥手致意。

刘子俊将军全副戎装与文天祥并辔而行，后面跟随着几名副将和旗牌。旗牌举的几面军旗迎风飘扬，上面分别书写的是“宋”“文”“刘”，导引着步伐一致的数千士卒。

“民章兄，”文天祥扬起马鞭指着前面尹玉将军的赣州军和后面刘子俊的吉安军说，“你的吉安军和尹玉将军的赣州军的装备精良，士气高昂，看来就是能征善战的。”

刘子俊回答说：“感谢大人夸奖。”

“且慢，”文天祥打断他的话说，“我多次要求你不必称我为大人。我们还是以兄弟相称为是。”

“那不行，以前在家乡田舍山庄，披散头发，吟咏啸傲，不拘形迹尚可。现在军中不可乱了规矩，否则大人无威，军令不能下达，军心涣散。”刘子俊转到欲说的话题，“大人适才向赣州地方士绅表示感谢确实应当。这支勤王军全赖地方支持建立。部下粗略核算，仅三万士卒一天得消耗粮食三万斤、猪肉五千斤、蔬菜三万斤、柴草百担，还不说布帛、兵器装备的消耗。我们今天就拖走八百辆大车辎重，二十四万贯钱，牲猪数百头。”

“还带走有数千子弟兵。”

“是啊。这显示人心是向着大宋的。百姓感戴皇家恩惠。我大宋一定是会皇祚绵延。”

“唉，民章兄，”文天祥长叹一口气说，“气运有兴衰，盛极必衰，衰极必盛。大宋三百年到现在，气运如何还难知晓哩。”

“大人何出此言？”刘子俊大惊。

“难道不是吗？一家之兴，在于辛苦奋斗，勤劳持家，挣下一份家业。二代守成，不思进取。三代安享，吃喝玩乐，把家产败光。再下一代贫无立锥之地，又从头苦干。这不就是气运循环？家是如此，国亦如此。国兴之时，英明人主率领群臣，亲冒矢石，南征北战，打下江山。群臣亦患难与共，鞍前马后，出生入死，博取得功名富贵，朝廷一片兴盛气象。及至后代，君臣安享荣华富贵。国君不理朝政，臣下人心怠惰，拒绝用命，朝廷必然衰亡。近年一切迹象表明，大宋的气运可谓殆尽。”

刘子俊与文天祥有着相同的认识，在长官面前他是不敢说的，即使文天祥是他的好友，而且是个正直的君子。他只能说鼓气的话。“大人剖析明白，部下亦是忧心国事。去岁以来，蒙古大军破了襄阳，顺江而下，势不可挡。今兵分三路，淮北、建康、湖南齐头推进，逼近临安。大人独举义旗，逆势而上，忠义之心，天下人有目共睹，各地方定有响应后继者，国事犹有可为。”

“君与我自幼同窗，受老师教导，读圣贤书，一辈子身体力行，求仁求义。现在鞑虏逞凶，铁蹄所到之处尸横遍野，白骨如山。天祥世受国禄，不能保国卫民，心痛不已。国事危殆，天祥岂有不知，首举勤王义旗者，只指望能以行动感动天下，共赴国难。国家风雨飘摇，正是疾风知劲草的时候，天祥将以身报国。”

“以前在白鹭书院，大人就以学识令我们同窗佩服。后来大人一举夺魁，考中状元，成为我们的光荣。现在大人举旗，义薄云天，子俊得以追随，时时能够聆听教诲，深感有幸。”刘子俊说的是心里话。他跟随文天祥多年，由衷敬佩这位学弟，但是不愿意表露，以免形同阿谀奉承。今天真是感动了才吐露心声。

军队在大路上前进,只听到马蹄得得,士卒脚步发出整齐划一的沙沙声。文天祥扬起马鞭向前方一指,吩咐刘子俊:“派个人到前方联络打前站的,看在什么地方埋锅造饭,今晚到什么地方宿营,回来报告与我。”

这天一大早,五顶轿子从吉安的永和镇出发,向西去文山。轿子后面有仆人挑了食盒跟随。

吉安的文山,风景极佳,春天里呈现一片生机盎然。鸟语花香,流水潺潺。这文山本是荒山。度宗咸淳元年(1265年),文天祥遭奸佞诬陷,为朝廷罢官,回到家乡吉安富川隐居。他见富川上游,有此荒山,两峰夹一水,“溪、山、泉、石,四妙毕具”,且距离他家仅千步之遥,遂买下作为修身养性之处所。山本无名,由他开辟营建,命名为“文山”。他以后就以“文山”为号。

文山如何幽美在文天祥自己的记叙中最为真实:“山在庐陵南百里,居予家上游。两山夹一溪,溪中石林立。水曲折其间,从高注下,姿态横出。山下石尤怪,跨溪绵谷,低昂卧立,各有天趣。山上下流泉四出,随意灌注,无所不至。其高处,面势数百里,俯视万壑,云烟芊绵,真广大之观也。其南曰南涯,可五里。主人日领客其间,穷幽极胜,乐而忘疲。其北曰北涯,以南长潭为止,清远深绝,盖以时至焉。”

他记叙文山大致的格局是这样的:“自‘文山门’入,道万松下,至‘天图画’,一江横其前,行数百步,尽一岭,为‘松江亭’。亭接堤二千尺,尽处为‘障东桥’。桥外数十步,为‘道体堂’。自堂之右,循岭而登,为‘银湾’,临江最高处也。银湾之上,有亭曰‘白石青崖’,曰‘六月雪’。有桥曰‘两峰之间’。而止焉。天图画居其西。两峰之间居其东。东西相望二三里。此文山滨江一直之大概也。”

那行轿子来到文山门停下,五个人从轿子中钻出来。早就等候在山门的文府管家文璞,五十余岁,上前迎接客人。走在前面的一个中年人身材高大,满面红光,黝黑的络腮胡须闪着光泽,垂至胸前。他衣着鲜丽。宝蓝色的罗衫以一条绿色腰带束住,腰带上挂着彩绣荷包和一块雕工精美的白玉。

“文先生,劳您久候。哈哈。”那人嗓门洪亮地说。他对文璞微笑抱拳拱手,巨臂合成的圆圈向外推出,好像是拒人于千里之外。文璞是魁元府的管家,他不敢小觑,摆出恭敬的姿态。

“余行老，您好。我远远看到山下一行轿子上来，就知道大人们来了。我是刚到。”

宋代商业发达，商人组织有自己的行会、帮会，保护集体利益，与官府打交道。行会的首领是富商公推的，称为“行老”或“行首”。

余行老将一同前来的四位富商介绍给文璞见面，然后说：“我看这天气很好，我们就步行上山吧，赏玩山景，活动筋骨。大家意下如何？”

众人纷纷同意。文璞说：“老爷来这里总是骑马到山下，步行上山。他带友人来也是如此，大家边走边谈，很是轻松。”

众人步行上山，轿子停在山门，跟随来的仆人挑了食盒先行一步。

文璞与众人指点山中风景。风和日丽，山景幽美，使得他们心情愉悦。上到银湾，大家进到青崖白石亭中歇息。时候到了中午，仆人已经将食盒里的美食铺陈在亭内的桌子上，都用带来的小泥炉子加热过。更妙的是连老黄酒也是温过的。众人围桌子坐下。凳子只有四张，一个富商谦让，立在一旁。文璞声称代表主人方，也站立着。

“饮美酒，赏美景，人间乐事无非如此。我先敬大家一杯。”余行老首先举杯。

大家推杯换盏，在野外饮酒比酒楼别添一番情趣。大家指点风景，热烈交谈。

富商甲说：“山对面好一片茶田，今年春天出产的茶叶还好吧？”

文璞回答说：“今年春天持久低寒，茶叶生长慢。这片地小，产茶不多，仅够我家人饮用。还有那边一道泉，细如一指，煎茶却是上品。老爷在家时专用此水煎茶，每天来就带一罐回去。”

“文大人营建此山，可谓匠心独具。哪里种茶，哪里栽竹，何处建亭，何处建堂，一一擘画，都有讲究。文大人建此山是为学陶渊明归隐之用。文大人忠心耿耿，不获信任，反而屡遭贬谪。我们乡人都叹息。而现在国难当头，他毁家纾难，变卖家产充作军用，此事在家乡广为传颂。很多士绅受到感召，纷纷效法，献金献粮。”

富商乙说：“文大人捐出历年俸禄积蓄，已经是尽心尽力了，为何要卖此山？大管家，此文山端的是林木阴森，溪流潺潺，秀峰奇石，风景极佳，文魁元怎么舍得抛弃？”

文璞说：“是啊，您说得对。卖此山就像剜却心头肉。此山名文山，老爷就以文山为字，可见此山是他的性命一样。如今要卖实在出于无奈。蒙古人打来，皇帝下了诏书，号召全国勤王。老爷捧读诏书，泪流满面，当即招募义兵三万要开赴行在。朝廷未拨付分文粒米，这三万兵要吃要喝，还要装备，老爷只有变卖家产以作军用。诸位老爷看了此山也会明白老爷的为人了。"

富商丙说："文魁元的忠心真是令人感动。现在当官的贪腐成风，都是金银堆积如山，田宅成片。只顾私利，不顾公义，朝廷号召勤王，没有一个响应的，更别说像文魁元这样毁家纾难。"

富商丁说："知道这卖山的缘由，我们来看文山，有意买者万万不可趁机压价，黑了良心。"

富商乙问文璞："当初你们家老爷买此山耗银几何，可以问吗？"

余行老立即打断说："这说的哪里话？怎么可以这么问？当初是荒山，经过魁元的精心整治营建，已经是座洞天福地的仙山。价值难以与当初论。我们购买此山不仅不压价，还要抬高。而且我们大家受了感动，学习文魁元榜样，也要献金捐粮的。"

"兄弟失言，十分抱愧。非我内心本意。"富商乙脸红认错。

众人道："行老说的是，说的是。我们都会按行老说的办。各人凭良心。"

余行老对文璞说："文山我们已经欣赏过了，待我们回去商量后再与大管家回话，如何？"

"当然，当然，"文璞说，"过几天大人们还可以约了去看文氏大院。"

位于富川的文氏大院颇具规模。一条大道穿过茂密的树林，通向一个高墙大院，黑漆大门紧闭着。一早上院里奴婢忙碌着洒扫庭除。

正室的门开了，文夫人欧阳氏，不足四十岁，走了出来，由两名丫头左右搀扶着出到后花园。

后花园中，山石树木，极其雅致。文天祥的十岁左右的女儿环娘和柳娘在踢毽子，四个丫头陪她们玩耍。她们看到欧阳氏，垂手问安。欧阳氏让她们继续玩。她来到前面大堂，大堂高敞明亮。迎面墙上悬挂的中堂画的是松鹤延年，看画上的题款，是文天祥的友人为他祝寿画了赠送给他的。两旁的一副对联写的是：

天地人禀气之正

横批为“养吾浩然”。书法古朴。中堂前的条案上摆放有一对青瓷花瓶，青铜香炉。条案前八仙桌居中，两旁成八字对称摆放镶嵌大理石的楠木座椅茶几。

欧阳氏焚香，插在香炉里。她看着淡烟氤氲升起，静静地肃立一会。老爷长期不在家，文氏大院的事务是她主持料理。她从大堂后面回到后花园，进到一小院子。看门的小丫头立即进去通报，然后出来说，老夫人请她进房说话。

欧阳氏进到老夫人室内问安后坐下。她看到靠墙的条案上供着一尺多高的观世音铜像，香炉里已经上了香。曾老夫人衣着整洁，眼睛明亮，坐在八仙桌前读经。古代只有大户人家的女子识字。

“我看你眼都肿了，是不是哭的？什么事情使你这么伤心？”老夫人掩上经书与她谈话。

“家要败了，能不伤心吗？”欧阳氏长叹一口气。

“有那么严重吗？”老夫人平静地说，她叫自己的丫头和欧阳氏的丫头都出去玩，让她们好说话，“不就是卖掉文山吗？该卖就卖，我们家一贯是疏财仗义，何况这是忠君爱国的大事。以前有一年本地闹灾荒，太老爷打开我们家的粮仓救济难民，家里的存粮不足，还花了银子去买了来散发。还有一年发瘟疫死了很多人，很多穷人无力安葬，暴尸街头。那时家中准备建房，院子里木材堆积如山。太老爷说，‘吾可无居，人不可无殓。’他请来木匠把木料做成棺材，无偿地送给贫苦的死者家。大老爷自幼受的是忠义教育，现在要兴师勤王，正是体现他的品质，家庭一定要支持。”

老夫人进到里屋拿出来一个精致的首饰盒，从中拿出一张地契给欧阳氏：“这是文山的地契，交给你。该怎么办就怎么办，不要伤心。我们家世代受国恩，如今国家有难，我们赴汤蹈火都是应该的，何况只是卖掉一座山。”

欧阳氏接过地契：“这还不够。如果仅仅是卖文山，我也不至于这么伤心了。现在是连我们的住房也保不住的，老爷还要卖掉文氏大院，还要大院的房契。”

“啊！”老夫人感到震惊。

“老爷追了封信来说，义军要吃要喝，开销巨大，银子花得像流水，让赶快准备好钱。”

“我们这是一大家子人，往哪里去住呀？老爷做事怎么不多考虑清楚？”

欧阳氏见老夫人脸色苍白，倒了盏茶送上：“您老人家别急。房屋还没有卖，您如果不答应是不会卖的。老爷说大院卖了，我们可以住到富川农庄去。有那二三十亩薄田一样可以过生活。”

“这大院是我生活了几十年的地方，你老爷从小在这里长大，他怎么舍得抛弃？”

“这也是无奈之举。太老爷常常教导他要忠心报国，现在就是他报国的时候。相公常说，‘乐人之乐者忧人之忧，食人之食者死人之事。’他常常以国家为念，毫无私心，太过于认真。我再与他谈谈，说国家固然重要，家庭也是不可以忽视的。大院是我们的窝，不可以毁了。”

“不，不要这样。你不可以拦阻他。他二十岁钦点状元，历经三朝为官宦，受国恩重矣，不可不知恩图报。”老夫人又从首饰盒里拿出房契，“这是房契，你一并拿去，该怎么办就怎么办。我文家世代忠良，要为人表率。”

二

“气运有盈虚，盛极必衰，衰极必盛，人之气运如是，家之气运如是，国之气运亦如是。”这是文天祥的家乡吉安的太和镇上一个名叫张中剑的乡绅近来常常发的感叹。这感叹与文天祥发出的感叹如此相同是毫不奇怪的，因为同一处境的人进行同一的思考会得出同样的结论。张中剑在太和镇上经营一家药店，家道殷实。元军侵略的战火逼近，朝廷无力抵抗，使得他非常恐慌。他与他的公子张弘毅说到时局紧张，危机临近，发出这样的感叹，引起张弘毅的不安。

天刚蒙蒙亮，张弘毅出了二道院门，来到后花园中的练功场。庆生已经将兵刃在场地放好，等候着他。他做起热身活动。

“我昨晚一夜没有睡好，总在想着老爷说的关于气运的这句话。你说这话有道理吗？我真是不懂，为什么会是这样？”

“老爷说的话当然有道理。少爷不懂，我更是不会懂。不懂的事情我从来不去想。”

“你都二十二三岁了，比我还大两岁，整天不动脑筋，长得个傻大个。”

“哪能每个人都像少爷读书明理？我们下人做事、吃饭、睡觉就可以了。”

“老爷还说，大宋的气运业已走到尽头。真的有这么可怕吗？”

张弘毅从庆生手中接过剑，开始练习剑法套路。庐陵农历六月，仲夏时节，天亮得很早，只要是晴天就阳光灿烂，可是今天走完两套，天始终是灰蒙蒙的，阳光穿不透云层，景物灰暗。楼前的桃树无精打采，池边垂柳没有风来戏弄，池水连涟漪也不起。田田莲叶间，鸳鸯出没。园丁很早就开始在干活了，修整盆栽、花卉，打扫小径上的落叶——樟树，冬青在夏天里也零星落下叶子。他还得清洗土山上的悠然亭，以备主人随时来坐。偌大一个花园的杂事够他整天忙。靠后面院墙的膳房已经升起炊烟，厨娘在准备一大家人的早膳。

张弘毅穿着短衣长裤，练完了套路，遍体生津，筋骨舒畅。庆生在练习朴刀。他看到庆生剑舞寒光一片，脸泛红润，目耀朗星，胸部起伏，知道他练功认真，自己也不敢松懈。

练过套路，张弘毅专门练习招式，一招一式，一丝不苟地反复练习。

“你老是练那个动作，一练上百次，不累得慌？”

“不这么练不行。习剑不是为了好玩。师父说了的，你忘记了？师父说，剑是武器，武术的武，不是舞器，跳舞的舞。是用来防身御敌，不是为观赏的。”张弘毅边练边说，好像是对自己说的，“习剑要能练到身剑合一，使剑成为身体的节肢，就像狮的牙，虎的爪。刺、劈、撩、点，要招招到位，还要加强力道。我现在练的白蛇吐信就是向前的一刺。我出剑，总是看到剑尖晃动，无法控制。不知道这一招就是如此，还是自己招式不对，功力不到。没有人指点真苦恼。师父前年投军而去，现在找不到好老师，全靠我自己琢磨。”

张弘毅放下剑，练习长枪枪法。庆生把剑身剑柄拭净，插入松木剑鞘，然后拿了刀与少爷练习枪对刀。

“天这么阴沉，好像有雨，老爷今天不会请人来品茗下棋吧？”由于是套路练习，而且熟练了，所以庆生扯着闲话。

“不会的。今天上午要带我去街上店里。我们的药店要盘给别人，生意做不下去了。时局动荡，人心惶惶。你看北方来的难民一拨一拨从大街走过。他们说蒙古人已经打到了长江，旧年十二月攻下鄂州，今年三月初占领了建康，正沿江直下，临安朝廷震惊。我们现在这种安稳舒适的日子恐怕保不长了。”

“店要转让，我早就听店里的伙计说了。他们在找出路哩。”

“我们家的生活就靠这药店。卖了这店，一大家人就靠几十亩薄田怎么过？你说，我们家的气运是不是就此开始要盛极而衰？”

“不会的。再说还有少爷读书考科举，将来中状元，做大官，庆生我还要跟您上任去的。”

练过枪法，张弘毅举石锁、石担以加强臂力、腰劲和腿力。庆生举石担，大汗淋漓，就脱去上衣，赤膊上身。

“把衣服穿上。”

“光着膀子方便，衣服裹住举不起来。”

“老爷说了的，‘劳勿袒’，劳作的时候也不要赤膊，你老是记不住。”

“老爷还说了，‘礼不下庶人’，我们下人可以不受礼的约束的。”

“不管你怎么说，打赤膊真是难看。快穿上。”

庆生无奈，只好穿上衣服继续练习。

邀月院里静悄悄的。月涵很早起床，洗漱完后，将里间外间扫除干净，床铺整理好，家具擦得一尘不染，然后把小院扫除干净，给花卉浇过水，这才坐到梳妆台前修容。她用从院子里摘的红色凤仙花染指甲。她年仅十三岁，指甲小而薄。她看到细心染过后的指甲鲜艳美丽，使她愉悦之中又有一丝惶惶不安。

听到院子门响，她急忙去撩起房门帘子，少爷已经到了门口。张弘毅练完功，一身的汗，回到房中他坐下歇息，喝了月涵送上的用盖碗盛的清茶，等汗收了就去盥洗室梳洗。他脱了衣服，在腰圆形的柏木澡盆里坐下。井里打上来的水虽然是暑天也是凉的，放了一阵，已经和室内温度一样。张弘毅洗完擦干身子，穿上长裤，长衫，回卧房，在一张宽大的条几前坐下。月涵给他梳头，抓髻，扎朴头。

“少爷这几天唉声叹气的，是有什么心事？”

“没什么。”

“还想瞒着我。肯定是和哪家小姐好上了，见到我一个笑脸都没有。”

“小孩子家，乱说什么。哎哟，你怎么使这么大劲扯我头发？轻点好不好？”

“你知道痛呀，就是要你痛。”

“为什么，我怎么得罪你了？”

“我个丫头，算什么，得罪了也没有什么了不起的。”

“我没有把你当丫头，对你很好的。”

“好只是口头上好，心里是另一个样。阴一套，阳一套。”

“哎呀，你今天怎么说这么重的话？我是那样的人吗？”

“您是少爷，喜欢我就说喜欢我，不喜欢我就说不喜欢我。用不着心里不喜欢，口里说喜欢。”

“怎么突然说这话？我哪里显得是不喜欢你？”

“既然喜欢我，为什么要赶我走？”

“不是赶你走。不要误会了我的好心。让你回家是有原因的。有的事我还不能说。你知道家里药店不开了，养不起那么多人。家里也用不着你了，趁这时候让你回家团聚，省得你骨肉分离。太太说了，会把你卖身契给你，不要你赎身。这还不好吗？”

“不要赶我回家，我没有家。小时候他们打我踢我，比对牲口还狠。对牲口还要摸一摸。我只八岁就把我卖了，我不是他家的人了。”月涵提都不愿意提她的父亲。

“还是回家好，说什么也是父女。”

“我家里穷，养不活。我到这里才过上好日子，像个人样子。你对我好，老爷、太太都对我好，还有这么多姐妹一起玩。我就要在这个家里，我不要工钱，有一口饭吃就够了。”

“别的房里的丫头、老妈子，有的也要送走。”

“别人怎样我管不了，我是这家的人。那次太太还说，等我大了，把我给你收房，服侍你一辈子，原来净是在骗我呀。”月涵嘤嘤地哭了。

“好吧，我给太太再说说。别哭啊，哭得我心里都乱了。我心里已经够乱的了。”张弘毅看着月涵扁平的鼻梁旁细长的双眼流出眼泪，污损了淡妆的粉面，感到楚楚可怜。

张弘毅梳洗罢，从侧门进入大院，来到后面上房问祖母安。祖母习惯早起，这会儿从街上雇来的梳头婆在给她梳发。梳头婆除了梳发，还给老太太按摩头部，拍打上身。那中年女人每次见了张弘毅都说要与孙少爷说媒，夸奖她见到的哪家小姐贤惠，精于女红。这是祖母最喜欢听的。

然后张弘毅去正房给父亲、母亲、姨娘问安。做完每日例行的晨昏定省才回到自己的书房。这时候粗使丫头将早膳送到院门，月涵端了进来。今天的早膳是猪油、红枣煮六个荷包蛋，两个鲜肉包子，一个水晶糕。月涵的一份是清粥、小菜和煎包，外加一个黄松糕。吃过早膳，张弘毅开始习字读书。

夏天里赣江宽阔了许多，江水翻滚着迫不及待地向北方流去。一位不足五十岁的男人坐在岸边柳树下，他灰白的须发杂乱，显出老态，瘦削的面庞布满细细的皱纹，双眼含泪，一脸病容，露出绝望的神色，头上的方巾，身上的长衫灰尘扑扑。他默默无语地望着赣江流淌。绿色的原野在灰沉沉的天空覆盖下显得没有生气。沿江延伸的大路上可以见到稀稀拉拉的难民扶老携幼向南方走去。

坐在他身旁的一个青年，浓眉大眼，身材魁梧，虽然身着短衫长裤，但掩不住英气勃勃。他皱着眉头，满面怨愤："父亲，休息好了，我们接着走吧。天像要下雨似的，这里前不巴村，后不巴店，连个躲雨的地方都没有。到前面找个人家歇脚吧。"

"行。早上出发走了两个时辰，还滴水未进。"

青年见老者作势起身，连忙站起，上前去扶他站立。他又去扶起一个年轻女子，搀扶她走到路边。女子一双小脚，行走起来颤颤巍巍。她低着头，看不到她的面容，身上长及脚踝的绸缎披风虽然污损，却可以看出原来颜色是鲜艳的。青年将鸡公车的皮绳套在肩上，让女子在一侧坐好，就推车上路。车的另一侧堆放着行李，捆得牢牢地。老者跟在车旁行走，拄着一支竹杖。

不知不觉地雨就下下来了。雨似乎不是从天上落下的，好像本来就在空中，先是像粉末般地飘洒，浸润衣衫，渐渐地成了水珠，打湿了头发，衣衫，后来才成了线，密密麻麻地洒落在原野上。路旁的柳树在风雨中摇曳，雨打在树叶上淅淅沥沥地加大了声威。路面变得泥泞。老者和姑娘撑起了桐油纸伞。青年肩上搭了块油布。他们冒雨前行，没有加快脚步，因为看不到前面有躲雨的地方。流民从他们身旁走过，有的人滑倒，弄得一身污水，站起来又继续前行。有的人大声咒骂。大多数人默默低头行走。

女子回头对青年说："哥，把车停下，让我下来自己走。看把你累得那个样的。”

“说什么玩笑话。就你那三寸金莲，一步挪不了一寸，干脆不要走了。”

“我能走的，跑都可以。”

“得了。你下来了，车不平衡，我更不好推。我行的。你坐好吧。”青年看到妹妹面泛红霞，随口问了一句，“你脸为什么那么红，是不是有发热头疼？”

“没有呀。我没有感觉不舒服。也许是风吹的吧。”

老者看了看，不放心地说：“我看也是红得不正常。到前面找大夫看看吧。病在路途就麻烦了。”

转过一个小丘，他们看到前面有个市镇。镇外无数的烟囱在雨中冒着烟。镇内房屋鳞次栉比，沿江伸展。江边停泊的船只帆樯林立。再走近一些，看到田地连成了片，大多种的是水稻和蔬菜。

“前面也许是永和镇，”老者说，“这里已经是吉州地盘。那些烟囱都是烧瓷器的窑。我们家用的碗盏都是这里出的。”

在永和镇东头的大路旁有一个院落，里面住着杨富一家人。房屋是杨富的父亲建造的，老夫妇就住在三开间的正房。杨富和他媳妇，还有十四岁的女儿和五岁的儿子住在厢房。另外一处是厨房，也堆放柴草和农具。院子里有瓜棚、水井、石臼。猪圈连着茅房，整天臭气熏天。

杨富的媳妇天不亮就起床，烧火煮粥，和面，剁猪肉馅，忙个不停。到天大亮的时候，老夫妇也起来了。那时候还没有落雨，老头背了粪箕出去拾粪。老妇打扫院落。女儿起床来到院子里把鸡笼打开放出一窝鸡，给它们喂食喂水，然后去厨房煮猪食。小儿子也起床了，在院子里和狗玩耍。只有杨富还赖在床上不起来。

杨富的媳妇来到房里床前，将已经呈灰黑色的蚊帐掀开，用沾满面粉的手在杨富的屁股上使劲打了一巴掌。

“赌博赌到深更半夜回，睡到日上三竿不起床。每个人都起床了。粥煮好了，面也发好了，快起来把粥挑出去，蒸包子。”

杨富嘟囔了几句，还是很快起床，拿了面盆毛巾到井边洗了脸，就来到院落外大路旁的茅棚里开始干活。茅棚是杨富在年初时受张弘毅家雇用在这永和镇入口处设点给流民施粥而搭建的。茅棚里有一土灶，用来蒸面点，烧开水。还有方桌条凳,供人进餐,歇息。镇上有好几家富户设点施粥,张家不是第一家。但是他家与别家不同的是还有煎好了的治疗风寒感冒的药和治疗创伤的药赠送。

杨富的包子蒸好了的时候,渐渐的就有流民来到。有地方歇脚,喝口粥,他们很感激。略事休整后,他们又冒雨前行。他们要远远逃离危难,却是走向迷茫。多年以后,他们中有些人历尽苦难在南方成功地定居,成为客家人。

永和镇的兴盛繁华也是移民的结果。一百多年前,金人攻陷东京,掳徽宗、钦宗二帝北去。中原人士纷纷南迁。南下的人中有的见此地山川秀美,气候温和,物产丰富,容易生存,就驻足定居。他们带来了中原的生产和生活方式,使当地经济有了很大的发展。他们用先进的技术烧制出的精美的瓷器,通过赣江水运行销各地,声名大振,被称为吉州窑。沿着镇外的丘陵建立了数十座窑厂,日夜烟火不息。镇上开设了许多瓷器店。有一条街还以瓷器街闻名。李时龙家的瓷器店是这条街上比较大的一间。

李时龙在店里看守了一上午,到约定的时间,三个朋友就来了,煞有介事地约他出去。李时龙似乎很无奈地向父亲告假,拿了一点碎银子就出了门。只走过几个门面他就活了,手舞足蹈地说:“山不在高,有仙则名。水不在深,有龙则灵。钱不在多,够花就行。走,去邀毅甫到致敏处看石头。”

“钱只能说多有多花,少有少花,不能说够花。是够喝酒,还是够听曲?”一个朋友说。

“对呀,只能说到手花光,今朝有酒今朝醉。谁知道明天怎么样?我老头说,如果明年我还是榜上无名,就干脆下窑去,别装模作样了。”

“是下哪个窑?兄弟我陪你去可好?”另一个朋友自告奋勇地说。

“玩泥巴,你去不去?我看你和我是差不多的料。”

连绵阴雨将石板路淋洗洁净。雨落下来,水汽包裹,更是显得闷热。尽管下着小雨,街上还是人来人往,络绎不绝。李时龙和朋友们说笑着正往前走,见张弘毅和他父亲带着书童庆生三个人撑着雨伞迎面过来了,连忙在路旁垂手立定。张父花白的长须飘拂在胸前,消瘦的面庞现出细细的皱纹,总是看来不苟言笑的神情显得有点忧郁,身上穿的是李时龙多次见过的一袭皂色长衫。他只顾前行,似乎没有看见自己,而他身后的张弘毅早就在咧开嘴对自己微笑。

“张伯父,您好。是去店里吧?”

“这不是云从贤侄吗?下着雨你们去哪里?”张父这才看出是儿子的朋友李时龙。

“正是要上府上看望世伯，我们想约了毅甫贤弟去青原一个学友的山庄。他最近得了一尊奇石,名叫七窍生烟,说是上端有七孔,底部燃烟,从七孔逸出,端的奇妙。他邀我们今日去一同欣赏,还要作诗凑兴。”

“倒真是稀奇。你跟他们去开个眼界。”

“我是想去,不过家中有事,我就不去了。”张弘毅对朋友们说:“真个不巧。今日家里的药店要盘点与人。这是父亲一生的心血,我怕他老人家难受,一定要陪着的。对不起,你们去吧。”

一个朋友举起手中的一坛酒说:“酒都带上了,不去吗?”

“谢谢,改日我请。”张弘毅说。他同朋友们走了几步,说些话才挥手道别,回头来追上父亲。

“你和他们说些什么?一见面就扯不断似的。”

“没什么,说说闲话。”

“总不是吃吃喝喝的事,是吗?你注意了。我真担心你成为他们那样的纨绔子弟。”

“您放心,他们不坏,您是不了解他们。他们其实是深明大义的慷慨豪侠。”

张弘毅家的药店开在镇上最热闹的地段。宽敞的门面上方悬挂着写有店名“以及堂”的匾额。店内背后的一面墙前立着分隔成无数小抽屉的药材柜,上方悬挂的匾额是名家书写的四个遒劲的大字“货真价实”。宽大的木柜台的后面,店员正忙着给顾客抓药。有的顾客站在柜台前看抓药,有的拿着方子在等候。王转运,一个二十岁出头的精悍后生,因为家中贫寒,托人说情担保,进到店里当了一名学徒。除食宿外,他每月可以领到两吊钱,供养家中妻儿。现在他正在协助师兄抓药。两人看着同一个方子,师兄从前面写的药开始抓,他从后面开始抓,师兄随时注意把关。他今天心情很好,昨晚去赌博,赢了钱,后来去相好处鬼混,把赢来的钱挥霍掉了。

他看到东家父子和庆生进店来了。庆生收过他们手中的雨伞,放在门后,鬼混了一下就到外面闲逛去了,下雨也没有能够阻住他。东家进门时与门边坐堂的老先生拱手,老先生正全神贯注地给病人把脉,只对东家略一颔首，算是回礼。东家父子在店里走了一圈，与伙计们聊了几句，然后去了后面库房里。等他们出来，在侧面的椅子坐下，王转运立即上前给他们沏茶，店堂里门边的一个小泥炉上总是烧着水的。

过了一盏茶时间，他看到两乘绿呢轿子来到店门口停下，两个人从轿子中钻出来，急忙跨进店里。张父上前迎接客人。来人是余行老。

余行老对张父拱手道："知翁，劳您久候，哈哈。"

"丏公，我看到门外的绿呢轿子停下，就知道您来了。我是刚到。"

"这是我的账房先生，胡鹤龄，字寿山。"

"寿翁是我有幸见过的。"张父拱手。

"知翁自是好记性，不胜荣幸。"胡鹤龄一揖到地，好像双手特别长。

王转运看到三人谦让地到侧面的椅子坐下，趋前与客人上茶。张弘毅与客人见礼后，到父亲座位后垂手侍立。双方慢慢进入收购药店具体事项的谈判。

"这店的门面您看到了，这生意场景您也看到了，现在我们去看一看后面的库房。"

张父延请客人从后门出去，进入一个小小的庭院。张父指着两厢的平房说，这些是先生和工人的住房，有一间是厨房。他们穿过庭院，进入库房。迎面送来扑鼻的药材气味，只见房间里满满当当地堆放着袋装、散装的各种药材。一个工人坐在低矮的凳子上切药片。在回店堂的途中，账房先生暗暗给余行老做了一个手势，后者轻捋胡须点了点头。

三人重新落座后，张父说："现在您都看过了，不知道意下如何？"

"我看了很是满意。这么好的一家药店，地段好，您老经营多年树立的信誉也好，现在出让确实是忍痛割爱。"他压低声音说，"可惜我财力有限，出不了高价，三千五百两银子，您看是不是过于低了？"

"丏公客气，这个数已经超过我的期望。说实话，钱多钱少我不计较，因为您知道，这笔钱转手就会捐献给文魁元的勤王军。"

"知翁的大义之举深令在下钦佩。正因为如此，我没有压价。"

"国难当头，有钱出钱，有力出力。文魁元变卖家产，招募三万义士勤王，更是我辈的榜样。"

"是啊。蒙古大军逼近临安，天下震恐。皇室颁发勤王诏书，竟无人响应。文魁元在章贡接读诏书，泪流满面。他立即招募义军，兴师勤王。可是国家竟无丝毫军饷粮米与他。他将经营多年那么钟爱的文山卖了，家产也变卖了充做军饷。真是大义之人。文山是我们行会集资购买下的。文魁元已经回到家乡富川，正在加紧练兵。只等朝廷召唤就奔赴临安。”

“大厦将倾，独木难支。他一人举义帜，我辈当应声而起。这店里的药品、家具、陈设，还有后面的仓库，连同药材，都开有清单在此，您可以照单验收。我只留下了金疮药和时疫药两包是要献给文魁元勤王军的。我的几位店员要解聘，已经与他们说了，我另外拿钱遣散。”

“知翁做事一向是清清楚楚的。为国事您是尽心尽力了。至于这几位店员只要他们愿意留，我打算继续聘用，我要请别的人还不如他们熟练。这样也为您省去一笔遣散费。”

“如此愚老就感激不尽了。”张父从怀中掏出两张纸，“这一张是财产清单，这一张是房契，您可要一看。”

“现在不用看。改天，就是后天吧，后天中午我邀请几位朋友到春秋楼小酌，我们立字据后，我把三千五百两银票交给您，您把这再交给我。您看如何？”

“听丙公安排就是。”

“您也许不知道，我行会已经募集到银二万余两，其中有我个人出的五千两。另外还有大米两千石、猪四十头，过几天就送至文魁元处。由柳盐丞押送去，我也跟随去。同时去的还有几十名投军的壮士。”

张弘毅听了欲插嘴，又压抑住没有开口。

“是柳瓘，柳大人么？”

“正是。柳大人管盐政，在这小小的永和镇就是一镇之长。他不骄不贪，颇乎民望。在我们商界口碑甚好。”

“啊，那实在是好，”张父说，“既然丙公要一同去富川，可否麻烦您代我把那银票交与文魁元，愚老也是行会的一员。”

“好的。加上您的这一笔，到目前为止我行会的捐献已经达到两万五千八百两银子，也算我们略尽绵薄。天气不好，还有贱务在身，我先告辞，改日再聚。”

王转运看到张父送他们到门口，在雨中上轿离去，然后回到靠椅坐下，默默地浏览药店，将杯中残茶饮尽。他上前来与张父续茶，他挥手说不用，起身带张弘毅出了店门。他们走了不远，庆生不知道从哪里冒了出来，跟上了他们。

张父等儿子并排走在一起,从雨伞下看着他的脸说,“商量了月余的事今天终于定了下来。我也不知道做得对不对。原来是打算我辛苦做几年,把基础打好一些再传给你。到你手中发扬光大,为后代立足立下不败的根基,现在却化为了泡影。连你都说不定得过苦日子。你想得通吗?你若是认为这样不好,我们后悔还来得及,合同还没有正式签订。”

“不,”张弘毅斩钉截铁地说,“若是为儿子考虑,想留住店铺是大可不必。您的决定是大义凛然。国难当头,像文魁元那样毁家纾难的也大有人在。我们的后人谈起父亲您此番义举会感到很有光彩。”

“有你这么说,我也安心了。别怪我。”

“怎么会。”

此时已经接近中午时分。杨富的媳妇回家去做饭,只留杨富在照看粥摊。六七家粥摊在路旁错落摆开。有的流民到粥摊里坐下歇息吃喝,并且连声感激。有的流民却径自走过,向镇里去了,没有接受施舍。

雨断断续续地下着。杨富的孩子在家里腻烦了,科头跣足地跑到粥摊来玩耍。儿子肚子饿了,闻到热气腾腾的包子香,就吵着要吃。女儿到底是大些懂事,就说那是施舍给流民的,不能要。儿子还是哼哼叽叽地要。杨富就训斥他。这一切被走来的张父三人看到。

“小孩子哭什么呀?”张父进了茅棚,把伞给庆生。

“哦,是张老爷来了,坐呀。小孩子胡闹,要包子吃,我没有给他。”

“给他们两个吧,值不得什么。”

“那可不行,不能坏了规矩。”

“这一次我做主,一人给两个。小孩子嘛。”

见女儿仍不肯要,杨富就说:“这粥和包子是张老爷出钱我们做的。张老爷赏给你们,你们就吃吧。谢谢张老爷。”

杨富给小孩一人一个包子。两人吃着酱肉包子,觉得分外鲜美。

张弘毅一向不留意琐事,父亲逗弄孩子,他不去参与,只看着大路上来往的人群。几个月前开始见到逃难的人,现在逐渐增多了。每天从早到晚,自北向南,一拨一拨地,要过去千百人。他们扶老携幼,肩挑背扛破烂的行李,蓬头垢面,拖着疲惫的脚步前行。像今天头上下着雨,脚下道路泥泞,就更显得狼狈不堪。他知道另外有流民乘船走水路,那是些较为富裕的人。流民们逃离战火对生命的威胁,却忍痛抛弃了世代居住的美好家园,不知道哪年哪月才能返回。张弘毅同情他们,同时也感到战争的乌云已经席卷了过来,威胁到自己这地区的人。文魁元起兵勤王,给了人们保卫家园的希望。父亲变卖药店,献金支持,无疑是十分正确的行为。

杨富的媳妇从家里来,把小孩子带回家去吃饭。这提醒张父是午膳时候了,打算回家去。

张弘毅最近极为烦躁不安,心神不定。他感到要出现大变动,打破生活的平静。他心中迷茫,期盼有大事出现,可是又不知道期盼的是什么。他遥望大路远处。此时潇潇雨歇,阴天漠漠。大路两旁,烟柳娟娟垂肩静立。水田里三三两两白鹭来回飞翔。他见到路上来了一辆独轮车,车上盘腿坐着一个女子。她从头到脚裹在一袭粉红色的绫罗斗篷里,看不见面容,可是她斜倚在车梁上蜷缩的身段就显得楚楚动人。他看到独轮车由一个大汉推着,车后跟着一位拄杖而行的老者,心里莫名其妙地盼望他们能到自家的粥棚来。

那独轮车慢慢行来,也真是如他所愿,在他家的粥棚前停下了。这也不奇怪,因为别的粥棚里都已经有流民坐着。杨富殷勤地把老者扶到方桌边的长凳坐下。这是张父吩咐了的,对流民不可以抱有施舍者的态度,一定要热情接待。大汉把车停好后,将女子搀扶到里面坐下。张弘毅看到女子身材苗条,行动如弱柳拂风。可是她低着头,以斗篷的风帽遮面,仍然令他难睹芳容。

杨富从蒸笼里夹出一盘热气腾腾的包子放在桌子上,请客人吃,却没有料到老者会问:"这包子多少钱一个,粥多少钱一碗?"

"这些都是免费的,不收钱。你们尽管吃。"杨富被问得糊涂了。

"不收钱我们不吃,这一点钱我们出得起的。"

杨富没有碰到过这情况,他感到为难了。幸好东家在场,他就望着张父。

张父上前与老者解释:"老先生,你们一路行来,旅途劳累。我们小地方没有像样的接待。只备有薄粥小包,聊解饥渴,不成敬意。"

"我知道你们是出于善心,济人危难。我们不困难,不愿意受人施舍。受人恩惠,难以回报,有愧于心。"

“老先生言重了。你们路过贱地，我们理当奉上粗茶一盏，何来恩惠之有？”

“话虽如此说，来的人多了，你们也不堪重负的。您收了我的钱，可以用来帮助别人。”

“老先生如此坚持，我们遵从尊意。包子一文一个，粥亦是一文一碗，请慢用。”

“您收钱了，我们仍然感激。”

杨富盛粥端上。老者三人愉快进食。老者伸出枯槁的手，颤颤巍巍地捧起碗，用筷子拨了白粥啜食，放下碗筷拿了一个包子掰了吃，下巴慢慢地磨动。看到老者开始吃了，青年和女子才进食。

张弘毅见女子仍是收肩俯首，隐藏在斗篷里，不过在进食时不免露出了半面。那女子此时不知道自己是感冒发烧，她面如赤霞，眼波流动，分外娇美。张弘毅瞥见不由得怦然心动。他没有接触过女子，家中虽然有姐妹，他没有把她们看作异性。月涵等丫头是服侍他的，他从来没有对她们动过男女之情。现在见了这绝色女子，爱慕之心油然而生，不自觉地看得有些忘形。

那女子忽然放下筷子，偏过头去低声与大汉说了些什么。那大汉脸色一变，立起身，手指张弘毅生气地说：“那小子，不要贼眉贼眼地盯着女子。太不知道自重。”

张弘毅没有反应过来，茫然地说：“没有，没有。”

“还在抵赖。是不是讨打？滚远去，乡里小儿。”

“壮士息怒，是小生的不是。适才心不在焉，不是存心冒犯，还请恕罪。”张弘毅退到粥棚外远远的地方站下，心里感到真是晦气。

那女子见张弘毅挨骂却不动怒，反而道歉，倒怀疑自己是不是小题大做地欺负了土人，就抬头正面看那年轻人一眼，见张弘毅低头拱手退到一边，虽满面通红，却毫无愠色，感到过意不去。她摇手示意青年坐下。

庆生跟了过来，愤愤不平地对张弘毅说：“怕他什么？为什么要赔礼？又没有得罪他。敢来我们这里欺负人，给他点颜色看看。少爷不动手，让我来敲敲他。”他摇着手中的伞。

“庆生不要胡来。人家外地人，流离失所，够可怜的。心里不顺，发点脾气，我们要让着些。这事本来是我不对，盯着女子瞧是失礼。不怨人家。”

张父见发生冲突,立即呵斥张弘毅:“毅甫不得无礼。”

老者也同时呵斥男子:“明纶不得无礼。”

张弘毅已经退走了。男子也已重新坐下,抓起包子大口地吃。

张父还替儿子道歉:“壮士息怒。小儿自小生长乡里,不识礼数,请多原谅。”

“您说哪里话。小儿生性鲁莽,言语冲撞各位,还请原谅。”老者也替儿子道歉。

张父将话岔开:“杨富,再上一盘包子。老先生,从哪里来?”

老者喝了一口粥,将花白的胡须擦干净:“我们从临安来。”

“听您老口音,却不像是江浙人。”

“呃。我们本是无锡人。年初躲避战难,逃往临安。实指望临安京都,可保安全,谁知当地也是人心惶惶,很多人举家迁离。我们也就决心再往南去。”

“老先生是无锡人。无锡有位贤达顾大用,顾先生,您可知道?”

“您与他沾亲?”老者抬起头。

“非亲。”

“带故?”

“非故。”

“非亲非故的,您为什么问起他?”

“慕名而已。这位顾大用先生诗名满天下,谁人不知。”

“在下便是顾大用。”顾大用立起身,与张父见礼。

“‘小院分得春一片,寻芳不用走天涯。’”

“‘雀舌新叶艳于花,映日碧桃泛赤霞。小院分得春一片,寻芳不用走天涯。’这是小老儿前些年看到我后院春光怡人,随口所吟,过后就忘记了,今日听先生念起,才知道已经流传开来,令我汗颜。”顾大用显得有点激动。他上眼睑塌,下眼睑浮肿的眼里闪着泪光,花白的胡须抖动,而脸上死灰,泛不起一丝红晕。

“我喜欢先生此诗表现的怡然自得,不觉就记住了。先生请坐。”

“您也请坐。请问尊姓大名。”

“不敢。在下张中剑,字知还,本地土著。”张中剑在顾大用侧面坐下。

“久仰,久仰。”

“先生之诗词外表秀丽，真体内充，流传海内，深受赞誉。”

“惭愧，惭愧。我本林下之人，放浪山水，不欲闻达，作诗无非怡情养性，只因二三诗友唱和酬答，致使拙作传开，实非本意。”

“敝乡亦有三两同好，常常聚会，登临啸傲。出于学习，我们经常吟诵先贤经典，时人新篇。读到先生佳作，每每赞叹不已，对先生无比仰慕，曾有意结伴远赴太湖，登门求教。不想今日先生路过贱地，得睹仙颜，三生有幸。愚意欲请先生歇步，至寒舍小住，盘桓数日，使我等得以当面聆受教诲，不知可否俯允。”

顾大用看看青年与女子，沉吟了一会后说：“在下学识浅薄，浪得虚名，却知晓藏拙，不敢会见群贤。若说暂住数日，与大家唱和切磋，本应是一大乐事，不过行程已定，不宜滞留。待将来时局稳定，一定专程来访。”

“丈人欲赶往何处？”

“我乡有人已早至岭南惠州，我在临安接到其信催我们早去，言道早去尚可得一较佳安身之地。因此，路途上不敢耽误。”

“如此说来，不敢强留。待日后有缘再会。”

顾大用一家人用完餐，起身告辞。青年整顿好独轮车，将女子扶上去坐好，将车的皮带套在肩上，即推车前行。顾大用跟在车后。三人才行几步，却听到人呼唤。

“小姐，慢走。”

青年一看，见是曾经受到自己呵斥之人跑来车头拦住，不觉大怒，如不是刚才自己父亲与对方老者交谈欢洽，他早就挥拳相向。即便如此，他也是横眉怒目地问：“你待怎的？”

“不要误会。我适才见小姐满面通红，连耳根也是红的，心想会不会是遭受风寒引起，不觉多看了几眼。”

青年打断他的话，没好气地说：“说清楚就行了。闪过一旁。”

“我的意思是说，小姐是风寒发热，我们家的粥棚备有驱寒退热的汤药，为什么不喝一碗？”

“感谢关心，不用。”

“且慢。”顾大用对女子说，“你感觉如何？是不是很为不适？”

“我只觉得浑身酸痛疲软，口冒热气。”

“端碗药你喝吧？”

“也好。”

青年放下车，扶女子回到粥棚坐下，要了汤药与女子饮。他发牢骚说：“这么个人，有话不早说，害得我们来回跑。”

女子替张弘毅辩解说：“你刚才呵斥人家，没有给人家说话的机会，他能说什么？”

张中剑对顾大用言道：“这是令嫒么？”

“正是。这是小女，这是犬子。”顾大用仍然不想作正式介绍，他想见面就要分开，以后不会再见的，何必麻烦。

“我看令嫒病得不轻，是体质好，扛住了，没有显出来。饮这碗药只能缓解，怕不能根治。鄙人开的药店请的坐堂医生医术颇为高明，何不去看一看？是顺路的。”

一个小童提了一个竹编的食盒进到以及堂药店，招呼坐堂医生进中餐。他从食盒里拿出一碗蒸鸡蛋汽水肉，一碗炒小白菜，一碟醋泡蒜头和一碗白米饭放在侧面墙前的茶几上，看先生过来坐下举箸进食，他就出门玩去了，过一会再来收拾碗筷回家。医生不是药店雇的，不与雇员一同吃饭。

张中剑带了顾大用一家人进到店里，见医生正在吃饭，就说：“郝老，您在用餐。我带了个病人来，您吃完后给瞧一瞧。”

郝医生翻起金鱼似的鼓眼睛横了他一眼，放下筷子，站起身走来诊台前坐下。他从袖笼里掏出一条灰色绸手绢使劲擦了擦厚厚的大嘴，擦了双手，然后用深厚的喉音嘟嘟囔囔地说：“坐吧。”

张中剑不好意思地说：“不急，您用完膳先。”

郝医生并不理他。看到女子在他桌前坐下，他就不耐烦地说：“小女子，你起来，让你父亲坐。”

青年替女子申辩说：“她病了，有劳您瞧一瞧。”

“她的病不算什么。让开。老人家病重，过来坐下。”郝医生不由人分辩地说。

众人都感到有些意外。女子让到一侧的凳子坐下，顾大用不由自主地就上前坐下了。他颤颤巍巍地伸出右手，可能心里有点明白，神情像等待判刑一样紧张。郝医生示意他把左手也摆在桌面上。他双手同时给他把脉。他一手三个指头各在他脉上轻按重按，眉头渐渐皱紧。他张开自己的口，伸出舌头，做样子让顾大用伸舌头给他看。他并不多问，提起毛笔蘸墨就写药方。

“观君之舌体灰中发黑，病已相当深沉。脉细数而弱，虚滑而涩，欲行又止，时有阻碍。左关有团，左寸有节。主腹部胀痛，胸闷，恶心呕吐。乃郁气伤肝所致。用药宜攻中带补，祛邪扶正。此药一方七剂，服完看效果再调整。静卧安养，不可大意。”郝医生话毕药方也已经写好，推于顾大用。他另用一笺写了一个方子，说是发散风寒的，给女子服三剂即可。

顾大用说：“我们还要赶路南下，怎么能耽误呢？”

“我的话已经说完了，该我说的话都说了。”郝医生起身去继续吃饭。

“我应付诊金几何?”

“你是路途之人，分文不取。”

顾大用连声道谢。他手持药方，茫然地看着青年。

青年安慰他说：“父亲，您不用着急，生病该治疗就得治疗。病治疗好了再上路。我们先找家客栈住下，然后抓药与您煎服。您安心养病。”

“只好如此了。”顾大用一筹莫展地背靠诊台坐着，似乎连站立起来的力气都没有了。

一直站立在旁的张中剑上前说：“那样不好，客栈里嘈杂，不宜养病，而且进出住店的各色人等都有，与令嫒大有不便。如不嫌弃，不如到舍下暂住，将养数日。”

“这却使不得。这怎么可以。”顾大用辞谢，语气却不很坚决。

“有什么不可以。我家院落现成有房屋闲置，略加收拾就可以住得，一切都比客栈方便。在下本来就邀请您到舍下盘桓数日，以便请教。请不要推辞，现在就随我回家。”

“老人家，我来扶着您。”站在门边的张弘毅喜形于色，过来搀扶顾大用。

顾大用被搀扶着往外走，还望着青年说：“你看这怎么办，只好这样了。去打扰人家实在不应该，实在不好的，真是没有办法呀，哎。”

张中剑把药方交给庆生，让他捡了药拿回家。庆生把两张药方放在柜台上，账房先生用算盘噼里啪啦很快打出了价钱。庆生让记在账上。药很快就抓好了，庆生一手提着药，一手夹了伞就去追主人，只走了几步路就追上了他们。

张中剑在前面引路，一边与顾大用说话，一边与路上经过的熟人打招呼。此刻时值中午，云散日出，景物明丽，石板路被雨冲洗洁净，槽沟内有少许积水。早上清静的街市现在热闹起来。大小轿子直奔各个酒楼，酒楼上的喧嚣扑到街上。顾大用惊异小镇也如此繁华。

顾大用由张弘毅搀扶着前行，与其说是搀扶，不如说是半托着。先前他是可以自己走的，一经说是患有重病，他就瘫软了，似乎是崩溃了。也是难怪，几个月来的流离奔波是一个年轻人也受不了的，何况又承受着家破人亡的打击。雨住了，风犹未息。暖风带着水汽。现在这青年托着他，年轻人的手将老年人缺乏的热力与温暖传输给他手臂，他感到很是舒服，心中真是感激。他看这年轻人额头凸，发际线高，疏眉朗目，鼻如悬胆，鼻端圆润，人中长，嘴唇柔和，下巴柔弱，一副老实厚道的样子。虽然是乡野之人，也是一表人才，不输于自己儿子，而从刚才的行事上可以看出，其谦逊温婉还在自己儿子之上。女儿已经到了及笄之年，妻子早年病故，女儿的终身大事就常在他心头。他一直在留意物色乘龙快婿，始终没有遇到满意的。见到这年轻人，他立即就想起此事。将女儿托付给这样个秀士，应该是可以放心的。他的父亲与自己是同声相求的诗友，为人乐善好施，家道殷实。他们家与自己家应该是门当户对。这青年的人品外表看来是不差，尚不知道的是他的才学如何，有无功名。这样的人家应该是诗礼传家，青年有家学渊源，才学不会太差。功名即使没有，也可慢慢争取。最为关键的是，不知道他是否已有家室。顾大用暗想自己念头转得太快，实实可笑。

三

永和镇沿赣江而建，三条主要大街长而与之交叉的路则短。从店铺出来沿大街走，拐个弯不远就到了张中剑的家院。顾大用看到一带清水粉墙正中开有三座门。中间的朱漆大门不开，门前有几级台阶，还有门槛，不便小车进入，所以他们走的是东侧门。对着门的照墙铺有瓷片拼花图案。绕过照墙是豁然开朗的庭院。张中剑引领客人走中间甬道来到大堂，分宾主上了台阶进到堂内。青年按指导把独轮车停在车棚，带着女子也跟上来了。他们的行李有仆人提着。

宾主落座，仆人上茶后，张中剑向客人介绍自己儿子："毅甫，来见过顾伯父。这是犬子张弘毅，弘扬的弘，刚毅的毅，字毅甫。"

张弘毅与顾大用施礼。

顾大用正式介绍他的儿女："你们来见过张伯父。这是小儿顾玉杼，宝玉的玉，机杼的杼，字明纶。这是小女顾玉纾，宝玉的玉，纾解的纾。"

兄妹俩向张中剑施礼，又与张弘毅见礼。张弘毅回礼。他不敢正视顾玉纾，低着头只看到她溅满泥水的红裙，裙垂到地，遮掩双足。

顾玉杼道歉地说："适才不知是兄长，多有冒犯，还望见谅。"

"哪里，哪里。是小弟不识礼数，望兄恕罪。"

二人序了年齿，顾玉杼大了几个月，是为兄长。两人都很高兴。大家复又落座。

这时从后门进来一个小丫头，对张中剑说："禀老爷，夫人听说来了贵客，请小姐到后面见面说话。"

顾玉纾遂起身随丫头去后面。在一个陌生的地方，要离开亲人，去见陌生人，她心中紧张，出后门时不自觉地回头看父亲。她那临去时秋波一转，虽然不是看张弘毅，却把他的魂魄都勾去了，那美姿容令他震撼，她眼神中流露出的惶惑不安很是楚楚动人。

顾玉纾随丫头出了大堂后门，见外面是一小庭院，中间有一池塘，两旁是超手游廊。她们走过池塘上的花桥，来到后面的垂花门。她们进去后，守门的老妈子就把院门锁了。后面的院落是主人一家的住房。在厅堂里顾玉纾见到了这家的老太太、夫人、两位小夫人和小姐。小姐与她仿佛年纪，很文静的样子。正是午膳时间，大家与顾玉纾寒暄几句后，就入席吃饭。饭后顾玉纾被安排到小姐房中休息。

前面也开饭了。大堂的东边的房间是膳堂。顾大用被延请到上座，张中剑在侧面主位，顾玉杼坐对面，张弘毅坐下首。菜只是四菜一汤，猪肝豆腐粉丝榨菜汤、冬笋香菇肉片、鸡蛋炒春韭和蒜蓉小白菜。张中剑抱歉地说，仓促之间来不及准备，吃个家常便餐，明日正式设宴迎接贵宾。顾大用有病在身，不能饮酒，大家都不饮酒。席间不言语，很安静，连喝汤都没有发出声音。一个仆人在旁伺候。吃完饭后仆人用一木盘端来四杯香茶和一个水盂，让大家用茶水漱了口，吐在水盂里，又送上微潮的热毛巾擦脸擦手。

膳后大家到大堂西边的茶室小憩。顾大用颤抖地捧起细瓷盖碗啜饮，一口热茶下去浑身舒服。他长叹一口气说："颠沛流离数月之久，今日才像在家里正正规规用膳，饮口香茶。真是感谢主人盛情款待。"

"哪里。顾兄海内名流，光临寒舍，蓬荜生辉。乡野所在，礼数有欠，还望海涵。您适才说离乡在外有数月之久，从贵地无锡下来此地不需要这么长时间，您是先去了临安。"

"那样走是不需要。我们是先去了临安府，以为京畿之地会安全。可是住下来后发现也难保无虞。"

张中剑问道："临安一片慌乱吗？"

"否，"顾大用摇头叹息说，"一些人已经逃离，可是尽管大敌已经逼近，人心惶恐，临安表面上看来依然是歌舞升平。有些人还是醉生梦死。你知道你们江西有位谢枋得，名君直的吗？他正住在临安，写有一首《蚕妇吟》，是这样的，'子规啼彻四更时，起视蚕稠怕叶稀。不信楼头杨柳月，玉人舞歌未曾归。'一些人几乎是通宵达旦地在酒楼歌舞。我们看到从朝廷到民间都没有抗击强敌的迹象，于是就准备去南方。"

"顾兄是什么时候离开无锡老家的呢？"

"三月初，元军占了建康，顺江而下，无锡一日数惊，甚为混乱。我们家遭到打劫后，我们就匆忙离开了。"

"是元军抢掠吗？"张中剑不解地问。

"否。元军那时还未到，是宋的溃兵。那些溃兵丢盔卸甲，军容不整，毫无约束，几万人拥进城来，守军不能拦阻。他们抢劫商铺住家，无人制止，军官无影无踪。一股士兵破门而入，冲进我的家园。我上前讲理，被凶神恶煞般的士兵推倒在地。他们翻箱倒柜，抢走一切值钱的东西。后来又来一批，抢走拿得动的东西。我们一辆马车被征用，那是我们准备用来逃难的。我们整理好的行李，金银细软都方便了他们拿走。所幸的是他们不杀人，不害妇女。真是兵过如洗，我家世代的积累荡然无存。想到元兵下来只会更凶，连命也难保，我们就遣散了家中仆役，匆忙离乡别井，不知道哪年哪月才可以返回故乡。"

说话时，顾大用的药已经煎好送来。他喝了药，就被送去客房休息。他们出了大堂，来到庭院西面的客房。室内铺设了两张单人床，挂了蚊帐，这个天蚊子已经出来扰人了。张中剑安置好他们就退出去了，说外面庭院大门旁有小厮，有什么事情可以唤他来做。他们的行李已经放在客房里，顾玉杼拿出睡衣，给老人换了，让他躺进被子歇息。他自己也好好地睡了个午觉。

张家小姐名叫张弘玉，与顾玉纾的名字有一字相同，她就认为是亲姊妹一样。她从小关在深宅大院，少有人来往，现在来了个与自己一般年龄，又知书达礼的女子，谈话间感到很投缘，很是高兴。二人在房里并没有休息，张弘玉拿出自己做的女红给顾玉纾看，还有写的字，画的画。顾玉纾讲些外面天地的事给她听，无锡的精美的食品，临安的美丽的风景，逃难路途的见闻，讲得足不出户的小姐听迷了，连小丫头也是的。丫头名叫月茵，比张弘玉仅仅大了一岁，却是出奇的圆滑世故，不知道是从哪里学来的。顾玉纾住了几天就看出她有些欺负张弘玉老实软弱，对她阳奉阴违，推三阻四，甚至手脚不干净。作为客人，她不好言语。时间长了，忍不住，她就暗示叫张弘玉注意。想不到傻小姐还没有能领会，倒先把个精丫头得罪了。后来顾玉纾就受到月茵的构诬，事情虽然终于真相大白，总是一场不愉快。顾玉纾自觉无法容身，就离开了张家，千里迢迢，在兵荒马乱中去寻张弘毅。此乃后话。

顾大用父子在客房中睡了午觉，下午小厮送来茶点，并且传话说，老爷在庭院对面的书房，客人休息好了就请过去说话。顾氏父子饮完茶就来到书房。张氏父子迎接他们进去。书房迎面一整面墙是书架，整整齐齐放满了书籍。侧面墙上悬挂字画。窗前明亮地方立着张大书桌，上面放置有文房四宝。房间里充溢着幽幽的书香墨香和木器香。张中剑问候顾大用休息得如何，告诉他他的女儿在后面与他自己的女儿一起，二人很投缘，以后晚上一起睡在女儿房里。说了几句话，张中剑就邀请顾大用下棋，此亦顾大用嗜好，欣然从命，二人开始手谈。渐渐熟稔后，二人序了年齿，以兄弟相称。小厮送来二和药，给顾大用饮了。顾大用说服药后感觉好多了，称赞大夫高明。其实感觉是感觉，那药即使对症，效果也没有这么快就能现出来的。

张弘毅见顾玉杼对围棋不感兴趣，就邀请他去自己院子里走走。就这样，顾玉杼来到张弘毅的书房。二人坐下说学业，谈武功，都能谈得投机，关系渐渐融洽。忽然顾玉杼挺直了身躯，圆睁双眼说："这屋里有股煞气，是什么？好奇怪！"

"什么？这屋里没有什么呀！"张弘毅被他说得紧张了，"也许是因为我这书房阴凉，坐久了有些寒意吧。"

"否，愚兄向不畏寒。且此非寒意之感觉。"他起身查找不寻常之物，首先就注意到墙上悬挂的宝剑,“可否将此剑取下一观?”

那柄剑不是很起眼,柏木剑鞘显得有些脏,看得出以前是鱼皮包的,握在手中并不重,张弘毅说重三斤八两。剑身抽出来并不是寒光耀眼,可是顾玉杼赞叹不已,说这剑光华内敛,细碎的裂纹是折叠锻打千百次形成,是柄松纹古剑。难得,难得。张弘毅见到有识货的人,很兴奋,他拿起桌子上的一张宣纸在剑上一刮,纸随手坠落两半,齐刷刷的一点毛边都没有。顾玉杼说,古物禀赋奇气,舞动起来妖魅遁形。他甩了一个剑花,剑尖似乎有华光射出。张弘毅说室内狭窄,去后花园走趟剑看看。

他们来到后花园切磋武功。顾玉杼不待人请,脱去长衫挂在树枝上,拿过剑展开架势,练了一套昆仑剑法。张弘毅见他起式持剑静立时即英气逼人。长剑舞动,渐渐由徐到疾,身似蛟龙剑如电。他连声叱咤,声音不大,却是气发丹田,震慑魂魄。他边练边说:“发出声音,不要憋气。身剑合一,力发于足,转动于腰,带动手臂,达到剑锋。眼到,意到,剑到,全神贯注。劈,刺,撩,拨,格,拦,架,绞,招招到位。剑无定法,招无定式,敌变我变,克敌制胜。”

顾玉杼一趟剑练完,面不红,气不喘,犹自拂拭剑上松纹,爱不释手。张弘毅对他的剑术很是佩服,将自己习剑中的困惑向他请教。

“这是昆仑剑法么?你舞起来真是出神入化,威力无比。小弟练剑有一毛病,无人指教,改正不了。今日得兄到此,可否为我指点一二。是这样的,我一剑刺出,剑尖为何抖动,控制不了?”

顾玉杼让他反复演示,看了后又自己比画,终于指出张弘毅剑尖颤抖的原因是剑伸得太远,无力故颤动。他说力道最大的一点不在最远的一点。事物的道理是盛极必衰。

张弘毅试着拿剑刺了刺,果然剑尖不抖了。他一下子醒悟过来,他想起父亲说的关于气运的话,就问顾玉杼说:“你说天下万物的道理是盛极必衰,我也听过这样的话,说是气运有盈虚,盛极必衰,衰极必盛。有人说宋的气运已尽,我很为不解。是如此吗?会有这么严重吗?”

顾玉杼拿过剑来舞弄,略带鄙夷地说:“你真是井底之蛙,以为还是太平盛世吗?”

张弘毅急忙争辩说:“那也不至于。我虽处穷乡僻壤,寡于见闻,每天看到一群群走过的流民,也知道胡人入寇,天下乱了。”

顾玉杼舞动宝剑,借以抒发郁闷:“天下为什么乱?胡人为什么能得以长驱直入?是物必先腐而后虫生。劈,刺。自汴京失陷,二帝北狩,渡江南来,偏安一隅,不思恢复旧物,只图安乐,百年歌舞,百年酣醉。退步,撩,拨。近人林升有诗云,'山外青山楼外楼,西湖歌舞几时休?暖风熏得游人醉,直把杭州作汴州。'后句说得真个警醒,你把杭州当作汴州稳坐,就不担心杭州遭罹汴州之祸吗?上步,格,扫。朝野腐败成风,已经不可治理。多年前宰相吴潜大人上书说,'近年公道晦蚀,私意横流,仁贤空虚,名节丧败,忠嘉绝响,谀佞成风,天怒而陛下不知,人怨而陛下不察。'这样朝野腐败怎么能不生动乱? 怎么能抗御外侮? "

"你是怎么知道这么多的? 吴大人的奏章你怎么记得如此清楚? "

"是太学生传出来的。我在临安曾住有月余之久。吴大人说这话已经晚了。从前丞相董槐就向理宗皇帝提过当时执政的三害,曰其一戚里不奉法,皇亲国戚无法无天,其二执法大吏久于其官而擅作威福,其三皇城司不检士,将校士兵横行霸道不受约束。这三害导致朝政紊乱,纲纪废弛。"

"如此乱象,皇上难道就不忧吗? "张弘毅说到皇上就肃立拱手。

"坏就坏在皇上。过世的度宗荒淫无道,昏庸无能……"

"噤声。你这言论大逆不道。"张弘毅大惊失色。

"为什么不能说? 京城里说得沸沸扬扬, 你听了就知道什么叫民怨沸腾。襄阳被围困达六年之久,内无粮草,外无救兵,度宗不闻不问,只顾淫乐,一夜之间居然召幸嫔妃宫女三十余人。"

"皇上这样私密的事情外面都知道了? "张弘毅感到很不可理解。

"受召幸的嫔妃宫女第二天一早都要到大太监那里登记领赏, 是瞒不过的。襄阳守城将士知道了,军心涣散,都说我们是为谁卖命?皇上任用权奸贾似道,戕害忠良,致使朝纲不振,江河日下,文武官员,非贪即昏,百姓受难。大宋的气运就此走到尽头。有识之士忧心如焚,回天无力。度宗纵欲亡身,去年咸淳十年,便中年早逝。年仅四岁的恭帝继位,太皇太后临朝听政,这还不是盛极而衰吗?"顾玉杼做了收势,将剑还给张弘毅,然后从树上取下长衫穿上。

"你这番言论不可以到外面说。"

"我对谁说? 我在这里又不认识人。"

"在这院里也不许对人说。"

"看把你吓的。"

他们回书房去。途中，顾玉杍突然冒出一句话："我想去办事，把我妹妹托付给你，行吗？你见过我妹妹了。"

"有什么不可以？令尊我也可以侍奉的。当然，这得听家父的。"

"傻弟，是要把妹妹的终身托付给你。"

"啊，天啦。这可不是说着玩的。"

"当然，这也得听家父的。"

张弘毅把剑归还到墙壁上，带顾玉杍回来前庭。顾玉杍到客房清理了顾玉纾的衣物，打了一个小包，让张弘毅带路去后面送给妹妹，说是换洗的衣服。张弘毅来到后面庭院的垂花门，叫婆子开了门，去请顾小姐来。看到顾玉纾走来，张弘毅就回避了。顾玉杍把包袱交给妹妹，与她半开玩笑半认真地说，要把她托付给这个朴素厚道的乡下青年。这样他就有自由了。想不到这玩笑话说的事次日即闹开了。

顾大用一梦香甜，睡到很迟才醒来。他说几个月来没有像这样睡得安稳，现在精神很好，神智清明，却周身疲软，连起床的力气都没有。顾玉杍安慰他说路途疲劳，歇下方觉累。起来亦无事，就卧床休息。他服侍父亲在床上用了早膳，服了药，直到中午才扶父亲起床洗漱。

午膳丰盛，有烧全鱼、清蒸鸡、老鸭汤，主人说都是自己家里的东西，连老酒也是自己家酿制的，劝顾大用尝尝，有助解乏。头抓双髻的小童将酒用吉州窑的木叶小碗盛上，果然醇厚香美，顾大用不觉也饮了一碗。

用膳过后，宾主到茶室品尝新茶。张中剑说过两日俟先生休息好以后，约三两诗友来讲说诗艺。这时一个丫鬟前来传祖母话，请老爷到后面议事。张中剑遂让儿子陪客人说会话，自己去去就来。只一会儿时间，他就满面春风地转来了。他首先让张弘毅带顾玉杍去书房看书，等到唤他们再过来。目送他们出去后，他即移近座椅，开口对顾大用说："请饮茶。仁兄去南方只一家三人，家乡还留有其他人否？"

"愚兄家世居无锡洛社花溪，虽系当地望族，惜本家人口单薄。妻王氏弃世后，膝下只玉杍一子，玉纾一女。子未成婚，女未成嫁。逃离故乡时，曾携有数名仆妇丫头，途中都各奔前程去了。"

"令嫒可曾许配与人？"

"小女长成，登门求亲不少，俱不投缘，是以拖延至今，尚为待字。而今流落异乡，身犹未安，无暇虑及此事。此亦愚兄之心病。”

“如此说来，犬子犹有一线希望。自兄到来，弟有幸结识，见兄一家天伦和谐，深为感佩，即心生一念，本拟缓缓伺机与兄言说，而老祖母适才唤我进去，对我提出此事，不容迟缓，弟只得觍颜向兄坦陈。贤侄女昨日进到内院，家母见了十分喜爱，说她有大家风范，举止端庄，意欲聘为孙媳，一定要我向仁兄提亲。小弟本有此意，只是觉得我家寒微，犬子鲁钝，不敢贸然启齿。如不笑话，小弟现在即诚心诚意提出，愿意与君结为秦晋之好，不知可否俯允？”

“贤弟此言正合吾意，只是有一事不妥。要说从前我们两家也可以算是门当户对，可是而今吾家遭劫，一贫如洗，小女入聘富户，以后恐遭白眼。”

“吾兄何出此言。大家小户，视道德不视财富。兄诗礼传家，子女温文尔雅。那些暴发户，为富不仁，一身铜臭，子女失于教养，骄横暴戾，避之犹恐不及。”

“话虽如此，身在路途，连一份像样的嫁妆也置办不起，令人赧颜。虽然怀揣山庄的房地契，可以赠予，如果回乡无望，那也只是一纸空文。”

“仁兄不必虑及此事。弟虽不算富裕，也还薄有田产，衣食不愁，一子一女，都到了谈婚论嫁年龄，也已为他们做了准备。令嫒下嫁过来，我们成了亲家，一切好办。”

“需不需合八字？”

“吾等读书识礼之人，并无此讲究。”

“感于贤弟诚意，吾甚乐观其成，但是还要问小女心意方可。”

“这一点老太太说了，已经问过令嫒，她说一切听从父亲。一桩好亲事如此顺利，叫人欣喜不已。现在可以叫小子来说与他听，也让他高兴。我们商量，择日喜结红鸾。”

张弘毅被父亲支开，心里想到七八分是他们要谈他的亲事，好生着急，盘算如何推脱才是。顾玉杼讲些路途见闻，他也无心听。看到父亲喜气洋洋地出来招手让他们进去，就觉得不妙，心中说不清楚地烦乱。

“快快拜见岳父大人。”张中剑一反平时对儿子的严肃态度，近乎戏谑地说。

“岳父大人？”

“小子你真有福气，顾伯父已经答应将女儿下嫁与你，还不叩头认过岳父？”

“父亲，这等大事，怎么不先与儿子招呼一声？”张弘毅见话已经讲明，此时没有机会可以让他背地与父亲讨论，只得当着顾老的面表明意见了。

“什么，难道你还不同意？这是老祖母提出的，为父亲自为你求婚，你能有什么不满意？”

“非也。怎么能不满意。恰恰相反，是小子无德无才，配不上小姐，会耽误了小姐终身，不敢高攀。”

“有这么好的一门亲事，你是心中暗喜，口头推辞吧？”

“小子怎么会不说实话？我实在是不行。”张弘毅不知道自己说的什么。

“什么不行？”张中剑急了，站起身逼近儿子，“你说说不愿意结亲的理由。顾小姐你也见过，才貌双全，端庄稳重。她家是士族望门。哪一样配不上你？”

“父亲，请您听我说明我的道理。窈窕淑女，君子好逑，顾小姐这样的人品正是我梦寐以求的，我哪会不愿意？可是要想一想，小姐家地位之高，小姐人品出众，使我觉得自惭形秽。我说真话，如果是平时他们家对我会是不屑一顾的。可是而今，他们家落难，漂泊无着，答应婚事，实出无奈。我们此时提亲，即使是诚心诚意，叫旁人看来，颇有乘人之危的嫌疑。实在是做不得的。”

张弘毅一席话不无道理，说得张中剑无言以对，他沉吟地看着顾大用。

“小官人不必有此等顾虑。我们没有感到令尊是乘人之危。你们家与我们是门当户对的，完全不属什么高攀。你的人品也是我看重的，有你为婿，吾可心安。”

顾玉杼站在一旁，很是烦闷。他看得出张弘毅是喜欢妹妹的，不知道他为什么要推辞。他急切地低声对张弘毅说：“这是好事。答应了吧，答应了吧。”

“使不得，使不得。”张弘毅急得满面通红，眼泪都快出来了。

张中剑只有摇头叹息，对顾大用说：“小子愚钝，无福消受。缓一缓，过两天再说吧。只怕他会反过来求我提亲的。暂时告退，我去后面说与祖母知道。”

张弘毅在红泥炉子上提起水壶，带着似乎是赔罪的样子上前与顾大用茶碗续水。小童赶紧过来要接过水壶，被他推开。三人都默默无语。

常人办事每每不能预先设想得面面俱到。老夫人在后堂与顾玉纾谈话，张夫人、姨太太和张弘玉都在一起。她把张中剑叫来，让他去提亲，是当着顾玉纾的面说的，没有留下转圜的余地。张中剑来向老夫人禀报结果，见顾玉纾在场，不知道怎样开口。顾玉纾见他嗫嚅难言的样子，就起身回避。她来到张弘玉房间，张弘玉也跟来了。

顾玉纾是冰雪聪明的人，一看张中剑的脸色就知道很明显亲事没有能够谈成。这是她有生以来受到的第一个严重打击。以前她的亲事不成，是别人家上门来提亲，他们家没有答应，不成功也不曾丢人。这次虽然也是别人家提亲，却是自己首肯了的，反而被别人推却，这才是丢人现眼。难堪的是现在还寄居在别人屋檐下，这样子怎么能有脸住下去？按说父亲的病体需要服药静养，难得有这么好的家居环境歇息。可是事已至此，考虑不了这么多了。离开这里，他们可以去找个旅店住。旅店条件是差些，也比受屈辱要好。只当是没有遇到这家人，也得要住旅店的。她患风寒并不重，药尚未服完，人已经康复。

她一想通了，就收拾自己的小包袱，走出房间。“妹妹，我要走了。打扰了，再会。”

“咦，这是为什么？你是刚住下来的。我哪里得罪了你？”张弘玉完全糊涂了。

“不是的。好妹妹，我很喜欢你，你对我很好。”

“那就不要走。你来了我好高兴，我好容易有你这么个姐姐。你走了我又孤单了。月茵，还不把姐姐的包袱拿下来。要走也得多住几天再走。”

“不行，我们要赶路。还有很远的路要走，不能留下来。”

顾玉纾不顾张弘玉的挽留，径自向后堂来。还没有上台阶，她就听到张母在责怪张中剑。

“都是你平时对儿子没有好言语，总是训斥，所以他见到你就怕，不听你的，不然这么好的一门亲事他为什么不答应。把他叫来，让我给他说，保证他听得进。他一向是听我的话的。是个懂事的好孙子。”

看到顾玉纾进得堂上来，张母住嘴。

“老夫人，小女子向您告辞，我们要继续前行，不能耽误过久。一天来打扰您，深为不安。以后太平了，我们来看望您。您老人家多保重。”顾玉纾对张母福了一福。

“住得好好地，为什么要走？”张母是个性格爽朗的女人，“你也听到了，我不瞒你，我那孙子没有接受我们的安排。你不要见怪，这是他一时糊涂，他会想通的，哪有这么好的亲事他会不答应？”

“婆婆不要误会。我们流落道里之人，顾及不到儿女小事。只想早日到达南方，求得一立锥之地，谋个生存，以此不敢久留。打扰府上，实在不该，容当后报。告辞了。”顾玉纾退步往外走。

老夫人急了，站起身说：“拿我拐杖来，待我去与那造孽的说去。敢不听我的就用这拐杖打断他的孤拐。来，你与我一起前去。”

张母不由分说地抓住顾玉纾的手，让她扶自己去前院大堂。张弘玉赶紧走上去扶着祖母另一只胳膊。张王氏、姨娘跟随在后，张中剑在前面引路。他先到茶室告诉顾大用说老太太来看他了。顾大用等人遂来到大堂迎接。

张母在大堂落座，请客人就座。她只简单地与顾大用寒暄了几句，就打算开始对张弘毅问罪。可是顾玉纾并不坐，她把包袱给哥哥，对父亲说：“父亲，我们走吧。前路漫长，不能中途耽误行程。”

“主人盛情留我们小住，怎么好意思就走？”

“不应该在这里打扰人家，被人轻视不好。”

顾大用实在是不想走，一来是年老的惰性，二来是病中体虚，需要歇息，情急之中就把话说得直白了：“女儿，说亲受到一点阻碍，不要急。我们还在商谈的。”

顾玉纾也急了：“父亲，看您说的什么话？我是因为那件事吗？这事您不要提了，这种心口不一的伪君子，我看不上。”

“小姐，不要这样说我。”张弘毅口齿笨，急了找不到言辞。

“这样说你并没有冤枉你。你真是心口不一，明明是喜欢我妹妹，又表面推脱。不是个男儿。”顾玉杼心直口快，说话不顾场合。

“住嘴，你们休得胡言。乱了礼数。”顾大用生气了。

张母用拐杖跺地：“娃娃，你过来，你成了个人物了，都是为你闹的。这么好的姑娘都看不中，这么好的人家就配不上你了？”

“祖母，您这是怎么了？”张弘毅吓得走上前对祖母连连作揖：“不是我看不上，是我命薄福浅，高攀不上。”

“人家不嫌弃，就愿意下嫁给你，你不答应吗？”

“人家是遭难，降格以求。我们不能乘人之危，做不义之举。”

“我可不是乘人之危，我是为你挑好媳妇。我看到有个好孙媳妇，就可以合上眼睛了。我为你操心，帮你挑媳妇，几年都没有相中一个。现在这么好的姑娘，我喜欢得不得了，你偏推三阻四，是要气死我不成？”她转而对张中剑发气。“都是你教的好儿子，我管不了，你去管吧。”

还不等张中剑开口，张弘毅就扑通朝祖母跪下了。

“祖母息怒。是孙儿不孝，请祖母恕罪。唉，时至今日，我不得不将实话说了。”张弘毅连连叩头，“祖母、父亲大人、母亲大人，孩儿已经报名参加文状元的义军。我和好几个朋友一起报的名，只等待通知一下来就要离开家了。”

他的话使大家感到震惊，面面相觑，说不出话来。

“我一直没有禀告，是因为不愿意让家人过早地烦恼，说些无益的话让我苦恼。我决心已下，不可反悔。自古忠孝不能两全，孩儿再不能尽孝道了，请祖母、父母亲大人原宥。我也想过，祖母年高，孙儿这一去可能再也见不到了。祖母白疼我了，我的罪不小。况且敌人虎狼之师，战争残酷惨烈，孩儿很可能回不来。没有征求家中同意，我就报名投军，我是有罪，请原谅。”

张中剑将儿子扶起：“好儿子，你做得对，我不怪你。你不愧为张家后人。你跟随文状元去是选择了正道，为我们家争光了。”

大堂里听到抽泣声，原来是张王氏用手帕捂住嘴在哭。姨娘也在流泪，拿手帕擤鼻涕。

张母又以拐杖跺地：“不许哭，哭得我心烦乱，让孙儿心不安。这娃娃长大了，撑了我们张家的门面，好哇。”

“你也应该早些告诉为娘的，我好为你准备行装。”张氏止了哭泣。

“鞑虏未除，何以家为？”张弘毅还是对父亲说，“您为我提亲，我很感激。我不是不想要这门亲事，我只是福浅命薄。孩儿即将奔赴沙场，此一去生死未卜，万一回不来，岂不是贻误了女子终身，我怎么能答应？”

顾玉杼将包袱还给妹妹，上前对张弘毅一揖到地，抓住他的双手说：“兄弟，好兄弟，我冤枉你了，请原谅。你是真正的好男儿。”

“我称不上是好男儿，但是绝不是伪君子。”

顾玉纾将包袱放在父亲膝上，也上前与张弘毅道歉：“那是我胡言乱语。我不明就里，错怪你了，恳请原谅。你是真正的正人君子。”

张弘毅与她回礼:“是我该请求原谅。请理解我的苦衷。”

张中剑拉儿子坐下,问他报名投军的事,有哪些朋友一同去。张弘毅心乱如麻,告诉父亲有李时龙等人一起,还有庆生。

“好啊,庆生是你个伴,可以去照顾你。”

顾玉纾到父亲面前,拿过包袱:“爸爸,您怎么不说话?”

“叫我说什么?啊,是了。现在误会已经解释清楚,我们可以走了。我向主人家告辞吧。”顾大用站起身。

张中剑挽留他们:“为什么说走?说好了,多住几天的。不能走。这怎么办?”

“哥,”顾玉纾向兄长求救,“你说话呀!”

“说什么?”

“你昨天与我说的是什么?”

“昨天我说想把你托付给张公子,那是不知道张公子投军。现在知道了,不能再提了。爸爸说的是对的。走吧。唉。”

张弘毅站起身,上前挽留。可是他的声音不大。

顾大用告辞,往外走,要去客房拿行李。顾玉杼跟随。顾玉纾无奈,向张家的人辞别,一步一回头地跟随父兄往外走。张家的人七嘴八舌,一起挽留也不起作用。

“不要走啊,”张弘玉上前拉住顾玉纾的包袱,“你昨晚与我说了的,愿意当我的嫂子,怎么说了不算?不要走。”

“好妹妹,那是我们的戏言。”顾玉纾羞得粉面通红。

“你骗我呀!”

“我不是骗你,是说的真心话。虽然是真心话,只是口头上说说,要知道我不能私许终身。还是要你们家提亲,我父亲应允了才算。”

张弘毅心情很是矛盾。本来已经谈成了的好端端的婚事被他推翻了,推翻了他又沮丧。现在姑娘还在鼓励他们家提亲,出现了转机,有希望再议,他不知道该不该坚持反对,只是望着父亲。这时候老太太发话了。她对张中剑说:“你听到没有,人家姑娘都对玉儿说过愿意做我们家孙媳妇的,你还发呆。这么好的姑娘不能错过,再向他们家提亲吧。”

“再提有什么用?不是姑娘不愿意,是您的孙子不想谈哩。”张中剑问儿子,“你究竟是什么主意?”

“非不欲也，实不能也。”

张母说：“别问他了，只问姑娘愿不愿意守。薛平贵从军别窑，王宝钏独守寒窑一十八载，等到了他回来。我孙儿不是不回来的，只用三年五载，平定番邦，他就封侯晋爵，荣归故里，奉旨完婚。我是看得到的。”

张中剑即对顾大用说：“顾兄，适才家母所言甚为中理，不知仁兄意下如何？可否俯允亲事？”

“这亲事实在叫我难以抉择。实不相瞒，初见令郎一表人才，吾即有招为东床之意。今日府上提亲，正中某下怀，是以满口应承。不料令郎却一意推脱。他袒露衷曲，足显仁人君子襟怀，令我感佩。得婿如此，诚为快事。但是他投军别家，却使此事蒙上阴影。自山妻弃我先去，将一双儿女交付于我，我便得安排好他们一生，才可使他们母亲九泉之下安心。我实在不忍心见小女终生孤栖。因此提起此事，我就想远避。”顾大用转向顾玉纾说，“女儿，你看他们家正式提亲，该不该应承？张家公子人是好人，亲事却说不上会是好亲事。这事情如何决断，听听你的想法。这是你的终身大事。”

“父亲，到这时候，我也顾不得羞耻了。女儿是愿意的。”

“你拿定主意了？”顾大用是真的感到为难。他皱着花白的眉，逼视女儿的眼说，“对这样的大事，态度不能一会儿一变。情势已经是很明显，张公子不愿意贻误你的终身，我也不想看到你将来独守空闺。不可以因为一时冲动，将来懊悔不及。”

“父亲是知道女儿的。女儿做事从来不冲动。想我自小就不愿意过庸碌生活，也不屑与庸碌之人为伴。我足不出深闺，不善识人。逃难以来，却也观察了各色人等。昨日见到张郎，温文尔雅，不觉已是心仪。他家提亲，我心中暗自高兴。想不到张郎不应承，不免恼火。现在知道了他的心思，对他更是敬佩，择得如此郎君，我终生无悔。”

“他说他投军即将离家，你能守到他归来吗？”

“我愿意守。十年八载我也能守。张郎去抗敌，是英雄。我们家本来过着平静的生活，胡人一来，迫使我们背井离乡，四处流浪。一路上见到多少被胡骑铁蹄驱赶得流离失所的人，扶老携幼，苦不堪言，我就恨自身不是男儿，不能披甲执戈上前线去抵抗强虏。现在张郎是代替我实现我的愿望，我心甘情愿等他归来。我心已定，非张郎不嫁。”

听了顾玉纾的表白，张弘玉激动得欢呼起来：“月茵，还不将姐姐的包袱拿过来,放到我们房里去。”

月茵高兴地拿过顾玉纾手中的包袱,站到人后去。张中剑让众人回自己位置重新坐下。

“顾兄,令嫒已经表明心迹,端的是深明大义。您看是否可以俯允此事,玉成他们?”

“那就高攀了。”

欢乐的气氛一下子充溢着大堂。顾玉纾刚才还在慷慨陈词,此刻羞涩地低垂粉颈,她拉了张弘玉躲去后庭。

张母拍手大笑:“好啊。我们家喜事临门。这真是千里姻缘一线牵,天作之合。抓紧安排,让他们成婚,圆房以后,孙儿就可以安心上战场去了。”

“祖母,使不得,使不得的。”张弘毅连连摇手,“决不可以成婚。我一别家门,不知道何日是归期,不可以让姑娘在闺阁中望穿双眼。现在不要成婚,她能等就等,不能等,她是自由之身。”

“顾兄,你意如何?”

“我已经将小女许配给令郎了,成婚不成婚,都是你们张家的人。”

张中剑又与儿子商量,还是说不服他。最后他决断地说:“就依你的,暂不成婚,但是要先下定,行聘礼。等你回来再与你们圆房。顾兄,您看呢?好的,就这么说定了。老太太,您满意吗?”

“好啊。这样一来孙媳妇就是我们家的人了。两家成了一家,安排他们好好住下来。玉纾与弘玉住。他们爷俩住到候月院里。你看如何?”

“老太太心急。我知道怎么安排的。亲家翁,你们就长住下来,等毅甫回。这也有利于您静养。皆大欢喜。”

就这样,顾大用一家在张家安顿下来。张家行聘,金银首饰自不用说,箱笼几抬几挑,多是锦帐被褥衣物,正是顾家需要的。顾家的嫁妆是金珠一匣,唐代的青铜香炉一尊。还有顾氏自家住的庄园以外的一座庄园的房地契,待天下太平后返回故乡,重振家园,这契约是有价值的。

候月院经过一个下午的收拾已经是干干净净,顾家父子挪了进去住下。院里环境幽静,拨了一个小丫头服侍他们。顾大用很满意。可是人生烦恼是一重不了一重添。晚上顾玉杼就向他提出要随张弘毅去投军。他说得大义凛然,顾大用无法拦阻,只得勉强同意了。

次日,顾玉杼就让张弘毅带他去镇上报名。此前庆生已经同张弘毅一起报了名,他的大名是朱庆。自此他们三人积极准备行装,数日后得到通知就启行去投文状元的义军了。

早上的阳光照进永和镇镇边一栋简陋房屋里,一个七岁的男童从床上爬起,自己穿衣洗漱过后,从母亲手中接过两枚熙宁通宝去买油条。出门只觉得阳光耀眼,熏风拂面。到街上听到锣鼓喧天,他循声来到镇上的广场。广场上人头攒聚,人声鼎沸。矮小的童子眼光越过人群头上,看到一座台子上彩旗飘飘,几位大官坐在上面。广场旁一排高大的白杨树浓密的树荫里停了一溜儿几十辆大车,拉车的马和驴披红挂彩,赶车的人手执长鞭在一起谈话,胸前大红绸缎扎的绣球十分耀目。大车上码放着装满粮食的麻袋。几辆栅栏车里关着的猪和羊在不安地哼叫,吸引他上前看了一会儿。他忘记了买早点,返身跑回家拉了母亲来看热闹。

张弘毅、朱庆和顾玉杼三人在膳堂吃了结结实实的一顿早膳,准备出发。家里人都出来送行,他们早就坐在大堂里等候分别的时刻。朱庆的父母是家中的仆妇,今天这场合也为他们安排了座位。其他的奴仆站立在两旁,都感叹嘘唏。女眷们泣涕涟涟,张弘玉珠泪滚滚,污损粉妆。月涵、月茵也在抽泣。顾玉纾娥眉紧锁,长吁短叹,倒是没有掉泪。

张弘毅三人进大堂来辞行。他们分别与自己的长辈跪下叩头,请他们保重,勿挂念。长辈祝福他们,求老天保佑他们,菩萨保佑他们。

镇上传来锣鼓声、鞭炮声,声声催行。三人强装笑颜,狠心转身离去。他们下了大堂,众人送到院中。男仆背了他们的背包行囊,要一直送去集合地点。

走过前庭,张弘毅依依不舍地看着庭院的一切。庭院两旁浓密的栀子树结满了肥硕洁白的花朵,那浓郁醉人的芳香扑鼻而来。这花香将追随张弘毅四处漂泊,让他永远怀念家园。

大门边是最后分别的地点, 女眷是不出大门外的。张弘毅与祖母、母亲、姨娘、妹妹一一告别,又与顾玉纾长揖作别。顾玉纾含羞把手中握了很久的香囊递给张弘毅:"此香囊为妾八岁时学女红所绣,一直佩戴在身。君出门在外,可佩此以辟秽气。妾等君平安归来。"

张弘毅高兴地接过, 看那心形香囊蓝色底子上用彩线绣了喜鹊踏梅,绣工精美,闻到内中的香料是檀香、菖蒲、艾叶等,很是喜欢,立即置于衣领内贴身佩戴，迭迭称谢。他想起柳永的词句“执手相看泪眼，竟无语凝噎”，很想握她的手，可是压抑住了，反而显得平淡地说些客套话。

张中剑见张弘毅三人头顶草笠，足蹬麻鞋，一身短衣，腰缠绸带，佩戴刀剑，很显精神，而张弘毅佩的是一柄普通的刀。他命人立即去张弘毅的书房，把那柄松纹剑取来，让儿子带上。张弘毅不肯，说那是传家之宝，镇宅之宝，应该留在家中。张中剑说人是最珍贵的宝。物件是拿来用的，挂在壁上就发挥不了作用。

他向众人展示这剑。他先试着抽剑，用多大的力也抽不出。他用拇指推剑柄上一个暗栓，轻轻地就把剑抽出来了。大家纷纷称奇。顾玉纾也看在眼里，心中称赞张父把这么珍贵的剑给儿子带去杀敌的举动。

“宝剑不是观赏把玩的，要发挥用途。扫除胡虏，澄清宇内。人在剑在，人亡剑亡。祖传的宝剑保你平安归来。你若是不幸沙场殒命，是为家族增光。我相信你会平安归来。”

月涵人小无所忌讳，向张弘毅屈膝福了又福：“少爷要平安归来。我服侍少爷多年，少爷回来我还会服侍你。”

“你要好好在家服侍老太太，要听话，不要耍小孩脾气。老太太喜欢听笑话，你要多说笑话让老太太开心。”

顾大用拉着顾玉杼的手不肯松，要送到集合地点去。见父亲老泪纵横，顾玉杼也热泪盈眶：“爸爸，您服了几天的药，又休息得好，气色好多了。您保重珍摄，我不久就回来的。”

三个人最后告别家人，踏上征程。张中剑要送去广场。朱庆的父母亲背了他的行囊背包，走在他身旁，他们还当他是孩子，尽管他比他们高大得多。

越是走近广场，锣鼓声越是强烈，地都震动了，心都震到了喉咙管。一到广场，他们挤进人群，来到台前，找到投军的队伍，让张弘毅三人报到。领队问明了他们身份后，把他们安插到队伍里。三人接过行装自己背上，亲属自此就分隔了。张弘毅看到李时龙和几个平时要好的朋友早来了，互相打过招呼。这批投军的有三十余人，他们排列成队伍，穿戴整齐，有的带有兵器，有的没有。给他们送行的他们的爷娘妻子站在队伍外，伤心地哭着，哭声被锣鼓声淹没了。

张中剑看到在台上有盐丞柳瓘，他算是永和镇最大的官了，还有里正，行帮的头面人物等在上面。他看到带队的到台前与柳瓘报告投军的人到齐了。柳瓘举手,锣鼓敲完一个乐句就停止住。广场上静了下来。柳瓘一挥手,命令“出发”。哭声立即扬起。

柳瓘和里正,还有两名行帮的人下得台来,钻进轿子,轿子起身,走在最前面。锣鼓队在前面开道,到了镇口,他们就在大道旁演奏,等着队伍走过。轿子后面是投军的青年人,步伐整齐,气干云霄地前进。再后面是大车。送行的人到镇口就被阻挡住。张弘毅等人没有回头看亲人,义无反顾地走了。他们已经像是士兵。

六月上午的阳光已经有些威猛。坐在家中还感到阴凉,走在万里无云的晴空下,迎面拂来阵阵熏风,渐渐就热得难受。张弘毅他们走了一个时辰以后,个个面红耳赤,汗从帽檐流下,背囊压住的背上已经是汗湿一片。开始他们还想说笑,被喝止后就闷声前行。大路上只听到沙沙的脚步声和大车的车轮辚辚。

张弘毅以前最远只到过庐陵县城,那是为了参加县级考试,他中过秀才,现在是去庐陵富川镇,义军屯集的地方。他将见到他自幼景仰的文魁元,跟随他去远方。

张弘毅到军营报到以后很长时间都没有见到文天祥,他见到的最高级的军官就是尹玉。他和朱庆、李时龙、永和镇来的另外几个朋友,还有顾玉杼被拨到尹玉营中。虽说是在同一个营,他们见面的机会不多,因为军营的生活紧张而又约束严格,他们没有空闲游荡。

军营生活之艰苦连朱庆都受不了,张弘毅这在家养尊处优的公子倒反过来鼓励他。他们睡在帐篷里,被褥打开,下面没有稻草,直接铺在地上。起初几天里潮湿、坚硬、凸凹不平的地面让他们久久不能入眠,后来也习惯了。行军灶煮出的食物粗粝,难以下咽,后来吃起来也香了。军营生活的主要内容就是操练,那才是苦不堪言。首先是队列训练,本来看起来是非常简单的事,一严格要求就难以做到合格。这些新兵才知道自己长这么大了,原来连正规的站立都不会。天天都练习走路,要走得整齐也不容易。沿着校场边沿跑步,跑得气喘不及,人要倒下。落后的要挨鞭打。队长跟在旁边跑,挥动藤条,不停地喊:“快跑,快跑。跑慢了,打了胜仗你发不了财,打了败仗你逃不了命。”

给新兵配发了一式的短刀,长枪和弓箭,军营里有一处炉火日夜通红,专门锻打兵器。刀枪使用的训练讲求实用，那些花架子，俏身段受到鄙薄。每个人都很认真地学习，刻苦地练习，知道这是决定战斗胜负，生死攸关的事。使起刀来，劈、砍、扫、削、挡，动作迅猛，身法，步法都有讲究。弓受到很好的养护，很多人自己削制箭杆。练习射箭虽然不能达到百步穿杨，也争取每发中的。张弘毅用读经的方法学习武功，也就是眼到手到还要心到，所以技艺掌握得很快。

在军营与朋友朝夕相处，互相关心，增进了友谊。新兵混杂编进了老兵里，让张弘毅结识了一些新朋友。老兵说来军龄也不长，只比张弘毅们早了几个月，是文天祥这年正月在赣州接到勤王诏书以后招募的义军。他们是赣南粤北一带的仁人志士，有军人，也有士农工商。张弘毅发现其中有些人形容怪异，皮肤黝黑，后来知道他们是“溪峒蛮”。这是散居在赣、闽、粤交界地区的畲族、瑶族和苗族人，他们朴实憨厚，身强力壮，吃苦耐劳。

有一天下午训练休息时，张弘毅来到饮水处饮水。一大群人围着水桶抢水喝，有三个安了柄的竹筒供他们舀水。士兵都赤膊上身，汗流浃背，裤子也湿透了，贴在腿上，他们需要补充水分，舀到水就往冒着热气的口里倒，溢出的水流到紫铜色的胸膛上。一筒冷水喝下去，既解渴又降温。喝过水的人坐在周围地上休息。

张弘毅站在圈子外，挤不进去，只有耐心地等别人喝了再喝。休息的时间虽然不长，还是足以让每个人轮流喝口水。这时候，一双大手突然从身后抱住他，把他举向空中。他大吃一惊，打算反抗，可是看到周围人都笑嘻嘻的，连朱庆也咧嘴笑着，知道是善意的举动，就放松绷紧的双臂。等他被放下地，一转身，他见到面前站着一个比他高出一个头的巨人正咧开厚厚的嘴朝他笑。张弘毅用空拳敲打他厚实的胸膛，他又搂住他的肩。就这样两人认识了交上朋友。这个人名叫陈普，是畲族人。以后陈普喜欢经常来找他，由于语言障碍，无法流畅交谈，在一起只是笑。张弘毅很喜欢这个新朋友。

张弘毅喜欢上的另一个人是尹玉将军。他见到尹将军三十余岁年纪，白净面孔，五绺长须飘拂胸前，着便装，常与士兵一起训练习武。这一营士兵多是他从赣州带领过来的，跟随他多年了，个个称赞他带兵如子弟，传颂着他的战功。张弘毅与他个人有了直接接触后，也是对他敬佩不已。

军营沿着一条小河延伸有数里之长。无数的帐篷在绿色的草地上铺开，其中夹杂埋锅做饭的灶台。远处村庄的瓦房和草屋是官长住的地方。一天傍晚，张弘毅和几个士兵来到小河里洗澡。岸边有一带柳树遮挡，他们把衣服脱了搭在柳树枝上就下了水。一群鸭子游到了远处。河水泛着鱼腥气，水里漂浮的荇草间有些小鱼出没。他们浸在水里，发烫的皮肤在清凉的河水中冷却下来。张弘毅打开头发，在流水中搓洗。河的上游下游都有人把马牵到水中刷洗，他们不在乎。树林里蝉在肆无忌惮地鸣叫。群鸟叽叽喳喳地飞回巢里。

他们看到树林里有人影晃动，没有在意。洗完澡，他们上岸，擦干身子，把衣服穿上，说说笑笑，打算回帐篷去。这时候，几个人持刀大喊大叫跑了过来。张弘毅等人大惊失色，想要跑已经被围住了。夜色苍茫中他们没有看清来的是什么人。

"行了，吓唬他们一下就可以了。"看到从这些人身后走出来尹将军，大家松了一口气，"张弘毅，敌人来攻，你们为什么不抵抗？"

"我们手无寸铁，无法抵抗。"张弘毅见尹将军叫出他的名字，不觉一怔。

"你们的武器呢？"

"我们出来洗澡，刀放在帐篷里，没有带来。"

"当兵的随时要带上武器，连睡觉都要把刀放在身边。知道什么叫'枕戈待旦'吗？今天是我看到你们没有带武器，临时想出的办法教训你们。如果真的有敌人来偷袭，你们不是丢了命吗？记住了，回营去吧。"

张弘毅后来发现尹玉能叫出绝大部分士兵的名字，相处只这么短的时间就能做到这一点，足见他对每个人的重视。这使得张弘毅对他产生敬服。尹玉经常在傍晚来帐篷里看望士兵，嘘寒问暖，和他们扯家常，一起说笑。他说："我们是兄弟，你们的命在我手里，我的命在你们手里。我们要共患难，同生死。"

张弘毅不惧怕艰苦，训练中很勇敢。营房的生活没有空闲，训练抓得很紧，休息时坐下来就要编草鞋。周围都是与自己同样的军人，没有个人的隐秘生活，没有闲暇怀念亲人。他只有晚上睡在帐篷里，在黑暗中抚摸贴身佩带的香囊想念顾玉纾，慢慢在刁斗声中入睡。

出发的日子在等待中终于来临。三天前士兵就接到通告准备拔营。七月七日那天，文天祥率领义军从吉安出发去临安。凌晨五鼓，天犹未明，士兵起床，打好背包行囊，拔起帐篷。等他们收拾好，饭菜已经做好。他们吃过饭，背上行军装备，排好队。队长检查每个人的装束是否整齐。张弘毅头戴范阳笠，脚蹬麻鞋，肩扛丈八长枪，腰配朴刀弓箭，还有自己的松纹剑，抬头挺胸，站得绷直，浑身透着精神。他前面隔了三个人是朱庆。陈普站在排头。

在晨曦中，他们排成三路纵队，由队长带领去校场。他们来到绣有“尹”字的红色战旗前列队肃立。尹玉将军披甲仗剑站在旗下，威严地看着他们。他的马弁牵一匹黄骠马站在他身旁。队伍站好后，队长去向尹玉将军报到，然后归队。渐渐地全体义军都在校场排列齐整。各队排头的彩色战旗在微风中摆动，在初升太阳的照耀下显得鲜艳悦目。鼓轻轻地敲，声浪上达蓝天，传遍大地。校场上聚集有三万士兵却听不到一点嘈杂的声音。

鼓声如暴风骤雨般震响。在北面一人高的点将台上，文天祥出现了。士兵齐声山呼。文天祥高高举起右手，鼓声停息。他开始训话。张弘毅站得离台较近，可以清晰地看见他身材颀长，丰姿秀美，面庞白皙如玉，修眉长目。他已经四十岁了，明亮的须发已经夹杂灰白色。他头戴丝绸帽，帽准为一块碧玉，身着白袍，胸前用红丝线绣着大字“拼命文天祥”，让张弘毅看了感到震撼。他腰间系一条玉带，双剑悬挂左右。他几乎像是看着远远近近面向他站立的每个将军和士兵讲话，讲话的声音细而高亢，传送到很远。台上他身后还站立有几位将军，张弘毅不认识。

“今日乃大宋德祐元年七月七日，吾军择定此黄道吉日启营拔寨，勤王京师。旌旗所指，鞑虏披靡。年初吾在章贡，接到太皇太后勤王诏书，知国事危急，遂竖起大纛，招兵买马，喜得响应，三万义士，慷慨投至。连月来厉兵秣马，训练得兵精将良，已经是一支仁义忠勇之师。前日又接诏书，命吾‘疾速起发勤王义士，前赴行在’。刻不容缓，是以择吉起兵。

“有人对吾言，‘今元军薄郊畿，君以新集之兵赴之，是何异驱群羊而搏猛虎。’吾岂不知，第国家养育臣庶三百余年，一旦有急，征天下兵，无一人一骑入关者。吾深恨于此，故不自量力，而以身殉之，庶天下忠臣义士将有闻风而起者。义胜者谋立，人众者事济，如此则社稷可保也。众位义士深知吾心，乐人之乐者忧人之忧，食人之食者死人之事。与吾同仇敌忾，共赴国难。

“天地之间充塞浩然正气，上有日月星辰，下有山川河流，无不为正气所化。吾等忠勇之士，亦为正气化身。穷困时刻，危难之中，正气就会显现。古人中，张良怀一铁椎博浪沙狙击嬴政，是凛冽的正气。苏武陷番邦，天寒地冻，持一节度一十八载，是凛冽的正气。诸葛亮出师讨伐国贼，鞠躬尽瘁，死而后已，是凛冽的正气。今日吾等抗击鞑虏，秉一股凛冽正气，无往不胜。是生是死，何足挂怀。站立着，我们是顶天立地的正气；倒下来，我们是充塞天地的正气。凛冽正气，万古长存。”

士兵又发出山呼。祭天仪式结束后，点将台上军正挥动令旗，宣布衅鼓出发。尹玉将军上到台上，领了先锋令箭，下台来跨上了战马。他率领本部人马，走出校场，踏上征程。

文天祥下了点将台，跨上一匹白马，扬鞭启程。一面绣有“文”字的军旗跟在他身后。大军就开拔了。

迎风招展的“奉诏勤王”红色大纛为大军开路，先锋还是尹玉将军。张弘毅的一营有幸随尹玉将军走在全军的最前列。他们走出营地很远很远了，后军尚未开步。队伍拖了几十里路长。在一个小山上，张弘毅回头一望，绿色的原野间蜿蜒的路上，军队的旌旗招展，戈甲鲜明，军容严整，不禁豪气满怀。他感到是报效君王的时候了，驱除鞑虏，血染沙场，正是男儿本分。

这是辰牌时分，永和镇上的以及堂药店的伙计王转运在店里与人闲聊，听得外面鼓声震天，人声嘈杂，他们走到门口观看，只见数百骑兵组成的马队缓缓走过大街，铁蹄整齐划一地敲击石板路，清脆的声响激动人心。马队过后，来了一面书写着“尹”字的军旗，由一名骑在马上的士兵高擎。后面是几位骑马的将军。

步兵行来时，王转运听到队伍里有人唤他，他定睛一看，是身着戎装的庆生。后面又有人唤他，原来是少爷张弘毅。两人都说要他告诉他们家中，他们现在开拔去京城，他们很好，不要挂念。

王转运拔脚就跑去张府。他要门丁——他们是认识的——告诉老爷，还有庆生家里，公子和庆生出发，路过镇上，赶快去见面。当然，等张中剑，庆生的父亲，还有顾大用得到信息，赶来大街上，张弘毅等人已经走远了。他们只有看着似河水淌过的军队叹息，别人可以盼到儿子回来，而顾大用心中多半明白，此生见不到儿子了，禁不住老泪纵横。王转运安慰他们说，他们的儿子都很好，像这些士兵一样。皮肤黑了，身体健壮了，英姿勃勃，很了不起。

后面来的是几位骑马的将军簇拥着一位中年的文官，他身后旗帜上书写着一个斗大的“文”字。夹街的老百姓都欢呼，“文魁元”。骑在马上的文魁元笑容满面，手握马鞭拱手与乡亲们致意。文天祥曾经在二十岁的时候中状元，回到家乡，披红骑马走过永和镇，那时候镇上的人就认识了他，以后家乡人谈起他来引以为荣。

永和镇上的人们由于事先毫无军队开拔的信息,没有能够安排欢送的仪式,而匆忙中也没有想到在门口摆香案,没有拿食物给士兵,就这么看着子弟兵走了,而且是一去不复返,以后他们一想起就感到愧疚。

文天祥率领勤王军走在从吉安去临安的路上。这条路他以前走过多次,最早的一次是他二十岁的时候由父亲文仪带了他和弟弟文璧去京城应试。那次他中了状元,而父亲却溘然长逝。以后他宦海沉浮,进京出京,几次往返在这条道上。而这次是他最后一次离开家乡,他却没有意识到。多年以后他才得以魂归故里。

文璧此刻也跟随他在军中,他的职责是管理军中的机要文书。

文天祥的左右随从有路分金应,总辖吕武,帐前将官余元庆,虞侯张庆,亲随夏仲,帐兵王青,仆夫邹捷,僮仆李茂、吴亮、萧发。

天气非常炎热。大道上南去的流民给北去的义军让开道路,向他们鼓掌致敬。头一天大军行进四十里便安营歇息了。张弘毅等新兵顶着烈日,负重行军,一天下来仍是精神抖擞。很多人脚磨出血泡,除了骂自己太娇嫩以外,没有叫苦的。以后他们沐雨栉风,跋山涉水,穿州过镇,沿途秋毫无犯。文天祥大军未获得朝廷一兵一将,一钱一米的补给,给养全由吉州运来。勤王义师于八月下旬到达临安,驻扎在西湖。士兵被关在军营中继续练兵,不许进城,以免惊扰百姓。

文天祥率军北上之时,长江一带形势非常紧张。元军以降将吕文焕为前锋,长江各地防务多为吕氏旧部掌控,纷纷不战即降。元军得以顺利沿江直下,如入无人之境。不幸的是七月初二,总都督张世杰所组织的焦山抗击战由于其他两路军马不配合而遭到惨败,致使通往临安的大路为元军敞开。宋室已是危殆。

四

到达临安的那天,文天祥根据指示将军队安置好以后,不顾长途鞍马劳顿,当晚三更就乘轿子去皇城大内的待漏院,等候清晨五鼓上殿面圣。

入夜以后，一丝风都没有。西湖将白天积蓄的热随湖水水汽的蒸发扩散出来，使得杭州像扣在蒸笼中。文天祥衣着整齐，坐在轿子里，额头上汗涔涔地抹不干。青布小轿的门帘窗帘都开着也没有风进来。他从窗里看到湖中仍有不少游船张灯结彩在湖面荡漾，将湖水映照得流光溢彩。水面上传来阵阵悠扬歌声。他想到现在都什么时候了，大兵压境，而杭州的百姓还是这样寻欢作乐。

“夜已深，湖上居然还有如许的人。”文天祥与前面的轿夫攀谈。由于刚到临安他还没有配备给他的轿子，这顶轿子就是临时雇用的。他的两名随从骑马跟随在后。

“天太热，湖上风凉。”那轿夫看来已届中年，着一青色背心，光着胳膊，裤子肥大，健步如飞，倒不见出汗。轿夫的步伐配合着轿子的抖动，既省力又让乘客舒服。

“游湖的都是些什么人？”

“这是不用问的。”轿夫说话连气也不喘，“当然是达官贵人、豪门巨富、公子哥儿。”

“他们和你们都是晚上不归家，他们是寻欢作乐，你们却辛苦劳作，天也忒不公。”

“相公此言差矣。我们卖力气的，就盼有人寻欢作乐。他们寻欢作乐，我们就有银钱可挣，有了银钱就可养家糊口。您只看，一入夜，船户都来湖边，拉了客人上船。我们就等船上的客人呼唤我们去青楼接了歌女来，到夜半再送回。一接一送，银钱一捧。各人有各人趁钱的路，生活好过着呢。”

“你们不知道蒙古大军已经逼近临安了？不感到害怕吗？”

“害怕又有什么用呢？”轿夫几乎用圣哲的口气说话，“别以为我们愚昧懵懂，天下事我们也知道几分的。老哥儿们几个坐在湖边等生意，望着湖水，谈天说地，说古道今。天上地下，古往今来多少事，无所不谈。一声说，一声笑，一声叹息，一声骂。说到为民的清官就赞叹，说到奸臣就痛骂。忠奸在我们心里是分得清楚的。蒙古人为什么能够打过来？是奸臣当道，朝政腐败，谁不知道？我们百姓草民该受劫难，躲不脱就承受。老天要收人，没有办法的。”

文天祥心里一阵阵紧缩。不幸处于国家危亡的关头，自己的作为也会受到后人的评说。本着一片忠心赤胆，他相信自己不会受到讥弹。他想的不是这事,使他痛心的是大厦将倾,独木难支,不能使人民免受劫难。

在待漏院里,文天祥见到不少文武官员,有一些是相识的,但是大家心事重重,只寒暄几句就不再攀谈。他坐在靠窗的一张椅子上,手支着下巴,望着窗外庭院。室内蜡烛明亮,室外走廊灯笼照耀,院中树影婆娑,树上的鸟在不安地啾啾叫。他想到这待漏院还是原来样子。二十年前金殿应试,钦点状元。后来宦海沉浮,几度为京官,几度放外任,却是岁月蹉跎,一事无成。而今四海震荡,自己进京勤王,不知能否力挽狂澜,使天下转危为安,让百姓免除兵燹之苦。

文天祥看到众官员起身迎接某人,他回头一看是丞相留梦炎进门来了,他也上前见礼。他见到留梦炎虽然年近花甲,须发斑白,却不显老态,倒是红光满面,一双猪眼却炯炯有神,稀疏的胡须掩盖不了肥厚的双唇。玉带箍不住下垂的肚子。留梦炎问他什么时候到的,可安排妥当了。他一一据实回答,并请丞相代禀圣上,微臣文天祥等待召见。他没有多与留梦炎言语,不想让人留下他趋炎附势的印象。

五鼓时鸡人唱晓,金殿开启,百官鱼贯上朝,来到垂拱殿里,按文武分两厢站立。太皇太后谢道清携了五岁的小皇帝恭宗登上龙椅。早朝仪式过后,只见丞相留梦炎出班奏道,文天祥率领勤王军已经到达行在,军队根据指示,驻扎在西湖,本人现在在殿门外候宣。太皇太后即下谕宣文天祥上殿。

文天祥上金殿来,觐见圣上及太皇太后,被赐平身,站立一旁。他并不敢抬眼细看,只以笏遮面,用眼角余光看到御案后坐着小皇帝,倒是安静,却东张西望,不关心大人们的言谈。太皇太后谢道清年过花甲,金冠压在白发上,清秀的脸庞显现细细的皱纹。她身后有两名宫娥肃立。

“文爱卿现居何职?”

“启禀太皇太后,卑职现任江西安抚使,知赣州。”

“哀家是知道你的。二十年前,先太皇帝在金殿钦点你为状元,将你试卷拆封以后,见你名为文天祥,龙心大悦,说你是国家的祥瑞。赐你字宋瑞,对你寄予厚望。”

“先太皇帝恩典,臣下虽肝脑涂地不能报万一。”

“你也算是历经三朝的老臣了。先太皇帝宾天后,先皇孱弱,不理政事。去夏更是龙驭宾天,哀家白发人送青发人,心痛欲绝。嗣君尚在孩提之间,哀家不顾耄耋衰颓，免为代摄。又值鞑虏入寇，兵指京畿，国家危殆。去冬朝廷颁布哀痛诏，号召天下勤王，可恨无人响应，至今才得卿一支人马到来。卿是何时启程？”

“臣下是七月七日带领三万军卒从吉安出发的。”

“为何路途需要这么久？”

“臣下大军行至隆兴时，获令留屯，不得赴京。后来查知乃江西制置使黄万石诬陷臣下，说义军是乌合之众，沿途打家劫舍，骚扰居民。臣为此上书辩白，方许来京。我义军三万人马，军饷自筹。臣变卖家产，以资财军用。地方豪杰纷纷解囊。勤王之军千里跋涉，粮草由吉安运来，沿途秋毫无犯。”

“此事哀家知道，确实是卿家受了委屈。此中有些事比较复杂，是你不了解的，也不必再问。黄制置所言亦是为国，卿勿挂怀。当今国难当头，正值用人之际，理当齐心戮力，击退强敌。哀家问的是，除了隆兴耽误几天，路途也不须这多时日。”

“臣下适才已经说明，微臣自起军以来，未获得朝廷一粮一草，自江西至京师，大军粮草都要由吉安长途源源运来，因此拖延了行军。”

“知道了。义军既已到达，可即编入厢军。卿可将义军名册造好，交与张世杰将军，军饷概由国库拨与。”

“微臣尚有表奏，”文天祥躬身言道。得到谢太皇太后准许后他捧着笏版朗朗而读，“本朝惩五季之乱，削藩镇，建都邑，虽足以矫尾大之弊，然国以浸弱，故敌至一州则一州破，至一县则一县破，中原陆沉，痛悔何及！今宜分境内为四镇，建都督统御于其中，以广西益湖南而建阃于长沙，以广东益江西而建阃于隆兴，以福建益江东而建阃于番阳，以淮西益淮东而建阃于扬州。责长沙取鄂，隆兴取蕲、黄，番阳取江东，扬州取两淮；地大力众，乃足以抗敌。约日齐奋，有进而无退，日夜以图之，彼备多力分，疲于奔命，而吾民之豪杰者，又伺间出于其中，如此则敌不难却也。”

“知道了，卿家可将表疏呈上来。”太皇太后显得不耐烦。

太皇太后召唤张枢密。张世杰出班躬身行礼：“末将在。太皇太后千岁千千岁。”

文天祥见张世杰四十岁出头年纪，虬须虎眉，有北方人的粗犷，一身武官穿着，虽无甲胄在身，也是龙骧虎步，不怒自威。

“张将军，哀家欲问战事如何了。”

“启禀太皇太后，目前鞑虏加强了全面的进攻。敌军号称百万，实不足三十万。敌左丞相阿术进攻淮南，围困扬州。右丞相伯颜亲自率领中军，分三路进军。西路以参政阿剌罕、万户总管奥鲁赤等率军十万，出建康，经溧阳、广德、攻取独松关；东路军由参政董文炳、万户张弘范、都统范文虎等率领，并有水师，沿江入海，向上海、海盐、澉浦进攻；伯颜自率中路军二十余万人自镇江出发，以降将吕文焕为先导，直趋常州、平江。敌虽来势汹汹，我方亦是全面迎击。太皇太后可以无忧。扬州有李庭芝坚守。常州先曾为蒙军占领，后为我收复，现在有刘师勇等人据守。京畿有兵十万。文大人又带来三万义军入卫。此外各路兵马足有四十万众，人心可用，坚守抗敌，待机反攻，收复失地，不为奢谈。”

“卿所奏亦系实情，然哀家仍是忧心忡忡，现在战况要紧密注意，日日报上。左丞相陈宜中置国事不顾，回老家永嘉，数次下诏，仍是不归，说是近日将回朝。他回朝执掌政事，是哀家一个依靠。再下诏书，催其速归。”

散朝以后，留梦炎约了文天祥晚上游湖，说是与他接风洗尘。留梦炎曾是他考状元时的座师，文天祥欣然接受邀请。他回营中安排一些事务，傍晚时分换了便服来到湖边。他把随从和轿子打发走了，独自沿苏堤行去，只见缺月升起在山头，满天繁星不眨眼地俯视着人间。长堤两侧柳树低垂，很多人在堤上闲步，散发赤足，薄衫木屐，手摇折扇，男人女子的罗绮散发熏香。也有人坐于树下观赏湖景。湖中彩船画舫，灯火绚丽，歌吹自水面飘来。湖边的船上和岸边树下有人垂钓。荷花散发清香。夜色迷人。

在约定的地方文天祥看到一只游船悬挂着写有“留府”的灯笼，就走上前去。当即有两名穿着妖艳，钗饰满头，浑身喷香的年轻妓女伸出皓腕接他登上船。留梦炎在舱口迎候，他身旁的人是张世杰，三人见礼。

进得舱来，文天祥被扶到侧面一张小榻坐下，他的对面是张世杰，留梦炎坐在上首。每人面前有一矮几，矮几上一面银盘中盛有时令水果，紫葡萄、红樱桃、金黄枇杷。更稀罕的是荔枝和龙眼，据留梦炎说是当天从福建运来的。一个玛瑙盆中放的是冰镇的西湖的红菱和雪藕。有一少女同榻而坐，轻挥鹅毛扇与客人送出香风，素手剥了水果递进客人口中。荔枝有醉人的香味，而龙眼则清香满口。文天祥看到有两个座位是空着的，座位前的矮几上同样摆放有水果。留梦炎说还有两位客人没有到，等他们到了就把船摇到湖中去,大家先品茶。

两个身形不足的少女,头绾双髻,发簪鲜花,身着丝绸的绿衣黄裳,跪坐在船舱中央的一张矮几旁泡茶,神态文静,举止优雅。她们素面朝天,以免脂粉异香冲了茶的清香。她们屏息静气,以免呼吸秽气串入茶香。她们不开口说话,以免唾沫溅上茶具。一位女子将一细竹丝编织的笈拆开,取出一朱漆小匣,用一极小的钥匙开了锁,很谨慎地从匣中提出一个黄罗小包,打开包裹,里面是仅有一方寸大的青箬小挎包,她将其中的茶叶置入白瓷茶壶中。另一女子高擎水壶将滚水注入。头道汁被倾倒进水盂弃之舷外。第二道冲的茶先倒进公道壶中,再分到茶盏里。女子捧了茶盏跪进与主人和客人。三人捧起茶盏,先嗅茶香,然后细品。

文天祥赞叹说:"真是香凝玉乳浓,翠锁雀舌清。好茶,好茶。晚生是有何等福气能品此好茶。"

张世杰也是赞不绝口:"茶有清香,只是稍淡。"

留梦炎说:"你们知道这是什么茶吗?这是福建建安北苑茶。这一包即值二十万钱,只冲饮三次也就弃了。这冲茶的水也不是湖中舀的,是特地从虎跑泉用瓮运来的泉水。"

文天祥注意到船上伺候人的都是女子,连撑篙的也是,没有一个男佣。他想到昨日刚来,观察京师,还在感慨游湖的人是醉生梦死,今日自己却身不由己也置身画舫中。岸上可能也会有人看了他们,发出"西湖歌舞几时休"的感叹。

这时随着舱外莺啼婉转的一声报告"汪大人到",一个二八红粉进舱来了。她揭开头罩解开紫色缎子的披风交给女侍,与众人万福。她青丝扎一云髻,红罗额带正中缀一颗蚕豆大的明珠,脸上贴有翠羽金钿,明眸皓齿。她身着米色窄袖罗衫,露出修长粉颈,下着粉红色灯笼长裤,不掩三寸金莲。文天祥正感到奇怪,见到随后进来一个四十余岁的满面笑容的男子,才是明白。那男子头戴逍遥巾,身着窄袖白色长衫,系玉带,足蹬布鞋。他斜背一锦缎大袋,取下后抱于怀中不让人接过。他长面白皙,眉毛高扬,鼻孔微张,三绺长须,唇红齿白,不显年纪,聪明外露。他与留梦炎、张世杰请安。

留梦炎与文天祥介绍说:"这是汪元量待诏,字大有,号水云,亦号水云子。历经三朝的宫廷乐师,精通音律,诗词也是擅长。见过文天祥、文大人。"

汪元量对文天祥一揖到地,那女子亦作万福。文天祥起身与二人回礼。

“文大人是在下久仰的了。”汪元量仔细打量文天祥后摇头说，“今日一见却看到的是一个笨人。”

众人听了一惊。文天祥更是感到愕然。

汪元量接着说：“现在是什么时机？每天一开城门，朝中官员有的从北门出去，有的从南门出去。从北门出去的是降元去了。从南门出去的是逃跑了。而大人却进了城来。皇上颁发勤王诏书，天下无人响应，而只有大人领兵入卫。不识时务，岂不是笨人一个？”

张世杰道：“待诏此言差矣。不见末将安坐在此吗？”

“汪大人喜欢口无遮拦，文尚书不必在意。”留梦炎脸色一沉。

汪元量道：“愚下讲笑话，文大人莫怪。”

文天祥展颜一笑，也回敬他说：“吾亦多次聆听汪待诏演奏，琴艺高超，令吾倾心，只是无缘结识。今日得以晤面，实是有幸。”他话头一转，指着同来的女子说，“汪大人于百忙之中抽空，来陪同荡舟，即是吾等之幸，何劳代为请了宫廷舞姬同来？”

“文大人慎勿乱言，吓煞小的了。若是这样，借小的三个脑袋亦是不够砍的，想都不敢想的事。这不是宫中霓裳班的孩子，是在下的女儿，从吾习学琴艺歌舞多年。我想让她见些场面，将来好有个发展，今日就带她来向各位大人请教。来，弥莲，见过各位大人，求以后关照。”

汪元量与汪弥莲各自落座。留梦炎吩咐画舫向湖心荡去。客人到齐，酒菜端上。酒是陈年的琼花露。菜肴有西湖醋鱼、醉虾。一碟素菜是清炒猫头笋，色如玉版，味抵驼峰。另一碟素菜是醉紫莼，清香扑鼻。侍女与各人斟酒夹菜。

留梦炎说：“今日此会是与文尚书接风洗尘。他现在权领工部尚书，率领义军昨日刚到，鞍马劳顿。愚意以为，大家连日国事操劳，今日不谈国事，尽情娱乐。谁要违犯，罚以大杯。”

汪元量响应道：“宫中事务极冗杂，越到晚上越忙，我还是找了托词先行抽身的，又绕道回家带我女儿来，因此来迟，有劳各位大人久候，实在不安。我们先献上一曲吧。”

汪元量褪去锦囊，取出一面精工制作的琵琶，转轴拨弦调了音，弹了过门。汪弥莲已经是亭亭玉立地站在他们席边，轻启樱唇，展喉咏唱——

嶰管变青律，帝里阳和新布。晴景回轻煦，庆嘉节、当三五。列华灯、千门万户。遍九陌、罗绮香风微度。十里然绛树。鳌山耸、喧天箫鼓。

渐天如水，素月当午。香径里、绝缨掷果无数。更阑烛影花荫下，少年人、往往奇遇。太平时、朝野多欢民康阜。随分良聚，堪对此景，争忍独醒归去。

汪弥莲演唱投入，面泛桃红眼波流。一曲终了，大家喝彩不迭。侍女都艳羡嫉妒。留梦炎与身旁侍女解说，这唱的是柳永的词，写杭州上元节时的热闹景象。他感叹道："写得多好啊。'太平时，朝野多欢民康阜。'永远天下太平有多好。"

张世杰表现自己不是一介武夫，高声评论说："好，唱得好。将柳永的《迎新春·嶰管变青律》的情调都表现出来了。"

汪弥莲坐下，接过侍女献上的酒，先品尝，后细细地啜饮，放下酒卮，吃了一片醋鱼。刚才众人安静听曲，连茶也不饮一口，一曲终了方活跃起来，纷纷赞叹。

留梦炎与大家敬酒："一曲新词酒一杯。有待诏的琵琶，美女的歌喉，不饮酒都是醉了。酒还是要饮，饮酒凑兴。举杯，各位。"

休息片刻后汪弥莲来到中间立好身姿。汪元量报了曲名《青玉案》，自弹自唱。汪弥莲起舞——

东风夜放花千树，更吹落，星如雨。宝马雕车香满路，凤箫声动，玉壶光转，一夜鱼龙舞。

蛾儿雪柳黄金缕，笑语盈盈暗香去。众里寻他千百度，蓦然回首，那人却在，灯火阑珊处。

歌舞终了，大家鼓掌赞叹。张世杰又是不想藏拙，"真不愧是宫廷供奉，唱来声情并茂。这辛弃疾的《青玉案》里我最喜欢的一句是'笑语盈盈暗香去'，我的魂魄都追随那暗香去了。我敬汪大人一杯。"

文天祥举杯向汪弥莲："待诏的弹唱好，仙子的舞蹈也出色。那'一夜鱼龙舞'一处跳来真是回风舞雪，人都飘起来了。我敬仙子一杯。"

这以后大家扯了闲话。男子显露才华，说些幽默逗趣而不失身份的话恭维留梦炎,一来他是主人,盛情款待他们;二来他年长,比文天祥早二十年就中了状元,后来又是他的座师。他位居一品,当然是应该受尊崇的。留梦炎体会大家对他的敬重,怡然自得。女子粉面含春,听了官员大人一句不怎么逗笑的话也是笑得前仰后合,甚至倒在大人身上。酒一杯杯满斟,连喝带溅。水果皮堆满茶几。汪弥莲靠汪元量坐着,也不搭理人。

见大家说笑有点累了,汪元量清清嗓子,引众人注意。他提议让汪弥莲用琵琶弹奏一曲,让大家指点。众人表示欢迎。汪弥莲捧起琵琶,偏着头,紧蹙娥眉,弹了一曲《昭君怨》。她弹得如泣如诉,引得座中人俱变色,想笑一笑换个气氛也笑不起来。汪元量起身解释说,这曲子与现场的气氛是有些不协调,但是它是学习琵琶技巧必练的,所以让汪弥莲展示一下。他接着说,今晚两支曲子都是唱的西湖元夕。他在今年年初也填了一首词写西湖元夕,词牌名为《传言玉女》,与汪弥莲配过,他想为大家演唱,请方家指教。他来到中间站立,等候汪弥莲弹了过门,他就引吭高歌——

> 一片风流,今夕与谁同乐?月台花馆,慨尘埃漠漠。豪华荡尽,只有青山如洛。钱塘依旧,潮生潮落。
>
> 万点灯光,羞照舞钿歌箔。玉梅消瘦,恨东皇命薄。昭君泪流,手捻琵琶弦索。离愁聊寄,画楼哀角。

汪元量唱着唱着,声音变了,先是哽咽,后来就泣涕涟涟了。座中人不觉也叹气。

“这是为什么?本来好好的,这是为什么?”留梦炎感到很败兴。

汪元量以袖拭泪说:“小的死罪,小的死罪。败了相国的雅兴。音乐歌咏是感情的自然流露,不由人自主。我唱着歌,看到春色满船,歌舞升平。放眼湖上城中一派繁华,可是想到蒙古大兵压境,朝廷难保,山河破碎,人命等同尘埃,这繁华即将如梦幻灭,如烟飘散,荡尽无存,真是情何以堪?不禁悲从中来。”他回到座席,接过汪弥莲捧上的酒卮,仰头把酒吞了。他抱着琵琶轻拢慢捻,不成曲调地拨弄,调理哀伤情绪。

张世杰须眉俱张,一拍茶几,扬声说道:“别说丧气话。还没有那么危急。我们的将士在死守疆土,在抵抗反击。我们一定驱除鞑虏,保住大宋江山。有我主在,还有留相国在,还有文相公在,有满朝文武在,不要怕。”

文天祥也要说些宽慰的话，留梦炎却先开口说话了，奇怪的是他并不深责汪元量，倒是显得很同情。

“难怪汪待诏伤心流泪，愚老亦有同感。你们看我现在位极人臣，主上恩宠，群贤抬爱，享尽人间荣华富贵，我难道不想天下太平，与君等终日流连山水，饮酒作乐，吟诗作赋吗？谁知天道剧变，百年前汴京惨祸即将重演，能不心惊？我忝居高位，责任重大，比君等更是忧心如焚。但能保全大宋江山，百姓免遭兵燹，我万死不辞。可惜这话只是空谈，国势衰颓，积弱不振，无力抗拒虎狼之敌。襄阳一破，敌军沿江直下，势如破竹，京畿危殆。国破已成定局，万难挽回。纵观沦陷之城池，凡抵抗者，惨遭屠城，鸡犬不留。凡投降者，生灵无恙，市廛无扰。临安城是战是降，不能不考虑。降固然是亡国，战也是让人民被屠戮净尽以后亡国。如其战后亡国，不如先举降旗。诸君何以教我？”

“千万不可降！”张世杰立起身慷慨陈词，“北方蛮族茹毛饮血，以杀戮为耕作，所过之处赤地千里，白骨遍野。丞相知道，末将祖居燕地，燕为金占领后，父辈曾为官，后来归顺蒙古。我任职元将张柔麾下。因为看不惯元军残暴，于是离开张柔逃到南宋，投奔当时‘忠顺军’的江海及其族侄江万载帐下。我从北方来，深知亡国之痛。末将蒙朝廷厚恩，委以军任，曾与蒙军交战，虽然战绩不佳，也看出蒙军不是无敌。对保国满怀信心。末将愿听丞相号令，上阵对敌，决不言降。”

文天祥也站立发表意见：“降是决不可以的，但是可以议和。议和不成再抵抗到底。丞相，今日早朝学生呈上太皇太后的表疏不知道会不会发下来研究？那是我勤王以来……”

留梦炎打断他的话，用手示意二人都坐下：“你那奏折下午就在枢密院讨论了，都说是书生意气，迂腐之论，抛掷一旁了。”

“师相，”文天祥一向尊称留梦炎为老师，“那本章是学生忧国忧民，呕心沥血写出，总会有一得之见，怎么……”

“你为什么总是自以为是，不屈不挠？你可知道你的本章几乎惹祸？太皇太后对你批评‘守内虚外’很为生气，那是太祖立下，三百年来我大宋的治国方略，你井底之蛙，能有多少见识，竟然敢于狂言乱语。若不是用人之秋，早已遣送你返乡了。幸亏老夫替你回护，称赞你是出于一片忠心，才放过了此事。”留梦炎收回话题，“哎，我适才规定，不许谈国事，看来要罚酒了，先罚我一杯，老糊涂，该打。”

大家饮了酒，恢复言笑。文天祥非常沮丧，欲辩无言，仔细一想，内心不得不承认留梦炎说的切中要害，十分惊骇。他静默良久，让侍女再为斟酒，举起酒卮对留梦炎说：“恩相，学生要说的不是国事，是我个人的事。我愿先认罚一杯再说。”他饮了酒，“我来京师是为了抗元。请辞去工部尚书一职，派我领兵去前敌。请恩相代为启奏圣上。”

“此事我不能自专。等陈丞相宜中公回朝再定。再不谈了。饮酒。”他推身边的侍女说，“你为我们唱一曲。我请汪待诏为你伴奏，捧你上天了。”

船舱又充满欢声笑语。世间行乐，无非如此。欢会一直闹到三鼓才散，官员得去上早朝。大家要了兰汤擦洗了，就动身下船。留梦炎在船头送别众人，念了一句李商隐的诗句：“嗟余听鼓应官去，走马兰台类转蓬。”张世杰的卫士在堤边守候了一夜，把马牵了过来，他认蹬上马，扬鞭而去。汪元量张罗着帮文天祥雇了一顶轿子，他要先回军营换了官服再去上朝。揖别时，二人显得惺惺相惜。汪元量看着文天祥起轿后，才与汪弥莲雇了两乘轿子回府。

送别众人后，留梦炎回到舱内，在太妃椅上躺下休息。游船荡桨回府。此时湖面上飘来的已经是凉风习习。四处远近依旧是桨声灯影。一个俏丽的丫鬟坐在留梦炎身边摇一柄长长的鹅毛扇与他送风解凉。留梦炎一手抚摸着大肚皮，一手捋着花白的长髯沉吟不语。

丫鬟逗他说话：“相爷怎么不说话，是疲乏了，还是不高兴？我看你今晚很是销魂，眼睛就是在那个女子身上飘。”

“说些孩子话。”

“今天来的文大人是以前没有见过的。他对您老好尊敬。”

“尊敬是表面的，真的尊敬就应该顺从。他骨子里硬着呢。他虽然今天刚到行在，二十年来他在文臣中颇有声望。张世杰么，是武将的头领。这两个人要是听从我的，投降的事情就好说了。”

“他们可都是坚决反对投降，态度好强硬的。相爷这顿酒浪费了不是？”

“酒不值什么。”留梦炎顽皮地一笑，“可惜了那上好的茶叶。”

张弘毅等人只想到当兵要打仗，可能会战死沙场，他们不怕死，参加义军时不会不想到要献身，可是他们没有想到当兵苦，而且苦不堪言。刚入伍,进了军营,生活条件比家里当然差远了,训练又累,还挨打挨骂,没有个人自由,感觉不适应,受不了。可是那是在吉安,生活比较安定,还好受一些。在开拔来临安的途中那才真叫受罪。徒步负重行军,一连很多天,顶着烈日暴晒,有时冒着暴雨,全身被雨淋透了,再让烈日晒干。路上供应不足,吃不饱。疲劳行军将胖的拖瘦,瘦的拖垮。路上有人生病,有人死去。大家都盼望早日到临安就好了,不知道到了临安也好不起来。

张弘毅所在的这一营隶属尹玉将军麾下，兵员主要是赣南粤北来的。他们奇怪临安比他们南方的家乡还要热,而且是闷热。整天汗流浃背,头冒火星。晚上帐篷里密不通风,汗臭令人窒息,还有蚊虫骚扰,无法入睡。白天吃不下饭,体力下降,无精打采,萎靡不振。很多人病倒。营里想办法给士兵解暑,改善生活条件,减少训练,多休息,可是作用不大,直到九月中旬以后天气转凉了,情况才好些。

当兵的被关在军营里,不许外出,以免到城里骚扰市民,但是一旬有一天休假,可以经过批准,登记了,出营外去街市购买生活必需品。张弘毅和永和镇上的朋友还有顾玉杼一起约了去临安城里逛过好几次。开始时是顾玉杼做向导,因为他在临安住过一段时间。大家走大街小巷,观赏市容街景,上酒楼品尝山珍海味,惊叹京都生活的繁华奢靡。与同伴在西湖荡舟,面对美景,张弘毅沉默不语,苦苦思念顾玉纾。临别时她赠送的香囊已染污秽,为体汗所熏,早没有了幽香,他一直贴身佩戴,从不示人。苦恼啃噬着他的心,同伴们没有知道的,当然也就没有人以此说笑。

军营的生活单调枯燥,他们不知道这平静是福,不久就会是无休止的战乱流亡的日子。当他们感到腻烦的时候,十月初开始他们换了冬装,有谣传他们要开拔了。他们也看到一些具体的迹象。军队的编制有了变化,一个营的人数扩充了,兵种分细了,有枪兵、刀兵、弓手、盾手等。装备也齐全了,张弘毅是刀兵,配备有神臂弩,箭袋里有五十支箭、一柄刀、一柄锤和一把锋利的匕首。他还有自己带来的剑,也允许他挂在腰间。另外有专门执掌火器的兵。其他管粮草的勤杂兵、伙夫就不用说了。军营里旗帜鲜明,军容严整,士气高昂。

到了十月八日,有几个军官来看他们的营房,士兵们说这是准备来换防的。下午营里就下达命令,做好准备次日出发。原来是陈宜中丞相应召回朝来了,派文天祥部去守卫平江(今苏州)。十月九日清晨,军队开拔。他们从城市外沿走过，不打扰尚未苏醒的市民。他们看到城墙下护城河边有军人在操练。有人说这是丞相陈宜中新招的兵，用来保卫京畿的。他们看到其中有些兵不足十五岁，不满五尺高，身材连军服也撑不起，很是可怜。

他们有的人以老兵的口气说笑话："这样子能打仗吗？一阵风就吹上天了。"

"是啊，仗打到一半，有的就放下刀，要回家吃了奶再来。"

十月十五日他们到达平江驻扎。他们知道了，他们的统帅文天祥任浙西制置使兼平江知府，全面负责江南军事。

五

文天祥来到平江，还是任用原有官员，让他们行使职权，保证市民生活的正常运转，而把自己的精力投入到平江的防务上。他记得临出京时，保康军承宣使，总都督张世杰对他说的，保住平江就保住了临安。这是再明显不过的道理，谁都能看得清楚，关键是如何保卫平江。丢掉了长江，平江其实无险可守，只有加固城防，别无他法。文天祥做了一系列的工作。他带了几员大将沿城视察，布置了分段把守的兵将。他命令修补城墙，在城头架设火炮，那时已经有火器运用，声势颇为惊人。他还加深加宽护城河，准备充足的粮食，训练市民灭火。他做了最坏的打算，连城破了如何进行巷战都做了演练。从十月十五日到达以来，他没有歇一口气。军士们也都很紧张。时间确实紧迫，到二十四日，常州求援的人来了。

那天一大早，文天祥与几位大将在平江知府衙门朝会，安排一天的任务，即将分头去工作。这时候有守北门的士兵来报告，城门外来了三名声称是常州来的将士，说是来求援的。文天祥让弄明来人身份后立即带来衙门。

过不多久，那三个人被带到衙门前下了马，上到大堂来。他们解下腰刀，脱下甲胄放置身旁，朝文天祥叩头，匍匐在地，失声痛哭。文天祥从公案下来，搀扶起他们，让他们平息，有话慢慢说。

这三人都很年轻，其中一人从怀中掏出一封信交给文天祥，做了自我介绍："晚生姓姚，名让。这两位是兄弟，兄名周缌，弟名周绮，常州人士。常州已经被元兵围困两个月了。我们三人还有严家五兄弟，一共八个人受我父亲常州知州姚訔、通判陈炤派遣，带了求援信，出城来到平江求援。昨天晚上趁敌人不备，我们偷偷打开城门出来，穿过敌营突围时，严家五兄弟被乱箭射死……”由于悲伤和见了自己人的激动，他们又哭了。

文天祥见他们三人年纪轻轻，白面书生似的，现在显得灰尘扑扑，情绪激动，就打断他的话说：“好了，好了，不用着急。这事我知道了。你们一路上好辛苦，先去洗个脸，歇口气，进了早膳，再来细谈，好吗？你们放心，我接到公文说朝廷派来的援军今天就到，马上就去常州给你们解围。回来我再告诉你们。”

文天祥命自己的卫士把这三人带去后堂，好好招待。三人提了甲胄去了。文天祥回到座位上与众人细谈常州的情况。

“诸位大人，我们自赣州起兵勤王，到临安驻扎，现在被派来平江。这里实际上是到了抗元前线。大家看到这三人自常州来求援，那里与元军打得正苦。

“今年八月，元朝左丞相伯颜在他们的上都领得大汗的旨意，要一鼓荡平江南。他来到镇江召集诸将，面授机宜，要分三路进军，会师临安。西路以参政阿剌罕、万户总管奥鲁赤等率军十万，出建康，经溧阳、广德、攻取独松关；东路军由参政董文炳、万户张弘范、都统范文虎等率领，并有水师，沿江入海，向上海、海盐、澉浦进攻；伯颜自率中路军二十余万人自镇江兵发常州、平江，直指临安。

“伯颜派中书右丞相阿塔海，元帅唆都及部将怀都、万户忽剌出、帖木儿进攻常州。常州的军民坚决抗元，使得伯颜中路军受到阻遏。哎，诸位看到了，常州的情况真的是非常危急。前一个月知州姚訔就派了人去京师求援。他们久盼援军不至，形势危急，难以支撑，今天就又派人冲出重围来平江求救。昨天本官收到飞马驿报，说是朝廷派的援军今日路过平江，我已经安排接待了。令吾担忧的是这支援军仅有两千人，稍嫌力量单薄。

“本官出京之时，张都督曾对吾言，常州地位重要，保住常州亦是保住平江。我决定增派我部人马同行，以解常州之围。朱华将军、尹玉将军、麻士龙将军，命尔三人率本部人马与朝廷援军同去常州，可否？”

“末将愿往。养兵千日，用在一时，此正军人效力之时。”朱华、尹玉、麻士龙立即站起。

"如此甚好。朱将军为领兵，尹将军、麻将军都听命于你。尔等先去准备，候朝廷援军到来一同前往。救兵如救火，今日就要出发。"朱华等三人得令匆匆离去后，文天祥对众将说，"我们要赶紧做好抵御敌军的准备，万一常州失陷，平江即是前线，成为京畿屏障。鉴于常州被围困的时间长久，平江也可能要做长期坚守的准备，要尽量多地筹集兵器和粮食。水源要保护好，人畜要饮水，救火也要水。还要晓谕百姓，既要有准备，又不可恐慌。"

常州的姚让三人返回大堂来了，文天祥让他们坐下，细谈常州情况。经过休息，三人略为平静了，互相补充叙说常州的艰难抗敌。

宋德祐元年，元至元十二年(1275年)，元军在左丞相伯颜指挥下迅速东进，三月占领建康(今南京)，随后攻陷长江一线多处城镇。常州知州赵汝鉴弃城逃走，安抚戴之泰投降，常州为元军占领。占领者的残暴行径激起人们义愤。常州人姚訔胸怀壮志，慷慨任侠，沉勇刚毅，熟读兵书，曾考取进士，授任福建泉州司理，当时守母丧在家，他从宜兴来到了无锡，与友人陈炤商讨收复常州。陈炤工辞赋，且"久任边，知兵"，当时也是守母丧在家。有人劝他识时务，以母丧为由推辞。他义正词严地说，"国家沦没，我怎能坐视不管，与其苟且偷生，宁可为国而死。"他和姚訔在常州四下奔走，号召人们起来反抗侵略军，不久就组织了一支二万人的义军。他们派王通去与张世杰联络，当时张世杰驻军在江阴，他立即派了都统刘师勇率了数千淮军前来。五月七日，宋军与义军夜袭常州，里应外合，元兵还在梦中，就成了刀下之鬼，叛贼戴之泰被活捉，常州光复。接着他们一鼓作气，于八月十二日收复吕城(今江苏丹阳东南)，并派张彦守御。常州光复的消息传到临安，朝廷下诏，授姚訔为常州知州，陈炤为通判，又派副统制王安节带兵到常州协助守卫。

仁人志士纷纷奋起报效国家。晋陵士人胡应炎挑选了三千壮士进城投军。行前他与父兄诀别说："常州危急，正是报效国家的机会，敌强我弱，此去抱定牺牲之决心，我不能再回来尽孝了。"他的父兄回答："为国尽忠，父子兄弟一样，岂能临难逃命？"于是父子一起率领义兵，进城参加抗元斗争。

常州护国寺"身皈释梵，志遂忠贞"的万安长老和莫谦之长老，组织了五百个和尚，拿起兵器，高举"降魔"义旗，参加抗元义兵队伍。万安长老作诗明志，"时危聊作将，事定复为僧"，以示抗元到底的决心。

常州人民曾经体会到做亡国奴的痛苦，决心保卫城池，宁死不屈。他们加紧进行战争准备。常州的青壮年都配备了刀枪，接受了战争训练。他们修缮破敝的城墙。常州是座古城，方圆约四十里。城墙是三百五十年前修建的，到绍兴四年重修过，至今也已一百四十多年了，城墙已经是残破塌圮，虽然守军大力加固，终因时间仓促，财力有限，而难见效果。一部分的城墙没有石块或砖包砌，他们砍伐树木，编成栅栏，再实以夯土，这样的城墙无法筑得高。此时四门已经戒严，盘查进城的人，以防元军奸细混入。他们收集粮食，以为久守之计。尽管这座城市是大而难守，但是人民上下一心，众志成城，誓死抵抗侵略，保卫家园。

常州是平江的屏障，通往临安的要道，伯颜要攻临安，绕不过常州，它像鱼刺卡在伯颜喉咙里，所以他调集大军扑向常州。九月二十七日，元军攻吕城，张彦出城作战时马陷泥中，被俘投敌，他将吕城中虚实告诉元军，元军因此轻易攻破吕城。吕城沦陷，常州失去守卫的犄角。

吕城失守的消息很快报到常州，引起一片恐慌。姚訔立即组织守城，准备全面迎敌。知道元军即将杀到，城里很多人连夜举家逃离。姚訔大开城门，让要离开的迅速离开，同时让四乡之人要进城避难的进城。

城外很多人家迁入城内，他们扶老携幼，驱赶牛羊猪狗，带了鸡鸭粮食，官员把他们安置到空闲的房舍里。也有很多人家不愿意到城里避难，稻谷刚收割，堆放在家里，没有了粮食就没有办法生活，到哪里也是死。他们愿意留在家里等死，死在家里比死在外面强。敌人打来大不了当个顺民就是了，哪里真的会被杀死。他们想象不出元军有多么残暴。

十月初八那天，城头守军报告敌军来了，姚訔、陈炤、刘师勇、王安节还有陈炤的部下包圭将军等都上了城，只见远处大路上旌旗招展，尘土飞扬，一支敌军缓缓向常州城移动过来。大家紧张恐惧地等待。午时已过，太阳西斜，秋高气爽，蓝天白云下是开阔的原野。低矮的丘陵上的树林色彩斑驳。收割后的田里剩下稻子的残茬。星罗棋布的村庄掩映在树林里，房舍前码起了谷垛。他们看到元军进了村，不久房屋就冒出黑烟，燃烧起来。元军散布开来，从大路上过来，从田野里过来，如潮水般。

元军进到护城河前，排开阵势，中军是步兵，两翼是骑兵，十余万众，遮蔽田野，沿护城河布开阵势。常州城中只有两万义军和数千宋军，无异鸡卵置于石碾下，守城的人不会不心惊，但是没有人愿意投降或弃城逃跑。

城头敌楼前竖立一杆大旗，中央绣着一个“宋”字。知州姚訔仗剑站立在旗下。他招呼众将士:“敌人要过来了,各就各位,做好准备。我们不出击,只守城。”

刘师勇骂了一句:“来吧,该来的就来吧。与你们打过几次了,今天拼个你死我活。大家看,两翼的骑兵是鞑靼,中央的步兵是西夏人、金人,还有刚投降过去的宋兵,马上要冲过来了。”

几位将军带了自己的兵士去指定城头分段把守。

“城上哪位出来答话?”敌军中一位将官骑马来到护城河前立定,向城上喊话。他身材魁梧,着元军服装却说汉语。

姚訔回答:“你是何人?报上名来。”

“吾乃元朝大将军阿塔海部下,先锋汪良臣。你是何人?”

刘师勇说:“我知道这个狗东西,是投降过去的。”

姚訔回答:“吾乃知州姚訔,有话请讲。”

“我们元朝大军到了,命令你们献城投降,保你们安全。只要你们献出城池,全城人民得以保全性命。如若不然,大军一过,将尔等碾为齑粉。”

姚訔并不理会敌人的嚣张气焰,哈哈一笑说:“你们就试一下吧。我们等了好久了。”

汪良臣退了回去。元军开始攻城了。他们齐头并进,来到护城河,直接下到河中,涉水过来。姚訔正要下令放箭,一看冲在前面的人却傻眼了,原来前排的尽是百姓,四乡的农民。他们被元兵用刀逼迫着往前冲,步子慢一点就被砍死。

前排的百姓下到护城河里,立即惨叫号哭。清清的河水泛起殷红的鲜血,他们被安插在河底的钉板竹桩刺伤了。他们要反身爬上岸,却被元兵砍死,推回河里。元兵又赶了后面的百姓下河。百姓倒在河中,尸身堆积,元兵就踏着尸身过了护城河。城头上开始放箭,元兵纷纷倒下。护城河那边的元兵也开始放箭,他们的箭强劲而密集,射得宋兵躲到城垛后面。

元兵架了云梯,向城头爬。宋兵用矛戳,用石块砸,把他们打下去。用钢叉将云梯推翻。元兵还是掀起一浪一浪的攻击,不顾城下堆积的死伤的人。

这时候战争史中奇异的一幕发生了。有的守城的宋兵认出了元兵中的汉人,提名道姓地骂起来。原来这些人是张彦的兵,前几天才投降,编入了元兵,连服装都没有来得及换就倒戈相向,来杀曾经是自己的人。宋兵骂这些人软骨头,不知道羞耻,连自己祖宗都不要了,当了亡国奴、狗奴才。有的人被骂得退后去了，有的却还是向前拼杀。就这样双方一边喊杀，一边怒骂。

宋军组织了很好的守卫，打了两个时辰，没有一个元兵能够登上城头。元军没能开展强大的攻势，越过护城河过来的兵不是很多。太阳落山的时候，元军鸣金收兵。宋军让他们拖了死伤者去了。

这一战给宋军增加了守城的信心。晚膳时几位将领聚集在一起饮酒吃肉，很是兴奋。清点了伤亡人数，不是很多，倒是消灭了不少敌人。刘师勇到底是老到得多，他让大家不要高兴得太早。敌人是强大的，虽然不是号称百万那么多，据情报说也有十余万。今天只是一个试探性的战斗，另一方面敌人也是太轻视我们了，以为一吓唬我们就会投降，或者是弃城逃跑，不堪一击，所以他们一到，没有休息就攻城，让我们占了小便宜。从明天开始肯定会有恶战，不得不备。我们守城还是势孤力薄，要赶紧派人去向朝廷报告，请求援兵。今天晚上得出去，明天敌人一围城就出不去了。

大家当然知道他说的有道理——局势太明显了。姚訔按嘱咐修书，打发人骑马趁夜色出城，奔临安而去。丞相陈宜中接到求援，报予圣上，立即派出援军，援军十月十八日就出发了，反应不能说不快，可惜的是他已经没有足够的兵力可派。

第二天早上，姚訔登上常州城头，看到城外出奇的平静。敌军在旗幡的带领下迅速运动。他们铺展开去，像铁桶一般把常州城围了个水泄不通。姚訔命令将军们带领各自的人马去四门把守，他骑马围城跑了一圈巡查。

在西门城头，陈炤叫他看那护城河。河中的水在慢慢地却是非常明显地下落。原来这护城河的水是流动的，有来源，有流向。很显然是敌人堵塞了水源。没有过很长时间，河里的水流尽了，露出了河底。将近十丈宽的护城河变成了护城壕。壕沟有的段落是淤泥，有的铺满鹅卵石。敌人只要铺了土就是平地，可以轻易冲过来，重型攻城武器也可以推到城下。将士们看了不免心慌。

小校飞马来报，北门敌将叫阵。姚訔和陈炤急忙来到北门，上了城楼一看，护城壕那边来的是个认识的人。原来是张彦来城下劝降。这时候刘师勇也来了。张彦穿了元人服装，单人独骑，见了姚訔和陈炤，把长枪绾在马上，向城上拱手说："各位将军请了，末将张彦觍颜问候。"

刘师勇不容他说话："谁要你问候，叛贼，你有脸来见我们吗？"张彦曾经是他部下,一同由张世杰派来镇守常州。

张彦显得很猥琐地说:“刘将军先不要骂我。我知道我会挨骂,先锋差遣,不得不来,实出无奈。末将厚着脸皮来。也是为了将军和满城百姓性命。元人太强大,抵抗不了。我奉命守吕城,只区区三千兵卒。元军铺天盖地而来,把我们淹没了。末将马失前蹄被俘,无奈之下投降。”

“你可以死,也比苟活要好。”

“蝼蚁尚且贪生。我人降心不降。我劝将军放眼看看,你所望之处尽是元兵,已经将城围困,你们绝无胜算,不如早早归顺,白白战死无益。”

陈炤指着张彦痛骂:“你受国家厚禄不思图报,还有脸来劝降。我们有死而已,不须多言。你要记住,我们死也是站着死,不会像你跪着生。”

城头的箭射了过来。张彦被骂得满面通红,垂头丧气,扭转马头,羞愧而回。

攻城开始了。抛石机抛来的巨石砸在城墙上,打进城里,毁坏房屋。火炮射进城中,房屋着火燃烧。宋代的房屋多为木制,很容易着火,一烧成片,造成损失严重,人心惶惶。再后来就是箭如飞蝗地射了过来,造成一些士兵伤亡。最后元兵排山倒海,山呼海啸般地冲来,一波又一波地冲击,不给守军喘息机会。城内守军在众寡悬殊的情况下进行着殊死的抵抗。他们又派人突围出去求援,日夜盼望援军早日到来。

文天祥等人在衙门听了姚让三人的讲述,感叹不已,对他们安慰一番。这时守城士兵来报,朝廷来的军队已经到了南门。文天祥派了一位将军去迎接,把他们带去校场休息。他自己也去校场与他们见面。

姚让三人随文天祥来到校场,见校场空旷无人,他们在辕门等候,不多久就见到一支宋军来了。队伍前面骑马的几位将军到辕门下马,有人迎接把他们和队伍带了进去。姚让见了常州先派去搬兵的人,很高兴,听他讲说去临安的情况,告诉他常州的形势。他见来的宋军没有什么气势很为失望,后来见到文天祥派的随同前去的三支军队才略微心宽。这三支军队,分别打了朱、尹、麻的旗号,浩浩荡荡地进场来了。三位将军骑在马上,器宇轩昂。

张弘毅是尹玉部下,也跟队进了校场。他投笔从戎已经将近半年,在这半年里,他由一个文弱书生变成了一个赳赳武夫,走路挺胸抬头,步伐踏实坚定,行动迅捷,不拖泥带水。他看到朱庆也起了可喜的改变,不再是懒散的，油腔滑调的。他不让朱庆称他少爷，可是仍然感觉朱庆对他还是像对少爷，他感觉到，在战场上朱庆会以生命保卫他，不过反过来，他也会保护朱庆的。这些改变都是军队生活造成的。文天祥带兵严厉，他认为只有纪律严明的军队才能打胜仗，只有素质高的军人才能战胜敌人。所以他的军队不扰民，不欺压百姓，受到百姓赞誉。来到平江，尽管管束严格，军人还是有休息时间去平江城里逛街，买生活必需品。回到营里，当兵的会津津有味地谈论平江女子秀气，说话软绵绵的，船娘唱歌好听，小吃花样多，味道鲜美，还不贵。他们说等仗打完了他们再来，在这里娶老婆安家。

张弘毅得空就找顾玉杼、李时龙等人到外面走走。顾玉杼说他的老家在无锡，离这里不远，他对这一带很熟悉。打完仗他要接父亲回故乡。由于他们这支军队与吉州的关系，经常有人来往，他们给家里写了信，也接到过家书。顾玉杼忧虑地告诉张弘毅说，他妹妹信中说他父亲病严重了，身体极为不好，给张家增加麻烦。张弘毅承认说，他给家中写信的同时也给顾玉纾写了信，收到了顾玉纾的回信，基本情况他也知道。他劝顾玉杼不要着急，急也是没有用的。李时龙无忧无虑，他从小娇生惯养，父母对他疼爱，他好像认为是理所当然的，没有很深的感受，所以没有想家的苦恼。

这天早上，张弘毅这营的士兵得到命令，不许外出，收拾行装，做好准备，待命开拔。巳时过后，军官来整队把他们拉到校场，除了武器干粮，什么都不许带。

在校场上，他们见到自己军队的另外两营将士，还有一支别的军队，听说是朝廷派去常州解围的。他们要一同前去。广阔的校场里鸦雀无声，只听到鼙鼓不紧不慢的敲击声和风卷大旗的猎猎声。

文天祥在检阅台上接见了朝廷派来的军队的将领，见他三十余岁，头不大却虎背熊腰，一副目空一切的样子。他参见文天祥，说自己名叫张全，带来一支淮军二千人，十月十八日离京，路上行了六天。文天祥赞扬了他，说救兵如救火，现在就请他们休息进餐，然后出发。他这里派了三千人随同前去。他让朱华、尹玉、麻士龙与张全见面，说张全是老将，是朝廷派来的，淮军能征善战，让他们听张全指挥。按道理文天祥说得不错，应该是这样，张全是朝廷指派领兵去救援的，而自己的军队只是参与协助，当然要听从张全指挥。

张弘毅与伙伴们卸下武器进餐。这一餐相当丰盛，大鱼大肉，时新蔬菜,限量给了村醪,餐后有潮州柑橘、香蕉。这是为他们出军送行,也是对张全淮军的犒劳。

出发时,张全的淮军先行,然后是麻士龙的军队,朱华的军队居中,尹玉的军队殿后。前军已经出辕门很久了,后军还在静静地等待。张弘毅在队伍里看到尹玉将军站在排头,他头戴金胄,身披锁子甲,一副出征的模样。他十分亲昵地抚摸他心爱的黄骠马。黄骠马的蹄子刨地,像是知道要出征。

尹玉跨上马,提提缰绳出发了。他一挥手儿郎们就跟上。张弘毅前面站的那畲族大个子陈普还在发呆,张弘毅捶了他一下,他回头咧嘴一笑,开步走了。

张弘毅开玩笑说:“傻大个,长这么大的个子有什么用?穿衣费布,走路扛风。”

“可以为你挡箭呀。”畲族大个子还是笑嘻嘻地说。

“胡说,犯忌讳的。”张弘毅擂了他一拳。

张弘毅在辕门前看到文天祥站在门口与大家送行。这是他第一次这么近距离地见到他心目中崇敬的英雄,他是那么地丰神俊秀。他失控地喊出:“文魁元!”朱庆也随着他呼喊。文天祥看到了他们,与他们挥手,微笑地目送他们走过。文天祥问张弘毅叫什么名字,他回答说叫张弘毅,字毅甫,是永和镇上的人。张弘毅非常激动,但是不久他就沉静了。他跟在队伍中走,心里想到,文天祥二十岁就高中了,而现在自己也到了二十岁,却当了兵,要去打仗,离功名越来越远,不知道什么时候战争结束他可以回到宁静的书房。

平江离常州将近二百里。军队从午时起行军到酉时走了六十里,不能说不快,而且淮军已经是行军好几天了的,有些疲劳。这时候刚过无锡,天已经是黑定了,张全遂下令就地扎营安息。离敌人相当近了,警戒哨立即撒开了。

次日清晨大军出发,由于有常州人姚让等带路,行军速度很快。张弘毅的一营人几乎是走在最后,他们看不到先锋军队的旗帜,只听到行到什么地方的消息不断往后传来,后来说是已经进入常州地界了,气氛开始紧张。突然间,在酉时前后,太阳已经偏西了的时候,上面命令跑步前进,说是先锋军队已经遭遇鞑子,与敌人打起来了。

张弘毅拔出刀，跟着大队人马往前跑。路不宽，他们保持着队形。张弘毅听到前面战鼓擂响，呐喊声与惨叫声混成一片。上到一座小丘，他看到尹玉将军勒住马，伫立观望，士兵们也站住了。他们看到远处田野里，自己的人与元兵混战在一起。那是麻士龙将军带领的先锋军。元军骑着战马，挥舞军刀，四下冲击。宋军毫不畏惧，挺着长枪迎了上去。在人数上，宋军占有优势，元兵纷纷落马。

“兄弟们，我们从敌人侧后面冲上去，包围他们，把他们消灭光。跟我冲啊！”尹玉举剑空中一挥，剑在阳光中闪耀。

尹玉与几个骑马的战将纵马向前。黄骠马四蹄翻飞，长鬃飞扬跑在最前面。士兵们呐喊着跟在后面跑。张弘毅腿脚有力，步伐坚实地跑着。他听不出自己的喊声，只听到风在耳边呼叫，他的脸在发烧。他在凹凸不平的地上跑过去，穿过收割后的稻田跑过去。他看到朱庆不离他的左右。顾玉杼和李时龙也在前后不远的地方。

他们跑得很快，可是没有得到与敌人接触的机会。元军本来就不支，见到又一支宋军包抄过来了，他们就撤出战斗，丢下死伤的同伙，狼狈逃窜。宋军追不上，就不再追赶，回头来收拾战场。他们首先救援自己受伤的士兵，埋葬牺牲了的。然后去处理敌方死伤人员。

张弘毅带了人去近几天被鞑子烧毁了的农舍中找来锄头和锹，挖了坑将死者埋葬。他们把自己人埋在树林的南边，敌人方面的死者埋在树林的北面。在草已枯黄的原野上，兵器、头盔四处抛撒，战死者横七竖八躺在地上，互相枕藉。大量的血从伤口流出，浸透了战袍，渗进土地，还没有干，在秋日斜阳照射下非常耀目，张弘毅从来不知道血会是这么鲜艳，他以前连杀鸡鸭都没有见过。死者不安详，个个双眼圆睁，龇牙咧嘴，发出愤怒的呼喊，痛苦的呻吟。张弘毅发现北方人个子大，须发杂乱，身上发出膻骚臭气，脚上穿的是皮革靴子。南方人个子小，天已经冷了，还是赤脚穿的草鞋。他们抬了死者安放在坑内，盖上厚厚的土。乌鸦在树林不耐烦地发出凄厉的号叫。野狗畏惧人，还离得较远。张弘毅心里估算，自己方面比敌人方面死的人多。当然，这还算是打了胜仗。

战场清理完毕，天色已晚，宋军撤至虞桥安营，准备次日恶战。敌方肯定会派人马来阻挡援军。张全与麻士龙计划在虞桥打一场伏击战。连夜构筑工事。

那天很晚才开餐,吃的是什么张弘毅不知道。他很饿,可是吃不进,吞不下,一想起战争的惨景来就要呕吐,这不是怕,是受了强烈刺激。他很累,只想倒下休息。在营帐里躺下了又睡不着,黑暗中他睁着眼,看到帐篷顶上一幅幅战争杀戮的惨象清晰地展现。

躺在一旁的朱庆问:"睡不着,看了不舒服,是吗?"

张弘毅掩饰地说:"是的。那些死人好难看,有的像没有死,眼睁得大大地,口张着像在呼喊,只差一口气。"他停顿一会。"我没有想到战争是这样的。我以为打仗是在沙场摆开阵势,正正规规地拼杀,沙场就是沙场,想不到是在原野小路,平常人走路的地方打起来。我还以为打仗就是一刀一枪,拼个你死我活,想不到还要跑路,还要埋葬死人。"

"当兵的什么都要做。我今天是第一次见到那么多的死人,都是死于非命,尸身不全,惨不忍睹。人只要是一股气上来,什么都不怕,什么都不在乎。"他语无伦次地说,"有的兵手里的刀攥得紧紧地,死了手都掰不开,只好连刀一起葬了。"

紧挨着的帐篷里的士兵比他们知道的要多。从他们激动的谈话中,张弘毅了解到了以下事实,发生遭遇战的地方叫陈墅,离常州城只有几里路,已经是常州郊区了。麻士龙将军首先发现了敌人的骑兵,大刀一挥,带了儿郎们就掩杀过去,张全没有来得及拦阻,气得一直远远地袖手旁观。麻将军擒贼先擒王,一马当先,直奔敌将。一刀将他砍于马下,捆了起来。那名元将名叫胡里喝。从常州来搬兵的丁连捷的也将副将火麻也赤擒获。后来尹玉将军带了人包抄过去,把鞑子吓得屁滚尿流,夹着尾巴跑了。我方大获全胜。敌人死伤一千多,我方的伤亡不到三百人。痛快呀!

张弘毅对朱庆说:"这是吹牛了。我看到的我们的伤亡比鞑子多。"

"鞑子确实是厉害,后来他们二三百骑突围逃跑,几乎挡不住。要不是我们人多,这一仗还真不好说。"

"这倒是不错的,打仗一般说来就是以多打少。"

他们听到顾玉杼说,自己跑去慢了,刀拔出来没有砍倒鞑子不痛快。后来他们听得那些兵说,现在我军在虞桥设下埋伏,等敌人来攻。张全指挥说这叫什么反客为主,是兵法书上有的。明天这一仗是有得看的。

不出所料,次日辰时,迎击宋朝援军的元军一路搜索,向虞桥来了。晴朗的天空下原野上到处冒起滚滚浓烟,听到哀号惨叫,那是元军在四处烧毁农舍，铲平村庄，杀戮百姓，不让宋军得到救应。

麻士龙的军队埋伏在虞桥东南半里路的一个小丘上的树林里，他们挖了壕堑，用挖上来的土筑了长长的一道土墙。树和壕堑可以减弱敌军骑兵的冲击。士兵可以躲在土墙后射箭。麻士龙的指挥所设在一个小土包上，他就搬一张交椅坐在上面瞭望，指挥作战。张全与朱华、尹玉的军队埋伏在靠西半里路的地方，互相呼应。

麻士龙看到元军从大路上过来了，先行是步兵，后头是骑兵，看来有数千人之多。他们队伍拉了很长，试探着缓缓前进。这样的一字长蛇阵很不容易打，击头尾应，击尾头应，击中则头尾应，但是不容易打也得打。麻士龙看到元军先头部队从山坡下的路上走过，听到他们说话声，看到他们矛和刀的反光，甚至看到他们的面孔。他放过了前面的步兵，看到骑兵进入了伏击圈，他朝一名军官射出了第一箭，那军官从马上跌落。紧接着，箭似飞蝗从树林中射出，元军纷纷倒地，阵形大乱。不久他们看清楚了攻击来自何方，呐喊着向山坡上冲来。步兵蜂拥而上，骑兵也驱马穿过稀疏的树林上到了壕堑前。宋军坚守在土墙后，用密集的箭杀伤元军，把骑兵挡在壕堑前。有少数元军越过壕堑，爬上土墙，被宋军杀死。呼啸声、呐喊声渐渐弱下去，元军丢下伤亡士兵撤退。

宋军没有得到喘息的机会，第二波的攻击旋踵即至，更猛烈地开始了。元军人数众多，下去一批，又换上了一批，山呼海啸般拥了上来，很快就攻到了壕堑前。壕堑前面堆积了元军的尸体，当然有很多，甚至是一大部分都没有断气，元军就踏着尸体过了壕堑，爬上土墙，与宋军展开白刃战。宋军采取守势，承受沉重的冲击，英勇奋战，毫无惧色，打退敌人一波一波的进攻，让敌人久攻不下，双方死伤惨重。

这边激战惨烈，那边张全按兵不动。朱华按捺不住，几次要张全出兵："让我们从下面兜过去，把鞑子包围，消灭光。"

张全冷静地说："还不到出兵的时机。你没有看到，鞑子的主力在后面还没有出动。如果我们冒失冲过去，敌人大队人马卷过来形成反包围，一口就把我们吞了。"

"那要等到什么时候？麻士龙已经快顶不住了。"

"等敌方主力上了，我们就出其不意兜屁股一刀，保证大获全胜。"

张全大话说出不久就站立不住，打算逃跑。原来元军见正面久攻不下，就让右翼人马向侧后包抄过来,意欲将麻士龙军一网打尽。张全见敌军朝自己阵地进军,来势迅猛,不待与人商量,一提马缰扭头就走。他的马撞开他的士兵,士兵立足不稳,跟在他的马屁股后面开跑。主将一跑,士兵没有不跑的。恐慌的情绪迅速传播,张全的兵跑,朱华的兵,尹玉的兵不听号令也跟着跑,将官不去约束士兵,也一起跑,还跑得更快。朱华、尹玉也被带动着跑,完全无能为力。宋军不战溃逃,一片混乱,竟至于自相践踏。

麻士龙在那边见此情况心烦意乱,大声咒骂背叛他,出卖他,置他于死地的人,没有骨头的人。看到他的士兵有些沮丧泄气,他一边战斗,一边鼓舞士气:"不要怕,男子汉,不怕死,怕死的不是男子汉。杀呀,杀死这些狗。"他的军官也在全线激励士兵。有他们振臂一呼,士兵个个奋勇杀敌,表现出男子汉的英雄气概。虽然人数处于劣势,他们以一当十,杀退敌人一次一次的轮番进攻。但是他们究竟是寡不敌众,最终还是不免悉数被歼。麻士龙较早就壮烈牺牲,他的军官装束和指挥作战的行为引来了敌人的注目,使他成为敌人打击的重要目标。他多处受伤,血流尽后轰然倒下。敌兵争着割下他的首级,好去请功邀赏。

军官们也都较早被杀害。没有了长官指挥,士兵们各自为战,直至最后也没有一个人投降。最后一名士兵筋疲力尽,被打倒在地。敌兵叫他投降,他说,"我尽力了。"敌兵一刀刺进他胸膛,他口吐鲜血,断气身亡。麻士龙的一千子弟兵换取了鞑子一千多人的死伤。

张全溃逃的兵见敌人没有追来,逃跑的步子放慢了,但也还是没有停下。打仗凭的是一股气,恐惧的心理像瘟疫一样传播,士兵就会丧失斗志,只顾逃命。军队乱作一团,一窝蜂地跑,三支军混杂在一起,尹玉看到自己的部下也跑散了。张弘毅和朱庆也在跑,尽管很气恼,他们拦阻别人毫无效果。在战场上个人的力量是渺小的。

"不许再跑!你临阵逃跑,我一枪结果你!"尹玉一打黄骠马,冲到张全马前,大枪一横拦住了他。

张全还是左冲右突,试图绕过,一次次都被拦住。他挥刀向尹玉劈头砍下,其实并没有用十分力:"小子,闪开!"

"你杀了我,我也不让你跑。我要你回去杀鞑子。"尹玉用枪挡开,回刺张全一枪,也没有用力。

二人刀来枪往,在马上周旋。士兵们停住了脚步,在一旁围观。

朱华冲到二人中间："住手，胡闹！不杀鞑子，反倒自己人杀自己人。"

"我不杀他，我就是不许他逃跑！"尹玉退后。

朱华对张全好言相劝："你赶快约束你的部下，不许逃跑。回头去杀鞑子，回去救援麻士龙。朝廷派你们来为常州解围，你们逃跑，违抗命令，犯了死罪，回去是要杀头的。"

张全无言以对，回头怒斥他的亲兵："把人马集合了。我们要杀回去。"

过了好一会，张全、朱华、尹玉的人马才整顿好。三支军队向虞桥跑步前进。

前头迎面一匹探马绝尘而来。那探子到了跟前也不下马，急急忙忙地报告："报告三位将军得知，虞桥那里战事已经结束。麻士龙将军殉国，全军覆没。敌军正在整顿人马，有可能来追击我们。"

"知道了。再探。"张全这次不跑了，只是冷冷地说，"二位将军，现在有何上策？"

尹玉听到麻士龙牺牲，很是悲痛。他高声说道："我要杀了过去，为麻士龙报仇。"

张全冷冷一笑："我不逞匹夫之勇。我的士兵是要命的。我们先撤退了。"

"请吧，不留你了。"尹玉退到一旁，让开路。

张全果然一挥马鞭，带领本部人马退走。他连士兵队伍也不整，所有部下散乱地退走，个个喜形于色，也使得朱华、尹玉的部属士气涣散。

朱华为难地对尹玉说："看看你这个人，你不该一而再地冲撞他。刚才与他动刀动枪，现在又羞辱他。"

"我怎么得罪他了？刚才是他逃跑，我拦阻。现在是他要撤退，我知道留不住，就请他走。是他错在先，你倒怪罪我。"

"现在没有别的办法。他撤退了，我们也得撤退。"

"你撤退我不撤退。"

"我不是说逃跑，我们要退到一个有利的地方再打。"

"撤退会把士气都退没有了。刚才如果不是张全带头逃跑，也不会让麻士龙被元军包围，孤军奋战。"

"你如果不听我的，我也没有办法。我带我的兵走了。对不起。"朱华命令部将整顿军队撤退。

尹玉见了万分怒恼，他还待坚持，可是他的部将曾全、胡遇、谢荣、曾玉都发出怨声，打着马围着他转，逼他下令撤退。尹玉无奈，只好随从大流。

宋军撤退至五牧。五牧是个很大的驿站，在常州之东四十五里，已经是无锡地界。这里西靠运河，东有小丘。天色已晚，朱华说服张全在此停下。他在山丘的西面扎寨，尹玉在山的东面，张全把军队放在运河边。朱华欲掘壕堑，筑鹿寨，张全说士兵累了，不如让他们早些歇息。

刚安顿下来，司务来报告说士兵已经吃完了干粮，晚炊尚无着落。方圆数十里内的村庄已经被夷为平地，人烟绝迹，征集不到粮食，连草料都找不到。朱华和几位将军正是肚子饿了，等候送餐来，听了报告面面相觑。他们知道缺粮的问题严重，可是束手无策，只好让士兵挨饿，把这事留到明天解决。明天多派些人出去，走得远些，能打些野物，捕些鱼贝也好。

士兵在挨饿。连日行军，只靠干粮没有正餐不是很舒服，这晚上连吃的都没有了，士兵的肚子里咕咕叫，浑身乏力，精神沮丧。军营里虽然气氛压抑，倒是没有发牢骚怨言的，眼见战死了那么多兄弟，大家知道战争的残酷，抱怨是无益的。

张弘毅和朱庆在辕门站岗，两人手拄长矛严肃地站立。十月下旬已经进入初冬，到晚上感觉有些寒意。天空不见星月，乌云自北向南缓缓流动。原野上一片黑暗，没有一星灯火。周遭野地里寒虫凄切的叫声此起彼伏。远处运河里的桅灯摇晃不定。刁斗敲过一巡的时候，他们听到营内有人说着话向辕门走来，等人走近一看，是尹玉将军和他的马弁尹达。尹将军披甲仗剑，没有戴胄。他将尹达送到辕门外，对他说："你将这封家书呈上老夫人，就说我这里一切平安。你就连夜走吧，一天都没有进餐，到明天也不知道什么时候能有吃的，你到路上还可以想办法。去吧。"

尹达含着眼泪告别而去。这时，张弘毅见到营内又有三人走了过来。那三人行至尹玉面前跪倒在地，与尹将军请安，却不肯起立。尹玉辨认出是常州来的姚让与虞桥的周德、周绮兄弟，就用手搀扶他们起身说，"姚壮士，这是为什么？有话站起来说。"

"求将军答应我们一件事，"姚让跪在地上说，"将军不答应我们的请求，我们不起来。"

"是什么事情，你说清楚。"

"将军带了人马来，是为了救援常州的。我们求将军打到常州去，为常州解围。”

“原来是为此事。我答应你们,我一定带了我的部下打到常州去,与常州解围。现在你们可以起来说话。”

“有了将军这句话我们放心了,”姚让三人站起身,“我们受常州数十万百姓委托出来求援,若是带不回援军,我们有负委托。常州城里二万义军对抗十余万鞑子,已经达数月之久。我们手中只有刀枪、木棍,箭矢已经射尽,还得拾起敌人射来的箭矢射回。面对如狼似虎的敌人,我们毫不畏惧,浴血奋战,坚守孤城,没有一个人有投降的意思。可是我们真的筋疲力尽了,内无粮草,外无救兵,常州已经危在旦夕。人们日夜盼望救兵到来。现在好容易请得一支人马,指望能去解围,救得常州人民于水火之中。可是今天打的一仗,张将军一见到敌人就不战而逃,尹将军拦都拦不住,真是令人寒心。我们看出只有尹将军是可靠的。特此夤夜前来恳求尹将军以常州数十万生灵为念,明日就提兵前往。”

尹玉打断他的话说:“你们的意思我明白,是要搬兵去解围。我本来的想法同你们一样,救兵如救火,巴不得立刻打到常州城下去,但是我现在的想法变了,我不急于前去了。”

“啊!那是为什么?”姚让三人大吃一惊。

“你们今天吃饭没有?”

“没有,一天都没有吃。”

“饿不饿?”

“不饿。”三人异口同声地说。

“你们不饿我饿,我的兄弟们饿。你们的心情我理解,可是饿兵不堪驱使。今天我也一天没有进食,到晚上饿了,又没有可以吃的,让我猛然想起‘兵马未动粮草先行’确实是有道理。所以明天我不急于进兵,要先去筹集粮食。”

“将军之言确乎有理,可是将军是否想过常州人民望眼欲穿,将军一旦出现在城下会对他们是多大的鼓舞?”

“请足下告诉我,常州积累有多少粮食?被围困数月还剩多少粮食?我们兄弟进城可以拨多少粮食供给我们?”

姚让三人面面相觑。

“所以道理不言自明,我们一定要带了粮食进城。无锡素有粮仓美誉,现今粮食收获不久,征集当无困难。我们要尽快收集粮食,不仅是自己吃,还要送到常州城中。我决不食言,足下放心。”

尹玉的谋划当然有道理,但这谋划却因为次日我军受到元军跟踪而来的进攻而来不及实施。

张弘毅下岗后回到帐篷,在黑暗中钻进铺在地上的潮湿的被子,似乎还没有睡熟就被人叫醒,是朱庆在推他。他惊醒过来立刻就很清醒,帐篷里已经没有人了。朱庆飞快地穿衣结扎,挂上佩刀和箭袋,口里催促他。他也迅速穿戴好,随朱庆钻出帐篷,站到队列里。这时候他听到远处传来急促的战鼓声。

队伍集合好后便被带出营房,跑步来到一片开阔地,成队列展开。第一排是藤牌兵,第二排和第三排是弓箭手。张弘毅、朱庆等是枪兵刀兵,排在后面。他看到尹玉骑着黄骠马在队伍前面,左右有几位骑马的将军。在他们赣军的右前方严阵以待的是朱华将军率领的广军,两军相距不足百米。

张弘毅看这里不是适合打仗的地方,左面是水稻田,右面是宽阔的运河,如果打败了将无处逃生。而开阔地无险可守,适合蒙古骑兵的冲击。张弘毅读过兵书,懂些军事常识,看了这地形不禁心里发虚。昨天朱华将军要修筑工事,遭张全拦阻,现在全军袒露在野地,按张弘毅看来,就像一头牛被捆绑了放倒地上任人宰割一样。

正前方二百米的地方大群的敌人在布阵,随着旌旗的晃动,数千人马在迅速移动,安静极了,没有发出一点声音,而那份安静的气氛却沉重地压迫到宋军的阵地上来。

天很阴沉,乌云低压,寒风凄厉,张弘毅感觉衣衫单薄,风直接流过肌肤。他微微颤抖,控制不住。这样会让人误以为他是胆怯,他对自己感到很气愤。他自己知道他其实心里一点也不害怕,可能只是有些紧张吧。

一只有力的胳膊搂住他的肩头,他一看是陈普咧着厚嘴唇对他笑。张弘毅浑身一松弛,对他摇摇头,摆脱了他的手臂。

敌人列阵已毕,正中是步兵,两侧是骑兵。他们对朱华的广军发动攻击,箭矢如飞蝗落入阵中。有些人倒下了。数巡箭过后,敌军的骑兵呐喊着冲了过来。宋军用密集的箭击退他们。敌军的骑兵向两侧散开,让步兵冲了过来。尽管有很多步兵被宋军箭矢击中停住了脚步,但仍有大量的步兵攻到了宋军的阵地前。双方开始短兵相接的战斗。

尹玉大声鼓动士兵。他巨剑一挥，策马冲在前面，率领赣军从敌军侧后方包抄上去，与广军合击敌军。敌军见形势不妙，立即撤退。宋军趁势随后掩杀。敌军为后队接应回去。双方回归各自阵地。

张弘毅紧张的情绪松弛后，受到战场气氛的刺激，转而浑身燥热，血脉偾张。他听到冲锋号令，就提了刀跟在尹将军的马后向前跑。入伍以来他一直想到的就是打仗，打败敌人，赶走敌人，而现在就是打仗的时候了。他向前跑，听到呐喊声、惨叫声、刀枪的撞击声、急促的战鼓声。他向前跑，看到士兵的拼杀、刀的挥舞、血的迸溅。他向前跑，原野上一两千人厮杀成一团，他呐喊着冲了进去。

他一出手就顺利地杀死了一个敌兵。他看到一个朱华的兵一刀劈向一个鞑子，那鞑子用斧柄挡住，顺势一斧头砍下，沉重的战斧落在对手肩头，顿时血肉横飞。宋兵倒下，双手却紧紧抓住鞑子的战斧不放，把他拖倒了。张弘毅挥刀砍向鞑子的颈脖，鞑子恐惧地望着他，瞬间毙命。这是张弘毅杀的第一个敌兵，他那肮脏的油腻得发黑的帽子下的粗皮糙肉的面孔，杂乱的头发胡须，睁大的双眼流露出的恐惧神情，来不及喊叫的张大嘴的形象，还有他身体发出的刺鼻的臭气，在很长一段时间里总是出现在张弘毅的记忆中，弄得他不得安宁。而在当时他只知道奋勇作战，打败敌人。

张弘毅意识到朱庆和陈普都不离他左右，被敌人冲散了又迅速靠拢来，他也尽力支持，配合同伴。他们保持五人为一组，背靠背对外作战，互相保护。

顾玉杼和李时龙在一组，冲向敌兵最多的地方。顾玉杼一刀打掉了敌兵的刀，紧接着又一刀劈下，敌兵用胳膊来挡，被齐刷刷地砍断，发出惨叫。顾玉杼看到血不是流下来，而是向上喷了出来，溅到他脸上、战袍上，他吓了一跳。略一发呆，肩头就挨了一棒，让他惊醒，不敢再分心。又砍倒几个敌兵后，他感到自己虽然武艺高，却禁不住敌兵多。人不是铁打金刚，会筋疲力尽。这首次战斗经历虽没有让他平生豪气稍减，却也不会再瞎夸海口。

敌人见势不妙，立即撤退，宋军追击受阻，回到自己阵地。朱华的广军与尹玉的赣军并肩列在一起。他们还没有得到休整，敌人又发起了一轮攻击。张弘毅看出敌方只是用了少数兵力进行骚扰，主力并没有动，而且打头阵的是投降过去不久的宋军，战斗力不强。敌方发起轮番的攻击，目的明显是让宋军不能休息，不能吃饭，待到宋军疲惫，战斗力减弱，再出动主力给予致命的打击。朱华组织了几次反攻,却冲不动敌方的阵脚,徒自增加伤亡,后来就只守不攻,完全是被动挨打。

战斗从早上打到中午,从中午打到傍晚。宋军不得休息,不得救治伤员。重伤员血流尽,在痛苦呻吟中死去。轻伤员站立起来继续战斗。最糟糕的是他们两天没有进食,没有饮水,忍受着饥渴进行拼杀,作困兽之斗。这样下去不是长久之计,可是将领们知道,胡乱撤退,士无斗志,只顾逃命,被敌军一阵追杀就是全军覆没的命运。他们商议决定待天黑以后悄悄撤退。可是形势不按他们布置发展。

天色昏暗下来。战斗还在继续进行。张弘毅在抽箭射击敌人,忽然听到周围发出惊叫,见到有人到处乱跑。他正想站起身一看究竟,被陈普扑倒在地。陈普压在他身上,背部立即中了箭。箭洞穿他的胸膛,血流下来,流到张弘毅身上。陈普没有呻吟,厚厚的嘴唇咧开,似乎还在笑。张弘毅没有推开他,反而将他抱紧,眼泪夺眶而出。

朱庆爬过来,拖开了陈普,立刻迎战敌人。这不是显示柔情的时候,张弘毅也投入战斗。

这阵混乱由敌军的偷袭造成。他们正面佯攻,却派后军绕道来山后进行偷袭。守卫后山的张全一直按兵不动,见敌军来了,故技重施,又弃了阵地逃跑。他带了他的部队跑到运河,抢占民船,让他们划去对岸。

赣军的裨将曾全、胡遇、谢荣、曾玉等见状也率所部逃遁,引起混乱。尹玉大声呼喊,策马冲到前面,挥剑杀了两名逃兵才阻止住了逃跑。他知道只有击退偷袭的敌军才能让士兵安定下来。他组织抗击来自正面的攻击与来自背后的偷袭。正是由于他们挡住了敌军,才使得张全有时间逃到船上,而正是由于张全的逃跑才使得他们腹背受敌,陷于绝境。世界上的事情就是这么诡异。

见偷袭成功,敌军发起了总攻。骑兵步兵排山倒海呼啸而来,将宋军团团围住。宋军尽管人困马乏,仍然奋勇杀敌。他们究竟是处于劣势,伤亡急剧增加。朱华较早战死,其他将领也一个个倒下。

宋军不支,纷纷向运河逃窜。有的人跑到水中,游去张全的船边,想从船舷爬上船。意想不到的是,张全不仅不援助他们反而命令士兵用刀削他们的手指,砍他们的手臂,阻止他们登船。士兵们惊叫着落入水里,他们的血染红了河水,筋疲力尽的他们被水卷走了。

顾玉杼、李时龙撤退得比较迟，他们游到河里的时候听到惨叫声，看到张全指挥手下士兵砍自己士兵的情状，又是绝望，又是气愤。顾玉杼高声怒骂：“张全，你个狗杂种，老子要杀了你！”

他们游了回来，不过他们筋疲力尽，上不了岸就被河水冲下去了。

张弘毅没有参与到突围的人群里，他只想杀敌，因此他和很多人留在后面，挡住敌军。尹玉本来也想组织士兵向运河撤退，他驱马来到河边，见到泅水而去的士兵受到张全的不义残害，义愤填膺，知道从水路逃生无望，只有背水一战了。他策马沿河驰骋，向士兵们高呼：“不要跑！杀回去！我们背水一战。为国尽忠的时刻到了！勇敢杀敌！不怕死的跟我来呀！”

尹玉准确无误地叫出一些逃跑士兵的名字。那些张皇失措的士兵停住了脚步。尹玉挥剑一呼，振奋士气。士兵们相互激励，“杀鞑子呀！跟他们拼了！”天已经完全黑了，剩下的不足五百名士兵呐喊着冲入夜色里，与敌军展开混战。他们知道最后时刻到了，没有人想活着杀出重围，没有人想投降，他们只想多杀敌人。他们不呐喊了，只一刀一枪地搏杀，黑夜里只听到兵器撞击声、痛苦的惨叫声。不要命的宋军以一当十，不是元军轻易解决得了的。战斗打了整整一个晚上，双方都有很大的伤亡。

尹玉是敌军攻击的重点。他的黄骠马中了数箭，流血过多，终于不支跪下了。尹玉拉它拉不起来，就用手拍拍它，与它告别。尽管恋恋不舍，他还是在招架敌军攻击的过程中渐渐远离了曾经同他出生入死的宝马。

尹玉的亲兵保卫着他，一个个壮烈战死。张弘毅等人被隔离开，冲不到他近处。到天快亮时剩下几十名宋军几乎是各自为战，没有人能够保护尹玉。尹玉独自拼杀也同样骁勇。到后来，他的锁子甲上扎满了箭，像刺猬毛一般。血染红了他的金甲与战袍。他两天未进粒米，又厮杀了一天一夜，现在鲜血流尽，他再也支撑不住了。他双腿一软瘫倒，又撑着剑站起。敌军此时还是不敢接近他，他们用四支长矛架住他的颈脖，用木棍击打他。尹玉经受着致命的击打，血从头上流下，从口里吐出，他仍然顽强站立，眼里喷出怒火。

这时候响起马的嘶鸣。黄骠马推开元兵，走向尹玉。元兵用匕首刺进它的胸膛，它终于倒下了。看到爱马殒命，尹玉全身松弛，慢慢闭上了眼。他气绝身亡，一缕英魂升天而去。

主将倒下了，宋军士兵悲愤欲绝，复仇的怒火使他们发狂般地战斗，一直拼到最后一个人。到天明时,宋军全部阵亡。铅灰色的天空下是无边的黄土衰草,田野里遍布人和马的尸体,惨不忍睹。

张弘毅的松纹剑锋利无比,多次削断敌军砍来的兵器,救了他的命,还轻易刺穿敌军的犀甲,杀死多个敌人。他究竟不是铁打的金刚,最后他连举起剑的力气都没有了。敌军的狼牙棒打掉了他手中的剑,顺势敲击他的头。他晕倒在地,血从额头流下。

朱庆悠悠醒来时,周围一片死寂。雨不知道是什么时候开始下的,可能就是凄风冷雨飘落在他身上让他醒了过来。他撑起身坐着,发现自己左臂被打得折断了,倒不是很疼痛。他看到战场一片狼藉。缺胳膊少腿,身首分离的尸体相互枕藉。失去血的脸或蜡黄或苍白,非常刺眼。他起身去找寻张弘毅,不久就在死人堆中找到了——他记得张弘毅是在什么地方倒下的。一摸他鼻息尚存,朱庆就舀了田里的脏水洗了他额头的伤口,轻轻拍打他,让他醒来。朱庆看到了松纹剑——那剑并不起眼,敌军没有收去——拾了起来,擦拭干净,插进张弘毅腰间的剑鞘里。

朱庆扶起还没有完全苏醒的张弘毅,半背半拖地带他走向运河边,想在芦苇丛中躲藏,朱庆知道敌军会在撤离战场后又派人回来检查看有没有装死的或死而复生的。

他们藏到芦苇丛中不久就见到一队数十个敌军骑兵出现了,到战场搜索。他们用长矛拨弄尸体,渐渐接近河边。

他们已经无路可逃,也无力逃生。敌军如果搜索到芦苇丛中来,他们只有一死,浅薄的芦苇丛掩藏不了他们。这时候,他们看到河面雨雾中摇过来一只小船。艄公向他们招手,把船摇进芦苇中,让他们涉水爬上船,然后迅速离开。

敌军发现了小船,驱马来到河边,高呼要船靠岸。艄公不理睬他们,只是加紧摇船。敌军张弓射箭,强劲的箭射穿透篾制的船篷,落入舱内,险些伤了躲在里面的宋军。

艄公将船摇到对岸停泊,这里是无锡地界,敌军还没有侵犯到这里。这位中年的艄公回家叫来妻子帮他照料伤兵。夫妻俩立即生火做饭,同时与伤兵疗伤。艄公用烧红的炭烧灼伤口进行消毒,再用干净布包扎,又与他们换了干衣服。朱庆的左臂被击打骨折,艄公不会治疗只以木板绑扎固定,吊在胸前。他和张弘毅饱食了饭和鱼羹以后,在舱中倒头就睡,一直到次日上午才醒来。他们醒来后不能起身，饭也不怎么吃，摊尸一般地躺着，静听运河水波拍打船帮的汩汩声，和凄风冷雨飘洒在船篷上的沙沙声。除了疲劳，让他们精神不振的原因还有沮丧与悲伤。

张弘毅、朱庆被艄公送回平江。他们回到军营，惊奇地发现顾玉杼和李时龙比他们早一天回来了。他们奇迹般的生还在军营里引起轰动。众人围住他们，纷纷要求他们讲述战争的情况。他们讲了张全不战而逃的事实，愤怒地问张全现在何处，一定要严惩他，不可以轻易饶恕。

文天祥闻报立即召见他们，让他们到知府官邸共进晚餐。他们在军营中洗澡，换上新的冬装。军医为他们治疗包扎，还给了内服的药。朱庆的断臂用手法接上用夹板固定后吊在胸前。他们四人被用轿子送到知府衙门，营指挥是骑马去的。

在后堂，他们见到了文大人，屈身行礼。文天祥下座来搀扶他们，让他们坐下说话。张弘毅看到文大人面色沉重，完全不见前几天给他们送行时的高昂情绪。他看到参与作陪接见的有文大人的胞弟文璧和三位不认识的官员。文天祥认出了张弘毅和朱庆，叫出了他们的名字，又问了另外两个人的名字，对他们进行了安慰和赞扬。

文天祥向他们详细询问战争的情况，他们哭诉了战争的惨烈，顾玉杼强烈要求严惩张全，说两次战斗如果不是张全临阵脱逃，他们完全可能打胜。文天祥告诉他们，说张全回来后觉得无颜见人，痛悔自责，自请处分。他的本意是要将张全斩首，后来他的幕僚说张全是朝廷派来的，还是交由朝廷处置为宜，因此已经将他押送去临安了。

张弘毅沉痛地讲述了尹玉将军的壮烈牺牲过程。他亲临其境的描述绘声绘色，文天祥听了感动得热泪盈眶，不好意思地说："我不是因为悲伤流泪，我是因为太感动了。这么英勇无畏的将军值得我们敬仰效法。尹将军牺牲后你们还有多少人？"

张弘毅犹豫了一会，朱庆回答说："尹将军牺牲后，我们还剩下十余人，我是看到的。"

"尹将军阵亡了，你们怎么办？"

四个人抢着回答说："还是打，继续打。我们都被敌军分开了，各自为战。我们要为尹将军报仇，为死去的兄弟报仇。我们战到了最后一个人。我们没有一个人放下武器投降。"

“还打下去有什么用呢,已经不可能打胜了?”

“我们就是不投降。我们不想打胜,也不是想突围,不是想求生,只想求死。死没有什么可怕的。那么多兄弟战死了,我们还怕死吗?尹将军也死了,我们要是投降就对不住他。我们没有一个人放下武器,一直战到最后一个人也不投降。”

文天祥赞叹说:“宁死不屈!”

说话间酒席已经摆下,文天祥请四人入席,亲自敬酒与他们压惊,对他们表示敬意,在席上还赐银奖励他们。

次日全军祭奠五牧阵亡的将士。文天祥主祭,宣读了祭文,全营哀声一片。曾全、胡遇、谢荣、曾玉和几名逃兵被推出辕门斩首,以正军法。

后来文天祥修表将五牧战役详细禀奏朝廷,死亡的将士家属得到朝廷的抚恤。

宋军为支援常州在虞桥和五牧与元军打的这一仗在历史上被称为五牧之战。现在在虞桥,当年古战场的遗迹尚依稀可辨。虞桥东南半里处有青龙冈、土龙冈和黄龙冈,岗前有东井潭、西井潭,就是当年所筑的土城和堑壕。往西二百米有一大土墩,叫郭城墩,就是当年麻士龙指挥作战的中军帐和望敌楼。郭城墩原叫“骨成墩”,又名“骨葬堆”,是战事结束后,附近百姓安葬麻士龙和死难将士的遗骨的地方。五牧运河边,尹玉战死的地方后来被称为“双忠墩”,又叫“鹅子滩”,是原来“饿死岸头”名字的讹传 。明朝时,虞桥人民为了纪念麻士龙、尹玉二将军,建了双忠庙,又称二忠祠,庙里塑像两旁有一副对联写的是,“捐躯五牧迹并南雷曾赞颂,招魂二忠地名双庙永流芳”。现在在郭城墩,立有大的石制横碑,朝南的一面刻写有“骨成墩纪念碑”六个大字,朝北的一面的文字详细记录1275年元军攻打常州的事件。现在当地的地名还是“双庙”,可以在地图上查到。八百年前的战争硝烟早已散去,人们来此凭吊,敬仰烈士,想到的是他们以流血牺牲表现出的忠义与正气。

《宋史》中记载有尹玉的事迹,说尹玉是“宁都人。以捕盗功为赣州三砦巡检。秩满城居,从文天祥勤王。及天祥至平江,调玉同淮将张全、广将朱华拒大兵,战于五牧,全等军败,以淮、广军先遁,曾全、胡遇、谢荣、曾玉以赣州四指挥军亦遁,唯玉残军五百殊死战。玉手杀数十人,箭集于胄如猬毛,援绝力屈,遂被执。大军横四枪于其项,以梃击之死。余兵犹夜战,杀人马蔽田间，无一降者。质明，生还者四人。赠玉濠州团练使，官其二子，赐田二顷，以恤其家。”

文天祥悲伤悼念为国捐躯的将士，写下了《吊五牧》诗——

首赴勤王役，功成事则天。
富平名委地，好水泪成川。
我作招魂想，谁为掩骼缘。
中兴须再举，寄语慰重泉。

他后来还想派兵去支援常州，可是道路已经被元军重兵把守所阻断。他没有足够的兵力，他主要的责任是镇守平江，朝廷没有下令要他去支援常州。而且不久之后，因为独松关告急，他被调去把守独松关，离开了平江。

从五牧战场生还的四人获得嘉奖擢升。文天祥见张弘毅这个家乡的青年经过一场战争的锻炼，变得坚毅沉着，且能文能武，就留他在身边作为一名亲兵。

朱庆的断臂虽然是接上了，要三个月才能康复，他一时留在军中无益，获赐银遣返回家。张弘毅、李时龙、顾玉杼还有永和镇来的几个人在平江一家酒楼为朱庆践行。席上他们开怀畅饮，慷慨悲歌。张弘毅要朱庆先去探望陈普的家代表他进行慰问，并将自己得到的赏赐送给他家。朱庆说本来出来投军，他父母是要他跟随张弘毅，照护其安全的，现在不能留在军队，不得已只好先回家养伤。等自己复原了一定回来找他。

顾玉杼告诉张弘毅，妹妹顾玉纾来信说，父亲终于因病故世。临终时他声声呼唤“杼儿，回家”，不知道是呼唤顾玉杼回去，还是要顾玉杼送他的灵柩回家。年老之人死于他乡流浪途中，不知道何日可以魂归故里，真是令人伤心。死者长已矣，而留下妹妹顾玉纾孤身生活无着，寄人篱下，又不能去照顾，想来日夜不安。

张弘毅安慰他说，自己也接到家信，情况都了解。家中说顾玉纾已经是家里人，老太太很喜欢这孙媳，都会善待她的。已托朱庆带回家书，其中说了请家中人疼爱顾玉纾就像疼爱自己一样。又说自己给顾玉纾写了信，其中用了苏武的诗句：“生当复来归，死当长相思。”信中也说了自己参加战斗的经历与感触，经过一场战争的生死考验，死而复生，他清醒地认识到以前

"以身许国"的誓言不能是空话。

顾玉杼说自己遭遇父丧,本应守制三年,可是现在国难当头,忠孝不能两全,他只有隐瞒不报。张弘毅也赞同。

六

这一天异常寒冷。北风吹散了乌云,惨白的太阳无精打采地照着大地。常州南门城头的守军向城下望去见到的是令人触目惊心的景象。沿护城河对岸一片枯黄的草地上排列着数百颗首级, 蓬头乱发下露出蜡黄的脸,地上还散乱地摆放有几面破碎的宋军军旗。

离护城河较远的地方黑压压的一片是整齐排列的元军,他们在静静地等候攻城的命令。

城头上守城的军民默不作声地看着,有的人看了一眼就转过脸,背过身不再看。数月来他们见惯了杀戮流血,已经麻木了,除了叹息,不再流泪。

姚訔自从起兵收复常州被朝廷任命为知州以来,在将近半年的时间里可以说是夙夜在公为固守常州殚精竭虑。而自元军攻城以来他更是几乎日夜守在城头,敌军攻上来,他也是亲冒箭矢,挥刀杀敌。此刻他身着甲胄站立在敌楼前,四十余岁的人已经显得十分消瘦苍老,花白的胡须飘拂在胸前,黯然无神的双眼看着城下的首级。

一只手臂伸过来搂住他的肩, 他知道是陈炤来安慰他。他摇摇头说:"没关系,不会有什么。"

"别难过。"

"我不难过。派我儿姚让去搬救兵的那天,我就不抱有他能够回来的希望。他也许是在冲出去的时候就被杀死了,也许是和这些援军一起打回来时阵亡了。我看不出这里面哪颗头是我儿,但是我知道他在里面,他已经为国丧命了。这才是我的儿子。时局如此,为国捐躯是人臣应尽之道。"

陈炤道:"我们会多杀鞑子,为这些牺牲的将士报仇。"

元军阵中有五个人骑马来到护城河边。城头上的人认出领头的是曾经来劝降的汪良臣,只见他扬起头,用手做了喇叭拢在嘴上高声喊道,"城上的宋军听了。我是汪良臣，奉了右丞相阿塔海的命令来劝说你们投降。这里摆在地上陈列给你们看的就是你们的援军。他们都已经为你们送命了，你们不要再盼望有什么人来为你们解围，还是老老实实放下武器投降吧。你们死守孤城数月之久，想来是人困马乏，粮食也早就消耗光了，饿也会饿死的，还能怎么抵抗？只要你们投降，我们保证一个不杀，当官的还是当官，还可以升一级，像我这样……”

他的话招来城头一阵箭雨，他慌忙逃了回去。敌军立即发动全面攻城，又一天惨烈的拼杀开始了。

援军遭受挫败的消息在城里迅速传开，人们陷入伤心绝望。自围城以来每天都有很多人来护国寺求菩萨保佑，他们在佛前进香跪拜，虔诚地祈祷。有的人在地藏王前焚香，在大院里烧纸钱，祭奠在护城战斗中殒命的将士和平民。今天来的人更多了。他们焚香烧纸钱，跪拜祈祷，祭奠殉难的援军，然后就三三两两聚集在大院里交谈。空气中弥漫着佛香的香气与纸钱焚烧的刺鼻的烟气，寒冷在这里似乎减少了几分。寺里的僧人忙忙碌碌的，虽然他们神情显得比较平静，可是他们生活中的平静完全被打破了，连万安长老和莫谦之长老都得出来接待信士和百姓，开导和安慰他们。

守卫南门的校尉张超带了两名护卫骑马来到了护国寺。他们在庙前下马，将马在拴马桩上拴好，进了庙门。百姓见到军官纷纷退避让路。张超身披甲胄，腰悬宝剑，显然是刚从战斗中撤下来。他穿过大院，进到前殿，拈香拜了弥勒佛、韦陀和伽蓝，出了前殿，穿过小院从边门进到大雄宝殿，在庄严的如来佛前躬身下跪叩头，又转到后面拜了观世音菩萨，口中念道“救苦救难观世音菩萨”。

住持万安长老跟随着张超，在他叩拜时亲自敲击铜磬。张超拜过菩萨，起身向万安作揖称谢。他愁眉苦脸地说：“长老，您看这如何了结？想必您已经听说了，朝廷派来的援军被打败了，也许再不会有援军来。”

万安长老不改他一贯的平静，双手合十，面带微笑。“我听说了。将军不必担忧。我相信朝廷一定会调集兵力与鞑子作战，彻底打败了鞑子，常州的围也会解。我们只要坚决守卫城池就是。我们寺庙的僧人也决心保护百姓，拯救生灵，现在都已经武装起来，加紧操练。情况紧急时，我们会挺身而出，听从将军调遣。”

“我们求生无望了，”张超不理会他的劝解，急匆匆往外走，“我们为什么要遭此劫难？我们都是善良的人，敬天畏神，佛为什么不保佑我们？”

“佛永远在保佑我们。佛保佑我们却不像母鸡张开翅膀护住雏鸡那样，而是给我们信念，指引我们走正道。”

“为什么众生要遭杀戮？

“也许是前世冤孽，在劫难逃，”万安叹息着说，“三百年的天下太平养得人骄奢淫逸，萎靡不振，天要降警示了。”

长老微笑着说出冷峻的话，张超听了很不舒服。他与护卫在寺门外上马，赶回南门。大街上空荡荡的，天气寒冷，人们都躲入室内。被敌军石炮砸毁的房屋没有人修葺。成片的房屋被战火烧毁，有些人在里面寻找可用之物。看不到猫狗，它们早已填充了人们辘辘的饥肠。

张超迎面遇到王安节骑着马带着一队约有百人的士兵向东奔去。队伍后面跟随有数百平民，他们拿着刀矛木棍，是自发去参战的。王安节见了张超来不及与他打招呼，只叫了一句“东门吃紧”就跑了过去。张超听了一阵心慌，赶紧打马跑回自己把守的南门。

“愚蠢，真是愚蠢至极，”伯颜大声斥责阿塔海，“宋军本来就胆小怕死，你拿死人吓唬他们，把成百上千的首级陈列给他们看，你以为是示威吗？你把他们吓得不敢出来，想投降也不敢了。”

阿塔海申辩说：“我本意是想让守城的宋军看到他们的援军都已经被歼灭了，让他们绝望，不敢再抵抗。”

“胡说！他们绝望了吗？为什么你又打了半个月还是攻不下这座破破烂烂的城。你应该让他们放心，告诉他们只要投降就可以免死。”伯颜满嘴胡须张开，鼓起金鱼眼瞪着对方说话，显得咄咄逼人。

“你说的话我都说了，他们就是不投降。”阿塔海百口莫辩，只有摇头苦笑。他一向有些畏惧这位同僚。

伯颜说话毫不留情面，使得在场的阿塔海的手下，代理枢密院的怀都和昭勇大将军忽剌出也感到难堪。而忽剌出在宋元焦山会战中身被数伤，裹伤作殊死战，是被人目为悍将的。他们都曾拼命攻城，不愿意听这样毫无理由的指责。

阿塔海是元朝右丞相，受中书左丞相伯颜差遣带兵攻打常州，他们先攻下了常州的外围吕城，自十月初八起开始攻打常州，一直打到十一月中甸都未能攻克，弄得伯颜很是恼火，他亲自率军前来，要最终拔除这一拦路虎。

伯颜从镇江，经过丹阳，来到常州城下。随军携带的帐篷很快就在军营中支好，他在宽敞的帐篷里听取阿塔海汇报战斗情况。在帐篷中坐下的还有他带来的元帅大将，济济一堂，真的是貔貅虎豹，一时英豪。

帐篷里放了一圈矮桌，桌上红烛高烧，照亮了满桌的山珍海味，侍卫将酒从坛中倒进大碗里，酒香四溢。尽管外面已经是冬月，北风呼号，帐篷里二十余人吃吃喝喝，却显得春意融融。阿塔海知道伯颜今日到达，早已准备了盛宴接风。伯颜到来时已经是晚上，立即入席开餐。将军们饮酒吃肉，听阿塔海讲述围城的情况。

伯颜毫不掩饰他对阿塔海的不满，当他听到阿塔海说到十月二十八日打败了宋的援军，将首级陈列在常州城外吓唬常州人民的事时就再也忍不住了，打断了他的话，加以大声呵斥。

“大汗已经下了止杀令，我们大军所到之处，不杀人，不烧房屋，那些蛮子就会不加抵抗投顺我们，我们就会很快击败宋朝，席卷江南。”伯颜粗大的食指几乎戳到阿塔海的脸上，“你只知道杀人，一点知识也没有。你读过兵书吗？孙子说不战而屈人兵是上上之策。你领会得到吗？你打一个常州，耽误了我一个多月的时间，阻碍了我进军的计划，就只是因为你不会思考。常州的人为什么不投降？他们心里想的什么？他们想的是，他们早先已经归顺我朝，后来又叛乱，杀了我的将士，害怕受到我的严厉惩罚，所以坚决抵抗不投降。现在我们应该让他们放心，知道不会被杀，他们就会开门迎接我们。想当年，吕大将军在襄阳坚守六年，我们与他折箭为誓保证不杀一人，他就归顺了。这就是正确的方法。我们还是要召唤常州人投降，写招降书晓谕他们。对了，吕将军，有劳你按我的意思写一封招降书吧，现在就写，写了就派人送进城去。我决不相信有不计利害关系的人。”

“要说些什么话呢？”吕文焕赶紧咽下口中来不及嚼细的肉，放下手中的羊排。他已经习惯像蒙古人一样用手抓食物送进口里，觉得这样方便又显得豪爽。他也习惯了腥膻，军旅之中必须忘却个人的口味。

伯颜丞相颇具文采，汉文化修养相当高。他口授酝酿好的语句：“可以这样写，我大军秉承天意，顺江直下，摧枯拉朽，势如破竹，今日兵临城下，实乃收复失地。君等勿以已降复叛为疑，勿以拒敌我师为惧。若立即开门迎接我军,我保证不伤百姓,是生灵万幸。”

吕文焕离席出帐篷去写招降书。阿塔海扭过头去不作声只捧碗饮酒。忽剌出不服气地低声咕噜:“你的大军到了,难道我们不是大军?你说的话我们都说过了,蛮子就是不肯投降我们才打的。你不信就看你的吧。”

次日早上由阿塔海陪同,伯颜带了自己的战将骑马视察了常州的形势。他们立马西门外的小丘上,听阿塔海讲述常州城里的防御。阿塔海说根据早就派进去的细作的报告知道,常州城里只有两万义军,两千朝廷派来的正规军和一些乌合之众的老百姓在进行抵抗,而且一个多月的恶战过后已经有了很大的伤亡减员。伯颜听了斜睨着他,鼻子里喷出冷气。

“我给你带来多少人马?”

“军士一十五万,战马万匹。”

“现在还有多少?”

“军士有十万,马有八千。”阿塔海脸上十分难看。

“你别在意。我问你的意思是想看我们的实力,盘算怎么攻城。你尚存十万人,我带来十余万,合起来二三十万人,对外可以号称百万雄兵。别说攻城,浩浩荡荡的大军走过去就可以踏平这座破城。那些蛮子看到我们腿就发抖了还怎么抵抗。”

伯颜身边的大将们笑了。他们的笑是豪放,无拘束的。可是阿塔海的人笑不起来。

伯颜放眼巡视他的军队,胸中洋溢睥睨万物的豪气。他指挥的将士由四部分人组成,主力是蒙古军,由蒙古人包括部分色目人组成;其次是探马赤军,这些人起初是从蒙古诸部抽取精锐组成的前锋、重役或远戍部队,后来也有色目人、汉人等加入;再一等是汉军,即由原金朝地区的汉人和部分女真人、契丹人组成,还包括早期的南宋降军,就是刘整归顺带过去的兵和后来吕文焕投降带过去的兵;最后一等是新附军,是吕文焕招降改编的原宋军。这样的二三十万士兵确实声势浩大,直像铁桶一样把常州紧紧地包围住。

这时候一个骑兵来到阿塔海马前,交给他一封信。阿塔海看了以后递给伯颜看,伯颜不看,让他说是什么事情。阿塔海说这是常州城里的细作发来的信,说是昨天常州城里的官员已经接到招降书,他们无动于衷,这样的招降不是什么新鲜事,一边打一边招降,他们都不当回事了,上上下下没有一个人有投降的意思。他们说要与城共存亡。报告里还说，其实他们已经山穷水尽了，人人筋疲力尽，粮食已经消耗精光，支持不了多久。

“真是不可理喻。难以置信。”伯颜立即发怒了，“我派人再说最后一次，做到仁至义尽，说不通马上就打。”

吕文焕被遣去城下招降。他带了四名亲信打马向前来到西门。他的心情十分矛盾，又想常州的守将投降罢了，免得生灵涂炭，抵抗已经没有任何意义了，一边又想他们坚持抵抗，站着死比跪着活要好。想他当初坚守襄阳六年，后来投降了，就是抱有这样复杂的心情。一直到现在，他心里还是这么纠结。

北风呼啸，黑云压城，这天常州人有不祥的预感，恐慌的情绪在城里传播。宋的守军在城头上看到元军成倍地增多了。新添了很多杂色旌旗在飘扬，带领一队队人马迅速移动。四门外好几门抛石机拖到了离城最近的地方，高大的攻城车虎视眈眈地对着城墙。他们胆战心惊，明白最后时刻来临了。

陈炤很早就上城来，四处巡视，安抚士兵。他位居通判，在数月的浴血奋战中不畏箭矢，沉着指挥，英勇杀敌，像一个普通士兵一样与攀上城来的敌兵搏杀，而且他散尽家财，以纾围困，所以深得士兵的信赖与敬爱。

他的奶公跟随着他。陈炤自小由奶妈喂养，奶公带大，后来奶公就不离左右地伺候他，跟随他赴任，直到现在还在保卫常州的战斗中保护着他。奶公六十岁出头，身体依然健壮，像年轻士兵一样同敌人短兵相接。

陈炤来到北门，在城头见到刘师勇正面色凝重地看着敌军布阵。他打了招呼，指了指刘师勇受伤的左臂问好些了吗。

刘师勇苦笑地摇摇头。打仗受伤是寻常事，他不愿意多说，就指着敌军让陈炤看："敌人真的是增兵了，像他们的招降书中说的。这其中有些旌旗我认识，在今年七月的焦山之战中见过。那时我任平江都统，随保康军承宣使张世杰将军率军北上至金山，约定了由殿前都指挥使张彦自常州率兵赴京口，扬州李庭芝领兵出瓜州，三路合击，与元军决战。可是谁知道至期张彦、李庭芝未到，只有张世杰与我，还有泰州知府孙虎臣率舟师孤军迎战。开战前我持枪挺立船头，豪气满怀，立志要扑灭鞑子的凶焰，将他们打回漠北去。可是谁知道他们用了火攻，水陆并进，使得我军损兵折将，溃不成军。那次我军元气大伤，自那以后就再也组织不了大的反攻了。”

“你是久经沙场的老将,我们都敬佩你。半年来多亏你的指挥,我们才能打退敌人进攻,坚守孤城。”陈炤边说边把刘师勇拉进城楼里面,随手关上门。奶公也跟进来了。城楼受敌军抛石机的攻击早已是残破不堪,倒塌的墙壁发出阵阵刺鼻的尘土气息。冷风从掀开了的屋顶直接灌进来。遍地是残砖碎瓦无人收拾。陈炤继续对刘师勇说,“现在情况真的是危急了,我们守城应了那句老话,内无粮草,外无救兵。而敌人得到增援,对常州是势在必得。关上门说真话,我们现在是到了最后关头。我曾经劝你带了你的人突围走,保存力量。现在也还是这么劝你。我们这段时间并肩作战,已经亲如兄弟。我说的是真心话,真的希望你们突围走,不必要都陷在这里。”

“通判此话差矣。我奉朝廷派遣,前来镇守常州,哪有弃城逃走之理?”刘师勇不以为然地说。

陈炤不待他争辩,继续说:“我是朝廷任命的地方官,当与城池共存亡。我兄智勇双全,不宜在此死守,只要突围出去,再领雄师,报效朝廷。吾城即破,金山长矣。大宋版图辽阔,鞑子虽然占领了半壁江山,仍有充分回旋余地,百姓不畏强敌,将拼死抵抗。每座城镇都是抗敌的堡垒,每个村庄都是杀敌的陷阱。逐城逐村打击敌人,消耗敌人,待敌人疲惫,我即可反攻,收复失地,重整江山。”

刘师勇同意地说:“是啊,吾城即破,金山长矣。”

他还待继续说,这时门开了,一个士兵来报告,西门那边敌营有人打着白旗过来了,要他们去看看。他们接了报告赶往西门,姚訔也接到报告先赶来了。陈炤见他一脸病容,找不到话慰问他,只是叹气。他们到城沿向外观望,只见敌方五个人骑着马,打着白旗缓缓向城下行来。

护城河已经干涸成了深深的壕沟,敌将在壕沟那边停住马向城上喊话。那敌将穿着蒙古人的锦袍却说汉话,明显是投降过去的汉人。

“城上哪位将军?大元末将吕文焕问安。”

刘师勇告诉身旁的人:“这个就是吕文焕,他曾坚守襄阳六年,后来投降了,做了蒙古人的开路先锋,带领元军顺江打了下来。这一路上我朝守土将士多为他吕氏旧部,被他一号召都不战而降,使得元军进军顺利,这个人祸害极大。”

姚訔高声回答:“我是大宋常州知府姚訔,有话请讲。”

吕文焕用手圈在口上说:“昨日我们送上劝降书,是诚心诚意的,希望你们看清形势……”

陈炤不耐烦听他啰嗦，暗暗招来神射手，瞄准他射。同时有几个士兵射出了箭。吕文焕为了表示他是诚意前来谈判的，没有穿戴盔甲。箭来得快，他躲闪不及，右肩中箭，从马上落下。他的马也中箭倒下。元兵赶快拖他逃走，让他换乘一匹马逃命去了。

常州人一致决心不投降，拼死保卫城池。他们准备好迎战比以前更加凶猛的敌人。预料中的战斗立即开始了，不过这场战斗的残酷远远超出他们的想象。他们知道仅仅从敌我兵力的对比来看，我方就已经没有取胜的可能。从城头上望去，敌人密密麻麻，旌旗蔽日，营帐遍布原野，将孤城围困得水泄不通。围城的兵力有多少？不能详细知道，估计应该有几十万吧。

他们不完全知道的是率兵前来攻城的元将，除以前的中书右丞相阿塔海、昭勇大将军忽剌出和权枢密院事的怀都以外，现在又来了左丞相伯颜和他带领的都元帅张拔都、昭勇大将军塔出、宣武将军高闹儿、武节将军四家奴，武义将军完者拔都、昭武大将军帖木儿不花、宣武将军八十八、定远大将军谒只里和管军总把百家奴，炮水手元帅张君佐、襄阳镇抚沙全、武略将军石祖兴等人。个个都勇猛剽悍，能征惯战，有些是在灭金国，攻高丽，征日本的血战中蹚过来的。其中还有些曾带兵横扫当时的常州人毫无概念的欧洲。除此之外，还有宋的叛将吕文焕、范文虎等，现在都是元兵南下的开路先锋。

而常州城里只有姚訔和陈炤召集的二万多没有作战经验的义兵和朝廷派来的刘师勇带领的数千宋兵。而且经过半年的战斗，人数有了很大的减员。还有的就是那些自愿参战的市民，他们可以说是乌合之众，尽管有满腔热血，宁死不屈的决心，却也只有捡来的长矛、大刀、木棍和石块之类的武器。雪上加霜的是经过数月围困，常州城的粮食早就吃光，房屋也被炮火与火箭烧毁，他们栖身无地，没有遮风避雨的地方，疲惫不堪。

双方力量对比悬殊之大，使得战争的结局没有任何悬念。

吕文焕逃回后，伯颜立即愤怒地下令攻城。元军兵多将广，从四门同时开始进攻。他们遭遇顽强的抵抗。到天黑时，阿塔海按习惯要鸣金收兵，受到伯颜劈头盖脸一顿骂。他说打仗就是一鼓作气，双方都是拼尽全力，僵持住了，能坚持一口气的一方就会胜利。也许再加一点压力敌人就崩溃了。到夜晚也不收兵，不给宋军喘息机会。这样，元军到晚上仍然攻击不懈。他们点燃火炬，照亮没有星月的夜空。火箭划过黑暗向城头飞去，落入城里烧着了民房。元军在火光照耀中冲击着破烂的土城。他们人多势众，可以轮番得到休息，只是苦了守城的宋军。

宋军拼死抵抗一整天，盼着天黑以后敌军收兵可以得到喘息，可是他们大为失望，他们不仅得不到休息，连进食的间隙都没有——如果还能说得上有食物的话。将军们组织最有效的抵抗。有限的兵员也要安排轮番休整。百姓把战死的士兵抬去掩埋，受伤的抬去治疗，拾取敌军射来的箭矢交与守城的士兵。有的人直接投入战斗。

常州城头杀喊声和惨叫声形成无休止的喧嚣。常州人民抵抗强敌几近半年，已经是势穷力竭。又在敌军得到增援的强攻下，从白天打到晚上，从晚上打到白天，又从白天打到晚上，又从晚上打到了白天，这是世界军事史上的奇迹。

十一月十八日这一天，怒不可遏的伯颜加强了进攻，做最后一击。他原以为元军顺江而下，势如破竹，夺取常州也会易如反掌。三十万铁蹄风驰电掣一过，常州即会被碾为齑粉，却不料遭遇了顽强的抵抗。自己损兵折将，劳而无功，恐怕阿塔海会暗地讥笑。

这一天仍然是阴天。天刚一蒙蒙亮，伯颜在北门叫来汪良臣，首先是训斥一顿，然后命令他继续多抓四乡之人运土来城下筑垒，高与城齐，以便架设火炮攻城，士兵可以登上土垒跨到城头攻入城中。汪良臣得令即刻带领自己的人去执行。

可怜那城外的百姓以前没有躲入城内，不断受到元军骚扰凌辱杀害，现在又被抓来服苦役。他们在鞭打下挑了土，跑过早已填平的护城壕，将土倒在城脚，再跑回取土，就这样来来回回地跑。渐渐地，土垒有了模样。跑得筋疲力尽的人被一刀结果了性命，他们的血流进土里，尸首被填进土中一起筑了土垒。

垒土得以顺利进行的一个原因是城上的宋军不忍心射他们。土垒筑高了，火炮沿着宽阔的坡道推了上去，攻击木排竹杈夯土筑的城墙和城内的房屋。元兵从土垒跨到城头，从云梯爬上城头，展开全面的进攻。不料如此凶猛的进攻仍然遇到顽强的抵抗，伯颜使尽了解数不能奏效，烦躁万分。

伯颜久攻北门不下，转来南门。他在阵前须眉俱张，挥剑狂叫，亲自指挥帐前军攻坚，督促士兵冒死冲锋。

宋军视死如归,筋疲力尽犹自奋勇杀敌。值此生死关头,守将张超却不见了踪影,原来他是去寺庙求菩萨保佑去了。军队无人指挥,一片混乱。

元军中最强的军力猛攻宋军最弱的守备。元军登上城头,被宋军杀退,这样反复几个回合后,元军将伯颜的红旗插上了城楼。诸军见伯颜的帅旗已立城头,士气大振,呼啸而上,占领城头,打开城门,从四门蜂拥而进。

城终于破了,败局已定,可是战斗并没有停止,宋军仍然不放下武器投降,他们做垂死的拼命,与敌人进行巷战。平民百姓也投入战斗。敌人夺取每一座房屋、每一条街道都要付出沉重的代价。

护国寺的寺门大开,一面用黑字书写着"降魔"的大旗导引500名僧人跑了出来,他们手持戒刀、禅棍冲向南门。街道上的百姓高声向他们喝彩。可怜他们未能降魔,这些只会拜佛念经的人全部英勇战死,包括年迈的万安长老和莫谦之长老。

疾病缠身的知州姚訔指挥将士拼死力战。他自己多处受伤后,力穷不支,退到路边长叹一声,投入到燃烧的房屋中自焚而亡。

陈炤据守知府衙门。他剩下的为数不多的亲兵在墙头屋顶射击敌军。薄薄的院墙很快在敌军的冲击下倒塌,士兵与涌进来的敌军在大院里厮杀,逐渐退到走廊大堂。陈炤甲胄结扎整齐,将一颗官印扎在腰带上。他的奶公不知道是如何设法弄来一角粗粮烙饼给他吃,但怎么劝说他都不吃。元兵杀进大堂来时,他拿起桌案上已经出鞘的宝剑迎战,接连杀死几名敌兵。他冲出大堂,组织亲兵杀死了闯入衙门的敌兵,然后杀到大街上。他们立刻被敌军包围。他看到他的奶公在战斗中倒下了。这时候有名小将杀过重围来告诉他,城东门敌军尚未合围,可以冲杀出去逃往常熟。不顾那名小将如何神情急切,陈炤平静地说:"朝廷委任我镇守常州,去此一步非死所矣!"

他一直战斗到流尽最后一滴血而死。

包主将军战败被擒,被推到伯颜面前。伯颜劝他投降,他却大骂,遂被杀害。

胡应炎将军也是力尽被擒。蒙军元帅唆都责问他:"你就是杀死我许多将校的人吧?"

胡应炎鄙夷地回答:"是啊,你认识我了吧。我还想杀了你,只恨我现在力不能及。"他的回答惹怒了唆都,被残酷杀害。

智勇双全的王安节有万夫莫当之勇。他骑马驰骋,专门杀向危急的地方救援。他的雄姿被站立城头观战的伯颜注意到了,他下令,不许放箭,不许杀死这名白袍小将,一定要捉活的。命令下达,激起了好几名元军大将的不服,纷纷来斗王安节。他们不许士兵围攻,只与他单打独斗。这样让王安节感到轻松很多,精神陡长。他将双刀使用得出神入化,一刀护身,一刀进攻,专取要害,不须几个回合就杀死或杀伤一个又一个敌人,使敌人也不由得不佩服。

昭勇大将军塔出提马上前,挥舞铁锤大声问道:"那个蛮子勇士叫什么名字?"

王安节回答:"老爷王安节是也。看刀。"

他看出塔出力大锤沉,就避实就虚,几个回合以后就削断了他的手指,让他狼狈退下。后来他又接连打败了拔都、高闹儿、四家奴和帖木儿不花。

他究竟不是铁打的金刚。先是他的马受伤倒地,他下马步战。尽管手臂受伤,仍然"杀敌如刈草"。他的左股被矛所伤,不能站立,他就跪着继续死战,尽管不能躲闪腾挪,敌人也不敢靠近。最后他终于力竭被捉。他被架到伯颜面前,要他下跪,他坚决不跪。伯颜爱他英勇,劝他投降,很和蔼地问他名字。

王安节骄傲地亢声说道:"你不要问我的名字,你应该问我父亲的名字。"

伯颜奇怪地问:"啊,倒是要请问令尊的大名。"

"我父就是王坚。"

"是守合州的王坚吗?"伯颜思索片刻后,大惊。

"正是,就是在钓鱼城开炮打死你们蒙哥大汗的王坚。我就是他的儿子。"

"老夫爱惜你是员战将,有心让你归顺我朝,你可愿意?"伯颜脸色陡然变得很难看。

"我是守合州的王坚的儿子,岂有投降之理。"

"你若归顺,自有高官厚禄。若是执迷不悟,上天也救不了你。"

"要杀便杀,怕死的不是英雄。"

王安节被伯颜杀害。

钓鱼城是个在中国史与世界史上值得大书特书的地方。蒙哥是成吉思汗的幼子托雷的长子。他即位为汗后东征西讨,1258 年他与四弟忽必烈和大将兀良合台分三路大举进攻南宋。1258 年农历七月,蒙哥亲率主力进攻四川,一路所向披靡,攻克四川北部大部分地区,1259 年初,在合州(今重庆合川区)钓鱼城下攻势受阻,数月不能攻克。1259 年 8 月 11 日,蒙哥因受炮伤,病逝于合州钓鱼山。

蒙哥的去世对当时的世界有极大的影响。旭烈兀统帅的第三次蒙古西征被迫中止,而且,蒙哥去世以后忽必烈与阿里不哥的继位之争立即爆发,最终导致大蒙古国的分裂。

城被攻破后,刘师勇率军进行巷战。他鼓舞士气,高呼:“杀鞑子呀!吾城即破,金山长矣!”他自东门防区转战至北门,意欲从北门突围。他看到大量的百姓也在夺门而出,对抗着涌进城来的敌军,他就不走城门,命令士兵拔除筑城用的栅栏突围。这工作颇为费力耗时。敌军追来,一部分士兵抵抗围攻的敌军,一部分士兵拔除栅栏,推倒土墙往外冲,形势十分危急。

宋军终于打开缺口,冲了出去。还有民众也跟着冲了出来,大家立即跑散了。刘师勇带着一些骑兵从护城壕跑出去。护城壕虽然干涸了,河底的乱石头和淤泥是险恶的陷阱。他跑上了对岸,他弟弟却因为战马的马蹄插入了乱石中而前扑摔倒。他跪在地上,不能立起,高声呼喊哥哥。刘师勇意欲回身救他,却见追来的敌军纷纷朝他射箭,他身中数箭,鲜血从口里喷出,手握长枪扑倒了。刘师勇的部将不让他流连,拖了他战马的缰绳就跑。他悲愤地举手与弟弟诀别。敌军箭如飞蝗追逐着他们。最后他们剩下十一骑向平江奔驰而去。

城里战事接近尾声。宋军全部战死。最后剩有六名淮军勇士还在战斗,他们背向而立,互相保护支援,杀伤很多敌军以后才一个个为国殒命。从上午巳时城破一直到酉时战斗停止,宋军又坚持了几乎一整天。

战事结束后,兵器的撞击声,战斗的呐喊声停息了,代之而起的是凄厉的叫声和痛苦的哭喊声。元兵到大街小巷挨家挨户烧杀抢掠,强奸妇女。城破之时,有的人家就全家自杀了。没有勇气自行了结,希冀苟且偷生的都做了刀下鬼。节烈观强的妇女用剪刀保卫贞洁,刺伤刺死了一些曾经在战斗中毫发无损的元兵。

一队士兵闯进天庆观。观内供桌上的香炉里香烟缭绕,一位名叫徐道明的道士坐在蒲团上手持一本道经诵读。元兵命他跪下,他置若罔闻。元兵以亮晃晃的刀架在他颈脖上，他仍然诵经不辍。元兵手起刀落杀了他。

伯颜骑马巡视全城，他的亲兵前后护卫。阿塔海看到他平静淡定，心里骂着这老狐狸，他越是装作若无其事，越是在嘲笑自己的无能。他们缓缓前行，看到满街元兵肆虐逞暴，阿塔海对伯颜说："兄弟们打得太辛苦了，让他们放松两天吧。"

"什么，放松两天？"伯颜鄙夷地说，"两天是不够的。你下令屠城。杀个鸡犬不留，烧毁全部房屋，将全城夷为平地。"

"你不是说大汗下了止杀令吗？"阿塔海大为吃惊。

伯颜斩钉截铁地说："一个小小的常州就要我耗费半年的时间来攻打，何日才能平定江南？我要让常州成为一个教训，敢于抵抗就会遭到屠城。"

元军疯狂屠城，据说全城只有七人因躲藏在桥下幸免于难。常州屠城之事连蒙古人自己也不讳言。元世祖忽必烈命大臣刘敏中撰写的《平宋录》就记载了常州屠城的事实："十一月己卯，丞相出镇江，宿于丹阳。壬午，至常州，前进之兵，相持不决。至日，丞相帅大兵严围其城，壁以立木为之，其池堑既深且阔，攻之诚难。丞相召诸将指授方略，令各备攻具，期于来日，分道攻击。又先遣人大呼城下，谕言曰，'城中将帅士庶，宜速来降，免尔曹拒敌之罪。'城中不听。癸未，又令诸掾吏书谕文射入城中，曰，'常州主帅、将校、士庶，常州为我大元已附之城，尔众复来据之，大丞相领兵临城，四面攻击，势易摧枯耳。然我念主上好生恶杀，务以招徕为先，连日遣人告谕，未见听从。尔之士民，勿以归降复叛为疑；尔之将士，勿以拒敌我师为惧。约以来日，如能出城归附，以保生灵，前罪一无所问，不妄戮一人，仍依沿江已附州城一例迁加爵赏，四民各令安业。若更执迷坚拒，城破之日，枕尸流血者，老幼无遗。宜速审思，毋贻后悔。'又不听。丞相亲督帐前军数千，临于南城，又多建火炮及弓弩等具，日夜攻之不息。至甲申巳刻，丞相怒叱帐前诸军，奋勇争先，登木城，即竖丞相红帜于城上。四面并进，宋兵大溃。克之，遂屠其城。"

好一个"遂屠其城"，说得轻松自如，毫无负疚感，似乎说的是做了日常生活中习以为常的一件小事。至于常州屠城是如何进行的，中国史籍缺少详细记载。法国作家勒内·格鲁塞写的《草原帝国》一书里记述了蒙古军在西方的一次屠城，想来常州之屠也是如此相仿，故引用于下——"拖雷攻莫夫(马里)，莫夫投降。居民全部被杀。拖雷坐在放于莫夫平原的一把金椅子上看这集体屠杀。男人、女人、小孩被分开分配到各个军营砍头。只留 400 名工匠。陵墓被烧，坟被盗。在尼沙普尔，首级按男女儿童分别堆成金字塔形。连猫狗也杀光。在也里，屠杀进行了一周时间。”

在此书中也记录了蒙古军在中原是怎么残酷进行战争的。“在中国攻城，将周围地区的男性赶到护城河、城墙下，用尸体填满河，攻城。穿蒙古服，每十人举一旗，守军以为是蒙古大军。然后将这些人杀光。”

常州被屠，百姓是引颈就戮。他们已经抵抗过，再也无力反抗死神了。他们是这样，明朝灭亡时被清兵屠戮的扬州人、嘉定人也是这样，欧洲人被蒙古军屠杀时也是这样，请看——

“恐惧与沮丧是如此强烈，以致没有人想到抵抗。当内萨城被攻陷时，蒙古人将居民赶到一块空地上，命令他们互相将手捆在背后，内萨的穆罕默德写道，‘他们服从了，如果他们散开来逃往附近的山中，他们中的大多数人将会得救。一旦他们互相将手捆绑上，蒙古人围住他们，用箭射他们——男女老幼无一人幸免。’”（见《草原帝国》311 页）

“有一个鞑靼骑兵，独自进入一个人烟稠密的村子，陆续杀其村民，竟无一人敢反抗。又听人说，有一个鞑靼人，手无兵器，而欲杀其俘虏之人，便命其卧地后去寻刀归来杀此人，此人竟不敢逃。又有人告诉我，我曾与十七人同行。见一鞑靼兵至。他命令我们互相反绑两手于背后，同伴们皆服从之，我对他们说，他仅一人，应杀之而逃，同伴们答道，‘我们十分害怕’。我又鼓励他们说他将会杀死你们，让我们先把他杀死，可能安拉会拯救我们。但是，竟无一人敢杀他。于是我用小刀把他杀死，我们才安全逃脱”。（同上 334 页）

我实在没有胆气去想象常州屠城的细节，也就不多说了。

伯颜视察了常州城。看到满地尸骨，颓垣残壁，和那破败的城墙，他不禁发出“纸城铁人”的感叹。常州人的铮铮铁骨连敌人都感叹不已。

常州遭劫后，长期荒无人烟。直到多年后，遍地的白骨才有人收拾，集体埋葬在城外的周巷，所形成的大冢，后来被称为“古忠义冢”。到了明清时期人们才在常州的双桂坊建忠义祠，后于祠内修建了浩然亭。

王安节的遗骨被偷偷埋在水关的东北。以后他的四世孙王伯屿从故乡临川来到常州，守坟尽孝，后人把他的住处叫临川。

为了纪念殉难和尚，人们把收集到的残破袈裟偷偷埋在护国寺内。又过了二十多年，在那里造了座塔，取名为袈裟塔。后人为铭曰，“方坟峨峨，累石五层。陵谷已变，袈裟尚称”。“地傍香火，气升日星，千秋万岁，碧血长凝”。

姚訔被朝廷追封为忠毅公。现在江苏《金坛姚氏宗谱》存有忠毅公姚訔的殉国绝命诗，有武进横林余巷姚氏将其刻于姚氏宗祠——

我今愿作宋良臣，我仇不灭恨难伸。
只为亲身受国恩，致使吾君祸及身。
死当及时死胜生，我本堂堂忠义门。
自古忠臣多杀身，非吾毕竟要留名。
才疏力弱计元真，为人何必计求生。
生前未了君恩重，从今只应随城殉。
粉骨碎身愿不顾，悔恨难消天地悔。
臣份理应身殉国，不宜畏死负皇恩。
精魂抱愧见前君，阴魂含屈诉天庭。
断不求生以害仁，留与精魂护帝身。

常州遭遇屠城之灾后不久，有一位名为梁栋的诗人乘舟路过，写下了《哀毗陵》一诗，可以说是当时景象的真实记录——

荆溪水腥泊船早，落日无人行古道。
髑髅有眼不识春，东风吹出青青草。
荒基犹认是人家，败栅曾将当城堡。
当时压境兵百万，不脱靴尖堪蹴倒。
短兵相接逾四旬，毒手尊拳日攻讨。
内储外援可消沈，一缕人心坚自保。
孤臣守土轻性命，赤子效死涂肝脑。
朝廷有爵愧降附，幽壤无恩泽枯槁。
愿笺司命录英雄，收拾忠魂畀穹昊。

后来文天祥在南方兵败被俘，押解北上途中路过常州，写了下面这首诗凭吊——

山河千里在，烟火一家无。
壮哉睢阳守，冤哉马邑屠。
苍天如可问，赤子果何辜。
唇齿提封旧，抚膺三叹吁。

刘师勇一行逃离常州，沿大路奔驰，见敌人没有追来就放缓了步伐，让马匹得到休息。连续大战三天三夜，现在真的是人困马乏，饥寒交加。他们想找一点吃的，可是沿途房屋被烧毁，百姓被杀光，村落里一片凄凉，连狗叫鸡鸣都没有。他们在树林里歇息。路边塘里残破的荷叶在寒风中瑟瑟作响。他们知道那下面有肥藕，可是没有人有气力去挖。有三名壮士伤重断气，被埋葬在树林深处。

刘师勇等八骑继续上路。进入无锡境内，他们看到一座驿站，奇怪的是没有人出来迎接。他们进去，发现驿站的人已经不知道何时逃离了，驿站看来像荒弃多时。幸运的是他们在驿站里找到一些米，自己下厨做饭，饱餐了一顿，连马也喂了食。他们在马厩里把马拴住，到房间里拿出驿站的被褥铺好，倒头便睡。此时已经是子时。四周死一般地沉寂，黑暗抚慰着这几位残兵败将，睡眠给他们注入新的精力。

他们一直睡到次日巳时才先后醒来，醒来后却都躺着起不了床。有个小将发现有张床的被子里是空的，有个人起床穿好衣服出去了。过了很久还不见那人回来，小将感觉不妙，就起床穿衣，出去查看。他回来后大声叫唤说，是一名老兵跑了，马厩里少了一匹马。大家听说都不免惊慌，立即起床。他们穿戴好甲胄，提了兵器就要离开。有的人大声地咒骂着。

刘师勇不让他们骂那逃兵，说是情有可原，即使还有人要走，他也不会责怪。他还说他要先做饭吃饱再走，不会饿着肚子离开，几个月来他已经饿怕了。听了他的话，众人平静下来。有的人去厨房做饭。

饭快熟的时候，他们听到马蹄声。有的人操起兵器跑到前面大院里，准备迎战。他们见到一匹马进到院子里，是那个老兵回来了。他从马上跳下来，扬一扬手中提着的几只鸡和一些青菜，说快拿去做了。众人一起欢呼。在这短暂的一刻，他们忘记了昨天的恶战，眼前最要紧的事情是有好吃的了。

刘师勇一行八骑在未申之交到达平江北门。平江布防森严，城头旗帜鲜明。城门虽是大开，进出可疑的人受到盘查。他们在护城河的吊桥头被城头人喝住，问明身份后才让他们过了桥。城门口有人接待他们，带去知府衙门。

他们骑马穿过市区。素以繁华著称的平江此时显得萧条。街面冷清，很多店铺关门，唯有维持日常生活的交易在正常进行，而酒楼饭店的生意依然红火。到了知府衙门前的大街，刘师勇远远地就看见衙门前聚集了很多百姓。为他们带路的小将告诉他说，这些人上午就来了，在衙门前站了一天。他们听说朝廷任文天祥为资政殿学士，浙西江东制置大使兼江西安抚大使，调他回临安，原因是独松关告急，要他去解救，于是很为恐慌，要坚决挽留文大人，不让他离开平江。文大人让他们推举了四位地方贤达到堂上传达民意。到现在人群仍未散，应该是交谈尚无结果。

他们下马，分开人群进了衙门。小将让刘师勇等人在大院暂候，他即来西厢房禀报。

小将见了文天祥，行过礼便报告说："报与大人知道，守卫常州的刘都统刘师勇大人来了，现在堂下等候召见。"

文天祥正在与四位须发斑白的地方士绅谈话，听了报告一惊："他来何意？"

小将回答："常州失陷，他们仅跑出来八骑……"

"知道了。有请刘大人到大堂相见。"文天祥拦他的话已是来不及，与四位士绅道歉，"各位父台暂候，下官去去就来。"

文天祥随小将来到大院迎接刘师勇。二人曾在临安行在相识，互相见礼。刘师勇与他引见了七位勇士，文天祥就执了刘师勇的手延请他们到大堂坐下。大家尚未入座就听得人声鼎沸，看到百姓拥进大院来了，士兵阻拦不住。他们哭喊着说，"文大人不能走。常州失陷了，人都被杀光了。我们怎么办呀！文大人不能走，要走就把我们百姓都带走。"原来是四位老者出去将常州失陷的信息告诉了大众，使得大众更加恐慌。

文天祥来到大堂外面的台阶上，高声安抚大众："各位父老静一静，听我一言。文天祥也是不愿意离开平江，要与百姓守城，抗击鞑靼，同生死共患难。但是朝廷四诏，政府六书，火急召我领兵入卫，驻扎余杭，防守独松关。朝廷是通观大局，全面安排。圣命难违。文天祥只得违心从命，望大众见谅。”

众人不能接受他的辩解，仍然苦苦哀求。有的人说文大人如果带兵离开，他们就躺在马前，甘愿被践踏死。有的人发出愤愤不平的叫喊，甚至有人要冲上台阶理论，被士兵挡住。

在这场无解的纠纷闹得难分难解的时候，那位领了刘师勇进来的小将带领一位武将进来了，他向武将解释了大院里乱象的原因，武将顿时大怒，拔出佩剑，大吼一声，“散开，散开”，穿过人群，登上台阶。

“你们这些刁民，文大人要离开平江，是朝廷的调遣，你们也敢阻拦？文大人是去保卫临安的。你们只知道有你们的平江，是你们的平江重要还是临安重要？赶快散开，不然一个个捉到牢里去打板子。”武将挥舞佩剑，他的四名随从也是刀出鞘，随时要砍人似的。

他的话是文天祥说了无数遍的，不过他说来带有剑的寒光就立即生效。百姓被吓唬得不敢再争辩，摇头叹息地出去了。他们也知道这是无可奈何的事情。

武将收了剑，来参见文天祥，自我介绍说：“末将环卫官王邦杰参见文大人。我受都督府派遣领兵前去常州解围，前日出发，此时才到这里。”

文天祥见王邦杰三十余岁，浓眉大眼，虎背熊腰，真一副武将模样。虽然他刚才处理事情很鲁莽，不是自己的风格，但是也暂时奏效，不便责怪，于是高兴地还礼，将他介绍与刘师勇。王邦杰听说眼前的人是刘师勇不禁吃惊，疑惑不解地问：“刘大人不是在镇守常州吗？都督府派遣我去支援常州时是这么告诉我的。”

刘师勇沉默不语。他的一个士兵说：“你是睡醒了才来的吧。常州早就被鞑子攻破了，人都杀光了，等着你去收尸哩！”

“你是何人，胆敢对本将军如此无礼？放肆！”

刘师勇连眉毛都没有扬，冷冷地说：“你待怎的？”

“末将是听朝廷派遣，什么情况也不知道，”王邦杰委屈地说，“不能责怪于我。”

文天祥见状急忙转圜：“大家不可动气，不要伤了和气。请里面坐下谈话。”

大家到大堂坐定后，文天祥问起常州沦陷的情况。刘师勇仍然是低头不语，还是那名士兵将他们军队去常州，几个月艰苦守城到城破突围的情况大致讲了，其他几位勇士作了补充，使常州人民的英勇抗敌，以及敌人的凶残得到了再现。在座的听了既心惊胆战又悲愤万分。

王邦杰茫然地说："这怎么办呢，朝廷派我去支援常州守城，现在城已破，我还要去吗？"

文天祥听了断然地回答："还去能有什么作用呢？这样吧，你就留在这里，与平江的守军一同守卫平江。我接到圣旨，非得离开平江去临安不可，你刚好填补空缺。我到临安会将你留守的事上报朝廷，你尽可放心。"

时间紧迫，文天祥把平江府的印信交与通判王炬之，对他和王邦杰交代了平江防务事宜，然后大家去吃饭，晚上分头去办各自的事情。文天祥大军次日凌晨就要开拔，忙了一夜没有休息。

十一月二十二日文天祥带了军队离开平江，前往独松关，刘师勇与他同行。平江百姓情知挽留不住，只得眼睁睁地看着大军离去。现在知道朝廷另外来了一支军队留守平江，于无可奈何之中多少也得到一些安慰。

伯颜占了常州，以行省都事马恕为常州尹，遣蒙古军都元帅阇里帖木儿、万户怀都先据无锡州，万户忙古歹、晏彻儿巡太湖，遣监战亦乞里歹、招讨使唆都、宣抚使游显，会阇里帖木儿先趋平江。文天祥离开不久，十二月上旬元兵到了平江，王邦杰和王炬之大开城门迎接元兵入城。王炬之对王邦杰说，平江城小，兵力单薄，难以抵挡元军虎狼之师。且你一来就得罪了百姓，百姓不支持你，仗就打不成，不如降顺。

独松关的守将张濡站在城楼上望着关前的元兵沉吟不决，他与冯骥商量："我们开关杀了出去吧。"

冯骥断然地说："千万不可。这下面的元兵是疑兵，诱惑我们出战的。我听说此路带兵杀来的元将阿刺罕诡计多端，不可大意。"

"阿刺罕率兵数万，行动不会迅速，来此地至少需一日一夜，这城下的只是他的先锋，不足五百兵。我们不如先灭了这股鞑子，以挫其锐气。"

冯骥充满焦虑地说："张将军，朝廷知道独松关乃临安之门户关钥，十分重要，派遣末将来协助将军严守。我来以后见这独松关形势险要，关后是高耸陡峭的独松岭，岭前伸出来的两支山脉，环抱独松关。城墙由大石砌成，与山俨然一体，且城门深十米，宽不足一米，只能容一人通过。门内开有两米长、一米宽的天窗,俨如瓮城,敌人进入门内,守兵可从上袭击,使之无处躲避,大有'一夫当关,万夫莫开'之势。愚意以为敌军兵势雄壮,吾军以坚守不战为上策。"

站立在冯骥身后的他的弟弟冯骕也随声附和。此时元军呐喊挑战,百般辱骂嘲讽,使得张濡火冒三丈,命军校整顿人马出战。冯骥劝阻不住,只得跟随下了城楼。

出城门便是一条水流湍急的山涧,名曰独松涧。涧旁一条羊肠小道,仅容一人一骑通过。宋军花了很长时间才出得关来,张濡等不及列阵,即纵马挥刀杀入敌群。元军布阵迎战,数千宋军裹住几百元军杀他个落花流水,真是痛快。而这时远处树林里冒出了元军的旗帜,胡笳凄厉地响彻原野,如殷雷般的马蹄声令人闻风丧胆,蒙古铁骑如狂风暴雨似的铺天盖地而来。宋兵知道是中计了,不听指挥纷纷逃回关内。张濡见状豪气全消,感到冬天的寒气透过铁甲侵入脊梁,便无心恋战,回缰驱马向城门奔去。路上士兵为了逃命而夺路,互相推搡殴打,自相践踏,死伤无数。有的人见进不了关四散逃亡。元兵跟在后面追杀,宋兵军心一溃散,别说反击,连保命的能力都没有了。

冯骥出关时在后压阵,本来可以先逃入关,可是他见势不妙担心元兵跟着溃兵拥入关内,会丢了独松关,不仅没有跑,反而挺身逆着人流而上。他高声叫喊对张濡说:"你要断后,不要让元兵跟着混进了关。我去抵挡鞑子的主力,拖延时间。"

他纵马来到关前平地,迎着寒风挺枪立马,冯骕来到他身后叫"兄长,兄长",不知道是想让他逃生,还是告诉他,"我在这里,有我哩。"

而此时张濡见入不了关,什么也不顾,一切弃之脑后,驱马绕城而逃。

冯骕说:"兄长,张濡个混蛋已经逃跑了。"

"看到了。你也走吧,留此无益。"

冯骕没有离开,也没有劝兄长逃命。二人不再说话,也没有时间说话了。

这是很奇异的一幕景象,两位将军手持钢枪骑在马上,身后还有几十名士兵,雄赳赳地立在高山雄关之前,像山上的松树在寒风中静静地肃立,面对潮水般涌来的敌军,毫不退缩,毫无怯色。他们不蹲伏,用盾牌挡住敌军的箭,也对敌军射出箭。敌军如潮水呼啸卷来,呐喊声使天地震撼,风云变色。在敌军接近的时刻,冯骥举起枪向前一挥,双腿一夹战马率先冲锋。冯骕与士兵呐喊着跟上。他们无畏地冲向千军万马,却只是像火把投入到大海,嗤的一声就熄灭了。

冯骥的枪刺入敌将的胸膛,还没有来得及抽出的时候就被打倒在地。他努力站起,却遭奔马撞击践踏。冯骕跳下马来拖他,也被刀劈而死。二人的尸骨被马群践踏成泥。几十名士兵全部壮烈殉国。历史没有留下他们的名字。

文天祥本来是催促军队疾行赶往独松关,行至半道,一骑飞马传来都督府军令,言道元兵已破独松关,命令文天祥转道回临安,保卫行在。

七

回到临安,文天祥将义军按照都督府的安排屯营在近郊。刘师勇等八位勇士去都督府报到,张世杰给他们奖赏擢升,让刘师勇官复原职,补充兵员。

文天祥一路冲风冒寒,忧心忡忡地回到临安,见到朝廷风雨飘摇,形势益发严重。难民涌入临安,带来了恐怖的蒙古铁蹄声。临安人心惶惶,谣言四起,一夕数惊,市井萧条,秩序紊乱,士兵横行霸道,地痞流氓更是乘乱劫掠商铺,黉夜入室抢劫,有司不理,官员自顾逃命去了。朝廷大小官员,各谋出路。有的出北门投降元军,有的出南门流亡至南方沿海甚至更远的地方。有的竟暗中指使御史台和谏院弹劾自己,以便削职逃走,这只是想面子好看一点,而有的人更是御史的本章未上,他们等不及已先逃跑。

时逢末世,天怒人怨,大家寻找可以归罪、发泄怨气的对象。见到文天祥军队从平江撤回进入临安,就纷纷指责他弃守平江,危及行在,卑鄙可耻。文天祥无奈只得将中书省、枢密院命令他立即回师救援独松关的"朝廷四书,政府六诏"张贴于朝天门。民众知道真相后怨言才平息。

腊月二十八这天,除夕之前,在和平时期应该是早半个月前就非常喜庆热闹的了,可是现在全城一片冷清、凄惨。冬雪纷飞,寒风刺骨,道路泥泞,没有人去欣赏西湖的雪景,更没有人说"瑞雪兆丰年",因为人们都绝望了。看着路旁冻死的难民尸骨无人收,人们想到自己可能遭受同样的命运打击,谁也没有心情迎接新年。

皇宫金殿上,太皇太后谢道清带着恭帝登上龙位,群臣朝贺的声音稀稀拉拉,萎靡不振。当值太监宣告叫大臣有事奏上,群臣有的耷拉脑袋,有的左顾右盼。

太皇太后气愤地点名:“临安府。”

知临安府贾余庆出班回答:“臣贾余庆在。”

“留梦炎的下落查清了吗?”

“回太皇太后,已经查实,留梦炎丞相确实去了蒙古大营,有人见到他与蒙古左相伯颜在一起。”

“这个无耻奸贼,下令抓捕他的家眷。”

“回太皇太后知道,据留梦炎的左邻右舍说,前一个月留梦炎就暗地将其家眷送回了老家。他孤身一人留在临安,夤夜出走,无人知晓。”

“派人到他老家去抓捕他的家眷。以后他的子孙永不录用。另外,查封他行在的宅院。”

“他的宅院已经是空空如也。”

“那也要查封。”

“是。”贾余庆停了一会说,“自独松关失陷后,四周守城的将士有的望风而降,有的闻风弃守,使得临安门户洞开,形势危险。大臣中不告而别的大有人在,留梦炎只是其中地位最高的。如不想法安定人心,国事将不可为。”

太皇太后听了又惊又怒,严厉谴责这些不忠之臣说:“守土将士弃城逃遁,朝内大臣有的也不见了踪影。我大宋朝建国三百余年来,对士大夫从来以礼相待。现在我与继位的新君遭蒙多难,你们这些大小臣子不见有一人一语号召救国。内有官僚叛离,外有郡守、县令弃印丢城,耳目之司不能为我纠击,二三执政又不能倡率群工,竟然内外合谋,接踵宵遁。平日读圣贤书,所许谓何!却于此时作此举措,生何面目对人,死何以见先帝!”

谢道清的话既是谴责也是哀鸣,虽然老妇人气息不足,在寂静的大殿里却显得非常清晰,声声入耳。那些贪生怕死逃跑了的、投降了的官员听不到这些责骂,而忠心耿耿、誓死效忠、不离不弃的大臣们替人受过,虽然内心无愧,也是难受。他们不是为自己难受,是同情这白发苍苍的太皇太后。

丞相陈宜中出班说:“太皇太后息怒。时局危在旦夕,群臣身居重位,不能与朝廷分忧，感到无地自容，受训斥亦是应该。现在形势更为危急。西面独松关已失守，临安之门户大开。东面敌将董文炳进师于海渚。北面伯颜与阿塔海已经进占无锡。敌军呈钳形攻势，水陆并进。行在已经兵临城下，当思御敌之策。”

谢道清冷冷地说：“有何御敌良策，卿等议来。”

文天祥出班陈说了汉唐灭亡原因，乃是朝廷昏庸，官吏腐败。进而他直言不讳地说到现状——宋室不纳忠言，任用贾似道之类奸佞，所以形成如今局面。

“卿可谓博学卓识，所言俱是治国良策，而眼前所需乃解燃眉之急的良方。”谢道清打断他的话。

文天祥继续奏道：“是，是，臣正说到这点。时局纵然堪忧，亦非山穷水尽。扬州李庭芝、姜才犹在坚守，尚有十万兵。闽、广全域安然无恙，犹有广大活动余地。张世杰将军有官军十万在此，臣亦有两万勤王之师，江淮闵广诸路兵力共有四十万。臣以为只要坚守行在，坚城壁垒，与敌血战，万一得捷，则命淮师以截敌后，国事犹可为也。事非经过方知可为不可为。裹足不前永远不得成功。”

礼部侍郎陆秀夫附和文天祥道：“与其坐以待困，曷若背城借一！万有一幸，则人心贾勇！且敌非必真多智力，不过乘胜长驱。若以迎头痛击，沮丧其气，则我军与敌军，壮弱即异矣。”

他们二人说得慷慨激昂，声音在大殿消失，激不起一点反应。群臣心中明白，文天祥的义军只是乌合之众，未经过战阵。张世杰自焦山之败，不复能军。抗击敌军无异于以卵击石。文天祥与陆秀夫的慷慨激昂无非是书生意气而已。

见大家不言语，陆秀夫转过来对张世杰说：“宋家天下被人破坏了，今无策可支。愿太尉无奈收拾残兵出关一战，大家死休报国足矣！”

陈宜中颇不耐烦地说：“陆大人此言差矣。现在谈的是如何拯救危局，并非如何拼死。徒逞匹夫之勇，于事无补。”

谢道清点着陈宜中说：“陈爱卿，汝有何计可施？”

陈宜中说：“王事务宜持重，当深思熟虑，想出万全之策。我朝多次求与北朝议和，遭到拒绝，未能谈成。”

谢道清说：“汝可将与北朝求议和之事讲与大家知道。”

陈宜中清了清嗓子，沉重地说："北朝左丞相伯颜攻陷常州，野蛮屠城后进据无锡。我派将作监柳岳等人奉皇上及太皇太后书去见伯颜商谈和议。柳岳善言说尽，哀求元军班师，保证每年进奉修好，见伯颜执意不允议和，悲愤情急，垂泣而言曰，'太皇太后年高，嗣君幼冲，且在衰绖中。自古礼不伐丧，望哀恕班师，敢不每年进奉修好。'伯颜曰，'吾主上即位之初，奉国书修好，汝国执我行人一十六年，所以兴师问罪。'柳岳辩解说，'那件事朝廷并不知晓，皆奸臣贾似道欺上瞒下，失信误国耳。'伯颜又说，'去岁又无故杀害廉奉使等，谁之过欤？'柳岳说，'贵方廉奉使有五百兵随从，来至独松关。守将张濡不知道是使者，以为是敌方犯关乃误杀之，非有意而为。'伯颜态度横蛮地说，'闲言休说，如欲我师不进，将效钱王纳土乎？李主出降乎？尔宋昔得天下于小儿之手，今亦失于小儿之手，盖天道也，不必多言。'柳岳仍然顿首哭泣不已，被伯颜遣囊加歹同返临安。

"伯颜占据平江后，我又派尚书夏士林、侍郎吕师孟、宗正少卿陆秀夫与囊加歹带议和书去见伯颜，请尊世祖为伯父，而世修子侄之礼，且约岁币银二十五万两，帛二十五万匹。伯颜不答应，又称侄孙，伯颜依然不从。其意在要我纳土出降，亡我社稷。"

陈宜中转而言道："如若和议能成尚可苟且偷生，投降则永远不能再见天日，万万不可。而欲守城死战，兵微将寡，只恐遭常州厄运，生灵涂炭。愚意以为不得已只能迁都以避。"

迁都事体重大，陈宜中顿了一顿，让众人有点思考的时间。见群臣互相观望，有的颔首，有的摇头，他接着说，"迁都是政权迁移，历朝颇多。西周后有东周，西汉后有东汉，西晋后有东晋，都是迁都后延祚中兴。迁都可以远避敌军锋芒，择一山川形胜，易守难攻之地再建行在，以积蓄力量，伺机反攻。迁都有民心跟随，无另立王朝之虞。迁都之后，让出大片地方，敌军占据须分兵把守，必然削弱进攻兵力，待其疲惫而歼灭之。望太皇太后能下决心。"

陈宜中说得辛苦，可是太皇太后拒绝了他的提议："陈爱卿，哀家知道国事危急，守土将士投降，朝内大臣出走，而你老母病重，你请假探视后即返阙下，足见你忠心耿耿。卿是哀家倚重之人，可是这迁都一议，事体重大，还须考虑。众卿有何意见可以畅所欲言。"

吴坚首先提出不赞成说："迁都如此重大的事情，不知道陈大人是如何想出来的。社稷搬迁有多少重宝文书要奉载迁移,图书文档、牌位卤簿,十分沉重,无足够车辆牲畜载运。迁都,要走的人太多,宫廷之人、百官家眷,一时哪里征用许多车马?百姓故土难离,引起混乱谁来收拾?如果效法刘皇叔携带百姓,路上浩浩荡荡,行进缓慢,则敌军很容易追上。”

张世杰不赞成死守孤城,同意迁都。他说临安已经是无险可守,先前城市被围困已是教训惨痛,城破之后更是玉石俱焚。迁都可以保存社稷。路上如敌军追上,吾有大军可以断后保护。

吴坚说:“在临安有城可守,尚且不能战,在路途遭敌军追袭只会是任人宰割。仓促迁都,地址未定,宫室未建,大批人马到达,食宿都成问题。不可贸然而动。”

群臣议论纷纷,莫衷一是。有的官员,如知临安府贾余庆,同签书枢密院事刘岊之流,打着鬼算盘:如果跟随迁都,自己偌大一份家业怎么搬得了?经营多年的花园如何舍弃得下?蒙古人来了闭门不出可以保全,大不了投降还是有得官做。前面投顺过去的不都混得很好,有的还受到重用吗?

他们反对迁都,反对抵抗,表面上也反对投降,不知道他们是何主意,只听到他们对别人的提议这也反对,那也反对,却支支吾吾说不出自己的意见。也难怪,因为没有一项提议,是打,是走,是降都站不住脚。几位认真考虑善策的大臣急坏了。

此时文天祥出班言道:“而今的形势是议和不成,投降决不可行,迁都也非良策,行在也不可放弃。放弃行在则民众心气顿失,一定要坚守,与敌死战。抵抗尚有取胜的可能,臣等当尽忠效死。然而战争残酷,炮火无情,皇宫也受威胁。臣等一面作战,一面担忧皇室安危,难免分心。而且时日一长,很可能陷于内无粮草外无救兵的困境,何以奉养皇室?以此考虑,臣提议,皇室出巡,待贼虏击退,再迎皇室回宫。想大唐之时,安史之乱,明皇西狩,乱平之后回銮返宫。今敌军逼近,为保全皇室,太皇太后可率六宫迁移,莫干山、武夷山都是驻跸良地,敌之铁蹄难以跟踪。行在由臣固守,歼灭顽凶后迎太皇太后銮驾回宫。”

文天祥还在自以为是,滔滔不绝地献策,谢道清一句话打断了他:“你想当张邦昌吗?”

“不敢,不敢,臣决无此心。”文天祥挨了当头一棒,一片忠心受到猜疑,再也说不出话来。

群臣也吓得噤若寒蝉,面面相觑。金殿上一片沉寂。

秀王赵与檡,年仅三十却颇有威仪,出面为文天祥辩解:“张邦昌是金人攻破东京,俘获徽、钦二宗北去后,在东京立的一个傀儡皇帝,僭称国号为‘齐’。不可将他与文大人相提并论。文大人毁家纾难,兴兵勤王,忠心耿耿,有目共睹。说起神州陆沉,金人攻陷汴京,烧杀劫掠,两宫蒙尘,嫔妃宫女惨遭凌辱,生灵涂炭那百年伤痛犹未平复,今日又将罹此危难,覆巢之下无完卵,我赵氏子孙何以保全?太祖太宗在天之灵保佑我们。”急切之中他声泪俱下,太皇太后及群臣无不动容。

文天祥才触了霉头,却还不知道明哲保身,见大家不说话,又强自逞能,出头提建议:“微臣真正昏庸,因形势严重、内心焦急才考虑不周,提出皇室出狩,望太皇太后恕罪。秀王爷所言,微臣也是忧虑。张太尉适才说要避敌虏锋芒,往南转移,积蓄力量,回师再战,很是正确。入闽广再图匡复确系好长远计谋,收复失地,再图中兴,亦是意中之事。臣下以为此行动当奉吉王和信王率军而行出镇闵广,方可名正言顺号召天下。吉王信王出走,亦是保全赵氏子嗣之计。”

文天祥的这一谋划延长了赵宋王朝的三年命运,可是当时却激恼了太皇太后。她打断文天祥的话:“卿此言昏庸至极。你可知道吉王和信王是何年龄?”

“臣知道吉王是七岁,信王方五龄。”

吉王赵昰是度宗长子。当年度宗去世,文天祥等大臣建议以他即位,可惜他是庶出,生母是杨淑妃。贾似道坚持要比他小两岁的度宗的次子赵㬎即位,赵㬎是全皇后所生,是嫡子,后来即位成了现在的恭帝,又称恭宗。信王赵昺的生母是俞修容。

“如果是你的儿子,你会让这么小、还在羽翼遮护之下的幼童去奔波劳顿吗?七岁的儿童、四岁的孩子怎么能镇守一方?是你去辅佐吗?”

文天祥又遭训斥,且一片忠心被猜忌,吓得哑口无言,退回班内,不禁额上渗出冷汗。

谢道清是老糊涂了,也是因为忧患太重而昏了头。她说七岁、四岁的孩子不能镇守一方,忘了她身旁的恭帝年仅五岁就君临天下。

“谈了一早上,迁都不行,死守不行,投降也不行,到底应该怎么办?陈丞相,卿与元相伯颜谈判有何进展?不是相约到长安镇会晤吗?”

“是的，”陈宜中回答道，“伯颜指定的地点是长安镇，指定的日期是正月二十日，指定会晤的人是与他对等的丞相，一切都是他指定。”

“既然伯颜指定需丞相会晤，为了保全社稷，只好有劳爱卿前往。”

“启禀太皇太后，臣因家母弃养，哀伤过度，精神恍惚，不适合参与国事谈判。另外忽必烈登基之时，派侍读学士郝经为信使来我朝通报，被贾似道拘留在真州十余年。臣恐怕伯颜也会借会晤之机，扣留我方大臣，作为报复。”

“伯颜会这么不讲理吗？以前去与伯颜谈判的柳岩、陆秀夫不是都平安回来了吗？”

“那几次参与谈判的人地位不高，扣留了没有影响。如果是丞相去，扣留作人质就严重了，不可不考虑。臣是不愿意去的。”

“伯颜已经是兵临城下，没有必要扣留谈判的人，卿应该放心前去。”

“是，是。臣世食皇家厚禄，当以身报国。臣豁出性命也是要去的。”

此时，金殿侍卫来报，说潭州（今长沙）李芾派来告急求援的人在门外求见，他坚持要面圣。又说此人受伤严重，已经是生命垂危。太皇太后闻言即宣他进来。

一个小兵被两名侍卫架扶着上了殿，他甲胄全无，战袍满是血迹，他环视金碧辉煌的金銮宝殿、蟒袍玉带的大臣，来到离御座很近的地方跪下，从怀中掏出一封书信就倒地含笑死去。他用最后一口气说：“我把求援书送到了，潭州有救了，李大人……”

太监把信从他手中取出，呈递给太皇太后。谢道清看信之前就宣谕旨让以国士之礼安葬小兵。侍卫将小兵抬了下去。

谢道清随即宣读小兵以生命送来的潭州的求援书：“潭州李芾已经多次求援，哀家无力救援实在于心不忍。这信里说，潭州已经遭围困半年之久，面对敌军猛烈攻击，无人言降。可是现在将士死伤惨重，粮食早已断绝，百姓易子而食，拆房为爨，天寒地冻，难以坚持。三天内援兵不到，他们便将于地下侍奉先帝了。这书是十天前发出的，现在潭州安危还不得而知。”

陈宜中奏曰，潭州被围困达半年之久，常常派人告急求援。现在朝廷已经无兵可派，连守卫行在的兵力都不够。而且独松关破后，邻疆守者皆望风遁走，各地失守，有兵也过不去。

群臣听了唯有垂头叹息。

乌云密布，天寒地冻。那一年冬季严寒凝结在神州大地。临安冷，而被围困已达半年之久的潭州更冷。居民没有充饥的，没有御寒的。大半房屋毁于战火，人们没有遮风避寒的地方。而剩有一点气力的人还要到城头协助士兵抵御敌兵的攻击。他们盼望朝廷接到告急，派兵前来解围。多次求援无果后，很多人已经失望，甚至由失望到了绝望。他们知道抵抗只是拖延时间，毫无战胜的可能。然而他们还是英勇抵抗，没有人愿意投降。

那一天是德祐元年(1275年)的旧历除夕。潭州人根本没有想到是过年，苍白的夕阳从云缝中探出一面，见到的景象惨不忍睹，又迅速躲进云后。城头矢石横飞，市区颓垣残壁在积雪之下显得狰狞，瓦砾中露出无人收拾的尸体。没有野狗来啃啮尸体，因为狗猫早已经被人用来填充饥肠。街头不见人迹。一个小兵快步跑向知府衙门。这是传达信息的旗牌兵，以前有马可乘，现在只能跑步。

潭州衙门的大堂里，知府兼湖南安抚使李芾与幕僚还在忙碌。李芾，本为蜀人，侨居衡州，曾任临安尹，以才干著称。长江失守后，被起用为湖南提刑，过数月升帅。他赴任前，遣其长子避地南中以奉祭祀。与亲友告别时他说："州无兵财，城知难守，然君命无避，是行必不免，惟一死与城俱亡。"

蒙古军占领鄂州、岳阳后进军快速，七月里前锋就进入湘阴、益阳诸县，十月三日就像潮水涌来，连营环锁包围了潭州。潭州兵员在以前沿江的战役中已经调用尽净，李芾仓促招募了一支不满三千人的军队守城。一座孤城能够坚守半年之久完全有赖李芾的精忠报国的精神鼓舞军民。他自己常常亲冒矢石督战，为将士树立了榜样。

守城的艰辛是可以想象得到的。兵员不足，兵器不足，粮食储备不足。兵员本来就不足，战死就没有补充的了。百姓不用号召，自动登上城头杀敌，也是牺牲惨重。兵器不足，箭射出去没有回来的，武库里的箭很快用尽，只有拾起敌人射来的箭射回去。李芾还收集民间羽扇，制成所谓的雕翎。食盐消耗光了，李芾取库中积盐席，焚取余盐作为补给。粮食支持了三个月就告罄，百姓吃草根树皮，到后来真的是惨到吃死尸，易子而食。但是人们仍然坚强屹立。看他们支撑不下去了，蒙古人满怀信心派来招降的人，却被李芾命令人一箭射死。

到十二月里，敌军见一孤城久攻不下也心生急躁，加强了攻击，潭州岌岌可危。人们显得恐惧动摇。有的官员向李芾商量:“形势如此,大家心里明白,直面现实,有话要坦言。我们多次求援,不获朝廷回应,我们也对得起朝廷了。敌军攻势凶悍,城破是迟早之事。我们拼死守土,为国捐躯理所当然,但城里生灵涂炭,又有何益?”

李芾不为所动:“国家养兵千日用在一时。你们熟读圣贤书,深明大义。平时国家供奉你们,让你们养尊处优,一有危急你们就贪生怕死,辜负国恩,有何面目立于人世?要逃命的尽可自己走,我决不拦阻。我与城共存亡,视死如归。”此后没有人言及保全,上下齐心守城。

除夕那天一直到申时,李芾还不能放官员回家去与家人团聚。这些都是幕僚,武将都上城或巡城去了。这时候小兵来报,说敌军宣告今天是除夕,大家休息,不进攻,已经撤退回了营帐。官员听了不自觉地松了一口气。李芾却大惊,瘫倒在座椅里,口中喃喃地说,“城破在即。”他问城头现在情况如何,小兵说守城将士还在城上,没有接到命令不会下来,可是百姓已经回家了。李芾问敌营的情况,小兵说敌兵卸甲在地,烤肉饮酒,营中鼓乐声动,胡女歌舞。

李芾说这是敌军阴谋,万万不能松懈。敌军见我众志成城,不可撼动,就想法让我们松懈,乘我不备突然进攻。他要小兵赶快去传令要将士立即振作。

李芾拿起毛笔,蘸饱了墨,沉吟一会后写了“尽忠”二字作为当晚的口令,付与小兵让他速速传遍全城。小兵赶忙去了。

李芾写下“尽忠”二字不是随意的,这说明他知道尽忠的时刻到了。“尽忠”也被写作“精忠”。“尽忠”“尽孝”的“尽”是牺牲自己部分或全部以遵循忠的、孝的原则,成为忠臣、孝子,实现人生追求的价值。

官员们也醒悟过来,个个感到紧张恐惧。果然不久小兵来报,敌军突然发起进攻,天色已黑,敌营亮起了一片火把,敌兵推倒营地的栅栏冲出来,杀声震天地冲到城下。四门都遭到围攻。我军正奋力抵抗,仓促应战有些混乱。

李芾正布置人与自己去城头,另一小兵又跑来报告蒙古大军已经登城。李芾此时反而冷静下来,他问明详细情况,命令他的卫队不用守在衙门,全随小兵到第一线去杀敌。

此时有人来报告,潭州大儒尹谷及其家人自焚。尹谷是潭州人,曾任衡州知府。他听说城破,取出一生所受诰敕放在庭院中,穿戴好衣冠望朝廷方向叩拜。他对弟弟尹岳秀说,“弟宜急走,不可使尹氏无后。吾受国恩当死。”

尹岳秀回答说:“兄死弟安往,愿得俱死。”

于是尹谷全家四十余口,老幼环坐,婢仆席地,锁其门纵火自焚死。

李芾听了唯有叹息。他遣散官员,让他们带家人突围逃生。这些手无缚鸡之力的幕僚告别李芾离去。参议杨震投向园中的池塘自尽。

剩下五品侍卫沈忠一人时,李芾将一把匕首交给他说:“到时候了。”

沈忠取下头盔,伏地叩头说:“小人不能。”

“你忍心看我和我的家人受辱吗?”

沈忠站起来,接过匕首。他向后堂走去,穿过庭院,他来拍后院的圆门。

一个十三岁的少年开了门,沈忠说:“到时候了。”

少年带他来到后堂。沈忠进门见夫人端坐在椅子上,身后站立一个年方二八的姑娘,膝头依偎着一个小男孩。他就跪下叩头。

夫人问:“到时候了吗?”

“是的。”他把匕首亮给夫人看,“都在这里吗?”

“你跟随老爷多年,应该知道的。奴婢早已遣散。今年初,次女先走了,倒是有福之人。”

“请夫人自己了断。”

“也好。”夫人起身,带了女儿进后房去了。

小男孩要跟去,被沈忠抱住。小男孩大哭大闹。沈忠把他紧紧搂在怀里。过了一会小男孩就不挣扎了。

少年看着,泪珠滚滚流下。沈忠对他跪下叩头,走到他身后用手臂扼住他颈脖,少年很快就断气了。

沈忠走进后房,看到夫人与小姐已经悬梁自尽。他叩头后将二人尸体解下平放在床上。他去厨房找了火种,引燃了厨房的柴草。火在厨房里烧起来,渐渐蔓延到正房。

沈忠来到大堂,跪下将匕首捧到头上交还给李芾。李芾把匕首放在椅子上说:“好的,很好。再不用麻烦你了。你逃生去吧。”

他正衣冠,对天拜揖后,回到椅子上端坐,用匕首抹了脖子,热血流淌下来,他脸上没有痛苦的表情,只是眼睛没有闭合。

沈忠对着李芾跪下,自刎而死。

蒙古兵冲来潭州衙门,只见大火熊熊燃烧。知府李芾端坐在椅子上,血从衣襟流到脚下。他面前跪着一个武将，也已经自杀身亡，尸身不倒。不一会大火就彻底吞噬了他们。

李芾幕属顾应焱、陈亿孙都自杀了。潭州百姓很多人全家自屠，或纵火自焚，城内烟尘四起。投井自尽的人太多，井被塞满。树上挂了很多自缢的人。潭州城外的十县早就遭屠掠，枕骸蔽野，十里无烟。

潭州以一小小孤城阻挡阿里海牙率领的蒙古大军达半年之久，推迟了元军对临安的合围。蒙古军进入潭州后发现他们得到的是一座死城，没有一所完好的房屋，余火未灭，烟尘扑鼻。街道上瓦砾成堆，死尸遍布。他们不禁感叹“潭州城是铁州城”。

南宋诗人郑思肖知道潭州抗敌事迹后写下《咏制置李公芾》的诗——

举家自杀尽忠臣，仰面青天哭断云。
听得北人歌里唱，潭州城是铁州城。

郑思肖，南宋末年为太学上舍。蒙古入侵时，他上疏提出抗敌之策，未被采纳，遂隐居苏州。宋亡后，他改字忆翁，号所南，以示不忘故国，还将自己的居室题为“本穴世界”，隐寓“大宋”二字。他画兰都不画土，人问其故，答曰，“地为人夺去，汝犹不知耶？”他为自己画的一幅菊花题的诗就表现出了他的志气——

花开不并百花丛，独立疏篱趣无穷。
宁可枝头抱香死，何曾吹落北风中。

他只有通过文字抒发亡国的悲痛——

不忍我家与国同休，三百十六年，阅历凡几世，忠孝已相传。足大宋地，首大宋天，身大宋衣，口大宋田。今弃我三十五岁父母玉成之身，一旦为氓受虏廛。

我忆我父教我者，日夜滴血哭成颠。
我有老母病老病，相依为命生余生。

欲死不得为孝子，欲生不得为忠臣。
痛哉擗胸叫大宋，青青在上宁无闻？
自古帝王行仁政，唯有我朝天子圣。
老天高眼不昏花，盖拯下土苍生命。
忍令此贼恣杀气，颠倒上下乱纲纪。
厥今帝怒行天刑，一怒天下净如洗。
要荒仍归禹疆土，四海草木霑新雨。
应容隐者入深密，岁收芋栗供母食。
对人有口不肯开，面仰虚空双眼白。

疾风知劲草，乱世彰忠臣。有宋一代边患严重，直至被颠覆。南宋灭亡前夕，在大量贰臣叛将投降，充当敌人打手谋士，如癞皮狗般摇尾乞怜，反咬主人的同时，出现很多抗击异族入侵的节烈志士。他们宁为玉碎不为瓦全的事迹可歌可泣，如上所述之潭州英烈。现在仅说临安陷落前几则这样的事例，这些事例见南宋遗民写的《昭忠录》。

德祐二年（1276年）正月庚午日（初四），元军攻安吉州，守将吴国定投降，知州赵良淳、提刑徐道隆不屈自缢。

辛未日（初五），元军攻浙江富阳。县尉谢徽明是一县之主，80多岁的人了，听报元兵来攻，立即披挂提刀，领了小小县城不多的几个兵迎敌。不几个回合就丧命。随他出战的他的儿子谢君恩、谢君赐扑上前抢夺遗体，也遭惨死。

赵卯发，字汉卿，昌州人。淳祐十年，以上舍登第，为遂宁府司户、潼川签判、宣城宰。素以节行称。中被论罢。咸淳七年，起为彭泽令。十年，权通判池州。元兵渡江，池守王起宗弃官去，卯发摄州事，缮壁聚粮，为守御计。夏贵兵败归，所过纵掠，卯发捕斩十余人，兵乃戢。明年正月，元兵至李王河，都统张林屡讽之降，卯发忿气填膺，瞠目视林不能言。有问以禔身之道者，卯发曰：“忠义所以禔身也，此外非臣子所得言。”林以兵出巡江，阴降，归而阳助卯发为守，守兵五百余，柄皆归林。卯发知不可守，乃置酒会亲友，与饮诀，谓其妻雍氏曰：“城将破，吾守臣，不当去，汝先出走。”雍氏曰：“君为命官，我为命妇，君为忠臣，我独不能为忠臣妇乎？”卯发笑曰：“此岂妇人女子之所能也。”雍氏曰：“吾请先君死。”卯发笑止之。明日乃散其家资与其弟侄，仆婢悉遣之。二月，元兵薄池，卯发晨起书几上曰：“君不可叛，城不可降，夫妻同死，节义成双。”又为诗别其兄弟，与雍盛服同缢从容堂死。卯发死，武将张林开城门降。元丞相伯颜入，问太守何在，左右以死对。即如堂中观之，皆叹息。伯颜命张林于公帑内支钱为具棺衾合葬，作佛事，亲祭其墓。见张林猥琐，命斩之于墓前。宋廷知道赵卯发事，赠华文阁待制，谥文节，雍氏赠顺义夫人，录二子为京官。

密佑，其先密州人，后渡淮居庐州。佑为人刚毅质直，累官至庐州驻扎、御前游击中军统领，改权江西路副总管。咸淳十年，以阁门宣赞舍人为江西都统。德祐元年（1275 年）十一月，元兵至隆兴。江西制置使黄万石，即曾诬陷文天祥者，时移治抚州，将遁，惧佑不从，乃调佑兵前往支援，且戒以勿战。未至隆兴，守将已降，都统夏骥率所部兵溃围出。二十五日元兵逼抚州，黄万石吓得逃往建昌。密佑率众迎战进贤坪。一路上未曾遇到抵抗的元兵呼曰：“降者乎？斗者乎？”佑曰：“斗者也。”麾其兵突战，进至龙马坪，元大兵围之数重，矢下如雨。佑告其部曰：“今日死日也，若力战，或有生理。”众咸愤厉。自辰战至日昃，战正酣，佑面中矢，贯其脑，拔之以手按伤口复战。又身被四矢三枪，众皆死，仅余数十人。佑乃挥双刀斫围南走，前渡桥，马踏板断，遂被执。元将见其勇，戒勿杀，舆归隆兴。元帅宋都曰：“壮士也。”以良药傅疮，欲降之，系之月余，终不屈。尝骂万石为卖国小人，使我志不得伸。宋都命刘盘、吕师夔坐城楼，引佑楼下，以千户金牌遗之，许以官，佑不受，语侵盘、师夔，益不逊。宋都令佑子说之曰：“父死，子安之？”佑斥曰：“汝行乞于市，第云密都统子，谁不怜汝也。”怡然自解其衣请刑。临刑，子市北人食物以进。佑叱之，此岂吾食之物，亟将去。子复市南饭以进。饭讫临刑。元兵观者皆泣下。

米立，淮人，三世为将，初从陈奕守黄州，奕降，立溃围出。黄万石署为帐前都统。元军犯江西，迎战于江坊，兵败被执，不降系狱。至是万石举军降，元行省遣万石谕立曰：“吾官衔一牙牌书不尽，今亦降矣。”立曰：“侍郎国家大臣，立一小卒尔。但三世食赵氏禄，赵亡，何以生为！立乃生擒之人，当死，与投拜者不同。”万石再三谕之，不屈，遂遇害。

赵淮，潭州人，袭门荫，仕至江东转运副使，置司建康。元兵临城，突围至溧水民寨，寨破被执。不屈，被俘虏到瓜州，元帅阿术想让赵淮招降李庭芝，并许以大官。赵淮假装许诺，械系诣扬州城下，令呼城中官吏出降。扬州守城是李庭芝、姜才。淮呼曰:“李庭芝,不要怕死,决不投降。”元帅阿术大怒,执归建康杀之,弃尸江滨。淮之出奔也,一妾与俱,既及难,为元军某万户所得,与万户曰,妾愿事相公终身,然赵运判既死,无人埋骨。愿与妾往殡,殡毕即归。万户恻然,如其言。迨至死所,尸陈江滨。妾命舆夫推尸入冰水。犹浅不流。妾乃取篙自推之入深水中,即仰天大哭,跃入水中而死。

德祐二年(1276年)开年以来,随着各地沦陷的报表雪片一般飞来,元军步步紧逼,已经兵临临安城下,宋室朝廷风雨飘摇,即将土崩瓦解。它的垂死挣扎显得十分可怜,像被巨蟒缠住的鹿,每呼出一口气就被进一步缠紧,直至窒息死亡。它在苟延残喘中想到的只能是如何保全自己家族人员的性命。

正月十五傍晚时分,后宫选德殿中温暖如春,银烛高烧,香烟缭绕。太皇太后与全皇后在一道珠帘隔开的内室与在外室的秀王赵与檡等三位大臣谈话,由于他们是宗亲,都有赐坐赐茶。他们求见,是有话要说。

秀王首先祝贺元宵节,继而哀叹今年元宵节不如以往热闹。太皇太后感叹说而今国家已经是风雨飘摇,危在旦夕,人们高兴不起来。随着谈话进入正题。

太皇太后说:“秀王,有何教我?”

赵与檡叹息道:“除夕时潭州陷落,十余天来湖南江西各地丢失,元军已经快要将行在围住,江山社稷即将不保。臣虽仅为当今皇帝的远房叔父,亦是太祖一脉,太祖开创的基业至今320年,由盛至衰,我等都是痛心。”

“赵氏江山失于我手,我将无面目见列祖列宗。”

“此为天理循环,不由人力,太祖遗训已经有远见预言。太皇太后不必自责。当今之事是考虑保全我赵氏血脉不使断绝。岂不闻‘覆巢之下无完卵’?国之将亡如巢之将覆,当思如何保全子孙。臣等认为前数日文天祥大人建言二王出镇确实是为我赵氏献上的良策,不宜轻易否定。”

“当时我是妇人之仁,心痛孙儿,不忍他们远离身边。下朝后与全皇后说起,她也深赞文卿所言。只是如何安排应该慎重。敌军兵临城下,呈包围之势,怎么能让二位小王顺利出走,行事不可不慎。”

“这也就是我等不愿在朝中扬言,要来后宫请见的原因。”

“卿等有何意见?”

“臣等还是支持文大人所言,命二王出镇闽广。二王年幼,须有人护持,此时此刻,只能任人唯亲,请太皇太后圣裁。”

“知道了,甚好。待吾与全皇后讨论施行。疾风知劲草,文天祥确系忠心耿耿,堪当重任。卿等辛苦了,请回。”

三位宗亲退出。

珠帘之内,太皇太后同全皇后密议后,命女史展纸书写:“制曰:升吉王赵昰为益王,判福州,兼福建安抚大使。升信王赵昺为广王,判泉州,兼判南外宗行事。速启程赴任。”

太皇太后问全皇后:“谁宜护持?”

全皇后回答说:“杨淑妃系赵昰生母,应当随行。同行的可以有驸马杨镇,您知道他一向老成持重。杨淑妃之弟国舅杨亮节忠心耿耿。赵昺的生母俞修容已经过世,她的弟弟俞如珪诚实笃信。”

太皇太后说:“知道了。接着写,‘升杨亮节为福州观察使,提举益王府行事;俞如珪为环卫官,提举广王府行事,护送二王。驸马杨镇、秀王赵与檡陪同。钦此。德祐二年正月十三日。’用宝。”

女史录毕,从橱柜中取出大印信盒,打开包袱,揭开盒盖,取出印信,盖章。大红印迹赫赫在目。

太皇太后命令嫔妃说:“宣杨淑妃前来,吾要她立即安排二位小王秘密出行。”

八

正月十八这一天,北风刮过皇城所在的凤凰山,使得山上的松树卷起一阵阵波涛,发出凄厉的呼啸。金銮殿内,众大臣哀哀抽泣,听着站立在御座旁的中书官员朗读降表——

大宋国主㬎,谨百拜奉表于大元仁明神武皇帝陛下,臣㬎昨尝遣侍郎柳岳、正言洪雷震捧表驰诣阙庭,敬伸卑悃,伏计已彻圣听。臣㬎眇焉幼冲，遭家多难，权奸似道背盟误国，臣㬎不及知，至于兴师问罪，宗社阽危，生灵可念。臣㬎与太皇日夕忧惧，非不欲迁辟以求两全，实以百万生民之命寄臣㬎之身，今天命有归，臣㬎将焉往？惟是世传之镇宝，不敢爱惜，谨奉太皇命戒，痛自贬损，削帝号，以两浙、福建、江东西、湖南北、二广、四川见在州郡，谨悉奉上圣朝，为宗社生灵祈哀请命。欲望圣慈垂哀，祖母太后耄及，卧病数载，臣㬎茕茕在疚，情有足矜，不忍臣㬎祖宗三百年宗社遽至殒绝，曲赐裁处，特与存全，大元皇帝再生之德，则赵氏子孙世世有赖，不敢弭忘。臣㬎无任感天望圣，激切屏营之至。

“不可，不可。”在一片哀声中首先听到文天祥发出反对的呼声。接着陈宜中、张世杰也挺身而出表示反对投降。

大部分官员知道大局已定，反对已经是无益，都沉默不语。反对的声音微弱无力，渐渐在惶惑中消失。

太皇太后长叹一声说：“我知道众爱卿忠于朝廷，不忍心见赵氏江山灭亡。但是时至今日，大宋气运已尽，非人力可以挽回。再讨论是和是降，是迁都是三宫出巡，都已无益。话已说尽，除投降外别无他法，实乃万般无奈，我也心痛。”

文天祥等主战官员仍然不愿意平息，哭泣着说些投降的利害关系。

一心要降的刘岊知道了太皇太后的态度，出面说：“元军军势强大，吾方抵抗不了才出此下策。元兵大军压境，已经抵达临安北的皋亭山。临安北关可以看到元军骑兵。若有力抵抗，何至于有今天。”

文天祥并不理睬他，继续向太皇太后进言：“太皇太后，听微臣一句心里话。朝廷的文武官员都可以投降，过去一样是高官厚禄。唯有皇帝不可以投降，元人一定会将皇室的人斩草除根，以绝宋人之望。”

人生阅历丰富的老臣谢堂劝说：“文大人，您不要再让太皇太后为难了。投降之举谁也不愿作出，投降之骂名谁也不愿背负。我们不可以死相谏，留一忠臣的美名，而让太皇太后独自承担亡国之罪责。大人不要再多言了。”

文天祥听了打一寒噤，长叹一声，低头退下，再也不敢言语。其他人也是只能啜泣。

中书令将降表铺于御案。太皇太后提笔蘸墨,颤颤巍巍地在降表上签名——谢道清。

投降大事已定,再拖延讨论只会令人烦心,太皇太后立即派遣监察御史杨应奎、保康军承宣使赵尹甫,和州防御使赵吉甫、知临安府贾余庆奉了传国玉玺及降表下殿去元营请降。她随即呼唤陈宜中。

"陈爱卿,你与元丞相约定何时会晤?"

"微臣与元丞相伯颜有多次派使者持书信往来,上次伯颜约的是二十日,指定要由丞相去面谈。"

"那就是说你需要亲自出面了。现在降表送去,已经显示我朝臣服,非交战关系,你去谅无危险,可大胆前去。保全社稷及嗣君之事就托付与卿了。"

陈宜中非常诚恳地说:"是,是。微臣世食皇禄,当肝脑涂地以报。前几次谈判,求和不成,现在谈判是求得安全保障及优惠待遇,微臣自当代表我朝前去元营与北朝丞相伯颜会晤,力争保全社稷。"

大宋即将灭亡,宋国上下官员百姓早就看得清楚,然而一直等到太皇太后签署了降表才是最终为宋朝敲响了丧钟。人心终于散了。树倒猢狲散。首先是官员出走。散朝后,陈宜中先自走了。张世杰、陆秀夫等人在丹墀久久不愿离去,显得万般无奈又不死心。

陆秀夫说:"将军,奈何?"

张世杰愤慨地说:"君降臣不降。太皇太后年事已高,而幼帝尚幼,无力争斗,可是吾等尚在,要为国为民,拼死保卫大宋江山。吾手中尚有雄兵十万,将带了出走南方,蓄精养锐,再来一搏。"

"如此甚好。我也去南方,号召各地州县响应。我今晚就出走。我是单身一人在此,行动方便。"

张世杰未回府邸,径自来到郊外的军营。他召集军官,共进午餐,在席上将朝廷投降之事告知大家,引起军官们震动。他说了自己出走的决定,大家一致支持。刘师勇、苏刘义、张达这些人都是跟随他多年,出生入死的老部下,他们回军营,让军队立即收拾准备,当晚就出发向永嘉而去。

像有些大臣一样,文天祥在临安,没有固定府邸,是租赁房屋居住。他的秘书随从都与他住在一起,其中有他弟弟文璧。文璧于上年十月被朝廷封为直秘阁,主管崇道观,可是他一直跟随文天祥,帮文天祥整理文书。

这天文天祥下朝回府，一进门就听到悠扬的笛声，他知道是张弘毅在吹笛，立即召张弘毅来到书房，与他赐座说话。

“我知道你文武双全，风流儒雅，琴棋书画无所不精，还吹得好笛。你刚才吹的《吉州曲》真是动人。如怨如慕，如泣如诉。”

“是啊，《吉州曲》流传了数百年。吉州人打从摇篮里就开始听这曲，流落到异乡的吉州人听到这曲子会流泪。”

“刚才吹这曲子是表达思乡之情吗？”

“正是，不由自主地就吹出这曲子来。”

“家中有信来吗？家中人都还好吗？”

“谢谢大人关心。家父家母身体康健，七旬祖母尚可称健旺。”

“有家室了吗？”

“有未婚妻，住在小人家中。她家祖籍无锡，今年夏天一家三口，她和父亲、兄长逃难路过永和镇，父亲染病，寄寓我家中。家父仰慕她父亲是江南名儒，诗界领袖，因此攀亲。她兄长名顾玉杼，同我一起投了大人麾下，现在就在军中。她父亲不幸病重去世。现在未婚妻一人住在我家中，昨天我接到她信，说是有些感到孤苦伶仃，寄人篱下，想来找我，找她兄长。我无法帮她，有点烦恼。”

“吾也正有同样烦恼。吾家上有老母，下有妻妾子女一大家人。你知道，元军攻下湖南，接近江西，吉州也难免陷落，家人安全堪忧。吾与吾弟宋珍讨论过，打算由他回乡，将家里人接了往南方去。你可以修书一封，问你家人是否愿意同行，可以让宋珍一同接了出来。”

“如此甚好。感谢大人。”

“现在有一事交你去办。我今日散朝下金殿时，被内侍拦下，要我去后殿说话。在后殿，太皇太后对我说，‘今遣使议降乃所以保全吾与嗣君也，卿宜自靖自献，慎勿生事。’然后话题一转，说我让二王出巡的献计已被采纳。二王拟明晚出走，由杨淑妃带领，驸马杨慎等领五百御林军护送。要我另外派五百兵交于驸马杨慎指挥，一同护送。我找你来即为布置此事。”文天祥将一手书的密令交给张弘毅说，“你速去军营见方兴将军，将我的手令给他看，让他准备五百精兵待用，整装待发。明晚由你去带出来。用途不要告诉他，也不要告诉任何人，此事须绝对保密。”

“二位小王出走，坚持抗元，使皇祚延续兴旺，事体非小。”张弘毅很紧张地说，“大人早就提出此计，未能被采纳，一直拖了这么久他们才醒悟，现在执行比以前危险大很多。元军已经到了临安北面长安镇，吾方一举一动都在其监视中。临安以南很多地方也已经沦陷。若被元军发现，围追堵截，难保万全。二王出巡确实要十分机密。大人欲如何挑选这五百军卒呢？”

“我一时还没有想到，你有何建议？”

“小人了解的还是我们永和镇出来的人。其中有部分牺牲在五牧，表现很英勇。还有一部分在杨含将军营内。”

“行，可以把他们派上，再从各营抽调精悍者。这样可以不动原有编制。你可速去传达。”

当天下午，张弘毅来郊区军营向方兴将军出示了文天祥的手令，点了五百兵，让他们整装待发，并且指定顾玉杼为临时队长，负责召集训练。他没有告诉方兴这些兵将要去执行什么任务，也没有透露给顾玉杼。他当晚留宿在军营，与顾玉杼、李时龙等人饮酒长谈。

正月十九，也就是宣读降表的次日，上早朝的官员又明显减少了。朝臣们互相看望，垂头丧气。太皇太后看到几位重臣也不见身影，不由得不心惊。

监察御史奏道：“报与太皇太后知道，枢密使张世杰昨日出西门，率其军西行，苏刘义将军、刘师勇将军也跟随而去。礼部侍郎陆秀夫出东门而去。”

太皇太后迅速扫视朝臣后问：“陈丞相呢？”

“陈丞相也雇车夜遁。”

太皇太后听了一惊，随即镇定下来：“陈宜中也跑了，让他去吧，跑的也不止他一人。此人心不在朝廷。去年他借口奔母丧回乡就一去不归。朝廷多次颁请他，他也居然不理睬。好容易回了朝，他一心只图议和，不思抗敌，没有做抗敌的筹划。跑了他，也不碍大局。”她停了一会，想起了又说，“可恨此人，昨日朝堂上信誓旦旦说要去元营谈判，到晚上就溜了。这么不顾颜面。蒙古人要丞相去谈判，现在丞相缺了怎么办？”

监察御史说：“臣等认为文天祥可以升任丞相。臣等全力举荐。”

见众臣都附和，太皇太后就说：“此言正合我意。文天祥也是三朝元老了。记得二十年前理宗皇帝钦点他为状元后，回到后宫喜滋滋地告诉我，新科状元的名字是文天祥，说，‘此天之祥，乃宋之瑞也。’以后文天祥就以‘宋瑞’为字。他文韬武略足以胜任丞相。众卿有何意见？”她听到一片赞许。“现在发表文天祥为右丞相。文天祥文武全才，亦兼任枢密使，领行在及全国之兵马。立即就职。”

众臣又是一片赞和。而文天祥却是辞谢不敏。突如其来的擢升使他惶恐：“太皇太后降恩，各位大人抬举，擢升学生为相，令学生感到惶恐不安。以学生德才实不配担此重任。请太皇太后另行委任贤德。”

众臣纷纷劝文天祥接受任命。以左丞相吴坚为首的一班臣子真心认为文天祥堪任此职，好意相劝。与文天祥不甚相合的大臣领会太皇太后心思也随声附和。

“各位大臣一致推举你，可见你是极符众望。你不要辜负大家好意。”见文天祥还在推辞，太皇太后不悦地说，“你不愿拜相，一再推辞，可是因为降表已递交，朝廷已经崩溃倒台，丞相是空衔？”

文天祥不得不为自己辩护：“非也。国难当头，为臣的当思如何救国图存，而不应该趁国家危难，谋取名利。朝廷对我已经是恩比天高地厚，我怎么能当此时冀望升官晋爵？”

太皇太后酸溜溜地说：“罢了，你既然如此执拗，不肯俯就，也不委屈你了。”她转向众臣说，“有谁愿意领此丞相一职，明日赴约谈判？”

众臣皆沉默不语，不予回应。

面对难堪的冷场，太皇太后长叹一声说：“北朝要约谈，一个丞相吓跑了，要想另外派人去又无人愿意出面。那就不派人去罢了。此时也不怕北人说我大宋无人了。满朝文武，竟然没有一个人与吾分忧。”

文天祥出班说：“太皇太后明鉴，臣天祥愿意前去元营与伯颜谈判。臣只是不愿意拜相，是愿意去会谈的。臣要去面见伯颜，责其武力侵犯，罪行滔天，劝其退兵，与我重修旧好。要让他知道，我南朝人是不怕死的，真要打仗，胜负难分，北人亦讨不了好。请太皇太后派臣前往，臣一定不负朝廷期望。”

太皇太后见文天祥说愿意前去元营，也不管他此去所抱意见是否符合自己想法，立即转忧为喜地说：“文爱卿，卿家真是吾朝栋梁。”

吴坚出班说：“文大人愿去，又不愿任职右相，应该以什么身份去呢？”

文天祥回答说：“学生是资政殿学士，就持此身份甚好。”

“很好，很好。再说哪几个人同去吧。”太皇太后高兴了。

后来决定派去元营谈判的人是左丞相吴坚、资政殿学士文天祥、同知枢密院事谢堂、同签枢密院事兼知临安府贾余庆、内官邓惟善。散朝后，这几人碰头谈了明日前去的事宜。

吴坚与文天祥乘了各自的轿子回府，行到吴坚府前，他们被民众拦住了。大街上闹哄哄，府门前围满民众，他们在等待丞相下朝回来。

吴坚见不能前行，在离府邸大门一箭之遥的地方就停下轿，掀开轿帘出来。这里是偏僻的小街，店铺不多，平日里清净，而今日人头攒动。民众围上来，七嘴八舌地问他问题。古时候百姓见官畏惧，虽然情急，也不至于横暴，只是说些敌军兵临城下，如何是好，请大人为民做主的话。带头出面说话的是城里有地位的缙绅。文天祥见人多汹涌，担心场面失控，也下轿来，站立在吴坚身后。

吴坚待场面静下来便安抚民众扬声说道：“诸位缙绅贤达，鞑子兵临城下，国家即将倾覆，吾与国人一样忧心如焚。临安已是不安，一夕数惊。官吏弃职逃离，市井混乱，兵匪横行，民不聊生。朝廷已经是无计可施。若说守城，兵力军备严重不足。城破之日，难免玉石俱焚，百万生灵何辜？若说迁都以避，仓促之间，举步都难。若说求和，数次和议被拒，敌酋执意欲亡我国。万般无奈，只有投降。昨日朝廷已经派人向北朝递了降表和国玺，国人想必都已知晓。目前就是要与北朝商讨，如何善待吾君吾民。朝廷派遣下官，还有文大人等明日去元营谈判，即是为此。文天祥大人已荣升为右丞相兼枢密使，他一定会为吾民力争和平安宁之生活。”

市民欢呼鼓噪，人群说出不同的诉求与期望。大多数人都表达了恐惧以及对维持安宁生活的期盼，有的人喊出反对投降，希望文天祥丞相带领他们保卫城池，打退鞑子。

文天祥从老迈瘦弱的吴坚身后走出来安抚大众。他英姿勃勃、镇定自若的神态让市民安静下来。然后他开始讲话：“大家不要惊慌，敌军未到，胆先吓破，实在是不智。请勿称吾为丞相，我并未接受封相。元营要我朝丞相去会晤，陈丞相走了，总得要有人去。国事至此，予不得爱身。辞相不拜，不是畏惧。吾为资政殿学士，将以此身份，去元营与其当国者相见。

“敌人狼子野心，欲亡我国。吾等此去，当动以口舌，晓以利害，劝其退兵，结两国之好。果能如此，则万民幸甚。吾翌日之行尚有另一目的，欲一觇北，归而求救国之策。诸位高贤请回。吴大人五鼓应朝，为国事操劳，急需回府歇息。诸位请回。”

众人散去。文天祥送吴坚进了府门才上轿回自己住处。

文天祥午餐时长吁短叹。与他一同进餐的文璧问他，是因为什么烦恼。

“树倒猢狲散，说的一点不错，”文天祥感叹说，“昨天朝廷宣读了降表，昨晚当官的就跑了。张世杰带兵跑了，他的部下也跟着他跑了。陆秀夫也跑了。陈宜中昨天在殿上信誓旦旦说得好好地，明天要代表宋室去元营议论事情，今天人影都不见了。元营指名是要他这位丞相去的，这样才对等，他们那边也是丞相出面。现在可好，左丞相留梦炎投降过去了，右丞相陈宜中无影无踪。太皇太后急得没有办法，就要拜我为相，前去谈判。这真是当场给我难题。我说派我去元营谈判，我愿意接受差遣，要我拜相我不接受。太皇太后不管我愿不愿意当丞相，只要我愿意去就行。反正是有个人去。这样我明天就得去出使元营了。”

“兄长，你不能去的。不该应承。”文璧听了非常吃惊。

“为什么？”文天祥不解地问。

“孤身出使，羊入虎口，安全没有保障，实在令人担忧。”

“不是孤身前往。同去的还有吴坚、谢堂、贾余庆、邓惟善一行五人。”

“使者代表国家，有国家的支撑，一般没有危险，但是也说不定。汉朝强盛，苏武出使匈奴，还无当被扣留，押在冰天雪地度过十八年。现在我朝孱弱，被打败了，使者会受欺凌侮辱，任人摆布。你不该应承。”

“这一点我想到了，可是我认为与北人会谈是谈投降受降的事宜，受侮辱是会的，危险倒是不太会有。不过我不是去投降的，我是去争取保留社稷。与北朝人争辩，会发生争吵，这样才会有危险。但是再危险我也要去。食君之禄，忠君之事。乐人之乐，忧人之忧。平日里只想高官厚禄，一事当前却退缩不前不是人臣之道。”

“羊入虎口，去了任人摆布，弟还是担心凶多吉少。”

“会有危险的一层，我也想到的。北人蛮横，不讲信义，什么事都可能干得出。我可能被害，也可能遭扣押，成为囚犯。以前贾似道就扣押过北方使者，囚禁十六年之久。北人也可能扣押我作为报复。也许陈宜中就是担心这事才跑了的。我已经是豁出去了，有没有危险我都义无反顾。”

“陈宜中跑了，就是因为看出有危险。现在没有人去才派你去，用一个丞相的空衔哄你,你也不是好哄的,就不肯拜那个相。"

"我倒不是那样想的。我去是想探看元军的虚实,以便回来布置抵抗。我不拜相是另有原因。朝廷投降已经是定了,好多人都跑去南方,我从元营回后,如果朝廷无事可为,我也将去南方。拜相位而不居又给朝廷增添麻烦。"文天祥转换话题说,"我们说了几天让你回乡的事。你得赶紧离开行在。这里不安全了。你非朝臣,没有人注意到你离去。元军已经攻入江西,家乡即将沦陷,家人性命堪忧。你回家去将母亲和一家老小都接了往南方去。房屋土地都不要了,奴仆都遣散,只留老家人。这桩大事就委托你了。遭此战乱也是大不幸。我将去追随二王。二王出镇闵粤,我也是去那里。我们以后可能在南方会面。"

"兄弟知道。我已经整好行装,该带走的都带了,短期内可能回不来。"

"你将银两全部带走,家中搬迁需要不小耗费。我毁家纾难,家中已无积蓄。现在所余土地房产也变卖不了,换不了钱,先留着,等将来时局太平,我们回乡还可以安身。"

"知道的。"

"另外,你问毅甫有什么书信带回,你亲自送去他家,我们家里能出面的人已经没有了,不然也用不着你回去。你可以告诉张家,吉安已经不安全,如果他们家的人愿意同行,你也可以带上。毅甫说他家也是没有顶事的人了。"

张弘毅记挂家中,元军即将打到吉安,一家老幼生命堪忧。他更是记挂顾玉纾,父亲新亡,兄长从军,她孤女寄人篱下,难处可想而知。

顾玉纾确实有孤苦伶仃、寄人篱下的感伤。尽管张府从上到下都喜欢这贤德善良的女子,半年来对她如同亲人,她自己仍然感到不像从前在自己家里自在。以前受到父兄的疼爱呵护,哪怕随意撒娇都可以。在这里她得处处留意,不能说错一句话,不能走错一步路。一言一行要预先想好方方面面,事后还要回想是否无意间触犯了谁,真的是好累。一人难讨百人欢,即便如此,她还是迎合不了月茵,一个小小的丫头闹得她在张府不能存身。

父亲离世后,顾玉纾就被移来与小姐张弘玉住在一起。张弘玉当作书房和绣室的一间房充作她的卧室。丫头月茵也服侍她的起居。张府的用人遣散了很多,不能单另拨一个丫头供她使唤。尽管月茵的月份银子增加了一点，顾玉纾还是觉得麻烦她了不好意思，常常送她小礼物和钱。但是顾玉纾看得出来她还是不乐意，这让顾玉纾很为难。表面的和谐维持了不久，裂痕终于出现了。

父亲撒手人寰，将逃难携带的金银细软都交给了顾玉纾，其中不乏传家珍宝，她没有与人隔绝的独自的空间，不知道如何藏匿。有单独给她使用的衣箱，衣箱可以上锁，那也只是防君子不防小人。张弘玉和月茵随意进她的房间，她不在内时也是这样的。三人之间互无私密可言。守护家中传下来的财产是顾玉纾的责任，而且这是她与兄长的生活保障，将来要与兄长交代的，想到此就让她日夜不安。

叫她为难的是，张弘玉是在自己家里，没有一点机心，金银珍珠首饰收在箱子里不兴上锁，还常常丢在床头和梳妆台。她把自己喜爱的首饰给顾玉纾展示，也要顾玉纾把她的拿出来观赏。二人都因此开心。月茵也一同看。顾玉纾察觉到月茵的嫉妒，时不时赠送她一两件。当然并不是太值钱的，也就收买不了她的心。

有一次张弘玉要取出一支金钗戴，到处找不到。她问月茵，月茵说没有看见，帮她一起找也找不到。她就随口问顾玉纾，顾玉纾也说没有看见。找了半天仍然找不到，张弘玉焦躁起来，犯了小姐脾气："这是见鬼了。只这巴掌大的地方，找件东西也找不到。难道是有贼了？"

月茵听了脸色大变，不敢作声。顾玉纾的脸色也变了，她也是小姐，受不得气："什么话？这里除了你就是我和月茵，哪个是贼？"

张弘玉话一出口就知道自己情急中说错了话。看到月茵要哭的样子，她安慰月茵说："月茵跟我多年，我知道她不会做这种事。"

顾玉纾冒火了："那么只有我是贼。你是怀疑我了？"

张弘玉知道自己是一错再错。她连忙辩白："不是，不是。我话说错了，请你原谅。"

顾玉纾跑进房，拿出一个朱漆描金首饰盒，把里面金银首饰都倒在起居室的桌子上，说："你找啊，看看哪件是你的，看哪件是我偷的。"

张弘玉赶快把她的东西收进首饰盒："姐姐，我话说错了。我没有那个意思。请你原谅。"

"我在家里从小到大没有受过这种气。在这里我是外人。我去找老太太、太太帮着评个理。让她们放我走。"顾玉纾气极了。

她气冲冲往外走。张弘玉急忙跟上她，扯住她衣袖央求："姐姐，好姐姐，我错了，求你不要去。闹得很难堪。太太要骂我的。"

两人已经出了小院。顾玉纾见张弘玉诚恳认错，苦苦哀求，着实可怜，气就渐渐消了，脚步慢下来。

这时月茵从后面赶上来，喊叫着说："找到了，找到了，金钗找到了。"

"不要急。东西放在家里，总会找到的。"月茵把金钗递给张弘玉。

张弘玉拿了金钗，奇怪地问："你在哪里找到的？"

"在池塘边的草丛里找到的。上个月你在池塘边看鱼，摔了一跤，摔得不轻。我只急着把你扶起来，搀扶到房里在床上躺下，就没有注意到你头上的金钗滑落了。"

"是有这事，我记得，就是不记得当时我是不是戴了这玩意。你怎么想到去池塘边找？"

"我想我们在室内到处找遍了，还是找不到，会不会是掉到外面了呢？我到池塘边草丛里一拨就看到了。在草里，小小的，不注意看不到。"

金钗找到了，张弘玉给顾玉纾道歉，三人回房间里去。这事就过去了，可是顾玉纾的情绪几天都好不起来。她越想越觉得此事蹊跷，见张弘玉不再提起，她也就不说了。她以后更是遇事多留个心眼。张弘玉在她面前再也不敢随意说话。二人不是亲密无间了。

这事情当然会传到太太耳朵里。太太与老太太说了，要驱逐月茵。老太太不同意，说小户家的孩子难免这样，教训她一顿就可以了。如果把她赶出去，流落街头，不知道她会怎么过。大家都没有把事情说穿，不过都知道顾玉纾从此在家里生活得很不愉快。

九

汪弥莲近来花容憔悴，整天珠泪涟涟。她坐在楼上闺房里，等待父亲汪元量回来。家中奴婢已经在半个月内遣散了，傍晚时她自己下厨煮了榨菜肉丝面吃。她一点食欲都没有，如果不是汪元量嘱咐她晚餐一定要吃饱，晚上要上路，路上可能什么吃的都没有，她根本就不会吃。

她看着珠贝镶嵌的楠木桌子上堆放的行李发愁。一个鼓鼓囊囊的包袱里装的是精简到不能再少的衣服。重要的是包袱里的一只百宝箱,里面装满珠宝首饰,是她父亲和她多年的积攒收藏,要带上准备将来困难时变卖了换取生活的。一个布袋里套的是她心爱的琵琶。她现在看着的是一盆紫砂盆盆栽,里面是她调理的绿梅。宅院搬不走,满院子她多年来精心栽培的花草树木带不走,永远地抛弃了,无可奈何,她只求父亲答应她带上这一小小的盆栽。而她心里知道这可能是带不走的,只想多看几眼。

昨天父亲帮她整理行装,嘱咐她以后生活中要注意的事情。见父亲把所有的金银珠宝都给了她,她问他以后怎么生活。父亲让她不要担心,说他有一张琴,到哪里都不会饿死。她问他分手后将来怎样见面。他说,安排她与皇室出逃是一条最安全的活路。他自己一时走不了,皇室的活动还少不了他。最后一场任务,皇室离开行在被押送去北方之前要辞别祖庙,宫廷乐队要演奏。他作为乐队队长一定要参加。整个乐队听他安排。他不能跑了。只等一演奏完毕,他就会脱身,立即跟去二王所在的地方找她。她哀叹为什么有人要来破坏他们平静的生活,他说这只有天知道。

汪元量终于回了。还没有上楼,他就嚷着:“快,快,收拾了准备走。”

他上得楼来,取火点燃了蜡烛,看到行李都收拾好了就要汪弥莲背了下楼。他把所有的包袱都让她背:“我是要看看你独自能不能背得了。”

“和我一起走吧,再一次求求你。”

“我不能走。很多官员都跑了,我绝对不跑。尽管我只是小小的待诏,也是朝廷命官。这是我最后一次为皇室效力。”

“让我与你一起留下,生死在一起。”

“你先走吧。元兵来得这么快,马上就要进城了,你绝对不能留下来。你先走,以后我去找你。说好了的,不多说了。以后走遍天涯海角我都要找到你。”

汪弥莲带上的东西超过她的背负能力,只好叹气放下盆栽。那绿梅正开得鲜艳,似乎在哀求她带上它。他们出了门。汪元量把门锁了,他还要回来住。近来乱极了,偷盗抢劫公然发生。

外面天还没有黑,寒气逼人。他们上了汪元量带来的轿子,向皇宫而去。

在皇宫后花园门外,汪元量把汪弥莲交给一个姓裴的太监,看着她被带进去了。他绕着宫城走到南面的丽正门外等候。天黑定时,皇宫正门大开,一行人出来了,没有鼓乐,没有卤簿仪仗,静静行进。街道两旁有黄色布幔隔绝,看不到队伍里是什么人。他尾随队伍,沿着布幔,一直来到太庙。在太庙外等候有小半个时辰以后,他见到一行人出来了,前后有禁卫军马队护卫,中间是大车,队伍静悄悄地行进,只听到有马蹄声和车轮声。他远远跟随这队伍出了嘉惠门,看着他们远去,看着女儿远去,然后才返身进城,回到人去楼空的自家院落独自安歇。

再说汪弥莲被裴公公引进后花园,见到灯火辉煌,她更是心慌胆怯。裴公公带她来到一列大车前,引她见一位宫娥,介绍说这是晏才人。晏才人点点头,让她站在一列十数位宫女中。裴公公安慰她几句后,去和几个小太监站在一起。大家静静地等候。

不久后,一辆大车驶来停下,一位七岁大的王子下车来站在车前。又一辆大车载了一位五岁的王子前来。二位王子站在一起低声说话。后来一位皇妃娘娘由几个宫女簇拥着走来,先与二位王子说话,然后站立等候。一个宫女过来宣晏才人过去问话。晏才人去娘娘的大车前答了话,回来对汪弥莲说,现在没事了。淑妃娘娘见你村姑打扮就问是什么人,我回答说是汪待诏的女儿,要我们带了一起走的,淑妃说知道了,是禀报过的。汪弥莲明白她见着了杨淑妃,杨淑妃已经表示接纳她,这才放心。父亲告诉过她是如何安排的。

不久,太皇太后、全太后携了恭帝来了。杨淑妃携了二位小王上前参见。汪弥莲见太皇太后年过花甲,满头银发梳理得一丝不乱,簪以金凤,耳坠红宝石,却皱纹满面。金光耀霞的凤袍反衬得她脸色灰暗。全太后端庄沉静,喜哀不现于形容。恭帝五岁小儿一片童真,见到二位小王兄弟很欣喜。汪弥莲对朝廷的事情、皇宫内的事情知道很多,都是汪元量讲给她听的。

他们说了一会话。杨淑妃带着二位王子跪下辞行,然后上了各自的车。杨淑妃撩开窗帘,看着道旁与他们送别的太皇太后,全太后和小皇帝,眼泪止不住流淌下来。大家心里明白这就是永诀了。

汪弥莲随宫女上了车,大车启动,出了宫城。有窗幔遮着,车走的哪条路她都不知道。晏才人告诉她这是随二位小王去太庙辞别先祖,然后就离开临安。她知道一个人离乡背井之前都要到宗族祠堂或祖茔去辞别祖先,那是很伤痛的事。她看到车上的宫女都如花似玉,晏才人落落大方,尤其出众。各人都带有大包小包的行李，车里挤得满满地。

车到太庙停下，汪弥莲同宫女下车。她见到太庙前无数的士兵肃立，军容整齐，连战马也无声静立，只有寒风吹得旗帜猎猎作响。数十辆大车上的人陆陆续续从车上下来，列队进了太庙。只有杨淑妃带了二位小王，由几位宫女陪着进了大殿内，不一会就出来了。杨淑妃在大殿廊庑招来四位将军说话。汪弥莲知道这四位是都尉杨镇驸马、国舅杨亮节、秀王赵与檡、殿前禁军都统制江钲。他们出到太庙外，杨淑妃与二王各自上了车，四位将军上马，队伍就出发，向嘉惠门而去。

益王赵昰、广王赵昺、杨淑妃一行人的车队由江钲在前开道，杨镇、杨亮节率殿前禁军在后保护，赵氏皇族秀王赵与檡陪同行进在御街上，一路上偃旗息鼓，除了马蹄踏在石板上发出清脆的声音和车轮辚辚外没有任何声响。此时已是宵禁，街上没有行人。临安的居民在门缝中看到一队车马走过，不知道是什么人。

张弘毅带了五百兵在嘉惠门城外，等候二王车队到来。这时他才告诉大家此行的任务，并且要大家以生命保卫二王和淑妃娘娘的安全。等到将近二更时分，二王的车队才出城来，他见了驸马杨镇，把军队交出，然后返身回城。城门的守卫在放出这队人后就迅速关了城门。

杨镇在嘉惠门外会合了文天祥派来的五百兵，带领车队来到钱塘江边地名叫渔浦的地方渡江。浓浓的夜色中江水静静流淌。江边停满船，一些桅灯在夜空晃动。岸上酒楼灯火通明，传出商女歌声。在远离一般船只的地方新建了一个临时码头，一队人马在那里渡江。杨亮节指挥车队渡江。船只来回摆渡马车和士兵。

杨淑妃和二王的车首先渡江。船行到江中，宫女掀开车窗窗帘，让杨淑妃看江景。

另一车中，窄窄的座位改成的床上，益王赵昰不能入眠，在哭闹。一宫女在呵弄他。

又一车中，广王赵昺在锦被中安眠。一宫女跪在床前防他滑出。

船行江中，汪弥莲被江风吹得瑟瑟发抖，不由得想起昨夜在家中的温暖。过江后，她被传唤去参见杨淑妃。进到杨淑妃的大车内，她见到了不同凡响的皇室气派。车后的长榻可供坐卧，堆有锦缎被褥，榻下有盥洗用具。车内四角挂有羊皮彩灯，光耀如白昼。见不到燃着的香或熏炉，却依然有幽香袭人。背向有长凳，坐着二位宫娥。她被赐座在她们中间。

她低着头偷眼瞥见杨淑妃三十许年纪，丽容华服，端庄娴静，一脸和气。杨淑妃问了她的身世："你是汪待诏的女儿？"

"是。"

"叫什么名字？"

"回娘娘，小女子名叫汪弥莲，阿弥陀佛的弥，莲花的莲。"

"汪待诏只有你一个女儿吗？你的母亲呢？"

"是的，父亲只有我一个女儿。小女子出生时，母亲不幸难产去世。以后父亲不曾再娶。我们父女相依为命。"

"元兵来了，你父亲要送你逃难，为什么不送你回家乡，要你跟了我们走？"

"家父自幼孤苦伶仃，并无亲人。他在道观长大，由道长教育，弹得一手好琴。有一次在皇宫演奏，受到度宗皇帝赏识，留下当了宫廷乐师，封为待诏。"

"这事我似乎听说过的。"杨淑妃打量着汪弥莲，"你长得好容貌，好身材。提起裙子让我瞧瞧。"

汪弥莲羞答答地提起裙子，露出三寸金莲。

杨淑妃看了很赞赏。"很好。这花鞋是谁做的？"

"回娘娘话，是小女子自己做的。"

"哪来的花样？"

"自己描的。"

"很好，真是心灵手巧。你就跟了我吧，以后安排你服侍益王，你可愿意？"

汪弥莲喜出望外。福至心灵，她立即从座位溜下来叩头谢恩。

尽管早就做了准备，一千多人马、十几辆大车由木船摆渡过江，又是夜间，不敢马虎，也是耗费了不少时间。上岸后队伍整好，车套上马后又出发，静悄悄地走在荒野中的路上。

队伍连夜赶路，到天明才停下休息。这一夜行军三十里，靠两腿跑路的步兵叫苦连天。他们平日养尊处优，趾高气扬，这一点小罪就受不了，走路越来越慢，拖也拖不动，有的干脆坐在路边，说你们先走，我休息一会赶上来。

杨镇见状无奈，与几位将领商量，请示杨淑妃，获得批准后，宣布就地休息,埋锅造饭。本来是带足了干粮,可是南方人不吃热乎乎的饭菜就什么也吃不下。

二王仓促出走,草草成行,准备不足,行动没有计划,一切乱糟糟。杨亮节带的原文天祥的兵士还像个行军的样子，而杨镇带的御林军完全是散的,走路连行伍也拉不齐,到吃饭时更是乱哄哄的像一团蜜蜂。杨镇看了心烦,骂这些兵像一伙拱来拱去的肥猪。他摸摸自己滚圆的肚子,只有摇头叹息。是啊,平日生活优裕,哪有不长胖的?

他想到后主李煜的一句词"几曾识干戈",这些御林军平日趾高气扬,自命不凡,可是从未见过真阵仗。现在时机危急,干戈突现眼前,却连走路行军都拉垮了。靠这样的兵守临安肯定是守不住,出逃是对的。现在只想安全逃命,可是如果追兵来了,靠他们又能够抵抗得了吗? 太皇太后命令,甚至是请求他保护二王,他能够完成使命吗?他一阵阵惶惶不安,与身边的将校诉说无奈,一同叹息。

这时他见一名小兵上前来与他行礼。这小兵自报姓名叫顾玉杼,是文天祥大人拨来的,说有要事禀报。杨镇听了他的陈述,与身边人一讨论,觉得事体重大,找来杨亮节商议,然后二人带了顾玉杼去向杨淑妃请示。

杨淑妃带了两位小王子一夜奔波于逃生路途,谢太皇太后和全太后在宫中也是一夜无眠。直到宫娥来报告,驸马杨镇派人回来说,二王与杨淑妃一行人已经安全渡过了钱塘江,向南方去了,她们才放心。

早上太皇太后宣布罢朝,文武百官都逃尽了,没有人来站班,上朝没有意义。她躺卧在锦衾里,身心疲惫,挣扎着也起不了身。她看着锦缎的帐顶,上面出现车马行人,推想两个孙儿、杨淑妃现在情况如何,行进到什么地方了。她真为他们的安危担忧。

皋亭山在临安北三十里,丘陵连绵,湖泊如明镜镶嵌其中,桃树虽然叶落光秃,成片铺开,亦使得环境显沉着宁静。茶树似一道道绿色锦带缠绕山腰。伯颜把行营放在这里,不仅是因为山中风景幽美,而且这里居高临下,便于掌控临安。

伯颜住在一座大庄园里,庄园主一家早已经被他的校官撵走了,房舍家具用具陈设都完好地保留着,连书房里的字画都原样挂着,留给新主人享用。这天午饭后,伯颜就坐在这里与留梦炎闲聊。他自幼喜爱中原文化,有时诗兴触发也能上吟几句。留梦炎投降过来后，他留在身边，闲暇时与他谈诗论文。

“江南即使在冬天也比北方夏天美。老夫以前从诗中领略到江南的美，到了江南才知道文化是和地域密切相关的。古人韦庄的《菩萨蛮》写的是，‘人人尽说江南好，游人只合江南老。春水碧于天，画船听雨眠。垆边人似月，皓腕凝霜雪。未老莫还乡，还乡须断肠。’这么好的地方我们早就该来的。”

“是的，‘游人只合江南老’是说的游人。‘未老莫还乡，还乡须断肠’是说一个人来了就应该终老江南才对。”

“足下是状元宰相，见解高人一等。”

小校来报，囊加歹有急事求见，伯颜即命请他进来。囊加歹是云南乃蛮族人，是当年忽必烈远征南诏时收服，后来看作心腹的，伯颜不敢对他怠慢。

囊加歹自山下上来，见四周山头树林中遍插旌旗，军队按阵势布防严整，而伯颜住的庄园周围绿树四合，一片静谧，心中便十分佩服伯颜的大将才能与风度。进得书房，不等坐定他便报告说：“报与丞相知道，末将打探到昨晚从宋室皇宫中出走了一行人，他们先到太庙，然后出嘉惠门向南去了。”

“哦呵，是什么人？有多少？”伯颜做出很感兴趣的样子。

“有千余人吧，是些什么人倒是尚不清楚，派人继续查问了。”

“将军不用着急，先坐下饮茶。这是留相公送来的好茶。”伯颜命一丫头与囊加歹上茶，“这事情我已经知道了，是留相公来说的。让他告诉你那些是什么人吧。”

留梦炎归顺北朝后与囊加歹等高官已经多次会面，不需要寒暄，直接谈到正题：“是，是。在下今晨得到报告，昨晚从皇宫中出走的人是杨淑妃，带了二位小王——八岁的益王和五岁的广王，目的是出镇闽粤。率队的是杨镇驸马，此人性温纯谦恭。张世杰，刘师勇等带兵的人已经走了，所以这一行人不足为虑。”

“留相公知之甚详，”囊加歹有点惭愧地说，“这些人出逃，即使不足为虑，也不能让他们轻易逃脱。他们对南人仍有蛊惑力，将来成了气候也是麻烦。”

“将军言之有理，我已经派范文虎率领五千劲兵去追赶，务必一网打尽，”伯颜微笑着说，“将军且坐下饮茶。这真是上好的茶，呷一口齿舌生香，神清气爽。”

这时候小校来报告，宋的使者到了。

这天天气寒冷，苍白的太阳想要拨开乌云，却终于被厚厚的云层完全遮盖住。从临安通向皋亭山的路上行驶着五辆轿车，前后有骑马的武士随从。车内坐的是左丞相吴坚、右丞相文天祥、同知枢密院事谢堂、同签枢密院事兼知临安府贾余庆、内官邓惟善，他们受谢太皇太后差遣去元营谈判投降事宜。

不顾山里寒风侵入轿车内，文天祥将窗帘扯开一道缝向外张望。他看到张弘毅骑马跟随在车旁。虽然是隆冬，常青的松柏、樟树、女贞树依然生机勃勃。成片的楠竹翻山越岭，郁郁葱葱。道路修理平坦，如此完全不是衰亡气象，为什么大宋的气运就像要走到头了呢？

半路上有元军的校官来迎接他们，骑马在前引路。文天祥看到自此后的路上常有元军三五人骑马驰过。马匹膘肥毛亮，军人甲胄鲜明，文天祥看了惊骇不已。他此行的目的是要探看元军的虚实，仅从此就可以看出元军确实兵强马壮，军力强盛。就像是看一个人，如果他的头发光泽鉴人，他自然是元气充盈；如果头发枯萎暗淡，一定是精气衰竭。

车到一处山庄的灰色围墙边停住。文天祥和吴坚、谢堂、贾余庆、邓惟善各自下了车。文天祥立足一看，对面山坡上有一座寺庙，他知道那是因明寺。四周山岭远近的树林中军旗招展，一派杀气腾腾。

南朝使臣进到院子里，各人的随从就被分开带走了。文天祥见元丞相伯颜在正房的廊下迎候。此人毡帽裘服，高颧阔腮，浓眉细眼，络腮胡须平摊到胸前，约莫四十岁年纪，说话声音洪亮。他将宋臣延请进大堂，分宾主落座。室内烧了两缸炭火，温暖如春。老臣吴坚是左相，坐了客位第一张椅子，文天祥坐在他下首。伯颜是要宋朝宰相前来谈判的。因为陈宜中已经于前日出走，谢道清乃封文天祥为右丞相兼枢密使出使元营。文天祥坚辞不肯拜相，只以资政殿学士身份前来，他的地位还是在其他三人之上。

双方互作介绍。元朝一方参与谈判的还有忙古歹、唆都、张弘范及降臣吕文焕。文天祥懒于正眼看吕文焕，只瞥见他着北朝官服，无精打采地坐在末位。

伯颜虚情假意地问他们路途是否劳累，一副平易近人、和蔼可亲的样子后面是胜利者对失败者的居高临下。他主导着谈话内容，引入受降安排的正题。

“各位大人不顾严寒为国事奔走令人钦佩。现在天下大事已定，今日约了各位来是谈受降的具体事务安排。如何才能平稳过渡交接，以使安堵如故。”

文天祥打断他的话说：“且慢，我朝尚未投降，还不谈受降之事，吾等前来是为议和。”

文天祥说的连同来的宋朝大臣都感到意外，伯颜更是疑惑不解。

“议和谈了多次，不是都没有成功吗？”

“讲和一段，乃前宰相首尾，非予所与知。今太皇太后以予为相，予不敢拜，先来军前商量议和。”

“丞相来勾当大事，说的是。如何能和呢？”

“本朝承帝王正统，衣冠礼乐之所在。北朝欲以邻国友好相处，还是欲毁其社稷欤？如果讲和，今天我们来了就要定下协议，签订友好盟约。丞相应该退兵到平江，听你朝回复的意见，再继续讨论。如果两国成好，是百姓的幸福，如若不然，南北兵祸不已，亦非对尔有利。吾朝尚有淮浙闵两广四川，兵员数十万，要想削平，也会大伤尔元气。吾朝还可反攻，胜负未定。”

“昨日汝朝已经送来降表和传国玉玺，如何不是投降？”

“你北人多有不知。那不是传国玉玺，只是高宗南渡后新制的国玺。传国玉玺是秦始皇以和氏璧制作，上刻有李斯丞相书‘受命于天，既寿永昌’。传至汉末，王莽篡位，逼索玉玺，太后以玉玺掷地，致使玉玺缺损一角，后以金镶补。玉玺传至我朝，靖康之难时为金人夺去。”

“金亡后玉玺的下落你可知道？”伯颜哈哈一笑，“那所谓的传国玉玺为吾所得。吾请鸿儒学士鉴定，实乃赝品。吾将字磨平，将玉材赠送与人了。”

文天祥毫不气馁地抗声言道：“既知如此，你也应该知道此国玺系高宗立朝，以黄金刻制。只是我朝有用，汝持之无益，何不退还？”

“妄言胡说，”伯颜陡然发脾气，“吾大军百万，征战数年，夺得此一方国玺，岂能凭汝掉三寸不烂之舌就轻易放弃。以前宋的使臣见吾不敢抬头，只以吾言为是。汝进得吾堂，大模大样，说东道西，敢是汝的颈项硬？”

宋的使臣听了吓得颜面变色，坐不安稳。

文天祥冷笑一声："吾第一次出使北营，见得北人，就是汝这般心浮气躁。吾乃大宋状元，深受国恩，但欠一死报国，刀锯鼎镬，非所惧也。要杀吾，正是成全吾。"

伯颜瞠目结舌，环顾左右。元参与座谈的大臣更是无法。一旁侍立的元人都惊愕。

吴坚解围说："文大人勿急，有话慢慢说。"

吕文焕出面劝解，对文天祥拱手说："也是的，文大人勿急。伯颜丞相心胸开阔，如光风霁月，不会有过激行为。我们只是要慢慢谈，把大事安排好。"

文天祥本来就不屑于理睬吕文焕，戟指他大骂："汝是何人，敢与吾说话。叛逆遗孽，当用《春秋》法诛杀。"

"丞相何故骂文焕乱贼？"

"国家不幸至今日，汝为罪魁，汝非乱贼而谁？三尺童子皆骂汝，何独我哉？"

吕文焕坐不住了，站起言道："丞相骂我，可知道蒙古大军围困襄阳六年，文焕坚守不降。城中矢尽粮绝，朝廷不发一兵卒，不送一粒粮食解困。城中饿殍满街，人易子而食，拆屋为爨。将士死伤殆尽，犹自不屈。文焕每天南向而哭。而此时度宗皇帝荒淫无度，一夜要临幸三十嫔妃。将士听闻，斗志消尽，流血殒命，保的是谁？"吕文焕说得撕心裂肺，声泪俱下，好似憋了好久今日才得以发泄，"及至樊城被攻破，遭到屠城，襄阳孤城无法再守。不降只会遭遇与樊城同样的命运。蒙古人起誓，只要投降，保证不杀。为了百姓生灵，文焕只得违心。丞相，谁要骂我，六年前替我守襄阳，哪怕守一年才有资格。

"我投降后，皇上召见我，封我为昭勇大将军、侍卫亲军都指挥使、襄汉大都督。你以为是皇上派我攻打宋朝吗？否，是我自己请求当先锋。为什么？只因为我有恨，恨那宋的昏君奸臣，逼我成为贰臣，让我留下万世骂名。"

吕文焕筋疲力尽，回到座位坐下，仍然泪流满面。

文天祥也为之动容，仍然斥责他道："力穷援绝，死以报国可也。汝引狼入室，助纣为虐，带了元兵南下，沿江俱是你吕氏旧部，皆为你招降，大宋江山失于你手，百万将士殒命，千万百姓死于非命，非你之罪乎？汝爱身，惜妻子，既负国，又溃家声。今合族为逆，万世之贼臣也！"

吕文焕被骂得羞惭满面，恨不得地有缝可钻。一旁的元将瞪眼吐舌。

伯颜不由得称赞："文丞相心直口快，是个男子汉。"他立起身说，"现在不谈了，请大家用餐。吾备有薄酒招待。"

南北大菜，羊羔美酒，还有蒙古美女歌舞并执壶劝酒，都没有使一向尊荣安富的南宋高官感到享受。宴会气氛上不来，南人不怎么动箸，北人也只得收敛，一桌菜肴放冷了，宴会草草收席。伯颜说大家累了，请先去午休。

出了花厅，文天祥由唆都引导，弯弯曲曲绕到后面一个小院，送进一个一室一厅的房舍歇息。唆都辞去后，一个俏丽的丫头把床铺收拾好，与他宽衣。文天祥这一天也累了，他像所有官员一样，晨起待漏，都有午休的习惯，加上他刚才骂吕文焕痛快淋漓地发泄了一通，很费了一些气力，于是在那雅致温暖的卧室里，不觉陷入香甜美梦。

文天祥沉沉一觉醒来，发现室内昏暗，他大吃一惊，跳下床，拉开窗帘，看外面天色已经是申时。他赶紧穿衣。

丫头听到响动，掀开门帘进来。文天祥埋怨她不唤醒他，让他误了会议。丫头说唆都大人吩咐的，伯颜丞相说了今天休会，让文大人好好歇息。文天祥松了口气。他穿戴整齐出门，丫头说要他只在院子里走动，他没有理会。出院门时他被两名佩刀小兵拦住，说是军营重地，不许随意走动。他说他要去见宋的同僚，小兵不理。他气得说要见伯颜，小兵亦不理。小兵的阻拦冲不过，讲理讲不通，要见伯颜不可能，扯来扯去，文天祥大发雷霆闹了起来。

这时，唆都闻讯赶来，他带来了张弘范。在路上他告诉张弘范，上午会晤时，伯颜见文天祥举动异常，怕他回到宋的朝廷会阻碍投降，滋生事端，故不放其归去。

文天祥见二位酋领进来院里，多少可以讲理，就责怪他们不该扣留软禁自己："我们数人乃南朝大臣，应尔方之邀前来会晤，大事谈毕就该放归，为何扣留吾等？"

唆都答道："其他人都已归去，独留丞相一人在此。"

文天祥大惊："此是为何？"

"伯颜丞相说，君乃宋之重臣，两国之间许许多多的事情要留丞相在此常常交谈。"

"上午吾已言明，吾非丞相，只一资政殿学士。丞相有吴坚大人，他乃为主之人。"

“吴大人年事已高，体弱多病，不宜留此。”

“休得胡言诳我。我知道伯颜见我反对投降，言辞激烈，嫉恨于我，故扣留我在此。此非待来使之道，只有尔等化外之人才会做出。”

“伯颜大人说了，此非扣留，只是款留，以便与君勾当大事。若说扣留来使，尔朝扣留我翰林学士郝经一十六载又是怎么说？”

面对这样的责问，文天祥乱了阵脚：“那是奸相贾似道欺上瞒下所为，朝廷并不知道。”他转而问道，“其他人都归去了，我的护卫呢？”

“他已经随其他人回临安去了。”

“胡说，他是绝对不会丢下我不管的。你们立即带他来见我，见不到他我不与你们善罢甘休。你们北人如此不讲信义。”

唆都无法，只得吩咐把张弘毅带来。

张弘毅被五花大绑地带进院子来，已经被打得鼻青脸肿。他一进来看到文天祥就问：“大人，您还好吗？”

“吾尚好。”文天祥问，“谁把你打成这样？谁敢捆他？还不与他松绑！”

元兵得到唆都的示意后给张弘毅松了绑。

张弘毅与文天祥诉说：“我们这些随从一进到这里就被解除武装，集中在一起。吃过午膳后他们把我们与各大人集合在一处，放归临安。我一看没有大人，就不肯走，一定要见大人。吵吵闹闹，推推搡搡地，他们就打我，还把我捆起来。”

一元兵说：“你不说你好厉害的，打伤了我们几个人。”

文天祥大怒地说：“你们真是野蛮。我要你们拿水来与他洗，拿药来给他搽。”

文天祥把张弘毅扶到屋里坐下，水和药送来后，那丫头与他拭洗涂药。张弘毅告诉文天祥他的剑被收去了。

“你怎么会让他们把剑收去？那么宝贵的剑，是你们家的传家宝啊！”

“是啊，我给大人看过，是我随身佩戴的。各位大人的随从一二十人，进来时武器都被收了，说是暂时代为保管，离开时归还。众人都交了，我独自无法反抗。”

“这也是无法，只好等离开时索回。你是为何被打了？”

“我们这些护卫随从中午吃饭休息一会以后就有当官的人叫我们走，说是回临安去。来到营门，我见到各位大人准备离开，有的上了车。别的随从找到了他们的长官，我却找不到大人。我问元兵当官的，他们说大人你有事需要留下来，让我独自先回去。我大吃一惊，担心大人遭到扣押或有什么不测，一定要见大人。他们见我闹，就捆了我。”

“好了，好了，我见到你也放心了。”

文天祥在室内踱来踱去，一筹莫展。唆都和张弘范早已离去。侍候他的丫头在院子里，院门外有守卫。天色已晚，丫头侍候他们吃过晚餐，盥洗毕，就自去歇息。

张弘毅在院子里走了一圈，回来报告说，寓舍周围有兵守卫，潜逃不可能。两人只得上床就寝。

次日，唆都来看文天祥，表面上礼仪有加，嘘寒问暖，问有什么需求，可每当文天祥提出要见伯颜，他就搪塞说不在营里，一连几天都是如此。文天祥无奈，只有适应软禁的生活。他每天读书写诗，叫唆都送来杜甫的诗集，还有《黄庭经》等道经细心阅读。唆都请一叫信世昌的文人来同他谈诗聊天。文天祥指导张弘毅读诗作诗。张弘毅进步很大，以后他就称文天祥为“师相”。

他们正月二十到元营被囚禁，二月初八被押去北方，失去了自由。

十

乌云低压，前几天的连绵细雨使得道路泥泞不堪，不仅增加了宋军行军的困难，还在路上留下了明晰可辨的车辙。范文虎一路追来，车辙越来越鲜明，还可以见到大队人马走后遗留的废弃物，他愈加充满信心。他催促士兵加快脚步赶路，不断呵斥，用马鞭随手抽打他们。天快黑时，前面探马来报告说已经看到宋军了，他非常高兴，把消息传达下去，让大家赶紧追上。他带领一支骑兵先去咬住敌军，让大队人马随后跟上。

范文虎很快追上了宋军，逐渐接近时，他见到宋军只是一小队人推了几辆破车，不禁心生疑惑。他指挥骑兵包围宋军，见到宋军首领是杨镇，以前在朝廷上见过，是认识的。

这股宋军的首领确实是杨镇。前面说到他见宋军行进速度太慢，十分焦急。这样规模的行动肯定会被元军知道，如果他们派来追兵，这一小队人肯定会被他们抓住，护送二王南行就不能成功。这时小兵顾玉杼前来献上金蝉脱壳计，他觉得是个办法，与杨亮节商议后，奏准杨淑妃实施。他带领百余人作为疑兵走向东去的一条大路。他们购买附近农民家里的大车，在路上制造明显的车辙，有意抛弃一些无用的杂物，引导元军来追他们。杨亮节则带领二王的队伍走了西去的路，一路上押后的士兵精细地清除道路上的痕迹。果然不出所料，元军派来了追兵，而追兵被引来追赶杨镇一行人了。

杨镇骑在马上，见元军来势汹汹，就对士兵说："大家一路辛苦。我们已经将敌人引来，让二小王安全脱险，就是大功告成。现在敌军强大，抵抗徒劳无益，大家各自跑散吧。"

杨镇首先打马向前狂奔，不多久就被蒙古骑兵追上。他本是一介书生，又有了一把年纪，只有束手就擒。

范文虎在马上对杨镇拱手说："驸马请了。末将范文虎有礼。"

杨镇冷冷地回答："你已经变节投降，与我不是一朝人，不用拘礼。"

范文虎受了顶撞，很是没趣，知道啰嗦是没有用的，就单刀直入地问："怎么只是你一个人？二位小王在哪里？"

"本官不知。"

"不是你护送二位小王逃出临安的吗？"

"本官私自黑夜出走，别的事一概不知。"

范文虎见为数不多的宋兵已经跑散，也不太在意，抓住了一个出逃的皇室宗亲可以交差了，也就勒马返程。一路上他劝说杨镇归降，杨镇只是不应，他也没有勉强，还是善待杨镇。杨镇被押回临安，后来随恭帝一行被押送去了大都。

跟随杨镇的这队士兵百十来人，本是文天祥带来的吉州兵，现下一哄而散。顾玉杼和李时龙等人跑上山坡，隐藏在树后射击追兵，以使杨镇有时间逃远。后来见敌兵爬上山来，他们寡不敌众，便四散跑入深山。敌兵退走后，他们才聚集一起，只剩有五六十人了。他们决心去寻找二王，便向西行去。路上行走不易，浙江大部分地区已经被元兵占领，时常可以遇到四出骚扰的元兵。顾玉杼以其意志坚定和足智多谋，自然地成了领袖。他把人分为两队，自己和李时龙各带一队，一路上互相激励，共同进退。

自杨镇分了百余人离开后，杨亮节带领御林军护送二王继续南行。一路上除了行军劳累,倒也没有吃苦。出临安行在不远的这一带治理得很好,道路平整,民风淳朴。所经过的地方的民众听说是宋皇室的王子出行,纷纷于道旁设香案迎接,供给好酒好食。这是因为虽然元军已经占领了临安以南的大的州县,但势力还没有伸张到镇乡,百姓还不知道已经变天。

数日后,他们行进到了婺州(今浙江金华)地区。申时时分他们到了可以遥遥看到婺州的城头的地方,杨亮节命江钲先行入城,告知州官前来迎接。江钲打马独自去了。

队伍在道旁停住。一路上他们购买了一些大车,宫女们都有车可乘。一个士兵跑来杨亮节马前,问:"国舅大人,皇妃娘娘问为什么停下。"

"前面已经看到婺州城了。我派人去通知知州前来迎接。"

话犹未了,他们见到江钲飞马从大道上跑回。江钲到了近前,不下马即高呼:"国舅大人,快走,快走!婺州已经投降。守城的元兵看到了我们,发兵追来了!"

他们果然看到从婺州城门出来数十骑兵,飞驰而来,在大道上扬起滚滚尘土。

杨亮节立即命令全体撤退。大车与步兵行动不快,元军骑兵不久就追上了。断后的宋兵射箭未能阻断住敌军。双方接触,展开战斗。

杨亮节和俞如珪保护杨淑妃与二王乘坐的大车快跑。江钲与赵与檡在后抵挡元军。战斗激烈,宋兵数百人阻拦不了元的数十骑兵,元军快要追上车队。杨亮节见敌军接近,就命令车队将皇室的车围在中间,采取防守姿态。十数辆大车将皇室的车保护在中间,外围是宋兵。杨亮节骑在马上,一边迎战敌人,一边大声喊叫指挥防御。他与赵与檡、江钲、俞如珪分别把守车队四面。宋兵虽然是御林军,个个精悍,装备精良,怎奈是步下作战,面对元军马队的冲击很为吃亏,渐渐感到不支。这时候一支宋兵来解围了,他们是杨镇分走的那批人。

顾玉杼一行人一路寻找二王,数日后来到婺州地区,在一个山坳里听到战斗的呐喊,就急忙迎了前去一看究竟。到了一个山头,他们一眼就看出是二王的车队在受到元兵的围攻。顾玉杼拔刀在手,对大伙说,"现在形势危急,我们拼死也要保护二王安全。大家看到那敌军的主将吗?我们分两队从两个方向朝他进攻。一出这树林我们就高声呐喊,跑步冲锋。"

他们从树林跑出,高声呐喊朝敌军主将冲去。敌军先是有些慌乱,组织迎敌,后来见来的宋兵人数不多,颇有虚张声势的样子,就不以为意,谁知这一小股兵十分骁勇,亡命地冲突,不久就接近了主将。主将恐慌,立即调兵来保护,放松了对车队的攻击。

顾玉杼一队人一鼓作气的锐气被压下去以后,遭敌军分割包围。面临聚歼的危险,他们不求逃生,只想拖住敌人,让皇室突围。他们呐喊战斗,实际上是在苦苦支撑,拼死顽抗。而保护皇室车队的宋兵也情况危殆,无暇顾及他们。这时,他们听到呐喊声,看到一位将军骑着马,打着旗帜,带着一队士兵来拯救他们。

顾玉杼沉着冷静,矮下身躯砍马腿,挡在他前面的马发出惨叫倒地,骑兵倒下,被他杀死。一个宽面庞的敌兵打马冲着他过来,挥起大片刀搂头盖顶就砍。顾玉杼侧身上前,单刀上搠,刺穿了敌兵的腹部。敌兵狂吼一声,另一只手挥鞭砸向顾玉杼。顾玉杼一偏头,肩上着了一下,打得他站立不稳。那敌兵举刀砍下,眼看顾玉杼性命不保,那敌兵却被冲过来的宋将一枪刺死于马下。顾玉杼一刀砍下了敌兵的首级。他抬头一看,救他性命的宋将好生熟悉。

元军此时阵脚大乱,虽然看出这队士兵仅有数十人,但是一次又一次救兵得到来使他们害怕另有伏兵,加上天色已晚,遂吹起胡笳撤退。宋军没有追击,杨亮节命令赶快收拾,准备立即撤走。

冲来救援的将领回马来见杨亮节,他跳下马来,抱拳行礼:“末将张全,参见国舅大人。”

“张统制,来得好,来得好。”杨亮节大喜。

就在近处的顾玉杼听到张全名字,火冒三丈,跑来一拳将张全打倒在地:“张全,你个狗杂种,老子要你的命。”

杨亮节大喝一声:“住手,你怎么敢打张统制?”

李时龙也跑过来问:“这是什么人?为什么打他?”

“这就是五牧逃跑的张全,害我们死了几千人。”

张全坐在地上不起来,像小孩一样地哭。

“我要打死你,为尹玉将军报仇。”顾玉杼确实气愤填膺,真想打死张全,碍于国舅在旁,不敢放肆。

杨亮节劝解说:“这事情我知道,朝廷已经宽恕他。人孰无过,你不要揪住不放。”

李时龙也说："顾兄，算了，往事追究不了。刚才我看到他救了你，说明他现在诚心抗元，不要再恨他了。"

江钲跑来喊道："现在不是纠缠的时候，敌兵来了，赶紧组织全体上山。"

他们看到，大队的元兵从婺州方向跑来，约千人，刚才败退的骑兵也转回来了。

杨亮节骑马四处奔跑，命令放弃大车，所有人立即进山里去。江钲命人把车排成路障，弓箭手隐藏于车后。敌军到射程内，他们开始射箭，阻止敌军前进。牺牲者被拖到路旁沟里草草埋葬，伤者被背负了走。大家一窝蜂地上山，从有路的地方和无路的地方跑进深山。

杨淑妃自己走到路旁，由裴公公背了上山，后来由小太监换着背。益王赵昰自己上山，不久就由太监背了。而广王赵昺一开始就由太监背着，山的坡度虽然不大，走惯平路的人走来也累，太监不久就气喘吁吁，额头冒汗，走几步就要换人。天已经黑了，他们常常头上撞着树枝，脚下绊到石头。

顾玉杼一心要保护二王，跟在一旁看不过去。他跪在广王前面，提出由他来背。

"你是何人？王子岂是你可以接近的？"太监有些犹豫。

一旁的汪弥莲做主说："可以的，可以让他背。他是顾玉杼。"她跟随益王已经几天了，讨得益王欢心，大家信任她。

顾玉杼背了广王，用锦带缠住，行走轻松。他看着村姑打扮的汪弥莲很是奇怪："你怎么知道我的名字？我在哪里见过你？"

"在天上见过，"汪弥莲调皮地说。她已经是益王的宫女，在路途没有服饰可换，还是穿着逃出临安时的衣服。

顾玉杼更是糊涂了，他没有接着问，因为广王与他说话："你的背很宽，很温暖，你走得平稳，很舒服。我认识你，我看到你从山上冲下来，挥舞大刀杀鞑子。你很勇敢。"

"谢谢王爷。"

"你会踢球吗？"

"不会。"

"以后跟我学。我还可以教你写字，少傅夸奖我字写得好。"

"谢谢王爷。"

他们很快就跟上了杨淑妃。杨淑妃看到二王在一起就放心了。

江钲与张全见大家上了山，便边打边撤，到半山地方又抵挡一阵，然后全体消失在树林里。敌军见天已经黑了，不再追击，只是把山围住，封锁道路。

杨亮节不让大家休息，尽管大战之后，人已经精疲力竭，不少士兵还背负一些伤员。看到村庄的灯光，他不仅不去投宿，还要绕开走。就这样他让这几百人避免了被围歼的危险，在天亮敌人搜山之前，他们已经走过了几个山头。他们日宿夜行，一直向南，不敢上大路，只是在山里走，整整走了7天之后才上大路。

在山里的第二天杨淑妃与二小王就乘上了轿子。轿夫在山路上也能健步如飞。顾玉杼的差事解除了，可是广王还是要他跟随身旁，要他加入到护卫里。广王喜欢看到他雄伟的身躯，听他那浑厚的嗓音，也许是那时才感到太监的娘娘腔好讨厌。顾玉杼最高兴的是可以有与汪弥莲接近的机会。宋代的男女难得有如此多的接触机会，他们之间本来就一见倾心，感情很快升温是很自然的。那天他们跟随益王和广王的轿子一同走，顾玉杼问汪弥莲："你第一次见到我时，怎么知道我的名字？"

"那不是第一次，第一次是杨镇驸马带了你来见淑妃娘娘，他说了你的名字，说你提了金蝉脱壳计。我在淑妃娘娘轿车内见到你。"

"你不是说在天上见到过的吗？"

"我一普通民女，来到娘娘身边，就像是到了天上。我时时刻刻这么想的，就脱口而出地说出来了。"

"我听了糊里糊涂，我以为你说我们是天上的金童玉女，前生有缘。我整天都飘飘然的。"

"别做美梦，我是娘娘身边的人。"

"我请求娘娘把你赐给我。"

"看你的了。"汪弥莲急忙走开了。

二王离开婺州，上了大道，无法隐瞒行踪，却不意起到了宣传号召作用。沿途人民知道是二王南下抗元，就有士绅平民，甚至是豪杰寇贼加入。声势扩展很快，一些老臣也闻风而来。陆秀夫追及于道，给皇室很大安慰。他还遣人召来苏刘义，苏刘义带来二千士兵。一行人到温州安顿下来。陆秀夫又从陈宜中老家清澳把他请来。

张世杰从临安出走后辗转来到定海。降将石国英派遣都统卞彪来劝降。卞彪曾与张世杰有交情，张世杰以为他是来跟随自己的，很是高兴，杀牛置酒欢迎。酒过三巡，卞彪游说劝降，张世杰大怒，命人割了他舌头，拖出去用石磙碾死了。张世杰听说二王在温州，就从定海带了十万兵来。到闰三月时，二王左右文武大臣都有了，已经成了气候。此时伯颜在临安逼迫宋室投降，安排受降之事，无暇顾及南方。

德祐二年(元至元十三年，1276年)二月初五，恭帝宣布退位，宋亡。

这天早上，临安城北门大开，迎进一队元朝官员，他们由忙古歹、吕文焕和范文虎率领，宋的大理寺卿引他们穿过全城，来到城南，进了皇城北门和宁门，到祥曦殿。一路上吕文焕惴惴不安，不知道怎么面对赵氏皇帝。伯颜派他来，他不得不来，此来比上刀山更难受。到殿前丹墀，他实在忍不住了。

“伯颜丞相为什么要派我来？”

“这是对我们的信任，因为我们熟悉宋王室的事务。”范文虎把自己搭进去，其实吕文焕并不是对他说话。吕文焕自己是降臣，却鄙夷其他宋的降臣，对他们态度冷淡。

“这是要我下油锅，让我得罪赵氏皇帝，逼我死心塌地跟他走。这是强盗打劫，要奴才绑了主人，夺主人钱财给他。”

元朝的官员留在院里，忙古歹、吕文焕和范文虎上殿。他们看见恭帝、太皇太后、全太后率几位大臣站立在主位，大理寺卿延让他们去宾位。

吕文焕抢上一步，对恭帝和二宫俯身下跪，叩头道，“臣吕文焕叩见皇帝、太皇太后、太后。”

范文虎不由自主地也随着跪下。他们按汉人礼节行礼。

众人大为意外。只听太皇太后说：“不必大礼。以前是君臣，现在吾等是你们的阶下囚。”

“想不到世事变幻如此。这是臣最后一拜。”

他们起身站立到宾位。

太皇太后说：“你是吕文焕，你兄长是吕文德，官至京湖制置使，后来被封为卫国公，死后又被追封为和义郡王。你们为朝廷镇守襄阳，理宗皇帝常说起你们，非常倚重。你侄儿吕师夔也被封为权刑部尚书、都督府参赞军事。我赵氏待你们吕家不薄。”

吕文焕说:“时至今日,无话可说。”

太皇太后又指着范文虎说:“你屡次战败,损兵折将,朝廷不究,反而与你加官晋爵,你亦是不念。”

范文虎唯有诺诺。

吕文焕说:“臣等奉命行事,休怪。”

恭宗率领众臣北向站立拜降表。元朝官员站立一旁。中书令读降表,念到“自此退位”,恭宗取下皇冠。两宫太后带着他去后宫,等候安置。

中书令带领元的官员到皇宫各殿查封典册、大印。临安皇城大内分为外朝、内廷、东宫、学士院、宫后苑五个部分。外朝有大庆殿、垂拱殿、后殿(又称延和殿)、端诚殿四组。内朝殿宇众多,皇帝寝殿有福宁殿、勤政殿。另有嘉明殿为皇帝进膳之所。皇后寝殿为华殿、坤宁殿、慈元殿、仁明殿、受厘殿等。宫内还有皇帝与群臣议事的选德殿、举行讲学的崇政殿及藏书阁等。众多的殿要一一查封,实物件件登记,自非一日之功。

皇宫后院的大院中摆放一百多张覆盖黄绫罗的桌子,上面堆放珠宝古玩字画。这是南宋皇室150年的积蓄。南宋虽然偏安江南,富庶繁华不亚于全宋,财物积蓄颇丰,文化积淀深厚。很多财宝来自地方进贡、附属国进贡、朝臣敬献,俱是价值连城。只见一位元朝官员捧着册子念,一位官员核对实物后收进木箱。三位官员在一旁监督。这也很耗费时间精力。

后院内元朝武士押了百多名宫女往外走,要押送到军营去。宫女哭哭啼啼,各处可见宫女跳井,跳湖自杀。

临安府内各级官衙被接管,百官诰命符印图籍被收缴。各处仓库查实钱谷之数。在要道口和各城门张贴了皇榜,告谕临安中外军民,安堵如故,安居乐业,不得聚众闹事。有居民围观议论。

“是得要整治,近来太乱了,有人趁火打劫。官府也不管。”

“等着瞧吧,会管得你喘不过气来的。赵家的手软,你不满意。这些爷们手辣,连偷一个炊饼也要剁手。”

“这署名盖章不是临安府了,是两浙大都督府,管事的是忙古歹、范文虎。”

正月二十四上午时分,方兴和邹沨、刘子俊等人在军营的中军帐中议事。火盆里炭火融融，将军们用吉州窑的瓷碗饮着酒，心中烦躁。他们知道朝廷已经投降，宋朝已经亡了，他们这些吃粮的该怎么办，偏偏此时主帅文天祥去元营谈判，被元军扣押了，弄得他们群龙无首。几个人在讨论应对局面的办法，议论半天也想不出一个办法能好好安排自己的人。

“听着，”邹渢一拍桌子说，“要像蔡茂那样跪着迎接元军进营，自己把旗帜倒了的事，我是死也不干的。”

刘子俊说：“我不死，我带了我的部下跑。”

方兴问：“跑到哪里去？”

“前几天益王、广王由驸马杨镇和国舅杨亮节护送去往南方，我们营去了五百兵保卫，这已经不是秘密了。我就去追他们，我带了兵走，你们不要阻拦。”

“我不阻拦你，自己兄弟怎么会拔刀相见。要走我们一起走。”方兴叹气说，“我们出来勤王，一仗未打就投降，我不甘心。我也是宁可一死，决不投降。但是我死可以，这两万兄弟怎么办？他们是文大人交给我的，我要对文大人负责。偏偏这时候文大人又被元军扣留了，我听谁的？”

邹渢说：“朝廷拜文大人为相，派他去元营谈判，我们都认为拜相可以，但是去元营谈判不可以。文大人却辞相不拜，自己请求去元营谈判。这样聪明的人却这么糊涂，真叫人想不通。这不是，有去无回？”

方兴接着说：“我要把这两万兄弟带走。我先是想去追张枢密，这是个很忠义的人，他带兵去了永嘉。现在你说去追二王也很好，反正是往南方去。兄弟们愿意跟我去的跟我去，不愿意的不勉强。”

邹渢说：“对，不愿意的不勉强。要投降的也可以，那么多大官都投降了，小兵要投降不要责怪，人各有志。我可以带了我的部下走，只不过该怎么走？路上遇到元兵阻拦要不要打一仗？”

“是啊，怎么走？邹将军，你说。”

“我们先各自回营统计哪些人要走，编个队，做好准备，还是晚上出发。”

“你们说呢，各位？”

几位将军都同意了：“行，带足粮草兵器，晚上出发。我们是文大人的部下，决不投降。遇到元兵阻拦就拼死一战。”

此时小校进来报告，元军派人来见。方兴大惊说：“来得好快。”他与众将商议后吩咐摆队迎接。仪仗队从营门排列到中军帐，军容严整，盔甲鲜明，可是来人没有放在眼里，摇摇摆摆就走进来了。

分宾主坐下后，来人中的汉人自己介绍说，一个是元朝镇抚唐古歹，自己是前宋朝官员赵兴祖。他拿出一卷绫子来说："这是太皇太后的手谕，你们先看了。"

方兴注意到，他把太皇太后手谕随随便便递过来，已经没有以前接圣旨的仪式了。他看了以后交给左右看，然后还给赵兴祖："这是让没有投降的州郡投降，让军队投降，改换旗帜，接受改编，是吗？"

"是的，"赵兴祖回答说，"对你们义军，不是改编，而是解散。"

"什么？"邹㵯跳了起来，"要解散我们办不到，我们是大宋的军队。"

方兴压着他坐下："慢慢说，不用急——赵大人，你这样不对。我们是正规的厢军，与其他大宋军队是一样的。"

"我们此来是代表伯颜丞相宣布决定，不是听取意见。元人的决定，我改变不了。"

"赵大人，您可以去说，起兵勤王之时，文大人是枢密副都承使、江西安抚副使兼知赣州，后来又任权兵部侍郎，是有军职的。我们勤王以前就都是军官。到行在后，军队并归枢密院，划为厢军，支付粮饷，完全是正规军，不可以当民间义军对待，不能强行解散。"

"将军所说，在下一概不知。现在说解散就是解散，决定已无改变的可能。"

"我们是文丞相的部下，只听从文丞相的。等我们请示文丞相再说。"

赵兴祖微微一笑，然后严肃地说："文丞相去元营谈判被留住了，什么时候回，能不能回都说不准。"

"那么，请问如何解散法？"方兴感到无可奈何。

"所有营内之人，皆予以遣散。发给遣散费，发给文书，以便路上通行无阻，回乡后凭文书予当地政府安置，分房屋土地，以使安居乐业。"

"这遣散费和安置费，军官与士兵有差别吗？伤残有特殊补贴吗？"

"将军提出的可以考虑。要将你军花名册尽快造好交来，下官会为你们争取优惠待遇。"

"就是此说。"方兴吩咐送客。刘子俊等将军还要争辩，被他压住了。

客人离去后，方兴问众将军感觉如何。他们有的沉默不语，有的愤愤不平。

邹沨压住怒火，埋怨地说："将军不该答应遣散的。你对不起我们兄弟。"

方兴却大笑："你不明白，如此是正好。如果易帜改编，就是投降，那才是我们不愿意的。我们原来打算就是要去南方，现在遣散我们，发给文书，一路通行无阻，一路平安，还发钱为我们送行，有什么不好？"他口气一转，严肃地说，"各位将军听了，现在各位有三条路可以选择。一是去投降蒙古人，一是拿了遣散费回家，一是随我南下追寻二王。各位回营对你们营中的士兵也是如此讲明。各凭志愿。待遣散费一拿到就发下去，大家就分手。愿意南下投奔二王的，可以跟我们走。我们都分开走，安排时间地点会面。不愿意去的，可以发给文书和遣散费，各自回家。就是如此了。"

后来，士兵们听到了这样的传达。三天后他们领到了返乡文书和遣散费，参加了营里举办的告别宴，高歌痛饮后，他们都出了帐门离开营地，踏上南下的道路。兵器都留在营房，那是路上不许带的。军官们为办理交接，迟了两三天才走。现在他们都是平民百姓了。

一个多月以后，文天祥的这支被遣散了的义军绝大部分到达了温州。方兴把他们重新组织起来，向张世杰报到。他们成为正式的厢军，领到粮饷装备。方兴受到张世杰重用。后来文天祥于南剑州开同督府，组织军队时没有能够把他要回，只有刘子俊和赵时赏、邹沨等人带领的赣南和吉州的豪杰志士回到了他的麾下。其中包括李时龙。李时龙和顾玉杼随二王南下，顾玉杼成了广王护卫，而他散漫不羁，尽管作战勇敢，始终是一名士兵，升不上去。

文璧在正月二十日文天祥离开家以后就出了门。他雇了大车出城，车到城外十里不再前行，他只得下车步行。他一副商人打扮，拿一把雨伞，背一个包袱，混在逃难的人群中迤逦前行。由于兵匪横行，一路上不宁静，有的地方被元军占了，得绕路而行，他紧走慢走整整走了半个月，二月初才回到江西吉安的老家。

后来的一段路上，他到赣江边乘船，那船是一些人合租的，其中有逃难的，也有跑生意的。他在永和镇下船，步行回青原富川镇。进镇时，他看到下午的斜阳照着小镇的街道，还是一片祥和宁静。镇上人见文家二老爷回来，都与他打招呼。

文氏祖屋有相当大的院落，大门显得十分轩峻，黑漆大门前有一对石狮把守。文璧拍门，等了好一会才有人来应门。老家人开门见了二老爷问了安，先跑进去禀报。通过层层禀报，等到文璧在堂屋坐下饮茶，里面就传话出来要他进后院见老太太。

文老太太曾氏坐在堂屋正中的圈椅里，虽然年过花甲，白发苍苍，身体仍然硬朗，双眸明亮。文璧进来与她请安，与里面屋里隔着门帘的嫂嫂互相问安。弟弟文璋闻讯也来了。文璋之上本有一兄，早年夭逝，他即成了三老爷。大家坐下说话。文璧报告兄长和他出门半年多来的事情，这些是家书中说过的，又说了他回家途中的见闻。他很快转入正题，说他回家来是要带领家人去南方。尽管家里人以前接到文天祥的信说要家里搬迁，知道文璧回家就是办理此事，还是很不安。曾氏首先表示不愿意走。

“我知道你是专门回来带我们搬家逃难的，既然云孙（文天祥的小名）说了要搬那就搬。不过你们可以走，我不想走。我这把老骨头经不起折腾。死在路上也是死，死在家里也是死，不如安安静静死在家里。”

“您不走，我们也是不能走的。元军残暴，杀人如麻。如果打来这里，这里人性命难保。我们都走，留下您一人，我们怎么能安心。”文璧说着就跪下了，泪流满面。

“你起来吧，”曾氏说，“走吧，那就都走吧，我随你们。太老爷去世二十年以来，家中事情都听老爷的安排。现在老爷说让我们去南方，我们就去吧。这样重大的事情老爷一定是深思熟虑，有道理的，我们应该听从。你回来了就由你安排，该如何走就如何走。”

文夫人在里面房里，听着这对话，根本不插嘴。

文璧说：“兄长说了，我们这是逃难，只带路上要用的，房屋锁好，将来回来要住的。”

“既然这样，你们都走，我留下为你们看守房屋。我真的是离不开老屋。”

“还是性命要紧，我们一起走，将来一起回。兄长说了，我们会回来的。”

“你安排吧，我不管了。”

“是。兄长说朝廷已经投降，元兵即将南下，要我们尽快搬迁。我们一大家数十口人，出行不易，我先筹划车船，三五日内就动身，各房自行收拾好，一起上路。”

文璧与母亲说完话才回自己院落见妻子家人。

次日，文家派人去永和镇张弘毅家送书信。张中剑接过文府送来的信读了，对来人说，此事非小，待与家里人商议后再回复文府，即拿5钱银子打发来人走了。他来后院向老夫人禀报。那日晴朗无风，是难得的好天气，张母在花园赏梅。张中剑一进后院就见到母亲，急忙上前把张弘毅的信呈上，另外叫一个丫头把顾玉纾的信送去。

张母阅信后摇头叹息："搬迁这么容易吗？这房屋，这花园，这梅花树，哪一样能够搬动？你给孙儿回信说，我们不搬。"

张中剑急了："母亲，孙儿信上说得清楚，他在北方看了，元兵所到之处，奸淫烧杀，无恶不作。现在元兵已经打来，他担心家中安全，心急如焚，让我们早早搬迁。"

张母仍然不听："不会有他说的那么严重。果真如他说的那样，就是逃也逃不了的。逃到哪里都是死，如其死在路上，不如死在家里。"

"母亲，"张中剑哀求道，"儿子在外听说的也真的是这么严重可怕。现在是乱世，保全性命要紧。我们可以先搬走，等局势安定了再回来。"

"我打从进了这家门，几十年来就没有离开过。除了去庙里烧香，亲戚走动，我连大门也没有出过。我要守住这房屋。要走你们走。你们都走，我一个人留下。我这么大把年纪，死也死得了。"

张中剑只是叹气："您不走，我们也都不走，要死死在一起。也许是不至于那么严重。今天行帮派人来说，元兵即将打来了，盐丞柳大人的意思是与元兵议和。那么大的城都守不住，我们一个小小的永和镇，兵没有一个，怎么守呀？只得议和。"

"怎么个议和？"

"议和是说得好听，就是投降，开门迎敌。不管怎么说，如果议和成功，也许保得不杀。"

这时，张弘玉从房屋里出来了。她好兴奋地问父亲是不是打算搬迁，什么时候走，要做什么准备。张中剑打断她的问话，说决定留下不走。张弘玉听了好扫兴，说回去告诉她未来的嫂子。不一会她就转来了，说顾玉纾坚决要走，要去文天祥那里找顾玉杼和张弘毅。张中剑听了无法阻拦，即写信送去文府，说只有一个孤女跟随他们走，并且说明顾玉纾与张弘毅的关系。张弘毅在文天祥身旁，文府带上顾玉纾不是很麻烦。

三日后的清晨，富川镇上的人目睹了文府的出行。文璧前一天去家族祠堂拜别祖宗，与族长辞行，镇上的人都知道他们要搬迁，很多人来送别。雇的大车来了，文璧指挥家人上车。临行时，曾氏摸着大门上的门钉说："我们家世代居住的祖屋啊，我从十余岁进这门，一辈子生活在这里。"

她泣涕涟涟，惹得小孩子们都哭了。文璧怕老人家太伤心，让妻子扶她上车。

"母亲不要伤心。我们会回来的，兄长说了我们会回来的。"

"我如果死在外面，你一定要把我送回来。你要答应。"

"是，是，我答应。我们一定会回来的。"

文璧保持镇定，劝大家止住哭，催促大家一一上车。他与邻里告辞后上了车。车夫挥鞭，大车启动的一颠簸却使他猝不及防地失控，眼泪哗地夺眶而出。他大口吸气，想要把眼泪憋回去。同车的人低下头不去看他。

到河下，他们陆续上船，曾氏与文天祥的二妹文淑孙，妻欧阳氏，长子道生，次子佛生，年幼的女儿奉娘、寿娘乘一船。文天祥的妾颜氏、黄氏，带了女儿定娘、柳娘、环娘、监娘乘一船。文璧带了自己一家人乘一船在前引道，文璋带了自己一家人乘一船殿后。而顾玉纾也由张中剑送来了。她上了曾氏老夫人的船后，文家的船就升帆离岸启行了。虽然是逆流而行，但有强劲的北风助力，船很快就离开了永和镇，向南方驶去。他们开始了逃难流浪的生活。

张中剑看着船起航，行出视野后才驱车回家。他因为不能与文家人同行而忐忑不安，好似有横祸即将降临。赶车的是朱庆，他因为手折黑，成了废人，无法重返战场，只能留在家中做勤杂活。

文家走得很及时，过不了几天元军就下到吉安。由于柳瓘曾先期接洽，元军和平进入永和镇，鸡犬不惊，市面安堵如常。但是几天以后，市民就感觉到压力越来越大，没有人身安全，没有自由。元兵挨家挨户搜查，拿走了疑似兵器的铁器；规定十户人家共用一把菜刀；严格实行保甲制、连坐制，弄得人人自危；在街上遇到元兵得在路旁站立行礼，否则要挨打。

张家的灾难很快就降临了，而且是灭门之灾。一天下午，十几个元兵由队长带领着闯入张府。家人还来不及通报，元兵就上了大堂，站立在张中剑面前。面对凶神恶煞般的大兵，张中剑吓得浑身战栗。

不等他开口，元兵队长就说："你这院子很好，我们要住进来。你们快快搬走。"

张中剑只知道连声诺诺："是，是。"

"是什么是。赶快搬走！"

"请大人宽恕三天，我们好搬家。"

"我们明天就来，你给我赶快滚！"

队长带了元兵穿堂入室，四处查看，不时发出满意的赞叹。他来到通往后院的门，见门锁住了，喝令张中剑开门。张中剑拦住门说后面住的是女眷，不方便让他们进去，还承诺今天就将全家搬走，明天就把房屋全部腾给他们。张中剑话犹未了，元兵队长抽刀就把他的头削掉了。张中剑的尸身犹自站立不倒，被队长一脚踢翻。家人们吓得四散逃命，被元兵一个个追上杀死。

元兵踹开院门进入后院，见了妇女先奸后杀。上自七十余岁的老太太和烧火婆婆，下至小姐、几岁的丫头，无一放过。他们又翻箱倒柜，将金银细软捆了大包小包，扬长而去。

邻居见元兵离去，大门敞开，好久没有人敢进去，不知道里面发生了什么事。后来有胆大的流民进去提了些值钱的东西出来，其他人才蜂拥而入。他们不怕满地被杀的死人，只是搜寻财物拿走。衣服被褥被抱走，家具用具被抬走。死人的头面首饰有人敢取走。到最后，一个无赖放火烧房屋。火势很快蔓延开，将贪财的人赶走。

朱庆在街上酒楼和几个朋友饮酒。他在酒楼上看到失火的方向是自己家里，赶快跑了回来。一进街头他就看到果然是自己家出事了。他跑进大门，看到有邻居中的好心人在灭火。他往里走，看到地上横七竖八地躺着的尸体，恐慌地大喊："出了什么事呀？"邻居把元兵来过的事情告诉他。他四处寻找父母的尸体，后来就在后花园的树下找到了，年迈的父母躺在一起。

朱庆上过战场，见过无数死伤的人，面对惨景不至于惊慌失措。他与邻居一起扑灭了大火，然后请人帮助收拾那数十具尸体。男性的被搁置在大堂，女性的被搁置在后院餐室，都一一清洗干净。

一位大嫂清洗小丫头月涵时，发现她眼皮在动，胸口尚有微温，即招呼人把她抬到床上，盖了被子，把她慢慢救活。

邻居们协助朱庆将房屋庭院进行收拾整理。他们简单地布置了灵堂，当晚有许多人自发留下守灵。次日上午请了道士来念经，买了棺木装殓死者。当日就出殡送到张氏祖茔草草下葬。朱庆说等以后公子回来再隆重安葬，大家都不想让这件悲惨的事情拖得很久。

丧事过后，宅院里乱七八糟的事情要慢慢处理。朱庆请出嫁了的姐姐过来帮忙。他姐姐住下来，粗活细活都做，做一日三餐，还护理月涵，直到她伤势痊愈。

十一

文天祥自正月二十被扣押到二月初八，十余天里，每天烦闷不已却无法脱身。伯颜派了唆都元帅来陪他，唆都应他的要求送来杜甫诗集给他阅读，带了文人来陪他聊天饮茶，讲诗的品读、作法。文天祥求生不得，求死不能，只有忍受。他记挂着风雨飘摇的朝廷，不知道每天发生什么事。

这天天气晴好，早膳后唆都来接他，同他上了一辆轿车，也不说去什么地方，文天祥以为是送回临安。唆都与他扯些闲话，窗帘垂下，不知道走的什么路。张弘毅骑马随行，他腰间空空的。很明显，他的剑没有能要回。车行一个时辰停下，文天祥下车一看是到了北新桥。

北新桥是临安北面运河上的一个渡口集镇。这天集镇上停满了轿车和大轿，码头上聚集万余人，而运河里数百艘大小船只、舳舻相连，正在上客上货。元兵排队上船，秩序井然。有的船是载货的，工人们扛着大包从跳板走上船，跑上跑下，有军官监督。

文天祥和张弘毅茫然地站在路边，那唆都一眨眼就不见了。只有两名元兵不离左右跟随着他们。张弘毅告诉他，唆都跑到元军将领那一堆人里去了。文天祥气愤地说他连招呼也不打就溜了。这时路旁茶馆里走出一人来向他招手，他看到是参知政事家铉翁。家铉翁牵他手进到茶馆，围着一张桌坐的有左丞相吴坚、右丞相贾余庆、同知枢密院事谢堂和同签书枢密院事刘岊。寒暄过后，文天祥问为什么大家在这里。原来这些人是祈请使奉降表去元大都的。他这才知道他被扣押以后临安发生的事情。其中最让他伤心的是皇室投降，另外就是宋军的易帜和他的两万余义军的解散。另外一桌有杨应奎、赵若秀为奉表押玺官，叫过来见了。文天祥看祈请使名单上没有自己，也没有吴坚，吴坚说他是来被差来送行的，但是押了自己来是为什么？文天祥很纳闷。

码头上贡品已经上了船，运贡品的三千宋人也上了船，就有元的官员来请祈请使上船。他们出了茶馆，祈请使的秘书、随从三百余人，也跟了过来。一个元将在码头边招呼宋官员上船。

“祈请使的官员上船了。枢密使贾余庆大人，请上第二条船。”

贾余庆走出行列，他和他的随从上了第二条船。

“同签书枢密院事刘岊大人，请上第三条船。同知枢密院事谢堂大人，请上第四条船。签书枢密院事家铉翁大人，请上第五条船。”

这些官员和他们的随从都依次上了船。元将继续喊：“左丞相吴坚大人，请上第六条船。”

吴坚惊愕：“我是不上船的。你们安排祈请使去大都奉降表。我非祈请使成员。”

元将说：“这是伯颜丞相的吩咐。请上船。还有右丞相文天祥大人，也请上船。第七条船，都安排好了。”

文天祥抗议道：“吴坚大人与我是来给祈请使送行的，我们是不去的。吴坚大人是左丞相，我却不是右丞相。右丞相陈宜中失踪了，朝廷封我为右丞相，我坚决辞谢。”

“无须多言，请上船。”

元兵上前推他们两人去码头。文天祥反抗，张弘毅保护着他。文天祥的反抗是真的，他要夺元兵的刀自决。那些蛮横不讲理的元兵，抱住他，限制他的活动，但是不敢伤害他。他的抗议不起作用。在一旁的吴坚劝他说，现在都成了囚徒，听人摆布。吵闹无益，不如去了北方再看是如何。说不定祈请一了就可以放归。

文天祥只得安静下来：“吴大人说得有理。我听您的。我知道这是伯颜的诡计。他怕我们这些坚持不投降的人留在这边造成不安定，就把我们送去北方。去就去，不怕。我要同他们皇帝讲道理，不可以灭我朝。我们国民将抗战到底。”

元兵推推搡搡，吴坚和文天祥无奈被胁持上船。文天祥和张弘毅上船后，跟随他的元兵才离开。顺着他们去的方向，文天祥看到远处唆都在遥遥向他挥手。他没有理睬。

祈请使团出发,有元兵上万人押送,船队绵延数里,沿着运河北上。文天祥在船里心中懊恼,他对张弘毅说,他们就这么被劫持了,朝廷的事情不知道如何处置,家中事情没有安排,他的义兵解散以后不知会怎么样。他真的是不该来元营谈判的。

二月初,应该是回暖了,而严寒依然笼罩大地,运河两岸景物荒凉。灰色的天空下,稀疏的枯草在冻结的黄土地上瑟瑟发抖。船队在河里缓缓前行,船上旗帜低垂,两舷站立武士,夹岸有蒙古骑兵随行护送。

心情寂寥,沿岸景物又无可赏,文天祥在船舱内的床榻上拥衾枯坐。他的简单的行装是被扣留期间予他添置的。祈请使们事先得有通知,带有行装及秘书、随从多人,而他是只带有张弘毅,什么行装都没有。他见到,船只停泊时,祈请使不允许上岸,而随从可以上岸自由活动,遇有集镇,还可以去采购土产小吃。

船队从临安北出发,在京杭大运河里向北而去,沿途经过平江、无锡、五牧,无一不是令人伤心的地方。文天祥与张弘毅对景伤情,感叹唏嘘。他们不甘心就这么被押送去北方,想瞅机会逃跑,可是这几乎不可能。这条船上有 8 名元兵,分班日夜在船头船舷把守。两岸有元的威武骑兵伴随而行。入夜后,船停泊在无人的荒郊,岸上守卫的元兵燃起的篝火彻夜不熄。

文天祥多次暗地里与张弘毅商讨潜逃的方法。张弘毅经过观察后认为只能在夜晚船停泊之时,从船尾下到水里逃跑。因为离岸不远,张弘毅可以把文天祥拖上岸,然后趁夜色掩护逃走。他们尝试实施计划,不料被元兵觉察,加强了对他们的看守。

二月十八中午,船队抵达京口(今镇江)。船缓缓绕城而过。看着经过战火摧毁的凄凉景象,文天祥指点颓垣残壁与张弘毅说:“我们到了京口,这是运河入长江的地方。从此地过长江就到了江北的瓜州。瓜州以北就是两淮地区。二十年前我与宋珍经过此地,此地十万人家,山川秀丽,民富物丰。运河帆樯林立,长江百舸争流,而今颓败如此,真是‘国破山河在,城春草木深’,令人触目惊心。”

船在北固山下停泊。当时是中午时分,天气又好,风平浪静,船应该不停就直接过江,为什么会靠岸停泊?文天祥纳闷,问船上的元兵也问不出所以然，只说是停泊待命。

过了一个时辰，船上上来一位军官。他与元兵说了一阵话就钻进舱来见文天祥。他自我介绍是王千户，来带文丞相上岸歇息。他带了文天祥和张弘毅上岸，向城里街上走去，他带来的两名元兵跟随在后。他们走过大街小巷，来到一所院落。主人已经在门前等候。王千户为双方做了介绍，主人名沈颐，是当地士绅。

大家入室，分宾主落座，王千户坐在当中，张弘毅立于文天祥身后。王千户是河北人，三十余岁，心直口快。他说文天祥是宋丞相，很为伯颜丞相器重，要推举与朝廷的，让沈颐善待文天祥。沈颐五十余岁，厚道和善，纳于言辞，仅是唯唯诺诺。不待文天祥问，王千户就说明来沈颐家用意。

"我们祈请使的船队到这京口，本来是要过江北上的，但是镇守瓜州的阿术元帅不同意。阿术元帅说江淮地区许多州县仍为宋之地盘，淮东制置使李庭芝和淮西制置使夏贵尚未投降，其势力不可小觑。船队从此经过当以安全为上，所以暂留京口，待安排好以后过江。其他几位大人都已经上岸住下了，文大人就来沈相公家暂住。得要打扰您的清静了。"

沈颐连声说不妨，表示欢迎，又说些贵人光临，蓬荜生辉的话。这样文天祥和张弘毅就在沈颐家住下。两元兵守门，王千户常常来查看。文天祥不能出大门，而张弘毅可以自由出入，上街买酒食用品。

文天祥心急如焚，他告诉张弘毅，如果此地不能逃脱，过了江就只有自杀了事。他们苦苦商议出逃的方法。长江两岸为元军控制，要逃只有走水路去扬州。扬州的李庭芝和姜才在坚守，还是宋军的地盘。走水路就要找船。这事由张弘毅去设法，其他事一步步解决。他们想的是若要逃跑，应该与住户房东和守卫的元兵搞好关系，尽量试图收买他们，不行就灌醉他们，再不行就袭击捆绑他们，看哪一方法行得通。一切要抓紧，说不定哪天来人带走就完了。

张弘毅每天出去沽酒买肉，笼络房东和守卫，和他们关系搞得火热。他也借机到江边找船，熟悉去江边的路径。这天他在街上听来好消息，回来告诉文天祥。

太阳偏西，张弘毅行走在商铺林立的街道中，他一手提着两壶酒，一手提着两个荷叶包裹。他从街上走到长江边转了一圈，看到沿岸停泊着大小船只，江水滚滚东流，波光粼粼。他返身走进一条小街，回到沈颐家。他与守门的两个元兵打招呼。

“王哥、李哥，喝一壶。”他递了一壶酒，一个荷叶包给他们，“这是很好的卤牛肉。”

二元兵喜笑颜开：“怎么又要你破费？”

“说什么呀，哥们，你们对我们很照顾的。”

“那是因为文大人好，你也够朋友。”

“好说。我去伺候文大人吃晚饭。”

二元兵进门边的小屋子里喝酒去了，不管守门的事。时间长了，人都会懈怠的。

院子里的一间卧室里放有两张木床，一张桌子。文天祥穿着百姓常服，坐在桌边写诗。他听到门外张弘毅放重脚步，轻轻咳嗽一声，便叫：“进来。”

张弘毅进来，将酒壶与荷叶包放在桌子上：“师相，吃晚饭了。”

他出去拿了碗筷和一支媒子进来，用媒子点燃了油灯，放好碗筷，把菜倒进碗里，筛了酒：“师相，我有话讲。”

“坐下，边吃边讲。”

张弘毅半签着身子坐着，看文天祥饮酒：“我今天在外听说，二王过了婺州，向南去了温州。沿路有人追随，队伍越来越大。陆秀夫大人、苏刘义大人，都闻讯赶去了。后来把张世杰大人也召了去，张世杰大人带兵马去的。”

文天祥大喜：“真的吗？太好了。我要去呀，我们要想法子逃脱，去追二王。二王就是大宋复兴的希望。我们一路上想逃，现在到了京口，这是长江边，过了江就更难以逃脱。今天已经是二十八了，我们在京口住了足足十天，随时都可能被送过江。”

“是的。听说这几天祈请使刘大人、贾大人、家大人都已经先后被押送过了江，只剩下我们与吴大人。我们要逃脱就再不能拖了。”

“怎么办呀？”

“我想了很多。逃跑的方法是偷跑。现在我与这两看守混得很熟了，他们喜欢饮酒，把他们灌醉了，我们就可以走脱。走的路线是水路，因为两岸都被元兵控制了。”

“可以，我们先去扬州，李庭芝和姜才会帮助我们的，然后我们从海上去温州。可是走水路得要有船才行，你找了几天，船找到没有？”

“我明天去想办法。花大价钱雇船应该可以雇得到。”

次日上午，阳光和煦。北固山下的江边停泊着一排船只，有的在卸货，有的在上客人和行李，有的起锚去了江中。船户管福的船也是客船，比较宽大。他的年方二八的女儿管秋芬在船尾，提了江水洗衣裳，洗好了的衣裳晾在横杆上。她看到一个年轻公子远远走来。这是张弘毅。

张弘毅来到江边，来回走动，寻找合适的船。他突然被打了一拳，回头一看，是两个元兵。他紧张地问："干什么？"

"不干什么。看你小子不顺眼，要打你。你小子长得太好了，惹得老子手痒。"

张弘毅不敢作声，想退走，被拖回又打。他被打得鼻子出血，痛苦得大声呻吟叫饶。

管秋芬到船舱里叫父亲："爸爸，你看看，元兵在打人。"

管福父女从船舱里向外看见张弘毅被打。管秋芬说："爸爸，你去救救那个人吧，他要被打死了。"

岸上船上的群众远远地观看元兵打人，敢怒不敢言。

管福从船上下来，向两个元兵请求："别打了，别打了。你们也打够了，打得好累，算了。"

"要你多管闲事，他是你什么人？"两元兵住了手。

"是我儿子，不懂事。"

"他是你儿子？你长得什么样子，他长得什么样子？"

"是我女婿。我们这里把女婿也叫作儿子的。"

"你的女儿在哪里？叫她出来认。"

"女儿在家里，没有来。"

张弘毅这时想起来了，从怀中掏出银子塞与元兵。元兵扬长而去。

管福扶了张弘毅上船："这些狗东西，把人打成这样。到船上来我给你洗一洗。"

他们进到船舱。管福说："秋芬，去打水来，给这公子洗一洗。"

管秋芬不是大户人家的女儿，不会见人躲避。她是船户的女儿，为了生计要在船上帮助父亲搬货物，接待客人，免不了抛头露面的。她立即去取了水来放在舱中，让父亲为张弘毅擦洗。

张弘毅见那女儿，年方二八，皮肤黝黑，双目水灵，穿着打补丁的深色粗绨衣服，显得落落大方，不由得问："这是您的二千金？大千金在家中吗？"

“在下仅此一女。刚才是胡编的话。在下姓管，名福。小女名叫秋芬。来见过公子。”

“小子姓张，名弘毅，字毅甫，江西吉安人士。见过先生、小姐。”

张弘毅起身。管福按他坐下：“不要起来，看打成这样了。”

管福触及张弘毅伤处，张弘毅微微呻吟。管秋芬见状，过来接手为他清洗。就着射入船舱的阳光，张弘毅看到管秋芬有着健康的天然美。管秋芬不觉脸红了。张弘毅赶紧垂下眼睑：“其实没有什么。今天我是有顾忌不敢还手，不然像他们这样来三五个，我一挥手就打倒了。”

“那可不行。蒙古人把人分为四等，蒙古人、色目人、北人和南人。我们是没有归顺的南蛮，是最低等的。蒙古人打死了南蛮就像打死了一条狗。南蛮打死了蒙古人就是千刀万剐的罪。幸亏你有顾忌没有还手。”

“我的顾忌不是为我，我是在保护文丞相。”

“哪位文丞相？”

“大宋的文丞相，以前当过平江知府的。”

“不知道，我们水上人家，不管朝廷的事情。”

“现在他被元军胁持，要押送到北方去。我们这个月初八从临安来，在路上有十天了，一直想逃脱，没有得到机会。现在到了这里，一定要想办法逃，过了江就什么也别想了。我们想今晚逃出来，雇一条船到扬州去，你愿意送我们去吗？一定优厚酬谢。”

“要你优厚酬谢干什么？再优厚也抵不了我一条命。被元兵抓到就是死路一条。”

“是啊，还会连累您的家庭。”

“我哪里还有什么家？”

“这船就是你们的家？你们就父女两人吗？”

“别提了。在下也曾有家，有一大家子人，也有住房，生活还过得去的。去年蒙古兵来了，把两岸的人都杀光，把村庄都烧毁了，说是不让宋军得到支援。那天我们父女两人在船上，侥幸躲过劫难。回家一看，房屋亲人都没有了，剩下我们二人，只有以船为家，父女一同度日子。”

“蒙古兵的罪行罄竹难书。文丞相就是带领我们抗击蒙古兵的。现在度宗皇帝的二位王子去了南方，正在组织军队打回来。文丞相要是逃脱了，就会去辅佐二位王子。大哥，你一定要帮助我们。”

管福看来是受了感动。他从瓦壶里倒茶与张弘毅一同喝。沉吟了一会以后，摇头拒绝："我父女的性命要紧。全家人都死了，只剩下我们相依为命。冒险的事情、要杀头的事情不能干。去不得的，我们不去。"

张弘毅见他说得斩钉截铁，知道说不动他，只有叹息。他打算离开去另找别的船户。

"爹。"管秋芬摇摇父亲的胳膊。

管福不忍违拗女儿，思考了好久，最后说："这样吧。我们可以送，但是不去扬州，只把你们送到真州。这只需要一晚，明天一早我们就回来了，没有人知道的。你们自己从真州去扬州就不难了。"

张弘毅大喜："谢谢大哥。你真是义士。"

"你说吧，该怎么办？"

"我想好了，事不宜迟，我们今晚就走。行不行？"

"行，说走就走。"

"我们今晚戌时到江边。你的船在哪里等我们？"

"这里人多了，往那边，在那甘露寺下面岸边的大树下吧。"

"好的。你把我们送到真州，纹银千两酬谢，绝不食言。"张弘毅望见远远的那棵大树，目标显著，晚上夜色中也容易看到。

"我救了大宋丞相，十分荣耀，不言酬谢，只要丞相予我一纸批帖，证明我的功业足矣。"

管秋芬一旁听了有些激动。管福送张弘毅下船。张弘毅辞别管福，回去报告文天祥，准备出逃。料不到的是，事情起了变化，他们险些走不脱。

张弘毅一拐进沈颐家所在的小巷就见到他家大门口有十来个元兵把守，不由得心里一沉。他要进去，被气势汹汹的元兵拦住。原来看守他们的元兵为他解释了，他才获准进入。那守卫告诉他王千户来了，还带来一个刘百户，说是要带他们过江，这些兵是来押送的。张弘毅知道大事不妙，在心里盘算应付的方法。他还没有进大厅的门，就听得里面人在争吵，文天祥大声抗议说不能走。他进门来见到王千户和那刘百户坐在正中，文天祥和主人沈颐各坐一边。

见他回来，文天祥就说："你回了，王千户来了，这位是刘百户，他们来带我们过江，今天就走。我不想走，他们不答应。"

张弘毅趋前一步说话："回大人，为大人治疗肚痛腹泻的药没有买到。"

文天祥听了一怔，随即醒悟："我腹痛难耐，等着你抓药回。治疗这么普通的病的这么普通的药怎么抓不到？"

"我跑了好几家药店，这家缺这一味，那家缺那一味，就是抓不齐。"

"你怎么不跑几家分别配齐呢？"

"是，下属后来也想到了，只是还有一味草珊瑚没有找到，下午再出去跑一跑。"

"哎呀呀，我的肚子又痛了，得去净手，失陪片刻。"

文天祥出去好一会才回来，还是一副疲惫不堪的样子："千户大人，我今天实在是不能走的。这两天腹泻不止，路上不方便，请宽限两日吧。我一饭三遗矢，沈相公可以证明的。"

沈颐被裹挟了，只得点头连声诺诺。

王千户为难地说："这怎么办？我不好对上面说的。"

张弘毅转圜说："无论如何推迟一天。下属把药配齐煎好，大人今天服药，病有减轻，明日就可上路。"

王千户见文天祥态度坚决，无可奈何地说："也罢，明日一早我来带大人出发。告辞。"

王千户和刘百户起身出门。说来是机缘巧合，临别之时那刘百户对文天祥作揖说："文丞相，在下刘北慎，在京口是管宵禁的。一向仰慕文丞相，得知今日王大人来此，我请求带我来谒见丞相。丞相果然是风采过人，有如我心中的诸葛亮。今日得见，是我有福了。"

文天祥在说些谦虚的话，而一旁的张弘毅听刘百户说自己是管宵禁的，就动心思了。

文天祥说："感谢刘大人谬奖，实在不敢当。如今虽然是丞相，遭受劫持亦是不得自由。哎呀，我阵阵腹痛，又要如厕了，恕不远送。"

沈颐送到院子门外，看到王千户、刘百户带了门外的兵士走了。

走不多远，刘百户与王千户分道而行。这时他身后冒出了张弘毅。

"刘大人请留步。小子张弘毅，文丞相命我来向足下致谢。丞相自己不能来，命我代他请足下上酒楼饮酒。"

刘北慎喜笑颜开地说："谢谢，那就不必了，不敢当的。"

"请一定赏脸。我见足下为人豪爽，很想与你交朋友。我们找地方好好聊聊。"

张弘毅连说带拉，把刘北慎带到附近酒楼，要了一个包间，和他坐下。不一会酒菜上齐，二人边喝边聊，谈得很投缘，真是一见如故。酒酣耳热之际，张弘毅说干饮没有意思，要叫一个唱小曲儿的来。刘北慎拦住他说："别，别。现在喝到这份上也够了。白天饮酒兴致上不来，再加上在下还有贱务在身，不能久陪。这样吧，今晚我请你去眠春楼，那里新近从辽东来了两个小妇，不仅曲儿唱得好，弹得一手好琵琶，而且会劝酒。"

"那敢情好。只不过晚上我服侍文大人用过晚膳，休息了才能出来，那时外面已经天黑，开始宵禁，我去不了。"

"办不到的事情我不会说。你忘了？我这不大不小的官就是专管宵禁的。入夜以后就是天王老子也不许在街上行走，我就可以让你任意行走，你想到哪里就到哪里。"

"倒也是的。我正想问，如果当官的夜间有公务需要出外，有的人夜间有急病需要请医生，可不可以出街。"

"那种情况，我们会给他们一个我们衙门的灯笼，他们提上就可以通行无阻。我晚上派一个小兵提了灯笼来接你去眠春楼，保证无事。我把家务安排好就过来，迟一点到。我们今晚就在那里过夜了。"

张弘毅恨不得向天跪下叩头："你真够哥们。我在家专候。"

张弘毅在回转的路上特地到酒楼订了酒菜。回到住所，他见了文天祥告知一切安排，文天祥听了很兴奋。他出面邀请沈颐共进晚餐，表示告别。张弘毅又专门请了两元兵。傍晚，酒菜送到，在堂屋里摆开酒宴。两元兵关闭院门，大家围坐一席，开怀畅饮。文天祥说多日来打扰主人，以此表示感谢。沈颐说应该是他置酒送行。张弘毅频频与两元兵劝酒，两元兵见到有丰盛的菜肴，无法推杯。到后来，沈颐说不胜酒力，率先退席，去后院歇息去了。两元兵已经喝得是头重脚轻，起身告退时都站立不稳。张弘毅扶他们二人回房。一元兵拿把锁要锁院门，手不听使唤，锁套不上。张弘毅一手把锁取过来套上，却没有关锁，就把元兵推进房里去睡觉。

张弘毅把元兵和衣放倒在床上，扯被子盖了。他见元兵已经睡熟，就带了房门出来。回到自己房里，他给一柄匕首与文天祥，自己拿一柄插入靴筒里。见文天祥惊愕，他说是刚才从元兵身上下下来的。文天祥大喜，也将匕首插进靴筒，又问为什么不拿元兵的佩刀。张弘毅说那样是违禁的，行人不许带刀。

张弘毅见文天祥立即提了包袱要出门,便说现在还不行,得等灯笼送来才能上街。不一会,小兵提着灯笼来了。文天祥和张弘毅悄悄地出了门,把门带上,跟着小兵走。街上夜色笼罩,阒无人迹。一路上他们曾遇到巡夜的一队兵,文天祥和张弘毅都很紧张。那队元兵看到灯笼,果然没有拦阻盘问。

大门被张弘毅带上时发出的吱呀声惊醒了一个元兵。他出房一看大门是掩着的,酒就醒了。他跑到关押文天祥的房里见房内无人,就来推醒另一人,告诉他文天祥不见了。他们 去问沈颐,沈颐也不知道,于是出门去追。这样耽误一些时间,文天祥他们已经走远。元兵不知道文天祥是往哪个方向逃的,也不知道逃走多久了,不得已他们去向王千户报告。王千户知道此事非同小可,立即报与当地元军首领。

半道上张弘毅问小兵:"你知道是要送我们去什么地方吗?"

"不知道,我们老爷只说来接老爷,送老爷到老爷要去的地方。不许我问,还说不许我说。"

"很好,很好。"

到了江边,张弘毅遥遥望见管福的船如约停泊在那大树下,就掏出一点碎银子打发小兵回去:"好了,到了。你回去吧。"

那小兵只有十五岁,不懂什么事情,拿了银子,提了灯笼,高高兴兴地走了。

没有月光,天地漆黑一片,只听得风声萧萧,江涛汩汩。张弘毅搀着文天祥高一脚低一脚向水边走去。船上管福看见,早把跳板搭好,下来扶文天祥上船。船立即起锚离岸。因为怕暴露,船没有扯起篷帆,只靠管福摇橹。

船过了江,向上游行去。不久,他们遇到危险。一艘巡江的兵船自对面驶来,在接近时发现了他们的船。

"前面什么船?干什么的?快快停下。"

"打鱼的。"管福没有停下,他让张弘毅加把桨划。

"晚上打什么鱼?停下接受检查。"

小船加快行进,管福还扯起了帆。兵船掉头来追,速度很快,眼见快追上了,他们很焦急。文天祥紧张地扯出了匕首,打算拼命。忽然天降大风,吹得轻舟如飞,他们心里暗暗欢呼,这下有救了。可是兵船依然紧追不舍。本来他们是很难逃脱的,所幸的是,小船是靠岸行驶,大船追来时触到沙滩搁浅了。元兵的箭如飞蝗射来时，他们的船已经行远。

文天祥丞相逃跑的事情上报与了镇守京口的阿术，元兵在京口全城展开大搜索。后来巡江的兵船来报告，有船只逃去了江北，阿术命令往江北追捕文天祥，并且散布文天祥是元军故意放去做间谍的谣言。

文天祥从京口逃脱的次日，也就是三月初一，到了真州。此地现在是仪征的一个区，仪征是属于扬州市代管的县级市。实际上仪征在宋代的名称就是真州。管福将船划到离真州城尚有五里的地方就不愿意前行，因为元兵可能追来，天亮了，目标明显。文天祥不便勉强，拿了银子酬谢，放他回去。管福不接银子，只要个批帖，证明他救过大宋丞相，如此足矣。文天祥把白天写好的批帖给他，向他道谢辞别，和张弘毅下了船。他们正要放开步子前行，管福和女儿却追上来了。原来管福打算划船回京口，管秋芬却说出她的忧虑。她说现在城里可能正在搜捕宋朝丞相，加上昨夜有兵船追过他们，会知道是这船送文丞相逃走的，所以他们不能回京口，连船也不能要了，不如跟随文大人一起去真州。

文天祥和张弘毅带上管福父女前行，一个时辰以后他们就到了真州城下。这里是元与宋两军对垒之处，遭遇战争劫难，满目荒凉。真州城外不见行人，城门紧闭。张弘毅来到城下向城头的士兵叫关。士兵问他们是什么人，张弘毅报了“宋丞相文天祥”。过了一盏茶时间，城门大开，一位戎装的将军出来了，十分恭敬地请文天祥入城。他自我介绍说，他是真州知州，名苗再成。文天祥见此人四十余岁，虎头燕额，浓眉大眼，说话爽朗，是武将模样，一见面就有好感。苗再成介绍了身后的同知，然后请文天祥一行人一起回知府衙门。

走过大街，文天祥看到的是遭受战火蹂躏的城市、饥饿疲惫的百姓。进到衙门，又见到几位官员，大家重新叙礼入座，文天祥坐了上位，张弘毅和管福父女坐客位，苗再成、同知和几位官员坐主位。坐定献茶后，苗再成不免提出疑问，为什么丞相是孤身前来。文天祥把朝廷已经投降，他出使元营被扣，又被押与祈请使一同北上，至京口逗留十日，昨晚才设法逃脱的经过讲述一遍。他说一个月里在元的占领区，满目异族服饰，来到真州又见到大宋人物真是满心喜悦。

苗再成听了唏嘘不已。他讲了扬州有李庭芝、姜才坚守，元兵多次猛攻真州被击退。他说自从被元兵围困，许久不知道朝廷消息，今天才听丞相说了朝廷投降,令人失望。还说他亲眼看见元兵施暴,不能忍受,即使朝廷投降,他也不投降,宁可玉碎,不可瓦全。真州军民决心抵抗到底。

那位同知和几位官员讲了真州抗敌的情况,军民同仇敌忾,击退元兵多次进攻,时间一长,已经是内无粮草,外无救兵。扬州李庭芝近在咫尺,也没有伸出援手。他们见到文天祥就像见到朝廷来的人,纷纷诉苦。

文天祥问有何长久抵抗之计,苗再成详细讲述了两淮的形势,淮东制置使李庭芝与姜才镇守扬州,淮西制置使夏贵亦有雄兵二十万。他接着说:“两淮兵力,足以复兴。可惜的是李公胆怯,固守扬州不敢稍出。而夏老与李公素有嫌隙,二人不得合作。今得丞相来出面号召,沟通两淮,连兵大举,先驱逐两淮元兵,江南可以传檄而定也。”

文天祥要求他讲得细致一些,苗再成说出战斗方案:“先约夏老以兵出江边,佯为攻建康之状,牵制敌军。淮东此地以通州、泰州之军打扬州东北之湾头;以高邮、淮安、宝应之军打扬州南之扬子桥;以扬州大军向瓜洲;在下与赵刺史孟锦以水军直捣京口。各地同日举兵,元兵不能相救。湾头、扬子桥守军为新归附,不服元兵,王师一至即望风而降。继而合兵三面攻瓜洲,在下则自江面攻击,一鼓可下。然后淮东军入京口,淮西军入金城。浙江的元兵无路可逃,只能缴械投降。”

文天祥听了大为赞同,称赞真州人民抗敌勇气可嘉,苗再成的智谋切实可行。苗再成说自己人微言轻,多次与李庭芝商议没有结果。今得文丞相到来喜出望外,请丞相出面沟通。文天祥说他也正要联络两淮兵力,组织反攻,他可以立即写信与李庭芝联络。苗再成命人取来笔墨纸砚,文天祥文不加点地写好致李庭芝的信,苗再成立即高兴地派人递往扬州去了。

时至中午,文天祥等人早已饥肠辘辘。苗再成命人安排好午膳,请大家入席。文天祥见无什么可吃,连粗粝的米饭也不多,且席上作陪的真州官员见着饭菜眼里冒出了火,也都克制着,省己待客,只是做个举筷子的样子,便知道他们承受着围城的困难,于是也就应付着动了筷子而已。

餐后,苗再成带文天祥巡视真州的防卫。文天祥的肯定和赞许让苗再成很高兴,他非常敬佩文天祥的为人,对文天祥毕恭毕敬。晚上,他亲自送文天祥等人在清边堂住下。文天祥和张弘毅回到自己人这边,且反击敌人的希望已经有实现的曙光呈现,心里舒坦,得以一夜安眠。

次日早上,他们很迟醒来,梳洗过后,坐在室内好久没有人来理会。他们商议怎么办，后来决定去知州衙门看一看。这时候一个自称是王都统的人进来，说苗再成上城楼去了，不能来见他们，让他来带他们去巡视城防。他还说管福父女留下无事，也一起去转转。文天祥和张弘毅听了认为很符合情况，也不生疑心。王都统带他们来到小西门，在城头转了一圈，然后下城，出了城门，来到城外。文天祥看到就只他们几人站在荒郊，王都统牵了一匹马，开始感到诧异。

这时候王都统说："丞相大人，此话不知道该怎么与您讲。昨天把您的信送去扬州，今天一大早就有李公的回信来。信里说，有人在扬州供得丞相不好。"

王都统将李庭芝的回信展示与文天祥看，信里说，据从元营中逃回的朱七二报告，有一丞相被差往真州赚城。让苗再成不可轻信上当。说丞相决无从元营中逃脱之可能。而且淮西夏贵已经于二月二十二投降，丞相故意装不知道，明显是骗人。

王都统说，苗再成读了信半信半疑，不敢违抗，也不敢留，所以派遣他来骗丞相出城，让丞相自己离开。

王都统把信的右半边卷着不给文天祥看。文天祥坚持非看不可，自己把信夺过来展开一看，原来是李庭芝让苗再成杀文天祥。文天祥惊愕之际，王都统夺回信，认镫上马，打马跑进城。城门立即紧闭了。

文天祥和张弘毅茫然不知所措。文天祥拊膺高呼，"天乎，哀哉！"张弘毅冷静地说，"很明显，这是扬州中了敌人的反间之计。"

文天祥要去与苗再成讲清楚，便朝城门走去。张弘毅试图拦阻，说这没有用，讲不清楚的。这时候，城门开了，出来五十余宋兵。他们到文天祥面前，领队的人自我介绍说，一个是张路分，一个是徐路分。苗大人派他们来送还文丞相衣服包袱，问文丞相去哪里，好护送其前去。

张弘毅接过包袱，他见这些宋兵都佩戴长矛短刀，而自己的佩剑被元军收缴去以后，至今还是赤手空拳，不免感到紧张。他便上前紧挨文天祥站立，警惕宋兵的异常举动。

文天祥说他哪里也不去，只要去见苗再成，把话说清楚，苗再成是上了敌人的当。

张路分说："文相公，您想见苗大人是不可能的，他不敢不听扬州李公的话，见了也无益。"他口风一转说，"您在这里受气，不如还是回胡人那里去。我们这些兄弟早就不想待在这里了,这几个月受尽了苦,只想归顺北朝,苦于无人引荐,现在愿意和相公一起去,请相公带上我们。"

文天祥压着怒火,环视那些宋兵问:"你们都是要去投降的吗?"

众人一致回答是。

文天祥怒斥他们:"你们是世世代代在这里生活的吗?三百年来赵家皇帝给你们田地种,给你们房屋住,养活你们,生老死葬,你们不思报恩,胡人一来就要投降,真是无父无君,不仁不义,哪有颜面活在世上!投降,当亡国奴日子好过吗?你们这些软骨头,你们腰间都挂有刀,不能去杀敌人就自杀算了,落得一身清白。"

那些宋兵听了文天祥的骂非但不感到羞愧,反而很激动,抬头挺胸,佩服地望着文天祥。张弘毅见他们没有敌意,也松弛了。管秋芬出生渔民之家,从小到大只是过着柴米油盐的生活,有生以来第一次听到如此大义凛然的话,不由得对文天祥产生了敬仰的感情。

徐路分上前说:"丞相不要动怒。刚才是我们说错话了,苗大人派我们来是护送丞相的。丞相要进真州是不可能了,打算去哪里?"

文天祥平静下来说:"真州进不去就不进去了,我去扬州,直接见李制置使说话,没有讲不清楚的。"

"淮东不可往。李公见了您不由分说就会加害。不如去淮西。"

"淮西夏贵已经投降,我去何益?"

"扬州欲杀丞相,奈何?"

"莫管,听天由命吧。生则生,死则死,决定去扬州。"

张路分说:"苗安抚与丞相准备有船在河下,丞相从江行,归南归北均可。"

文天祥诧异地说:"这是什么话?归北不是说我已经投降北朝了吗?这是苗安抚也在怀疑我哩。"

"实不相瞒,安抚亦是半疑半信。命某等便宜行事。某等见丞相大忠大义,非常敬佩,哪里敢杀害。这包银子是苗安抚送上的盘缠,请丞相收下,自己去扬州吧,某等得守城,不能相送。告辞了。"

文天祥在想,刚才如果说错话后果严重,不免后怕,惊悸未定。而张弘毅已经接过银子,他知道路上是需要用的。文天祥来不及称谢,两位路分就带人回城了。

文天祥望着真州城而进不去,无可奈何地叹口气。他对管福说:“为了送我们,害得你们父女回不了京口。我原来打算把你们安排在真州住下,现在真州进不去了。我不想再拖累你们,想送你们一些银子,你们去投亲靠友,找地方安家。”

张弘毅从刚才张路分给的银子中拿出两锭给管福。管福打算收下,被女儿拦住。

“爸爸,现在这里兵荒马乱,我们没有地方去。不如跟随文大人去。”

管福一想也是如此,就听从女儿的。巳时末,文天祥等人上路,真州至扬州五十里地,路不难行走,而且有管福引路。可是一路上人烟荒芜,以前繁华的扬州路上商铺林立,酒楼饭店宾客盈门的现象看不到了。他们找不到吃的,一整天粒米未进,又饿又累。在路上,张弘毅劝说文天祥改变主意。

“师相,学生想我们去扬州实非善策。”

“此话怎讲。”

“师相与李庭芝素不相识,对其为人并不了解。他抱怀疑甚深,说不定不等开口,钢刀已落。”

“吾死亦不惜。”

“师相此去是想发动两淮起兵。李庭芝一向守城不出。夏贵已经投降。形势变了,连兵大举没有可能。去扬州意义不大,冒死则更不可取。”

“如此,奈何?”

“学生的意思,我们不如改道南下,去追随二王。”

文天祥还是想到扬州看看情况再说。

他们到达扬州时天已经黑了。看着夜色中的城头,文天祥让张弘毅叫城上开门。过了一会,城头上冒出几个人影,喝问城下是什么人。张弘毅回答说:“大宋丞相文天祥到了,快快打开城门。”作为回答,城头上飞来了箭矢。张弘毅赶紧拉了文天祥躲避。四个人都躲避在一个土堆后面。城上不再射箭,如此黑天,也没有兵士开门出来搜查。他们就静静地坐在寒夜里。那一阵箭雨让文天祥清醒了,对扬州不再抱希望。

“好吧,我听你的。我们南下去寻找二王。”

“是啊,”张弘毅说,“我听说二王在温州。我们从这里怎么去呢?我对这里路一点也不熟悉。您知道怎么走吗?”

管福回答说:“我常年跑船,这一带路径都熟悉。按平时年份,是往南方走就可以。但是现在江南江北都是蒙古人占领了,路上很不好走。依我看,我们得绕道先出海,再从海上去温州。”

“怎么出海呢?”

“先到高邮,再去通州即可出海。”

“好吧,先去高邮,”文天祥说,“天一亮我们就动身。”

张弘毅立即反对说:“要走现在就得走,天一亮就有危险。城上的守军看到我们会来抓我们。路上元兵看到我们也会抓。两边的兵都要抓我们。我们不如趁黑夜走还要安全些。”

文天祥沉吟一会后问管福:“你看呢。天黑能够看到路吗?”

“可以走的,”管福回答说,“我们乡里人经常走夜路。”

“那么就走吧。”文天祥站起身,险些摔倒。张弘毅扶住了他。

管福在前面引路,他们四人起步前行。他们一天一夜没吃没喝,年轻人尚可支撑,文天祥已经是疲惫不堪。他脚抬不起,常被地上石头绊倒。大家以为是天黑他看不清楚路,后来发现他是走不动了。他走几步就跌倒,被扶起来以后走几步又跌倒。后来一直是张弘毅架着他行走。这样,大家走得很慢。天蒙蒙亮时,他们离开扬州很远了。白天不宜行走,要暂时躲避。他们找到一个废弃农家房屋休息。这房屋好像是一座祠堂,有一个土围墙围成的院子。管福和张弘毅设法弄来吃的,煮熟了给大家充饥,然后在大堂地上铺了干草,好好睡觉。管秋芬住在一间房内,关好了门。这时已经是三月初四的清晨了。

十二

文天祥在睡梦中冻醒,感到身上水汽潮湿,衣服凉幽幽的。他睁眼一看,院子里稀里哗啦下着雨。他想继续睡,怎么也不能入睡,只能闭目养神。后来他听到远处传来嘈杂的声音,仔细聆听,声音越来越清晰,人的说话声里夹杂有马蹄声,明显的是一支军队由远而近地过来了。他推醒张弘毅,说有支军队过来了。张弘毅立刻腾身跳起。管福也站了起来。管秋芬从房间里出来了,很害怕的样子。

张弘毅冒雨跑到围墙边，从墙头向外张望。他回来报告说，是一小支元军沿着小路过来了，有步兵，有骑兵，好像是路过的。文天祥示意大家安静，找地方躲藏。房屋就在路边，他们听到元军很快地走近了，渐渐地马喷鼻的声音、人说话的声音、戈矛撞击声音都能听到了。他们听到，有的元兵叫喊："雨下大了，路边有栋房屋。大家进去躲雨，等雨小了再走。"有的元兵应和着，大呼小叫就朝房屋跑来了。他们听到有的元兵跑到了围墙边，即将推门进入。文天祥紧张地拔出匕首，准备拼命了。张弘毅手持匕首跑到大门后，准备迎击。

万分危急之时，他们听到一个似乎是军官的人高声大喊："都给我滚回来！敢去躲雨的就砍头。雨再大也要赶路，误了限期都是个死。"

元兵都乖乖地退回去了，没有人敢发一句牢骚。

元军走远后，张弘毅回到大堂来："好险呀。有个元兵已经推开了门，都踏了一只脚进来。再往前一步会看到我在门后，就逼得我出手了。"

大家再也无法睡觉。张弘毅生火烘干了衣服。管福趁这时间出去找了吃的回来。大家吃饱休息好了，见雨已经停了，就出发上路。管秋芬从房间里出来，头发已经绾上去打了髻，脸上抹了黑灰，身上穿的本来就是做活的短装，完全像个小子。大家都说好，这样在路上安全。文天祥临出门回头一看，堂上悬挂的匾额写的是"桂公堂"。

大白天真的是不适合他们行走，走了一个多时辰以后他们就遇到了危险。早春三月，雨过天晴，走在路上，看两旁草长莺飞，本来是很开心的事情。文天祥经过一天休息，已经可以自己行走。他见到大路上路断人稀，感慨战争给人民造成了苦难。这时候他们听到前面传来急促的马蹄声，迎面跑来五个骑兵。他们吓得要找地方躲藏，可是旷野之中没有一处适合藏身。马匹来得很快，跑也跑不脱，他们只有硬着头皮站在路边，等候厄运降临。

张弘毅眼尖，看到骑马奔驰而来的是宋兵，高兴地说："不用怕，来的是自己人。"

文天祥大喜过望，向着跑来的骑兵挥手致意。

那五个骑马的宋军跑到他们面前停下，并不下马，却抽出刀来喝问他们是什么人。张弘毅回答说，他们是宋人，并指着文天祥说，这位是大宋丞相文天祥。看来像是骑兵头目的人哈哈大笑说："你们这些人看来就像土匪，还冒充大宋丞相。碰到我们，你们就是死路一条。你们抢到了多少银子，快快交出来，饶你们不死，不然一个个捆了送到官府去治罪。”张弘毅百般解释也没有用。骑兵用马顶着他们，把他们逼到了路下面。管秋芬躲到她父亲身后。张弘毅站在前面挡住文天祥。在这种情况下张弘毅总是站在前面的。他想了想，自己赤手空拳，没有办法对付凶神恶煞一般挥舞着钢刀的宋兵，只好拿出五十两银子交上。那些兵接了银子才放过他们，打马扬长而去。

他们回到路上，迈步启程。张弘毅说，这些人不是宋军，可能是土匪扮的。管福说，他们真的是宋军。宋军也抢百姓的，常常有这样的事情发生，不足为奇。文天祥听了只是摇头叹息。他说，人不分宋人蒙人，不分南人北人，只分好人坏人。他说起在临安时，张世杰的兵军纪涣散，也入城抢劫商铺。他曾经劝说张世杰整肃军队，张世杰还是一味姑息，说要他的兵打仗卖命，就不能太苦了他们。四人边走边聊，感叹时局艰难。

张弘毅出于安全考虑，说还是应该晚上行路，便提议先找地方休息。他们在路旁找了间废弃的房屋躲避，管福找来吃的，大家凑合着吃了就睡觉。天黑时他们上路，就着明月疏星前行。

文天祥养尊处优，从来没有像这几天这样颠沛流离，吃如此大的苦，还提心吊胆，担心生命不保。走了一整夜以后，他疲惫不堪，常常掉在后面，拖延大家的行进。后来就由张弘毅和管福架着前行。

天蒙蒙亮时，他们还想多走一会，不料却碰到危险。拐过一个弯道，他们突然看到前面路上来了一队元军骑兵，约有数十骑之多，因为弯道处的一片竹林遮挡没有能看到，而一看到就躲避不及。他们回头看见一条直路，后退无处藏身，立即钻进了道旁的竹林里。这片竹林由于无人管理而荒芜，地上堆积了厚厚的枯枝败叶，竹笋杂乱生长使人不容易进入。他们钻到竹林深处。听到元军骑兵吼叫着已经跑近，管福让大家分散躲藏，再跑就会发出声响，晃动竹枝，暴露踪迹。

元军骑兵发现路上有行人，就打马追来。看到那些人躲进竹林，他们下马进到竹林搜索。此时月亮已经隐没，天空微明，茂密的竹林里很黑，伸手不见五指，元兵搜索前进，发出恐吓人的吼叫。他们用枪四处乱刺，用刀到处乱砍。一个元兵来回走过文天祥藏身之处，幸好没有发现他。有个兵踩到管秋芬的手，她忍住疼痛，不敢出声。幸好地上的土疙瘩凹凸不平，又堆积着枯枝败叶，元兵穿的是厚底靴，没有感觉出是踩到了什么。

管秋芬欲站起，被张弘毅按住。张弘毅压低声音问她要干什么。管秋芬说，她要跑出去，引走敌人。张弘毅说，要去，应该由他去。他蹑手蹑脚走了一段路就往竹林外奔跑，自然弄出了声响。竹林里的元兵喊叫着追来。

张弘毅跑出竹林，受到守在外面的元兵的拦截。他躲闪开，往远处跑。由于多日劳累，饥饿疲乏，他无力快跑，很快被元兵赶上。元兵抓住他先打了一顿才问他为什么要跑。他回答说，由于害怕。元兵问他为什么害怕。他仍然回答害怕，像一副吓傻了的样子。元兵问，竹林里还有什么人躲藏。他不正面回答，只是说害怕。元兵又打他，他就倒在地上。

元兵举刀欲砍张弘毅，在刀将劈下的千钧一发时，一条鞭子打到了元兵脸上。挥鞭的是骑在马上的队长。队长骂道："半夜三更就起床赶路，你们却在这里为抓几个小百姓耽误时间。不能按时赶到都得掉脑袋的。快走。"

元兵收刀入鞘，大声叫唤："都出来，快走哇！"

元兵纷纷从竹林中退出，上马离开了。

张弘毅从地上站起来，看到元军骑马奔驰，已经去远了，就呼唤大家出来。文天祥等人从藏身的竹林出来，首先就问张弘毅怎么样了，伤了没有。张弘毅说，虽然挨打很痛，但只是皮肉受伤，倒无大碍。

管秋芬激动地说："我听到你挨打，想跑出来救你，但是身边就有元兵走来走去搜查，害怕得不得了。"

张弘毅说："前几天在京口，我挨打是你们救的。你们很好心。"

因为担心元军回头又来搜索，他们赶紧转移，扶持着文天祥前行。文天祥说："我们又死过一次。真是九死一生。元兵用枪扎到我头顶的地方，再过来一点我就没有命了。"

管福说："这一路碰到的危险真多，全凭上天保佑才得平安无事。文大人是个福星，逢凶化吉，将来要做大事的。"

"元兵踩到了我的手。"管秋芬抬起左手给大家看，"他穿的是大靴子，把我的手都踩肿了。踩得好痛，我差一点叫出来。"

"你的手那么细，元兵可能以为是踩着竹根树枝了，"张弘毅说，"在竹林里面躲得好好地，你为什么要跑？"

管秋芬脸一红，说："我想把元兵引开去哩。"

"把元兵引开应该是我要做的事情，怎么会让你去做，小兄弟？"

"怎么成了小兄弟？"文天祥问。

“您看她现在这样子，不是小兄弟吗？”

“‘暮春三月，江南草长，杂花生树，群莺乱飞。’”文天祥说，“这是南朝丘迟写的《与陈伯之书》里的为人传颂的名句。我们现在走在路上看到的就是这样的美景。这美景在晨光熹微中看来更美，只有早起的人可以欣赏到。你们看，那路旁树上的小鸟啼叫得多么欢乐。”

“我每天都是早起，”张弘毅说，“鸡鸣起舞，是我的习惯。”

“我上朝时寅时起床，卯时待漏。在家闲居时是从不起早的。”

他们行走了一整夜，又遭遇一番危险，都感觉疲劳，现在得休息了。文天祥在竹林里把右脚崴了，疼痛不已，不能落地，全靠管福和张弘毅架着行走。天大亮时，他们在山坳里找了个地方休息。管福看到路旁偏僻处有个土围子，就让大家停下，他先去看看。他跑过去进到土围子里看了，出来招手让大家过去。

这是间废弃的土围子，院子不大，杂草丛生。房屋里空荡荡的，屋瓦零落。地上却收拾得干净，好像经常有人来。他们累极了先坐下休息，目前迫切要解决的问题就是饥饿。

管福正打算去为大家找吃的，院子里进来一个人。因为院门毁弃，那个人直接就进来了，见到有人在里面，感到意外。文天祥他们见来人手提木棍，腰插板斧，有些紧张。而后面又跟着进来了三个人，那些人挑着柴，把柴担撂在地上也过来了。

双方怔住了一会，对方一个人开口问：“你们是什么人？”

张弘毅上前回答：“我们是过路的，走累了，进来休息一会就走的。”

“没事，你们休息吧，”对方说，“我们是打柴的。一大早打了柴要送去城里卖。”

那些人过去坐在柴担上休息。

管福动身往外走，说去买些吃的来。他的话被那些人听到了，那些人说要买吃的需要跑很远。他们已经有人去买米买菜，回头分点就是。他们从屋里拿出锅盘碗筷，动手架锅烧火。后来果然有个人买了米和菜来了。那些人动作熟练地洗菜洗米，先烧好一大锅春笋烧仔鸡加五花肉，盛起来放在一旁，还用那锅焖饭。饭快好了就把菜放在饭上盖好。不久饭好了菜也热了，那些人请文天祥他们过来围在一起蹲在地上吃。文天祥他们说了些客气话，就很随和地一起吃。管福为文天祥找了一个凳子坐下。那些人没有看出管秋芬是个假小子。

买米的那个樵夫说:“今天城里很平和,元兵都被抽出去打仗了。”

大家很惊异，听那个樵夫细讲。“元军押了赵家天子从临安出发去北方,沿着运河排出十里地的船,好几万的元军押送护行。这事情早就被扬州的李大人侦察到了。”

文天祥问:“是李庭芝大人吗?”

那樵夫横了文天祥一眼:“李大人是一方制置使兼治扬州,他的大名是你可以叫的吗?”

文天祥赶紧认错。

“李大人和姜将军听此消息泪流满面。”

文天祥忍不住问:“是姜才将军吗?”

那樵夫怒视文天祥说:“姜将军的大名也是你叫的吗?我如果不看你是个老头子,就让你饱享一顿老拳。”

文天祥又连连认错,埋头吃饭。他经过一两个月的路途折磨,变得又黑又瘦,老了很多,没有了神采,只是个其貌不扬的平凡老人。

“李大人和姜大人就商量解救皇室的事情。他们拿出自己一辈子的积蓄,犒赏将士们,组织了四万人,都是不要命的,就要劫人,解救皇室。前天晚上,元军到了瓜洲,姜将军带着弟兄们就冲过去了。那元军也是有防备的,他们用船押皇上,晚上的时候上岸过夜也有将士围着保卫。他们看见宋军来得多,打不过,就拥了皇室车马撤退。姜将军带人一直追到了蒲子口(今南京市浦口区),这时候,元军守京口的阿术带了十万人哗的一下把他们围住了。那可是围了个水泄不通。阿术喊话,叫姜将军投降。姜将军说,‘只有断头将军,没有降将军’,就身先士卒地冲杀,突围出来,回到扬州。拼了命的劫皇室的行动就那么失败了,真是可惜。李大人、姜将军忠勇无比,令人敬佩。”那樵夫补充说,“守城的元兵调去打仗了,到今天还没有回,所以城里很平和。”

他们边吃边谈。樵夫粗野,吃得很快,如风卷残云。文天祥等人饿了很久,胃口大开,也是狼吞虎咽。众人埋头进餐之时,院子里闯进来几个宋兵。那六个宋兵带有刀矛弓箭,将他们围住,喝问他们是什么人。众人丢了碗筷站起。樵夫说他们是打柴的,在山上打了柴,要送往城里卖。他们四人形状符合,还有柴担为证,宋兵认为没有问题。宋兵们又用怀疑的眼光打量文天祥,问他是干什么的。文天祥端坐不动。管福支支吾吾说不出。张弘毅站上前,口不择言地说:“我们是去买生丝的。”

“胡说,”一名军校断喝一声,“现在是什么季节,买什么生丝?老实说,你们是什么人?”他把刀抽出了鞘。

管福出面圆谎:“长官,现在有的村里还有旧年没有卖完的生丝,可以买得到的。”

“是吗?”那军校仍是满怀狐疑。他收了刀,吩咐宋兵离开。文天祥等人松了口气。

那军校快走到院子大门时,回头一叫:“文丞相。”

文天祥下意识地答应了。他的真实身份终于暴露出来,众人吓得不知所措。张弘毅犹自挺身而出挡在文天祥前面。

只见那军校转身回来,对文天祥纳头便拜:“果然是文大人。您受惊了。小人们受杨知州大人之命,特地前来迎接文大人。”

文天祥示意他起来:“哪位杨大人?”

“通州知州杨师亮,杨大人。”

“啊,原来是他。我们曾多年同朝为官。杨大人可好?”

“杨大人安好。杨大人前日接到谍报,说自文大人京口脱逃后,元军一直在派兵追赶搜捕。杨大人怕文大人有失,派我们四路寻访迎接。不意小人们有幸偶遇大人,也好交差了。刚才见到丞相,小人猜就是的。不过杨大人说丞相英姿勃勃,面如冠玉,现在却又黑又瘦,故小人不敢认。”他看看周围说,“此地不宜久留,请丞相大人即刻与我们回城。”

“哪座城?”

“自然是通州城。这里离城不远了。”

文天祥见有士兵护送去城里,而且还来迎接自己,当然很高兴,立即就要起身,可是他脚崴了,不能行走。那军官见到屋内有一箩筐,就叫樵夫抬了文大人上路。那些樵夫在这一段时间经历了惊讶、惊奇、惊喜,有幸见到了文丞相,他们兴奋不已,很愿意效劳。刚才冲撞了文天祥的樵夫连连赔礼。文天祥却夸奖他是忠义之士。樵夫请文天祥坐进箩筐,拿出扁担绳索,挑了箩筐就出发了。

一来是路上有宋兵护送,不再提心吊胆;二来是不用扶持文天祥,可以自在行走,张弘毅感到好轻松,一路上不觉得话多了起来。

走过山丘旁一个水塘，他指着水中倒影对坐在箩筐中的文天祥说：“师相，您请看，这不就是王勃咏的‘闲云潭影日悠悠’吗？我们在路上奔波，真羡慕云的悠闲。”

看到前面一个岔路口，他问管秋芬：“你猜前面是走哪条路？我认为是走右手边的一条。待会儿你就会看到我是对的。我虽然没有到过这里，我在书上读过。我们读书人要上知天文，下知地理，还要知道如何行军打仗。”

一路上看到什么触动他，他就有话说，而且是不自觉地与管秋芬说，还不自觉地流露出一点炫耀。管秋芬听他谈话，先是有些腼腆避开，后来就很自然地与他靠近了，再后来就有了应答。傻傻的渔家女儿早就对这富家公子产生了爱慕之心。

由于有宋兵导引，他们走得较快，只一个时辰以后就远远望见了通州城。得到先行一步的小兵报告，通州知州杨师亮已经在城门口迎候。文天祥出了箩筐，上了轿子随杨师亮去府衙。张弘毅把樵夫打发走了。到了府衙，文天祥与杨师亮重新见礼，杨师亮请文天祥坐了上位，张弘毅三人坐了侧位，自己告坐以后才敢坐下，他对文丞相非常恭敬。管秋芬大大方方地坐了，也没有人看破她的身份。

杨师亮问了丞相一路上辛苦。文天祥说了颠沛流离的痛苦和出生入死的惊悸，细说真州遭逐、扬州遭拒的沮丧。杨师亮同情他的遭遇，敬佩他一心抗元、誓不投降的精神。他告诉文丞相，他曾经接到李庭芝的通知，说文天祥已经投降，是元军派出的奸细，要他捉拿后立斩无赦。他将信将疑。后来接到谍报说，元军派遣三千骑兵追赶文天祥，这反证文天祥不是奸细。他担心丞相受害，就派出士卒四外迎接。今日安全接到实在是天幸。

二人心迹互明，惺惺相惜。杨师亮即请求文天祥留下主持当地的抗元行动。文天祥辞谢说他是决心要南下追随二王的。杨师亮直率地说，丞相主意已定，不敢强行挽留。如果要走就得早走，因为通州随时会被元军攻打围困。南下陆路已经不通，他将准备船只派人送丞相出海去温州。丞相且安心歇息。

杨师亮即安排文天祥四人食宿，请军中医生治疗文天祥的脚。这是三月二十四，直到闰三月十七他才找到船送文天祥出行。

这年二月二十四，住在大都的元世祖命囊加歹传旨，召伯颜偕宋君臣入朝，囊加歹于三月初五抵达临安。三月初二，伯颜进入临安，俾郎中孟祺籍南宋礼乐祭器、册宝、仪仗、图书。三月初九，伯颜以阿剌罕、董文炳留治行省事，以经略闽、粤；以忙古歹为都督镇浙西；以唆都为宣抚使镇浙东；三月十一日，伯颜带唐兀歹、李庭从临安出发护送宋君臣北上。

那天一大早五鼓时分，右丞相阿塔海带了人进宫，召集恭帝赵㬎、全太后和谢太皇太后宣读元朝皇帝的诏书，催促宋主、母后即日出宫，去大都入觐。隆国夫人黄氏、宫人从行者百余人，福王与芮、沂王乃猷、谢堂而下，官属从行者数千人，三学之士数百人都已经在皇宫外的御街上集合。其中见到有驸马杨镇，他被抓回临安后一直软禁在府邸。几天前从行人员就接到命令做了出行准备。君臣们明白这是150年前金灭北宋，从东京掳徽、钦二宗北去的故事重演。当阿塔海念到诏书中免系颈牵羊礼时，太监就扶了幼帝跪下叩头谢恩。

汪元量待诏这一天任务繁重。他将宫廷乐队召集起来在太庙等候。非常庞大沉重的编钟编磬和大鼓的架子在廊下摆好，分上下两层悬挂在两头装饰有流苏的木架上的编钟熠熠生辉。编磬架子上的温润的玉磬也分有上下两组。三面一人高的牛皮鼓以木贯穿竖立在架子上，气势显赫。顺着三个大架侧面排开的有吹奏乐器笙、笛、箫、排箫、匏笙、竽、篪、埙等，弹拨乐器长琴、筝、瑟、大阮、中阮、三弦、琵琶、月琴等，打击乐器铜钹、铜锣、小锣、九音锣、响环、铃、木鱼、梆等，这些由金、石、土、革、丝、匏、竹、木材料制作的乐器，阵势庞大。二百多位乐师都已经到位，他们头裹介帻，着宽大的绯色袍，腰间勒着帛带，跪坐在垫子上。汪元量检查乐器状态，调准音，又一一检查乐师的仪表。他伤感地与众乐师讲，今天这场演奏非同寻常。这是我大宋王朝最后一场演奏，为王朝送终。以后就散摊子，大家回家抱孩子。三月的清早依然寒冷，大家感到阵阵寒意。

皇室队伍出了紫禁城，沿御街向太庙而去。恭帝的车在前，谢太皇太后的车后面是全皇后的车，再以后是嫔妃宫女的车。这些牛拉的车装饰龙的图案。随行的大臣人员都步行。队伍的前后两侧是元的将军士卒。

到了太庙，众人肃立在外，仅谢太皇太后、全太后携了恭帝由太监宫娥扶持着进了太庙大院。他们到偏殿更换祭服，然后进大殿。乐队开始奏别离曲。

太庙极为高敞，烛光驱不散屋顶的黑暗，霉湿的气息扑鼻而来。从屋梁垂下的布幔形成无数的阴影。阴影之后是供奉祖宗牌位的神台。谢太皇太后、全太后和恭帝立于台前上香祝祷，哀哀哭泣。太庙分为十二室，每一室祭祀一位皇帝神位，依次为太祖室、太宗室、真宗室、仁宗室、英宗室、神宗室、哲宗室、徽宗室、钦宗室、高宗室、孝宗室、光宗室、宁宗室、理宗室、度宗室。他们顺次到每一室拜别。三百年历史一时走过，每一先祖皇帝的事迹一一闪现于眼前。成败兴亡只在一刹那，真令人感慨横生，万念俱灰。

其中最伤心的莫过谢太皇太后。她想到自己十七岁入宫，不久被封为通义郡夫人。理宗宝庆三年，她十九岁，被册立为皇后。理宗驾崩，度宗赵禥即位，尊她为皇太后，这时她五十七岁。仅仅数年，她又经历了丧子之痛，恭帝即位，她被尊为太皇太后。此时小孙子五岁，应众大臣屡请，六十五岁高龄的她随恭宗垂帘听政。国家大事都压在她肩头，她纵然有天大的能耐也是大厦将倾，独木难支。

乐师汪元量亦是诗人，奏着别离曲时，他想起三百年前李后主辞别祖庙的情景，不觉默念李后主的《破阵子》——

四十年来家国，三千里地山河。凤阁龙楼连霄汉，玉树琼枝作烟萝，几曾识干戈？

一旦归为臣虏，沈腰潘鬓消磨。最是仓皇辞庙日，教坊犹奏别离歌，垂泪对宫娥。

他想到自己此刻作为教坊的一员见证这历史时刻，不禁悲从中来。

长期的文明教养使得人减弱了感情的表达能力。汪元量见到谢太皇太后、全皇后等人从庙堂出来只是垂泪抽泣，谢太皇太后上年纪的人，已经是难以自持，而年幼的恭帝显得有些茫然。他们在侧殿换下了祭服，恭帝穿着一袭猩红袍子，出了太庙大门。后来知道，谢太皇太后因为悲伤过度而病倒，这次没有同行，以后还是被送往了大都。

乐师们继续演奏，凄婉的哀乐飘过太庙的院墙，散到云天。汪元量精通音律，多年来供奉于宫廷，排练乐队，他创作的乐曲在北方雅乐里揉进了江南水乡丝竹的柔美，婉转动听，这一天更是带动乐师们尽情发挥，真是声情并茂，大家自己都感动了。这却为他们带来了灾难。汪元量见到从蒙古官兵中出来一位高官横过甬道向乐队走来，蒙古官兵是随宋皇室进来太庙的，他们肃立在院子里。

那高官站在乐队前听演奏，饶有兴趣地观看不同的乐器。他身后跟上两名卫兵。汪元量见宋皇室的人已经出了太庙，一曲终了，就示意停止演奏，大家起身收拾，准备告别回家。

“你是领头的？”那官员问，汪元量后来知道他是右丞相阿塔海。

“下官汪元量，大人有何吩咐？”汪元量放下琴，出队拱手站立。

“你们宫廷乐队一共有多少人？”

“全额三百二十人，今天到场两百八十五人。”

“你立即宣布，让全体乐师带上所有乐器，一件不落，跟随着一起去大都。”

事出意外，汪元量大惊说：“没有说要我们去的。”

“要你们去，你们就得去。”

“大人，您看，这么多乐器要收拾。我们还有乐器在各自的家里，总要有时间准备呀。”

“马上收拾，准备装船出发。”阿塔海转身走了，直接出了太庙。

阿塔海走后不久就有一名元军军官过来，向汪元量交代全体乐队成员什么时候到哪个码头集合，说完就走了。仓促之间，汪元量为乐师们争取到一点时间回家告别。小件的乐器原来就是乐师自己保管的，随身带了。编钟、编磬、大鼓架子原来就是有专车装运的，也不费力地装上了车，一起运去了码头。

汪元量回到家，把行李收拾好出了家门。他不再锁门，头也不回地走了，知道此一去再也回不来。他到了北新门，见到人头攒动，全副武装的元兵围住了码头。皇室成员、后宫嫔妃以及随行官员数千人都上车来到码头登船。虽然行动有条不紊，但是由于人数众多，还是颇费时间。前头元军首领伯颜等人的船已经扬帆驶出了好几里，后面的船尚未启程。汪元量清点一下，乐队成员都来码头集合好了，乐器也不差。他和乐队又等待很久才登船。乐队和乐器占了三十几条船之多，而且还十分拥挤。这些船只都是强行征用的民间客船，连同船夫一起。他看到码头上民众哭哭啼啼地送别皇室，也许他们都念着赵氏皇帝对他们的好，此刻在经历亡国之痛。船沿运河北行的一路上汪元量见到两岸都有民众跪拜哭泣。

几天里，船队行过的两岸曾是繁华之地，现在正是江南三月，草长莺飞时节，汪元量看到草木依旧蓬勃生长，桃红柳绿，莺歌燕舞，而人烟绝迹，常常可以见到白骨如山堆积。他不由得想起杜甫诗句,“国破山河在,城春草木深”,亡国之痛刺伤心头。后来他将赵氏皇室被押解北去的这段经历写成《湖州歌》98首,被后世称作诗史。他和这队宫廷乐师就这样被带往了大都,以后为元朝的宫廷服务。汪元量在大都生活了八年才获准离开。后来他去江南云游,寻找汪弥莲。

杨淑妃带着二位小王在山中躲藏七天以后出了大山顺大道往南行去,行踪不再能保密。二王由一千多人的军队护送去南方的消息传播开来,沿途有宋民迎接,贡献钱粮,安排住宿。他们的生活不像在大山中那么苦。而且还不断有官民加入到行列中,二王的队伍扩大了。陆秀夫和苏刘义二月离开临安,四处漂泊,先后闻讯赶来投靠。苏刘义还带有二千人马。

二王一行辗转来到温州,这浙江沿海城市民阜物饶,成为皇室很好的歇足地。元军忙于北方事物,无暇追击,给了他们喘息之机。陆秀夫招来了陈宜中,他离开临安后一直住在老家清澳。陆秀夫还招来了张世杰。张世杰带来了本部十万人马。现在簇拥二王的已经有了陈宜中、陆秀夫、张世杰、苏刘义一班文武大臣,他们成为继续抵抗元军的中心。

杨淑妃、二王和大臣们各有独立的住处,可以容纳他们的家眷、奴婢、卫士。大臣们按以往上朝的习惯,每天早上集中到杨淑妃的大院议事。三月下旬的一天,朝会散后,大臣们离去,杨淑妃将二王留下,共进午餐。她换了衣服,与二王在书房坐下谈话。

“你们二人年龄尚幼,本应该安居宫内,勤奋学习,却遭此变故,逃离宫室,颠沛流离,还要担负拯救万民、复兴宋室的重任,真的是辛苦你们了。你们应当记住太皇太后之托付,以天下为己任,立志拯救万民于水火,勿忘勿怠。”

二位小王,尚属童稚,受杨淑妃情绪感染,也自严肃。

杨淑妃接着说:“要成就大事,必须有人辅佐。这一班文武大臣你们应该记住。秀王爷是宗亲,深谋远虑,力主你二人南下,不至于坐以待毙。杨国舅是至亲,唯未经世事,尚欠历练。江钲小将,赤胆忠心。陈宜中丞相系先朝老臣,为相多年,乃治国良材。张世杰将军执掌军权,智勇双全。陆秀夫御史道德文章,堪称楷模,我将延请他教授你们功课。那苏刘义将军刚毅勇猛,非等闲之人。其先祖苏轼,字子瞻,号东坡,文章大家,声誉满天下。他们今日来议事,陈丞相提出说,名不正则言不顺,请立益王为大宋天下都元帅,立广王为副元帅,号召天下抗元。大臣们都附和倡议,我亦同意。现在由他等积极筹备,不日即要举行拜帅点将之典礼。”

赵昰胆怯地说:“此事甚好,甚为有理,只不过我连刀也没有拿过,怎么当元帅?”

杨淑妃微笑地安慰他:“这元帅名正言顺是由你当,没有别人可以超越。你是稳坐中军帐,不用你冲锋陷阵的。”

赵昺却初生牛犊不怕虎地说:“我现在有师傅教我武功,我将来可以带兵上阵的。”

杨淑妃大为惊讶地问:“你什么时候请的师傅?是谁帮你请的?为什么不奏与我知道?”

赵昺回答说:“这是昨天与他闲谈时说到的,还来不及禀报。而且他说我年幼,身体尚未发育好,起码到明年才能教授我学习基础功夫。”

“此人是谁?”

“我们在山里面认识的。”赵昺表述能力不足,“他见张德背着我走不动,就背我走。我喜欢他,让他跟我做侍卫。”

“既然是侍卫,今天跟你来了吗?”

“跟我来了,现在门外。”

“宣他进来,我要看看是什么人。”杨淑妃有些紧张。

赵昺说的是顾玉杼。他进得书房来,匍匐在地。

杨淑妃问:“下跪何人?”

“小兵顾玉杼叩见娘娘,祝愿娘娘千岁千千岁。”

“你就是顾玉杼么?”

“小兵正是顾玉杼。”顾玉杼有点莫名其妙。

“出了临安,过了江,就是你献金蝉脱壳之计,让二王得以顺利避开元军追杀的吗?”

“正是小兵。”

“你抬起头来。”

“小兵不敢。”

“恕你无罪,抬起头来。”

顾玉杼抬起头,眼帘低垂。

杨淑妃见顾玉杼少年英俊，不由得赞赏："果然是你。赐你平身。"

顾玉杼站起，低头拱手而立。

"我们车队在婺州遭敌追袭，你也曾来援救。"

"是的。小人随杨驸马去引开敌军，杨驸马被劫走后，我们散开逃跑。我们一路向南，欲追上二位小王。那一日听到山里有喊杀声，我们跑上前一看，发现正是我军受到攻击，于是冲上前去杀退敌人。"

"头一次你献计使得车队脱险，后来又奋勇解围，真的是智勇双全。我待论功行赏。你现居何职？"

"文天祥大人在吉安兴兵勤王，小人投至麾下，随从到平江，曾参加五牧之战。后来随文大人回防行在，被拨来护送二位小王，未立军功，仍然是士兵。现在路途得遇天缘，有幸成为了广王的侍卫，跟随左右。"

"如此甚好。现在特封汝为五品带刀侍卫，随从广王鞍前马后。"

广王赵昺鼓掌欢呼。顾玉杼叩头称谢。

"另外还有赐银千两，即去库房领取。"

"娘娘恩封，小人肝脑涂地，难以报答万一。唯有以后效死保卫广王。至于千两之赐，小人不敢接受。当兵不应该爱财。"

"你说的也是。然而你希望得到什么赏赐呢？"

顾玉杼犹豫片刻后说："小人不敢说。"

"尽管讲来无妨。"

"望娘娘开恩，将娘娘跟前的女侍，名唤汪弥莲的赏赐与小人。"

众人听了顾玉杼的要求感到愕然，室内立刻一片沉寂。

"嘟，大胆！"杨淑妃一声斥责吓得顾玉杼跪下，"我问你，你是怎么认识汪氏女子的？"汪弥莲只是随行的民女，不是宫娥彩女，所以杨淑妃只称其为汪氏女子。

"是在山中七天，小人背负广王行走，汪姑娘服侍益王，以此小人得有机缘说话。"

"你们可有谈及私情？可有许诺？"

"小人不敢。我们语不及乱，只是小人单相思而已。"顾玉杼当然知道不能够把汪弥莲牵连进来。

"男女授受不亲。你们私相交谈，已属不轨。不念你有功，定不轻饶。还不下去！"

顾玉杼吓得汗都出来了，赶快退出书房去了。

这时候，太监来报杨国舅求见。杨淑妃宣他进来，并命人带二王先去用餐。

杨亮节为杨淑妃之弟，获赐座。他一坐下就开门见山地说："今天上午朝会上，众位大人提议晋封益王为天下兵马都元帅，广王为副元帅，散会后我们出去又分派了筹备工作。张大人立即选址筑坛，陆大人准备元帅服饰，陈丞相撰写敕封文告。这些都是应该进行的事情，唯有议论由谁主持封帅授予印符，大家推举了陈丞相，臣认为不妥。想那楚汉相争之时，韩信封将，乃是汉王授予名号印符，说明这是皇上才能做的事情。今由陈丞相代为执行，只恐引得他存非分之想，不得不防。"

"这倒不必担心，他们都是忠心耿耿的。"杨淑妃以秘密的口气说，"我告诉你，陈宜中和张世杰一开始说的不是封益王为大元帅，而是要把他捧上皇位，拥立他为皇帝。我听了大吃一惊，恭帝尚在，这是大逆不道的事情。我与他们争论很久，最后妥协的方法是封他为大元帅。他们说这样才能号召天下人民共同抗元。从这一点看来，他们没有篡位的野心，陈丞相也没有。你尽可放心。"

"这样就好。国事危殆，不堪生乱。"

"这班老臣，坚持不投降，跟随我们，辅佐二位王子，要收复失地，重振大宋，实乃忠义之士，应该受信任。"

杨淑妃起身往外走："来吧，留你共进午餐。二位王子也在此。"

"大臣们有心拥戴益王为皇帝是好事，"杨亮节激动地说，"应该支持他们。益王即位为皇帝，臣就真正是国舅了。娘娘就成为太后。这是你嫡亲之子。"

闰三月上旬的一天，陈宜中等文武大臣簇拥二王来到温州永嘉张世杰军队的军营。他们登上军营的点将台举行仪式，奉益王赵昰为天下兵马都元帅，广王赵昺为副元帅。陈宜中丞相授予印信兵符，陆秀夫宣读文告，号召天下官民抗元。这之后由江钲指挥举行了阅兵，场面壮观，振奋人心。

陆秀夫对张世杰说，应该抓紧修建一座像样的元帅府。张世杰摇头苦笑说不行，温州附近都是元军势力，还有一些宋的州县在酝酿投降。温州立足困难，恐怕不得不转移去福建。陆秀夫听了大骇，仔细一想，不由得佩服张世杰的战略眼光。他刚才还认为点将台过于简陋，现在才知道是张世杰不铺张是有道理的。

次日朝会上，张世杰提出迁徙意见，得到一致赞同。大家立即做好转移准备，派秀王赵与檡为福建招讨使，先去福州打前站。

十三

文天祥在通州住了好多天。他急于南下追寻二王，日夜不安，一直到闰三月十七日，杨师亮才找到出海的船只送他走。因为担心城池有失误，杨师亮只送到城门口，托副将送文天祥在七星港登船。船上的人见文天祥一行是由高官送来，一路上对他们恭敬有加。

管福一到岸边见到那海船不由得对管秋芬咋舌，他这一辈子弄一叶扁舟往来江上打鱼从来没有见过这么大的船。那海船长有七八丈，四根高高的桅杆上悬挂有巨大的篷帆，船旁伸出十支橹。船的后部是三层的舱房，客人们正在陆续进入，估计有百余人。宽阔的前甲板上水手们在忙碌地上货。文天祥他们被引进上等舱房，四人分住两间，舒适宽敞。他们上船不久船就起航了。文天祥在船上隐瞒身份，报了个假名"清江刘洙"。他和张弘毅基本上躲在舱房里，很少出外走动。他读《黄庭经》，写诗，与张弘毅讨论诗歌理论。

到了吃饭时候，饭菜是船家送来，托盘端的，一人一份，他们就在舱房里吃。张弘毅低头扒饭，一双筷子从窗口伸进来，夹着一块鱼放在他碗里。张弘毅抬头一看，窗口外是管秋芬笑吟吟的脸。他想把鱼块退回，又不方便，笑着摇摇头，让管秋芬回舱房去。"野孩子，吃饭还端着碗到处走。像个什么样子。快回舱房去。"他没有说"野丫头"，因为管秋芬还是小子打扮。文天祥看了这一幕只是笑一笑。

因为长江口已经被元军占领，海船得绕道出海，耽误了两三天。这一日文天祥在舱房内，管福到窗口来告诉他，船到海上了。文天祥和张弘毅就来到甲板上观赏海景。文天祥立即被广阔无垠的大海迷住了，他忘记了多年的忧虑和旅途的疲劳惊险，欢呼道："大哉观乎！"他的情绪感染了张弘毅。文天祥指点海洋远处白云下的零星孤岛，说像黛螺般美丽。他说："一个人见了大海就会心胸开阔。”

风和日丽,海不兴波,惠风和畅,人心舒坦。张弘毅感觉到一只结实温暖的小手塞进了他的手心里。他一看是管秋芬在身旁对他扬起笑脸。他也不由自主地握了握她的手,然后急忙放开。“咳,别人看到了。”他记住了从小接受的教育是“男女授受不亲”。

回到舱房里,张弘毅心绪烦乱。文天祥看出来了,问他有什么事情让他不安。

张弘毅嗫嚅说:“师相,您看出没有?那女子与我相处多日,似乎对我有意思。”

文天祥说:“你是说管秋芬吗? 这是好事,我看那女孩很好。”

“可是我在家里已经定亲了。虽然由于战乱影响尚未成婚,但是不会有变化。我就像是有家室的人一样。管秋芬对我示好,我不能够接受。”

“那就疏远她,就像你不懂,没有领会她的情意。或者告诉她你是有妻室的人,不自由了。这事情就过去了。”

“不过,事情没有那么简单。通过这些时候的接触,我也喜欢上她了。说丢也像丢不下,因此才苦恼。”

“真是如此也没有什么大不了的。你可以两个都娶了,一个是妻,一个是妾。我本人也是一妻二妾,育有二子六女。一大家人和睦相处,其乐融融。”

“师相之言我可以考虑。真要如此,家中的那位在先,理应为妻,只好委屈管秋芬为妾,不知道她是否愿意?”

“她一个渔家女,得配你这样的公子,已经是高攀,说什么愿意不愿意。”

“现在还用不着提此事,战乱之中,变化大,还不知道将来如何,且走一步看一步,看将来的发展。”

“这是美事,只等水到渠成。”文天祥叹口气说,“提起我的家人,我好担心。二月底我打发二弟文璧回吉安老家接了全家人逃乱去南方,至今没有消息。我被元人押解去北方,逃了出来,一路躲躲藏藏,自身难保,也无从打听他们的下落,叫我心里好烦忧。”

“是的。我也是托了文二爷把我家里人一起带上,我也是挂念着他们。还有我的未婚妻也与他们在一起。”

经过海上漂泊，四月初一海船到了浙江台州停泊。文天祥四人离舟上岸，一路迤逦步行于初八日到达温州。文天祥受到温州官员热情接待。遗憾的是，他被告知，大元帅府已经迁移去福州。文天祥即写奏章发往福州，报告自己从元军羁押中逃脱，辗转来到温州的经过，并表示投靠大元帅府，参加抗元的决心。陈宜中接到报告后立即派人来温州把酝酿拥立益王为帝之事告知文天祥。文天祥复信表示支持，说这是对北朝的迎头痛击。不要错误认为掳走端祐皇帝就是灭了大宋，大宋皇祚永继。这样我军可以成为天下所望，名正言顺号召全国抗元。

文天祥未曾受召，暂时留在温州。他在此地积极开展抗元的组织活动，也没有闲着。他在州府衙门办公，指导地方官员加强战备，筹集粮食，置办兵器，组织城防训练。这是他任平江知府做过的事情，他在温州感受到比在平江更严重的危机，于是更加殚精竭虑地工作。地方官员看在眼里，对文天祥的忠义和才干钦佩不已。

文天祥记挂着在福州的二王，他不知道他一直记挂的家人也在福州。就在二王离开临安时候，文璧也从临安出走，回到吉安把一家人带了出来，按照文天祥的指示往南方去。文天祥说，要找到去南方的二王，与二王待在一起，他将来会来到二王处会见他们。文璧在路途听说二王到了温州，就带了一大家人来到温州投靠，后来跟随大队来到福州。他是朝廷官员，在丞相那里报到，陈宜中安排了他的职务，却因为文璧职务地位低，没有记住，因此文天祥与他联系上了他也不记得告诉文璧。文天祥在温州，文璧在福州，二人互相记挂却无法互通信息。

顾玉纾跟随文家人出走，她一个弱女子，只知道同行，到了什么地方也不知道。她此时与兄长顾玉杼同在福州，却彼此都不知道。

张弘毅也是记挂着他的家里人和顾玉纾。他满以为他们会同文天祥家里人一起由文璧接着安全离开了吉安，不知道家里已经发生了惨变。他不知道顾玉纾离开了他的家，逃脱一劫，独自随文天祥家人南行，现在在福州。他思念着她，她是第一个让他动情的女子。这感情是真挚的，可是他又喜欢与管秋芬相处。在温州住下来，时间一长，二人接触更多了。宋代男女婚姻是依靠“父母之名，媒妁之言”，年轻人自己不知道什么是爱情，不知道如何建立正确的异性关系，因此张弘毅和管秋芬进入恋爱阶段的时候感觉不知所措。

文天祥他们四人被安置在一个大院里居住。这一日,张弘毅随文天祥外出回来,在院子里打井水洗面,不一会,管秋芬也拿个木盆过来了,打水洗衣服。她恢复了女儿打扮。

“咳,回来了。今天忙什么了?”

“今天与当地的兵爷们训练了一整天,弄得满身汗。现在洗把脸,不洗连饭也吃不了。”

“你还得与他们这里的军人一起训练吗?”

“是的,我是真的上过战场,打过仗的,他们没有,我得教他们真的打仗是怎么样的。”

“看你这么英勇,打得过几个人呀?”

“也就一般吧,三五个元兵不在话下。”

“别吹了,那天不是我爹救下你,你早被打趴了。”

“是啊,我应该感激你爹。”

“是我看见你被打得可怜,叫爹爹去救了你的。”

“啊,我还不知道。真的是应该感激你。谢谢你。”

“谁要你谢。”管秋芬用手撩水洒在张弘毅脸上。

张弘毅本性不喜欢疯疯打打,以前月涵与他嬉皮笑脸他都是制止的。他脸一红,嘟囔一句“别”就转身回房去了,抛下管秋芬好是难堪。他回到房感觉自己行为不妥,接着出来找她说话。管秋芬见到他来,立即把盆里的水泼了,返身回房去。张弘毅在背后轻轻唤她一声,她也似乎没有听到。

德祐二年五月初一(1276年6月14日),在众位大臣的拥戴中,益王赵昰即位于福州,史称为端宗,改年号为景炎。

五月初一是黄道吉日,钦天监没有跟随南来,这良辰吉日是由陆秀夫推算出来并经过大家认可之后决定的。时间非常仓促,登基大典的筹备活动紧急进行。位于濂浦的平山阁改建为行宫。在南郊构筑了天坛。大量服装旗帜卤簿需要赶制。仪仗需要排练。年仅七岁的赵昰多次被带着进行登基仪式的彩排。他特别喜爱那领黄灿灿的小龙袍,期盼早日能穿上。这些活动弄得福州喜气洋洋。百姓知道大宋皇帝要在他们这里登基,无比兴奋骄傲。

那天天不亮赵昰就被叫起床，沐浴穿戴，由太监护持登上车舆来到南郊。赵昺也是如此，他虽然只有五岁，却是一位王爷。天坛前文武百官肃立。广场上各色彩旗在晨曦中显得热烈祥和。赵昰下车来时鼓乐奏起。他上台叩拜。陆秀夫念了表章告祀天地社稷，列祖列宗。赵昰即位，陈丞相率领文武百官及福州士绅耆老拜贺，山呼万岁。

祭祀礼毕，大队人马回城。前面骑兵开道，仪仗队举着旗帜、卤簿、华盖、曲伞、雉扇、信幡、金瓜、响节等，奏起鼓乐，非常热闹。皇帝的车舆走在当中，前后左右有大臣的车骑簇拥。百姓夹道欢迎，山呼万岁。

进入行宫的奉天殿，赵昰戴冠冕，穿龙袍，登上龙椅。陈宜中和百官分立阶下，上表称贺，跪拜，山呼万岁。赵昰正式称帝，改年号为景炎；改福州为福安；尊恭宗为孝恭懿圣皇帝；册封杨淑妃为太后，垂帘听政，辅佐幼帝，赐金册二片，长一尺二寸，阔五寸，厚二分五厘。在珠帘后的杨淑妃辞让，不接受太后封号，称晋升为太妃即可。

端宗封广王赵昺为卫王。五岁的卫王上前拜谢。在护持他的太监代他读谢表时，他眼睛睁得大大地，好奇地看着端宗的龙袍和龙椅。端宗与庶弟关系很好，见了他很高兴，说："你喜欢这龙袍，朕穿小了就给你。这龙椅朕坐一坐让给你。"他已经知道了称自己为"朕"，可是不懂什么话不该说。

他继续任命百官，封陈宜中为左丞相兼枢密使，都督诸路兵马。这就是由他掌握兵权，宋代不乏文官领兵先例。封张世杰为枢密副使，陆秀夫为签书枢密院事，苏刘义为殿前司。杨亮节也受封国舅，晋升为侯。当然这都是事先拟定，太监代为宣读的。

新朝首次早朝至此结束。新朝新气象，大家都充满中兴的信心。下得殿来，张世杰就说："陛下好君王仪表，真是我主。不过陛下说龙椅坐一坐就让给御弟卫王之言说得不好。"

陈宜中打断他的话说："不说这话。陛下今日登基是我等之福，我等应该尽心尽力辅佐。愚以为皇上应该启蒙学习了。陆大人是否愿意担当教授皇上之重任？我将推举陆大人为太傅太保，如何？"

端宗即位，立即诏告天下。新朝廷以复国为重任，积极进行军事部署，派官员到江西、浙江、福建和广东各地招兵买马，竖起反元大旗，一时形势大好。

新朝廷封文天祥为观文殿学士侍读，召他去福安。文天祥欢欣鼓舞，立即动身前往。

也正是在五月初一这一天,恭帝赵㬎和他的母亲全太后被伯颜押送到了元的上都。次日元世祖忽必烈在大安阁接受他的朝拜。那时候元大都尚未建成。忽必烈每年四月到九月都在上都避暑。上都在现在的内蒙古锡林郭勒盟。忽必烈封赵㬎为瀛国公,南宋灭亡,元朝得府三十七、州百二十八、关监二、县七百三十三。忽必烈命伯颜告于天地宗庙,大赦天下。后来赵㬎十八岁时,忽必烈遣送他到吐蕃出家当了喇嘛。他勤奋学习,成了大德高僧。元英宗至治三年,赵㬎去世,享年五十四岁。

五月二十六,福州行朝上早朝。幼帝赵昰登上御座。百官唱舞已毕,陈宜中丞相出班奏道,文天祥到了。珠帘后的杨太后宣他上殿。

文天祥穿着平民衣服,形容黑瘦,上殿来见上面龙椅上坐着年仅 7 岁的儿童,他听陈宜中说了,知道是幼帝,就匍匐在地,泪如泉涌,止不住地抽泣。他听到珠帘后一位妇女问:“下跪何人?”知道是杨太后,就回答:“微臣文天祥叩见皇上。愿皇上万岁,万万岁。愿太后千岁,千千岁。”他见了皇上如见亲人,这一刻想起三个月来为蒙古人羁押所受的屈辱、逃亡路上所受的苦难,精神崩溃,几近失控了。

杨太后好受感动:“卿家平身。不必哭了,有话慢慢道来。你是何日到福安的?”

文天祥用袍袖拭泪:“臣是昨日到的。臣于二月在临安受朝廷派遣,前往北营谈判,不料遭到敌酋无理扣留,后来被强迫随祈请使押送去北方。行到京口臣乘机逃脱。其时临安已经沦陷,不可以返回。臣欲去扬州,协助李庭芝制置使抗元,不料李大人中了敌人的反间计,怀疑臣是敌酋派出的间谍,不予接纳。臣听说陛下在温州团结南方军民,共同抗元,欢欣鼓舞,遂来投奔。其间穿过江淮敌占区,险阻重重,昼伏夜行,九死一生,苦不堪言。上月终于达到温州,而陛下已经移驾于此。臣留在温州候召,又是将近一月。今日拨云见日,又瞻天颜,乃喜不自胜。祈愿陛下万岁,万万岁。太后千岁,千千岁。”

杨太后说:“卿家辛苦了。奴离开临安时,太皇太后曾对我说,我护持二位幼王南巡是文大人建议,一者是为了去南方号召组织继续抗元的力量,一者是为了保持延续赵氏皇祚。太皇太后对你的忠心非常赞叹,夸你是大忠臣。现在幼帝甫掌国事,需要辅佐,有卿追随到来,正是幸事。望卿施展大才，与众位大臣同心戮力，共襄大举，收复失地，奉幼帝还临安，赵氏幸甚，天下幸甚。”她转向陈宜中说，“陈丞相，文大人回到了朝廷，你看安排什么职位，使其效力？”

陈宜中奏道：“臣在早朝前与张枢密、陆谏议讨论了，可以任命文大人为通议大夫、枢密使，都督诸路人马。还因原任李庭芝为右丞相，李大人因为是淮东制置使，镇守扬州，未能前来就任，右丞相一职空缺，臣等举荐文大人充任，请陛下定夺。”

杨太后欢喜地说：“如此甚好。即托陆大夫书写任命诏书，择日颁布。文大人刚到福安，今日赐午宴为他洗尘，烦陈丞相、张枢密、陆谏议作陪。”

文天祥领了御宴回府后不久，张弘毅来报，方兴将军在门外求见，文天祥立即说请。文天祥来到门外迎接，见了方兴很高兴，牵手引进室内，坐下说话。张弘毅也被赐座。

“啊呀，方将军，难得在这南方见面了。那些将军和士卒兄弟怎么样了？”

“末将今日听说丞相到了，真是喜出望外，立即前来拜见，诉说末将离散后的思念之苦。在临安时，末将等听说丞相被派去往北营理论，都认为凶多吉少，丞相不该去。丞相一去果然遭到扣留，不能返回，使得末将们无比担忧。且不说我们空自嗟叹无能为力，不能救丞相，我们自己也随即遭遇了厄运。朝廷投降，军队都得接受改编成为降卒。我们气愤万分，正想反了，打出临安，逃往南方，再图大计，谁知元朝官员来军营宣布，我们勤王义军不在改编之列，应予遣散。给我们发放遣散费和回乡路费，并且给通行文书。我们决定利用这机会离开临安，到南方集合。我们都脱下军装，扮作平民，分开行走。离开临安时我们有二万多军卒，后来到温州时剩有八千人，被编入了张世杰将军营中。现在一同来到福安。”

“好啊，好啊，”文天祥大喜，“我们又可以在一起了。”

“能够跟随丞相是末将心愿，不过恐怕不行。末将已经被派往开发浙东，即日启行。”

“这便如何是好。我也要呈请出兵打回临安，却无一兵一卒，连我以前的兵将都不由我支配。我要去与张枢密商议。”

文天祥与张世杰商议的结果是，方兴仍然得去浙东，只是将以前的赣州军人、吉安军人拨给了他。这样邹渢、刘子俊、赵时赏等将军带了二千人过来了。其中有李时龙和吉安的青年,张弘毅又与他们在一起了。

文天祥安居福安期间将他从德祐二年起兵勤王赴临安,到出使北营遭扣留,京口逃脱,辗转来到福安的这段时间写的诗编成四卷,总名《指南录》。他为之写的《后序》是文学名篇,特抄录如下——

德祐二年正月十九日,予除右丞相,兼枢密使,都督诸路军马。时北兵已迫修门外,战,守,迁皆不及施。缙绅、大夫、士萃于左丞相府,莫知计所出。会使辙交驰,北邀当国者相见,众谓予一行为可以纾祸。国事至此,予不得爱身,意北亦尚可以口舌动也。初,奉使往来,无留北者,予更欲一觇北,归而求救国之策。于是辞相印不拜,翌日,以资政殿学士行。

初至北营,抗词慷慨,上下颇惊动,北亦未敢遽轻吾国。不幸吕师孟构恶于前,贾余庆献谄于后,予羁縻不得还,国事遂不可收拾。予自度不得脱,则直前诟虏帅失信,数吕师孟叔侄为逆,但欲求死,不复顾利害。北虽貌敬,实则愤怒,二贵酋名曰"馆伴",夜则以兵围所寓舍,而予不得归矣。未几,贾余庆等以祈请使诣北,北驱予并往,而不在使者之目。予分当引决,然而隐忍以行,昔人云,将以有为也。

至京口,得间奔真州,即具以北虚实告东西二阃,约以连兵大举。中兴机会,庶几在此。留二日,维扬帅下逐客之令,不得已,变姓名,诡踪迹,草行露宿,日与北骑相出没于长淮间。穷饿无聊,追购又急,天高地迥,号呼靡及。已而得舟,避渚州,出北海,然后渡扬子江,入苏州洋,展转四明、天台,以至于永嘉。

呜呼!予之及于死者,不知其几矣。诋大酋,当死;骂逆贼,当死;与贵酋处二十日,争曲直,屡当死;去京口,挟匕首以备不测,几自刭死;经北舰十余里,为巡船所物色,几从鱼腹死;真州逐之城门外,几彷徨死;如扬州,过瓜洲扬子桥,竟使遇哨,无不死;扬州城下,进退不由,殆例送死;坐桂公塘土围中,骑数千过其门,几落贼手死;贾家庄几为巡徼所陵迫死;夜趋高邮,迷失道,几陷死;质明,避哨竹林中,逻者数十骑,几无所逃死;至高邮,制府檄下,几以捕系死;行城子河,出入乱尸中,舟与哨相后先,几邂逅死;至海陵,如高沙,常恐无辜死;道海安、如皋,凡三百里,北与寇往来其间,无日而非可死;至通州,几以不纳死;

以小舟涉鲸波，出无可奈何，而死固付之度外矣！呜呼，死生昼夜事也。死而死矣，而境界危恶，层见错出，非人世所堪。痛定思痛，痛何如哉！

予在患难中，间以诗记所遭。今存其本，不忍废，道中手自抄录。使北营，留北关外，为一卷；发北关外，历吴门、毗陵，渡瓜洲，复还京口，为一卷；脱京口，趋真州、扬州、高邮、泰州、通州，为一卷；自海道至永嘉、来三山，为一卷。将藏之于家，使来者读之，悲予志焉。

呜呼！予之生也幸，而幸生也何为？所求乎为臣，主辱臣死有余僇；所求乎为子，以父母之遗体行殆而死，有余责。将请罪于君，君不许；请罪于母，母不许。请罪于先人之墓。生无以救国难，死犹为厉鬼以击贼，义也；赖天之灵，宗庙之福，修我戈矛，从王于师，以为前驱，雪九庙之耻，复高祖之业。所谓誓不与贼俱生，所谓鞠躬尽力，死而后已，亦义也。嗟夫！若予者，将无往而不得死所矣。向也使予委骨于草莽，予虽浩然无所愧怍，然微以自文于君亲，君亲其谓予何！诚不自意，返吾衣冠，重见日月，使旦夕得正丘首，复何憾哉！复何憾哉！

是年夏五，改元景炎。庐陵文天祥自序其诗，名曰《指南录》。

十四

文天祥在福安参与行朝策划反元大计。六月里，朝廷改任文天祥为枢密使，同都督诸路军马，命他开同都督府于福建南剑州，经略江西。七月初四日他率军从福安出发，向福建中部偏北的南剑州行去。

南方天气炎热，烈日高照，在旷野行军很辛苦。三千人马在路上拉了很长的距离。大军前段，几面大旗迎风飘扬，分别写有“宋”和“文”。旗帜后面，文天祥骑在马上，不停用袍袖拭汗，依然兴致不减地与他左右的将军谈话，表示对这次出军充满信心。他的情绪鼓舞了将军们。

数十辆装载粮食兵器等辎重的大车行进在中段，还有不少当地的大脚妇女挑着担走在车后。辎重车的前面有三辆车载着将军们的家眷。

中午时分，大军来到一片开阔地停下休息进餐。管福当了伙头兵的头领，他指挥手下供应士卒进餐。管秋芬同一些妇女忙前忙后地服务。

李时龙和同伴们按规定卸下全身装备，堆放在一起后就去吃饭。很快地吃完饭后，他们坐在道旁休息，说说笑笑。这时他听到有人喊他，一看是张弘毅走过来了，他即起身迎上前。

张弘毅亲热地拉了他的手，开门见山地说："知道我们这是去哪里吗？"

李时龙说："知道，出行前文大人讲过，我们这是去南剑州，开同督府，向江西发展。"

"是的，顺利的话，我们很快会打到江西，打回老家。不知道我家里现在怎么样了，自从离开临安，我就没有能够与家里通信息。"

"我也是呀。听说元军已经占领了吉安，但愿我们家里人都好。"

"我是让我家里人同文大人家里人一起迁徙来南方的，不知道他们离家出走没有，也不知道出走的话现在到了什么地方。文大人的家里人没有消息，我的家里人也没有消息。"

"不用急，急也没有用。"

李时龙见到一个美女向他走来。那女子端一碗水，为了平衡不至于洒出水，她上身不动，行走似水上漂。李时龙见那女子朝他微笑，就伸手接水。谁知道那女子把水给了张弘毅。

"喝口水，天热口干。"那女子说话似莺啼燕啭。

张弘毅一口喝干水，把碗递还给她："谢谢，喝下去好舒服。做饭辛苦吗？"

"不辛苦。在家里也是这样做的。"管秋芬说。

"快回去吧，马上要行军了。"

眼睁睁地看着那女子走了，李时龙问这是谁。张弘毅支支吾吾地说是在路上认识的，就离开了。李时龙呆呆地站立着，一直到别人叫他收拾出发。

那天文天祥的大军走了五十里路，傍晚时分停下脚步，安营扎寨。士兵们吃过晚餐后发生了一件事。管秋芬在收拾锅碗瓢盆，用河里打来的水洗涤。夜色朦胧中，一个士兵过来从后面抱住她，又亲又摸。管秋芬惊吓得大喊大叫，她又踢又打，而那个士兵就是不松开。周围的士兵们发出哄笑喊叫。管福发现，丢下手里活跑过来，他愤怒极了，可是就是扯不开那士兵。李时龙不知道从什么地方冒出来，一把扼住那士兵颈项，拖开他。尽管那士兵高大雄壮，李时龙也无所畏惧，一记黑虎掏心把他打倒在地。那士兵自知理亏,也不还手。李时龙还在拳打脚踢时,被人拉开了。管福在一旁安抚女儿。

军营明令禁止喧哗,这道理是很明白的,怕内部奸细乘机作乱,怕敌人乘机偷袭。主帅文天祥那边听到这边闹哄哄,派了张弘毅来了解情况。那士兵已经被拖到头目营帐去了,张弘毅就去营帐把小头目和闹事的士兵一起带回中军帐。

文天祥问明了事件经过。那闹事的士兵对罪行供认不讳,叩头认罪。文天祥即喝令推出去斩首。后来经过将军们说情,罚了他四十军棍,逐出军营。那小头目因为平时对士兵管教不严,也连带有罪,被罚削去军职,戴罪立功。那些跟着起哄的士兵被查明后,一一受到处分。李时龙英雄救美,也领了二十军棍。

事情处理完,文天祥看到管秋芬可怜兮兮地站在那里,一副受到委屈的样子,就安慰她,问她跟随在军中做何事,又怪张弘毅没有善待她。张弘毅说自己有心照顾她,但不敢向师相提出要求。文天祥说管秋芬对他们有恩,又千里迢迢跟随南来,不应该做贱事,让她以后随将军的家眷一起,受同样看待,并让张弘毅现在就领过去。

张弘毅陪管秋芬回她的住地取了她的行李去将军家眷住地。军营里骚乱过后归于安静。晚上凉风习习,从海上吹来,暑热散尽。夜空星月交辉,二人并肩而行,悄声交谈。

"你受惊了。想不到会发生这样的事情。"

"我当时心里想事情,没有注意到有人来,一点防备都没有。"

"想些什么呢?"

"我正在想着你。那个鬼人突然一下子抱住我,我首先的反应就是要喊你救我,差一点就喊出你的名字。"

"可惜我不在你身旁。我会保护你的。"

"我真想总能在你身旁。"

"我也想这样。可惜不行。现在打仗,我们都安排不了我们的生活。另外,我告诉过你,我等于是有家室的人了,没有办法再要你。"他又补充一句,"不管我怎么喜欢你。"

"我只要能够跟着你,当妾也可以,当奴婢也可以。我知道我的地位低,配不上你。"

"不是那个意思。是我遇到你晚了。"

“让我当你的妾，当你的奴婢。”

“那样太对不起你。我不能。”

“我愿意的。”

“哎，我真的是没有办法。即使是要这样，也得等我先成婚，再安排你。”

“可以的，怎样我都无所谓，只要能和你在一起。”

“这只是梦想。我得告诉她，请她同意，她不点头就没有办法。真的对不起。我好为难。”

“你的家里人有消息吗？”

“还没有呢。真是急死人。”

张弘毅把管秋芬送到家眷处，交与带领家眷的官员，说这是他表妹，托那官员好好照顾。那小校见是丞相身边的护卫官亲自托付，满口应承。此后管秋芬同将军太太们一起，观察言谈举止，学得些大家闺秀的风范。

二王南巡是文天祥的提议。他不是简单地让二位王子逃亡避祸，而是在做一个大的抗元复国的战略部署。端宗在福州即位果然鼓舞了南方的军民，抗元形势大有起色。有的州府正犹豫着打算降元，现在又坚定了抗元的决心。有的州府已经投降又投奔过来。有的百姓自觉组织了抗元义军。行朝自身也还有二三十万官员军卒，在此形势下，完全可以有所作为，可惜的是，这样一个众望所归的抗元中心却软弱无力。当朝的是孤儿寡母，杨太后善良谦让，但没有主见，一切信托于臣下。而当权的文武大臣虽然秉有忠义之心，却缺乏雄韬伟略，不足以力挽狂澜，扶大厦于将倾。

可悲的是小小的行朝自身根基不牢，风雨飘摇，危在旦夕，内部还争权夺利，钩心斗角，倾轧排挤。陈宜中见陆秀夫在朝廷议事每每不附和自己，很是碍事，就指使谏官弹劾他，把他贬往潮州。朝廷只有那么几个人，张世杰见不到陆秀夫，好生奇怪，一问陈宜中，说是有谏官弹劾，把他外放了。张世杰大为恼火，指责陈宜中说，现在是什么时候，还动辄以台谏论人？陈宜中慑于张世杰手握兵权，只得将陆秀夫调回朝中。陆秀夫从此自知无权无势，无能为力，便退居一旁，少言寡语。

文天祥到福安迟了，在朝廷无法立足，被派往南剑州开同督府。秀王赵与檡受太皇太后委托护送二王南巡，可以说是托孤之臣，也一样受到排斥，先是在八月被派去攻打婺州，后来在十一月被派去救援瑞安。瑞安城陷落，他被俘不屈，惨遭杀害。

小朝廷缺乏复兴良策，还屡出昏招，将本来就不容乐观的局面弄得支离破碎。其中最严重的是调李庭芝来福州就任右丞相，命文天祥离开南剑州这个福安的屏障之地去守汀州。

德祐二年二月，伯颜围攻临安之时，派平章政事右丞相阿术驻扎京口，以扼制淮南宋军。阿术攻打扬州久攻不下，十月在城外筑长围，意图使扬州粮尽援绝，不攻自破。淮东制置使、知扬州府李庭芝与都统姜才坚守不降。五个月后，扬州粮绝，死者满街，李庭芝号召官员献出家中余粮，掺杂牛皮麦麸与士兵吃。到后来，士兵食战死人的肉，犹苦战。城中房屋大半为炮火烧毁，冬天民众没有御寒之所。扬州军民仍志气不坠。此时南宋实际上已经灭亡，谢太皇太后发来诏谕，劝李庭芝投降。李庭芝在城头拒绝收诏书，大喊道："从来只有奉诏守城，未闻有诏谕降也。"淮西制置使夏贵早已投降，在元朝当了高官。扬州及淮东数州在坚守，以扬州为中流砥柱。

到端宗即位，景炎元年七月发诏书以右丞相职位调李庭芝，以龙神四厢都指挥使、保康军承宣使职务调姜才去福安时，他们苦守扬州已达一年半之久。

李庭芝赴福安前将扬州防务交代与制置副使朱焕。这天晚上他和姜才率领七千将士乘夜色潜出南门。朱焕送行到城门口。李庭芝执了他的手说："不劳远送，回去休息吧。"

朱焕说："大人一路平安。"

李庭芝说："朝廷圣旨召唤，不得不去。此处防务移交与贤弟，辛苦你了。"

"大人栋梁之材，素为朝廷倚重，现以首辅相招，期许甚高。大人一定能振兴颓势，救民于水火。"

"扬州民心可用，望贤弟与民坚守，愚兄一定尽早带兵打回来。"

副将胡惟孝拱手对朱焕说："朱大人辛苦。末将随李大人同行，妻儿老小尚留于此。望大人坚守，保全扬州百姓，还有吾家老小。"

朱焕一再说让他放心："胡大人放心。你我相交多年，情同手足。我一定保护好你的家眷，还有其他各位的家眷。"

李庭芝下令，军队出发。七千人悄无声息前进，只听得脚步的沙沙声。马匹早已被杀了充饥，所有人都是步行。只有姜才因为背疽发作，痛苦难当，浑身无力，是躺在担架上。他们通过了元军的包围圈，向东行去，目的是出海由海上去福安。

送走李庭芝以后，关闭城门，朱焕带着几名副将回府衙。一到府衙，朱焕命关了大门，让副将们坐下说话。他开门见山地说："刚才回来的路上，诸位看到了，满街房屋倒塌，饿殍满地，这样还能够守得住吗？"

见副将们噤若寒蝉，朱焕接着说："现在连抗敌的主心骨都走了，靠我们这几个人行吗？靠你行吗？靠我行吗？靠那满街的饿殍行吗？说呀，你们不说我就说了。我看只有投降一条路。"

见朱焕表态了，众人如释重负地喊出："投降，投降。"

朱焕一拍桌子："我写降书，献城投降。只要元军勿伤吾民。"

李庭芝的军队一夜一天行进一百里，住宿一夜后继续向东走。到下午，他们遥遥望见了泰州城楼。这时后面路上尘土飞扬，旌旗招展，他们见是元军追击来了，就跑步前进。到了泰州城下，他们叫开城门。泰州守城将士立即开门放他们进来，然后闭门，齐上城头守卫。

元军一到城下，立即攻城。城上有泰州宋军和新到来的扬州七千将士共同守卫，打到晚上元军也未能攻下。第二天又经历了一天激烈的攻防战。第三天上午打了半天，元军突然停止攻城，从军中走出一些宋的平民百姓，在后面驱赶他们向前的是朱焕。他们来到城下，哭哭啼啼地叫喊扬州将士的名字。胡惟孝将军听到有人叫唤他的名字，睁大眼睛一瞧，城下是自己心爱的妻子。她瘦弱不堪，蓬头垢面，哀哀哭泣。胡惟孝心痛不已。他一看左右士兵，都是低垂了弓，倒提了刀，惨兮兮的样子。他长叹一声："罢了，罢了。开门投降吧。"

副将孙贵撕下白衣袖摇晃，高喊："开门投降！"

泰州的将士坚守一年多，已经疲惫不堪，听到有将军说投降，立即泄气，不再反抗。城门大开，元军似潮水涌进，烧杀掳掠，无恶不作。城中大乱。

李庭芝连日疲劳，刚从城头退下，在府衙中歇息片刻，闻城中乱声，知道事已不可为。面对拥进来的敌兵，年近花甲的老人无力抵抗，向后花园逃跑。他跳进荷花塘，还没有走入深水就被敌兵捉住。

都统曹安国等人闯入姜才的卧房内，把他从床上拖下来捆了。姜才气愤地问："这是为什么？你们在干什么？"

曹安国说："大人息怒。朱焕那个狗杂种捉了我们妻小来城下逼我们投降。我们只得带大人去换回我们的妻子。”

“呸，你们这些混蛋，”姜才怒骂，“去年胡奴捉了李制置的妻子来扬州城下逼李大人投降。李大人不为所动。你们不是没有看见，不能够学着点吗？”

“大人息怒。我们是小人，比不得李大人。我们卑鄙。”他们尽管对姜才很尊敬，没有粗暴地对待他，但还是无耻地带了他去献给元军。

景炎元年八月十四日下午，李庭芝和姜才被元军带回扬州，在茱萸湾附近，他们从囚笼车上被放下来，捆绑在木柱上。阿术坐在草地上的一张太师椅上审讯他们。他的身后站立着一排将军，其中有宋的降臣，包括原淮西制置使夏贵。朱焕带领的宋的降卒也在场。元兵围绕在四周。附近的农民在远处山坡上观望。

阿术亲自审问李庭芝，问他为什么不肯投降，说早投降了也免得百姓受苦。

朱焕狗仗人势，上前吼道：“李庭芝，你真是不识时务。大元已兴，宋已灭亡。太皇太后下诏书命令你投降，你投降了又不背责任，不负骂名。我们当兵的真希望你听话，可是你却说，‘只有奉诏守城的，没有奉诏投降的。’你死也不降，一直坚守，害得扬州城内饿殍满地，到头来还是守不住，岂不是枉害了百姓？”

李庭芝镇静地回答：“百姓受罪，我有责任。我的责任是没有保护好他们。我是守城的，守城就是保护百姓，只能怪我没有守好城。攻城略地，破坏百姓安定生活的不是我，是鞑虏。”

阿术责问李庭芝：“本帅体谅上天好生之德，不忍心见到城破之日，百姓受到屠戮，发给你诏书，要你献城，你为什么不奉我的诏书，还要烧毁诏书，杀死我的使者？该当何罪？你为什么不投降？”

姜才抢先答道：“不降者，才也。不得怪督帅。要杀要剐，尔对吾来可也。”

阿术笑对姜才说：“你休得逞强。旧年你朝的皇帝、太后被押解北去，途经瓜州，你要拦劫，被吾包围，险些被擒，算你命大逃脱。老夫怜你英勇，你若肯归顺我，我仍然保你做大官。”

“哈哈，胡儿，休得啰嗦。恨我那晚未能一箭射死你。姜某生来只为宋臣，绝不对元称臣。”

朱焕气愤愤地说："此二人不可轻饶。扬州死者满街，都是他们造成的。此时不杀更待何时。"

阿术气也上来了，喝令棒杀二人。

胡兵上前挥起胳膊粗的棍棒就打。李庭芝咬牙忍受。姜才不住口地骂。

此时夏贵走到他前面说："好一位男子汉，我也替你惋惜。你不降也就罢了，为什么要骂？你激怒他们，只会多受罪。"

姜才已经被打成血人。他含口血喷到夏贵脸上："呸，老贼，汝见我岂不愧死邪？"

夏贵用袍袖拭面，悻悻地退走了："打，打，打死他。"

"丞相挺得住吗？"姜才见李庭芝年迈体弱，怕他熬不住。

李庭芝断断续续地说："我早就知道有这一天。感谢将军多年的支持。今天能够与将军死在一起，没有遗憾。"

"才一介武夫，多年来承蒙丞相教诲，心存感激。我将追随丞相于地下。"

"我们……九泉……之下……携手。"

蒙军全部撤走，天已黄昏。扬州的乡民走过来，对二位忠烈跪拜叩头，痛哭流涕。他们解下尸身抬回村里，洗拭洁净，穿上新衣，予以装殓，把他们埋葬在梅花岭。

德祐二年二月至景炎元年七月，扬州抗敌达一年半之久。扬州一失，通州、滁州、高邮守不住，先后降元，淮东地区自此也不属于宋了。文天祥对此十分惋惜："东南兵力，尽在江北。金城汤池，国之根本。高达以荆州降，夏贵以淮西降，李庭芝死，淮东尽失，无复中原之望矣，哀哉！"

千百年来，扬州人民念念不忘英勇抗敌、宁死不屈的李庭芝和姜才，于清代时，还建了双忠祠以祭祀。那地名后来就称为双忠祠巷。20世纪80年代，扬州建琼花路时，连祠带巷一起拆毁，原址在今文昌中路百盛商业大厦。

景炎元年八月，小朝廷任命王积翁为福建提刑、招捕使兼知南剑州，防守福建北部，调文天祥去汀州。这王积翁才干超群，多机变，善言辞，只不过他早就认定宋将亡，元将兴，随时准备投降。十月，朝廷催促文天祥离开南剑州，移驻汀州。文天祥接命令后离开南剑州，十一月到达汀州。

元军占领扬州，据有两淮地区，江北已经安定，为了肃清南宋的残余势力，追击二王，元军分三路入闽：一路由浙江衢州、信州和婺州一带南下福州；另一路从江西瑞金入汀州；再一路从温州入邵武、建宁。

面对大军压境，王积翁完全不做守城的准备。他闻报建宁降元，知道不久元军就会兵临城下，他收拾好准备弃城逃跑。这一日守城士兵来报，元军来了。王积翁登城一看，远处旌旗招展，尘土飞扬，元军漫山遍野似潮水般涌来，他十分恐惧，弃城而逃。在路上，跟随他逃跑的将军说，弃城而逃是要被杀头的。他莞尔一笑说，先逃命要紧。

景炎元年十一月十四日，福安城里，金殿上，杨太后携赵昰临朝，听取陈宜中的政事报告和张世杰的练兵报告。这时门卫来报，知南剑州王积翁在殿门外求见。杨太后即宣他进来。

王积翁上殿来匍匐在地，取下乌纱叩头，口称死罪。

杨太后发问："王卿家，未曾宣你，为何返朝？"

王积翁又是叩头："微臣死罪。南剑州已经丢了。"

张世杰大惊问："你待怎讲？"

王积翁泪流满面地说："蒙圣上信托，微臣去守卫南剑州。自接任以来，夙夜在公，加固城池，厉兵秣马，整治得南剑州固若金汤。然而地面不宁，盗贼横行，骚扰百姓。常有土匪与敌寇勾结，报信引路，实为心腹大患。土匪不平，无以全力以赴抗敌。前日微臣接报一股土匪，数千人之多，在洗劫东镇，于是紧急带兵出城去剿灭之。想不到元军乘城内空虚，出奇兵袭击占领。臣丢失领地，有违重托，甘愿领罪。"

张世杰怒道："南剑州是福安屏障。南剑州一失，福安无法守住，朝廷危矣。当初交付于你，何等叮嘱？而今你轻易丢失，罪不可恕。请太后降旨，推出正法。"

陆秀夫急忙拦道："不可，不可。王积翁丢失南剑州，其罪不轻，然亦情有可原。他非弃城逃跑，而是败逃。面对强大敌寇，如果败者即斩，恐怕无人敢于领兵。战败不能归，不如投降可以保命，是为渊驱鱼也。请太后原谅，恕其死罪，准予戴罪立功。"

陈宜中出面调和道："启禀太后，王积翁丢失南剑州，固然罪不可恕，亦应原谅他系度宗朝老臣。他逃跑归来，未曾投降，就是忠臣。强敌当前，杀他一人，恐怕众人寒心。此事宜慎重。现在不如让他先下去休息，听候朝廷商议处置。”

杨太后准奏。王积翁就退下了。他带来的坏消息使得小朝廷陷入一片恐慌。在众人六神无主之时，张世杰出班奏道，“启禀太后，王积翁轻易丢失南剑州，使得局势危急。这福建路之形势是北高南低，北部中部一带丘陵形成天然屏障。臣闻此地老兵言，‘铜剑州，铁邵武，福安是纸糊。’邵武、剑州一失，福安守不住。朝廷无法在此驻留。请太后早做安排。”

杨太后感到茫然：“能够做什么安排？”

“及早撤离此地。据王积翁道，元军已经占领剑州。骑兵一日一夜即可到达福安城下。若为其包围，脱身难矣。”

“依你之见，是越早动身越好，今日就启程么？”

“是。今日可以收拾准备，明日启程。”

小皇帝急了：“什么？又要搬迁？我在此地刚住得习惯了，我不想离开。”

“也是的，”杨太后说，“我们来这里住了半年，策划反元，一切事情才刚开始，一搬迁什么事情都作废了，什么事情又得从头来。就不能在此地组织兵力固守吗？”

“丞相意见如何？”张世杰寻求陈宜中支持。

陈宜中道：“枢密大人所言极是。我们从临安出来，一路行至海边，非为逃亡，乃是为集中闽广南方力量，抗击元军。皇帝在福安登基，号召天下，曙光呈现。然而，敌寇狼子野心，不会容我朝安稳立足。频发大军，跟踪追杀，必欲灭之，方才安心。本月初，蒙古军攻瑞安，秀王爷率军去救援，兵败被俘，不屈而死，臣等心痛，至今犹然。敌人军势强大，未可抵敌。目前之计，只宜转移，暂避锋芒。”

一言九鼎的两位文武大臣均言避让，其他臣子或点头称是，或摇头叹息。杨太后胆战心惊地问：“何时撤？撤往何处？怎样才安全？”

张世杰道：“臣探知的是，元军分三路进入闽：一路由浙江衢州、信州和婺州南下；另一路由阿剌罕统兵从江西瑞金入汀州；再一路由撒生蛮、帖木儿和张弘范领兵从温州入闽，此一路已经攻陷邵武、建宁，还有南剑州，危及福安。如今北方已经被三面包围，陆上无处可走，只有下海，从海路去泉州。”

众臣听了张世杰所叙形势及分析，佩服他全面掌握敌情，竟然不能置一喙。

杨太后问:“走海路,有足够的船只搭载我们这二三十万人吗?”

“有的,”张世杰胸有成竹地说,“从温州带来的船只六百余艘悉数保养得很好。都统刘师勇每日在操练水军。出海的安全不用担心。”

杨太后继续问道:“什么时候动身呢,旬日以后吗?”

陈宜中迫不及待地说:“回太后话,微臣担忧,我们还没有收拾好行装,就被敌军包围了,无法逃生。”

“三日如何?”

“适才张枢密讲了,敌寇铁骑从南剑州出发,一日一夜即可抵达城下。我们是今日立即启程的好。”

杨太后瞠目结舌,说不出话。张世杰为缓和紧张的空气,镇静地说:“也不至于那么慌忙。明天出发就可以。”

陈宜中不无担忧地问:“枢密大人远遣斥候了吗?”

“这不用问。打仗行军,探马都被派出五十里外了。有风吹草动,立刻会有人报来。”

“那好吧,”陈宜中说,“臣请太后下旨,明日移跸海上。”

景炎元年十一月十五日,端宗乘舟离开福安。这天下午福安百姓目睹了行朝的离去。闽江岸边拥来无数车骑,二三十万人马有条不紊地登上停靠在码头的数百艘海船。人们看到皇室的车驾来了,身着黄灿灿的龙袍的小皇帝由太监搀扶着走过高高的跳板上了船。他们看到小皇帝与登上另一艘船的太后挥手。他们看到马上船,车上船,发出惊叹,认为今天大开眼界,值得了。他们一直看到数百艘船扬起风帆,顺江而下。等到江面上空旷了的时候,皇室离去了,二三十万人离去了,福安百姓感到心里也空了,不禁阵阵恐慌。

王积翁站立在码头上为行朝送别。他身着新的官服,得意扬扬地对部属说:“你们担心我弃城而逃会犯死罪,我不是活得好好地吗?陈宜中还升了我的官,加封我为宝章阁学士,命我任福建制置使,全福建都在我的掌握中,真是官运亨通。”

一个部属说:“封了官有什么用?陈丞相没有带你走,你不是朝廷的人。”

“是啊,我怎么没有想到这一点?都是一纸空文呀。”王积翁恶狠狠地说,“说我是弃城而逃,他们这才是弃城而逃。留我两手空空地守这空城,叫我怎么守？各位听了，写下降表，等元军一来我们就献城投降。”

十一月二十三日元军兵临福安，王积翁与知福安府王刚中出降，元军占领福安。

十五

七月十三日文天祥到达南剑州。他建立同督府，广发朝廷诏书，招兵买马，广纳贤士，聚兵集财。汀州百姓踊跃参军，士绅献金献粮。他派人去赣南粤北召集旧部，很快又有了将士一万余人，成了气候。他开始东征西讨，抗击元军，打击地方土匪，形成很大影响。这年十月，朝廷命文天祥移军汀州，由王积翁接替他镇守南剑州。

文天祥于十一月到达汀州，即派人去福安禀报朝廷。那小校回来回复文天祥说：“报告丞相，末将赍文去到福安，半途上发现已经是元军势力范围。我向路人一打听，才知道朝廷已经离开福安，从海上走了。”

“那么南剑州呢？”文天祥着急地问。

“末将打听得的情况是，只在前几日，王积翁大人见元军南下，势不可挡，便弃城逃跑。他十四日回到福安，向朝廷报告，引起朝廷文武大臣恐慌，遂于次日全部登舟出海而去，不知所向。”

文天祥大为震惊：“啊，我知道南剑州会丢的。我们离开南剑州时将防务交与王积翁，我就知道他不可靠。如果是我在南剑州，与元军好歹有一拼，不会让朝廷在福安坐不住。”停了一会后他问自己，“朝廷会去向何方？”

文天祥自言自语：“往北方去是不可能的，他们是从温州迁移来的。只有往南方，去泉州，或是厦门。一定要千方百计找到朝廷，我们才有依靠。”

小校的禀报让文天祥心凉半截。他自建立同督府以来，军饷粮草概由自筹，没有依靠朝廷。他事事禀报朝廷，领受朝廷指谕命令，可是现在朝廷流亡海上，与他断了联系，他连心理上的支撑也失去了。此后他只是凭内心一股正气，继续孤军奋战。

文天祥在汀州时，文璧与他联系上了。文璧从朝廷的邸报中了解到文天祥在汀州，就派人与他联系。文天祥立即回信，商量让文璧把家眷送来。

文璧镇守惠州，不能离开，托文璋送去。文璋于十二月带了母亲曾氏、文天祥的妻妾子女还有顾玉纾从惠州出发了。

景炎二年元月，文天祥在汀州已经住了两个月。对于他的到来，知汀州府黄去疾并不高兴，一直对他不冷不热。这一日，黄去疾在衙门与右军参赞吴浚谈话。

吴浚道："大人可知道元军将领阿拉汗率领数千骑兵向汀州来了，离城仅三十里？"

黄去疾回道："知道，正在派人监视。"

"怎么办呢？"

"今天上午同文丞相讨论布置联防。他守北门东门，我们守南门西门。"

"守得住吗？"

"我们早已做了准备。城外的乡民都搬迁到城里来了。粮食也准备充足了，天天在练兵，你这右军参赞是知道的。"

"我们可以守，文丞相的军队可靠吗？"

"我看是可以的。"

"大人对文丞相有什么看法？"

"他办事认真，就是有些气势逼人。"

"怎么讲呢？"

"他来了，我不能拒绝，是朝廷的旨意。可是他把我的子民招去了，当了他的兵。把我的财源截断了，充做他的军饷。这是我不高兴的。"

"还有，他极不安分，派兵东征西讨，收复失地，剿灭土匪，闹得声势极大，引得元军冲我们来了。"

"元军来不是因为有文天祥在此地，他们本来就是打下邵武、剑州、福安以后席卷而来。"

"没有他招惹，元军不会来得这么快。现在元军来了，靠他那些乌合之众是抵挡不住的。我们的军队更不必说了。邵武、南剑州没有守得住，我们区区的汀州也难。建宁投降，开门迎接元军倒是免了杀戮，救了百姓。"

"你的意思是？"

"为黎民苍生着想，不如仿效建宁。"

"你既然说了，我也不妨明言。我也有此意。只是现在碍着一个文天祥在这里。"

“我们可以劝他一起投降。”

“你不了解此人,那是绝对办不到的。”

“我们何不借商量防务把他诱来,然后抓住他?”

“那不可行。他的部下知道了打将过来,这小小的汀州就完蛋了。”

“这样吧,我们可以与元军联系好,里应外合。让他们来攻城时攻西门,我们把城门打开,放他们进来,一起去打文天祥。”

“就是如此了。你现在写封书信,说明我们愿意归顺,只求保护百姓。约定明日攻城,讲清楚如何里应外合。然后我派人连夜送去元军军营。你来写,你的书法好。”

文天祥的同督府设在一个富户人家的大院里,他和几位部将都住在一起。这晚他巡城回来吃饭了刚准备休息,门卫来报有人求见。来人着平民衣装,进门对文天祥叩头后立起说:“大人认识我吗?”

文天祥仔细辨认后说:“我认识的。你是黄知府的侍卫李将军。换了便装,几乎认不出。”

“大人好眼力,好记性。”

“夤夜到此,有何指教?”

“大人,大事不好了!”

“啊,请坐下细讲。”

李侍卫坐下。张弘毅从侧房出来,站立在一旁。

“大人可知道元军已经离此地不远了?”

“知道的,没有什么可怕。”

“可怕的是知府大人打算投降!”

“啊?我们今天还研究了加强防务之事,怎么可能?”

“黄大人起初也没有铁了心投降,是吴浚吴参赞给说动的。他们本打算也劝说文大人一同投降,黄大人说文大人绝对说不动,就息了此念。后来他们商议明日让元军来攻城,他们里应外合,把城拿下,一起打文大人一个措手不及。”

“此话当真?”

“他们写好了降书,派小的连夜送往元军大营。小的不愿意投降,知道文大人忠烈,特地来告知。现在书信在我这里。”

文天祥接过信看了后说:“此信不假。吴浚本来是我的部属,与我有诗文应酬，这是他的笔迹无误。”他对张弘毅说，“快把各位将领都请来议事。”

众将领很快都来了。文天祥把突发情况对大家讲明白了以后说：“有书信为证，此事情属实。风云突变，大家说怎么办。”

刘子俊听着火就上来了：“怎么办？我们先发制人，立刻把这两个狗东西抓起来，枭首示众。”

邹沨拦阻说：“不可以这样。他们是有军队的，万一不服，哄闹起来不好收拾。”

有人说：“那就打吧，谁也不怕谁。”

有人说：“内患不除，外敌难挡。”

众人议论纷纷。文天祥当机立断地说：“目前情况是元军近在咫尺，这边城里自相残杀，敌寇就会乘虚而入。打不得。我们只有撤走，找地方站稳脚步再打回来。现在我命令，大家回去整理队伍，明天天一亮就悄悄出发，不得声张。各部分头走，到龙岩集合。就这样，行动吧。”

众将领散去，文天祥嘱咐李侍卫去将家眷悄悄接来，和他们一同走。

李侍卫为难地说：“哎呀，事发突然。小的来之前只是有气，气糊涂了，没有考虑到个人，没有考虑到家小。现在我们走不脱，怎么办？”

文天祥也难办，生怕给这义士留下祸根。张弘毅对文天祥建议：“师相，我看可以让他还是持了此信去元军那边，讨了回信去回复，只当没有来过这里。”

文天祥点头说：“是了，是了。那么李义士你赶快去吧。记得一定要拿回信返来给黄去疾交差才对。”

文天祥把李侍卫送到大门口，说后会有期，他会打回来的。

正月十二日清晨，文天祥离开汀州。他的军队分路撤退经过杭永到达龙岩。那时赵时赏攻打宁都不下，在撤回途中遇到文天祥。

黄去疾发现文天祥忽然率军不告而别，他也不做守城准备，元军一到，他就大开城门迎接。汀州陷落。

文天祥军队在龙岩驻扎有两个月。有一天文天祥在军营与将领们议事，小兵来报吴浚在营门外求见。文天祥大感意外，吩咐让他进来。吴浚进到营帐里，文天祥一看他那副猥琐的样子就鄙夷，也不让他坐即问他来干什么。

吴浚感到气氛不对，扯起脸皮笑着说：“大元唆都元帅派遣我来看望丞相，问候丞相。”

文天祥断喝一声：“呸，你有脸来见我，你有胆来见我。你这个奸党、卖国贼。在汀州，是你劝黄去疾投降，是你欲加害于我，是你把汀州献给了蒙古人。”

吴浚连忙辩解说：“不是，不是，大人不要冤枉小的。”

“你还想抵赖。你听听，这是谁写的信？”文天祥把吴浚乞降的信一字不差地背诵出来，“是与不是？”

吴浚无可狡辩，顿时瘫倒在地上。

文天祥气不可遏地吼道：“把这卖国贼拖出去处死。”整个军营都听到他的怒吼。

吴浚被拖到营外绞死。在军营外等候他的随从见状早吓得逃跑，不知道他被处死的原因，回去向黄去疾汇报时自然也没有说，因此黄去疾不知道李侍卫泄密之事。

在龙岩住了一阵以后，文天祥移师至漳州。这段时间里他心中惶惶不安，担心朝廷的安危。本来景炎登基，成了抗元中心，形势大有起色，不知怎么突然从海上转移走了，也不知道去往何方。他派人去四处寻访，终于有了一点消息，这天他召集众将领传达获取的信息，研究对策。

漳州初春天气宜人，在一家豪宅大院的大堂里，文天祥坐在上首，左右两排桌椅依次排放，一人一桌，桌上有清茶与时令水果。在座的有都统巩信，参议军事赵时赏、缪朝宗，参谋张汴，宿儒陈龙复、曾凤，福建老将林琦、谢翱，还有跟随他多年的刘沐、萧明哲、陈子敬、刘子俊、杜浒、吕武，他的表弟曾良儒、曾明儒等人。张弘毅照例立于文天祥身后。

大院里的樟树散发清香。阳光照进大堂，满屋温暖明亮，使得年过不惑的文天祥显得神完气足。众人品着汤色清亮，香醇可口的福建白茶，听他滔滔不绝地讲话。

“福安的丢弃令人惋惜。这是我朝在陆上的立足之地，也是向北方反攻的基地。此地一失只能沿海漂流，不得安稳。朝廷出海到泉州也立不住就是证明。据得到的消息说，朝廷带有将士近二十万，分乘数百艘船舰从福安出发，沿海航行来到泉州，驻跸南郊法石下辇村。皇帝招镇抚使蒲寿庚来接驾，蒲寿庚不仅不来，反而紧闭城门，不容我朝廷之人进入。

“这蒲寿庚是什么人呢？其祖先来自西域，世代经商，贩卖大宗香料致富。蒲寿庚之父因家道败落，举家自广州徙居泉州。蒲寿庚子承父业，继续从事以运贩大宗香料为主的海外贸易。为鼓励他的贸易活动，朝廷封他为‘承节郎’。蒲寿庚亦官亦商，官商合一，凭借权力扩大贸易，通过各种手段攫取利益，增加财富，资产巨万，家僮数千。蒲寿庚拥有大量海船，朝廷希望得到蒲寿庚之助，蒲寿庚世受皇禄，却闭门拒命，与州司马田真子上表降元，派亲信孙胜夫秘密出城，迎接南下途中的元军。”

刘子俊气愤地说：“那就打他这个忘恩负义的狗东西。”

“张世杰枢密使本来是要打的，可是陈宜中丞相说，城内是宋兵，城外也是宋兵，哪里有宋兵打宋兵的道理。吃亏的是满城的百姓。后来张枢密一想，蒲寿庚已经派人递降书，迎接元军，如果这里攻城久攻不下，元军一到，里应外合，损失就大了。无奈之下，只能撤走。朝廷移趋广东。临行时船只不够，抢走停泊在法石一带的蒲氏海舶四百多艘。情况就是这样。”

大家心里明白，情况就是朝廷穷途末路，漂泊海上。杜浒说：“如此，奈何？”

“请了诸位来就是商议对策的。”

邹沨说：“我们去寻朝廷，合成一股，壮大声势。”

巩信说：“不可。我们本来是由朝廷分派出来发展扩大闽粤势力的。”

杜浒说：“现在福建北自邵武，南至泉州俱已丢失，漳州夹于其间，形势甚危，应该移师广东。”

赵时赏说：“此言甚是。移师广东，北窥江西，活动空间极大。”

众人议论过后，文天祥总结说：“诸位所见甚明。先移师广东，向江西发展。江西是我们的发祥地，元军势力较弱，大有开发余地。大家做好准备，不日开拔。”

就在这天晚上晚餐过后，门卫来报有人求见。张弘毅到书房来传达与文天祥。张弘毅见天已经黑定了，丞相没有掌灯，枯坐在黑房中。

“师相，有人求见。”

“什么人？”

“来人名叫罗辉，说是持了王积翁书信自汀州来。”

“知道了。这王积翁已经降元，来信一定是劝降。你带来人到客房，我一会就来。”

张弘毅带了罗辉到客房等候，不一会文天祥就穿了正规衣服进来了。罗辉即跪下叩见丞相,呈上书信。文天祥拆阅后回书房去写了一封复信来交与罗辉。

“你回去将此信交与王大人,就说他与我以前同为大宋官员,同食大宋俸禄,现在他已经降元,即与我不共天日,以后再不可派人来劝降。今日放你回去,如若再来,定斩不饶。去吧。”

在汀州,王积翁拿了文天祥的复信念与唆都听:“您命我写信劝文天祥投降,他的复信来了,我念给您听:‘天祥惶恐,奉复制使、都承、侍郎:天祥至汀后,建宁、福安即以次沦失。朝廷养士三百年,无死节者。如心先生差强人意,不知今果死否?哀哉!哀哉!坐孤城中,势力穷屈。泛观宇宙,无一可为,甚负吾平生之志。三年不见老母,灯前一夕。自汀移屯至龙岩,间道得与老母相见,即下从先帝游,复何云!唆都相公去年馆伴,用情甚至,常念之不忘。故回书复遣罗辉来。永诀,永诀!伏乞台照。正月日,天祥书。’这信里说的如心先生是陈文龙。他守兴化,兵不满千,却死守不降。城破之日被俘,逼他投降,可免一死。他毫无惧色,指着自己的腹说:‘此中皆节义文章也,何相逼邪!’后来把他押送去临安,途中绝食而亡。”

唆都问:“‘坐孤城中,势力穷屈’是什么意思?他知道自己孤立无援,打不赢这仗,为什么不投降?”

“一般人是为了打赢而打,知道打不赢就不打了。这文天祥不是的。他明知道打不赢还要打。这样的人,对他威胁利诱,劝他投降是没有用的。他不会听的。”

“真是不识时务。”

“恐怕不能说文天祥不识时务。元朝强大,将取代宋朝,这是不可抗拒的大势所趋。我看清楚了就顺应天意。他看清楚了却不愿意接受,宁愿玉碎,不愿瓦全。”

“真是不懂。他不怕死吗?”

“他这信里说得很清楚:‘下从先帝游’,表明他已经决心一死了。”

闽粤之间,丘陵起伏,山路难行。文天祥的军队从漳州开赴梅州,数百里路程要走十余天。一万多将士的路途食宿安排都不容易。管福管理伙食,每天的米、菜、肉的采购事情不少,多亏沿途百姓大力支持,让他的工作轻松很多。队伍蜿蜒数里路，张弘毅骑马跑前跑后，传达命令，反映情况。出麻烦最多的部分是辎重与眷属的车队。

有一次，文天祥看到后面部队没有跟上来，让张弘毅去看发生了什么事。张弘毅回来报告说，是一辆载家眷的车的轮子陷到路旁泥地里，士兵抬不起来，请那夫人下车减轻重量，那夫人就是不肯下来，说会污了绣花鞋，又说车上箱子多，下去她一人也减轻不了。后来又加派几个兵士才把车抬出来。这样就耽误一些时间。

与文天祥并辔而行的赵时赏摇头叹息："军队是要打仗的。现在像这样带了这么多的家眷，还有财宝，是像去春游哩。"

文天祥警觉地问："听你这么说是有些不对劲，我倒是没有注意。"

"杜甫说：'妇人在军中，兵气恐不扬。'带了妇女打仗是顾打仗还是顾妇女？遇到敌军突然袭击肯定会乱成一团，非败不可。"

"先贤之言，确有道理。"

"我听说芜湖一战，元军水师顺江而下，我军有战船二千五百余艘横亘于江上，将士七万余，与之展开决战。战斗激烈之时，统帅孙虎臣却去到自己小妾舟中，兵士见了大叫，'元帅跑了。'军中大乱，纷纷溃散。我听了真是感到沮丧。国家朝纲松弛，出兵打仗居然可以带着小妾，置国家于何地，置生民于何地？"

"也许各朝都有这现象。唐朝诗人岑参有诗句曰：'战士军前半死生，美人帐下犹歌舞。'也是愤愤不平。"文天祥停顿一会后说，"我们该怎么处置随军家眷呢？"

"应该把将士的家眷安置在一个地方，军队可以无后顾之忧，一心冲锋陷阵。"

"安置在哪里合适？"

"隐蔽在一个山里，派军守卫，打完仗再团聚。"

"你说的有道理。容我考虑。"

那天晚上宿营，张弘毅忍不住去找了管秋芬。管秋芬拿了一盆衣服来小河边洗，张弘毅坐在一块石头上，两个人说着话。

"跟着曾老先生还好吗？"

"很好的。他是文丞相的老师，一肚子学问。他说他喜欢听我唱的歌，把那些歌都记下来了，还说诗词就是起源于民间歌曲。他要教我识字，我不愿意学，太难了。”

“我来是要告诉你，你可能不能随军队一起走了。”张弘毅把白天发生的事情说了，“丞相说要找一个安全的山里，把将士们的眷属都安排进去，这样方便行军打仗。我想你也一起去。”

“我不愿意去，我不喜欢跟着这些太太小姐们，把我憋死了。还是跟着爸爸烧火好。”

“妇女们都得离开，这是打仗。打仗很可怕的。我真的打过仗，那就是不要命。冲啊冲啊，冲到与敌人面对面，看到他眼睛里流露着害怕。举起刀就砍，一刀一刀都是血，血喷起好高，脸上身上溅的都是血。回来几天都不能吃饭，想起来那些鲜血就吃不下，就睡不着。”

“我不打仗，我做饭，跟着爸爸。”

“妇女都得走，没有讲的。”

“不是有很多大脚妹挑担子的吗？我跟她们一起可以吧？广东这里的妹可怜，要做苦活。男子倒甩手不做事。我们那里妇女不干活，不下地。我是穷人家的娃，打鱼人家的，没有办法才抛头露面。”

“到时候再说吧。我也不想你走。”

“我只想跟随你。”

送了管秋芬转来，经过一片树林，张弘毅察觉身后一条黑影扑来。他一闪身，顺势一掌把那黑影打出好远。那黑影站住说：“是我。”

“你干什么？”张弘毅一看是李时龙。

“我恨不得杀了你。你怎么这么有福气？美女都跟着你转。我怎么没有？老天太不公平了。”

“你好意思说，你接触过的女子少了吗？”

“我一个也不喜欢。只有这个叫我动心。我真是为她神魂颠倒。出事的那天晚上，我怎么会出现的？我是围着管氏女在转，看到有人欺负她，我就冲过去了。”

“真叫我感动。”

“让给我吧，求你把她让给我吧。你有那么好的嫂子了。”

“你是不是又喝多了？快回营去。”

守卫梅州的元军人数不多，听到文天祥的大军袭来，便早早地弃城逃跑。文天祥顺利占领梅州。文天祥即以梅州为根据地，与知州汤执中一同授权蔡蒙吉任梅州签书事兼统督，组织义兵。梅州自古以来就是客家人集聚的地方，三省边客家人即在此时踊跃投入文天祥队伍，大批进入梅州。文天祥兵盛粮足，开始策划向江西进军。

十六

景炎元年十一月中，端宗一行在泉州立足不住，离开泉州经过嘉禾屿（今厦门），至潮州南澳驻跸两个月。景炎二年正月舟次惠州甲子门。据守广州的元将吕师夔等因军饷不继退走，其部将梁雄飞守之。经略使刘应龙导帝舟至广州港口，转运使姚良臣预迎帝入州治，守江元兵拒之，未能进入，帝舟退回大海驻秀山（今虎门）。二月到达广州东莞梅蔚，四月驻跸官富场（今香港九龙），建立行宫，后世称此地为“宋皇台”。

那一日，江钲率领的先遣部队到达官富场，告知当地官员皇上即将驾临，皇室大部队即将来到，这让他们惶恐万分。他们从来没有见过大世面，不知道怎么接驾。在先遣人员的指导下，他们召集地方全部官员，穿戴整齐，带了拼凑起来的旗帜仪仗，出到五里外迎接，同时布置人安排食宿。这对这位于天之涯海之角的地方来说是很为难的事情。这里没有一栋像样的房舍可以请皇上屈尊入住，只能整理布置官衙，打扫熏香，勉强对付。至于吃的就更是无计可施，数千人口的小集镇哪里有足够的食物供应二十万大军？

大军到达官富场时已经是夕阳西下。皇室被引进衙门后院，官员被引进较为富裕人家的住房，军人自去扎营。大家都安顿好了就到了晚餐时间。伙头军来不及埋锅造饭，只见当地的百姓，男的女的端着木盆进入军营，送来晚餐。将士们惊奇地发现，木盆里盛的是海鲜鱼虾鸡鸭猪肉，一层层码放整齐，打底的是蔬菜，吃来既可口又饱肚子。原来老百姓家一时凑不齐那么多的碗盛菜，就用了洗菜的木盆来盛。这样就兴起了南方逢年过节吃大盆菜的习俗。

大军驻扎下来以后为皇室兴建皇宫，为官员营造府邸。当地淡水不够，他们又打了井。宋军在这里住了两个月，留下一些遗迹至今可寻。

中原之人来到海边，见到一望无垠的大海无比兴奋。旧历四月，天气已经炎热，闲暇之时就有很多人到海边游玩，还有很多人下海戏水。这一日下午，杨太后带了景炎帝与卫王也来到海边一处远离喧嚣人群的地方。轿子抬到一个山丘上，杨太后等人下了轿子，观赏海上风景。看到风和日丽，碧浪金沙，椰子树婆娑起舞，太后心情舒畅。她指着远处一片连天的樯帆问太监："那是我们的战船在操练吗？"

"回太后话。那是战船在操练。指挥操练的是殿前指挥使苏刘义和他的公子、水军都统苏景瞻。"

"知道了。这苏刘义是我朝苏轼的后人。苏轼是文曲星下凡，字子瞻，号东坡居士。景瞻的名字即是纪念先祖。他们是满门忠义。"

远处海上遮天蔽日的是一千余艘战船。大的一艘可以载数百上千人。甲板广阔，几乎成正方形，士兵进退转圜自如。每艘船都有七八上十支悬挂着布帆席篷的高高的桅杆。船头有正副碇石，以藤索悬吊，通过转动轱辘来放下或启上。小船配橹八条或十条，大船配橹二十余条，左右相对的二条橹叫一车。橹极大，每一条橹需要由一二十人齐心协力摇动。船的后部有二三层甚或四五层楼，船室数十间。此时年仅二十三岁的将军苏景瞻在指挥配备有刀矛、钩盾、弓箭、火箭的士兵操练。他的父亲、四十余岁的苏刘义站在旗舰上以旗帜号令战船进退。战鼓声在海滩上椰树间回荡。苏刘义性子暴烈，见到战船不按指挥行动就须发毕张，破口大骂。

景炎帝与卫王早就跑到沙滩去了。两个孩子从来没有到过如此仙境，立即兴奋不已，玩心高涨，都脱去长衫，赤足在沙滩奔跑。他们拾五彩的贝壳，后来就踢球。太监陪同他们玩，卫王的侍卫顾玉杼也在一起。他们都发出难得一见的欢笑。

顾玉杼人是在陪伴着他们玩，心却想着山丘上的汪弥莲。这时球到了他的足下，他就踢过头顶，把球踢得绕着身子团团转就是不落地。卫王看了拍手叫好。顾玉杼忽然一脚把球踢得高高地，飘到海里去了。两个孩子跑到水边，无可奈何地望着球在水中上下漂浮。

顾玉杼不慌不忙地脱去帽子、长衫和靴子，走下水中。他在太湖边长大，深谙水性。这天微风吹拂，海不扬波，水温令人感到舒适。他游过去握住球，抬手向岸上抛去。球还是落在水中。他不理那球，开始戏水。他有时挥动双臂划行，有时仰卧水面。他想潜水却潜不下去，就深吸一口气用力向下划。他很久不露出水面。大家正在恐慌，只见他双足伸出水面摇晃。又突然见他从水中弹起，露出大半个身子在水中行走。最后，他抱拳向岸上作揖，结束了他的表演。他游过去拾起球，丢回岸上。

赵昺指着海中发出尖叫。顾玉杼看到是一只大玳瑁游来了。他捧起玳瑁，上岸递给赵昺。赵昺见那玳瑁有脸盆大小，伸着头划动着脚，美丽可爱，不禁伸手抚摸。他让顾玉杼拿上去献给皇兄。顾玉杼到赵昰面前跪倒，献上玳瑁。赵昰看了觉得很稀罕，叫太监抬了去献给母后。赵昺跟着去了，顾玉杼不敢跟去。

杨太后看了也觉得稀罕，念声南无观世音菩萨，说这是景炎帝的祥瑞吉兆，要放归大海。两兄弟欢天喜地地答应着去了。杨太后看到顾玉杼戏水，想起他求汪弥莲的事情，就与汪弥莲聊起来。

"卫王的侍卫那姓顾的你认识吧？"

"是的，是随同皇室在婺州山里避难时与奴婢说过话。那时候在路途没有办法避嫌。"

"他对你动心了，曾经请求我把你赏赐给他。我因为要你在身边，没有允许。我看此人年轻英俊，现在又是卫王的侍卫，很好的配偶，你意下如何？"

"奴婢没有见到父亲，不敢私定终身。从临安出来，父亲把我托付于太后，曾与我约定说他一能脱身就来南方找我。"

"原来如此。现在是战乱时期，世事难以作预定安排。再看吧，再看吧。"

两小兄弟把那玳瑁放在沙滩上，看着它慢慢爬回海水中渐渐游远，默默祈祷它平安。

顾玉杼打散头发，挤出水，用长衫揩干。把足趾里的沙子去掉，穿上鞋袜。贴在身上的衣服不一会就干了，他把长衫穿整齐，纠起头发戴好帽子，又是焕然一新的一个武士。他慢条斯理地整理自己，心里在想着山头上的汪弥莲，两人虽然近在咫尺，却不得见面说话，好生苦恼。

文天祥在梅州得到短时期的休整。他没有闲着，成批的客家人子弟和土著加入到军队里，他要布置将军们对他们进行训练，还要制备大量的军服、军械。地方上的捐献使得他有足够的财力扩展军队。这天他来临时建的兵工场检查兵器打造。负责军工的架阁杜浒以专家的口吻向他介绍如何打造一柄神臂弓。工场的工人热火朝天地在干活。

这时，士兵来报告，文天祥的家眷到了梅州府衙门，请他赶快回去。文天祥喜出望外，立即上了轿子回府衙。张弘毅骑马跟在后面。

文天祥回到府衙，进入后院，见院子里堆放着一些衣箱。文璋从房里迎了出来。兄弟二人见礼毕，文天祥就进去堂屋，见一大家子人都在，满满的一屋，仿佛又是在老家一家人共聚一堂，很是高兴。他见年过花甲的母亲坐在中间椅子上，立即上前推金山，倒玉柱地跪拜。

“母亲大人安好，请受不孝子一拜。”

“起来，让我看看你。你瘦了，髭须花白了。”曾氏夫人扶他起来。

“儿子还好。母亲一路上辛苦了。”

“路上多亏你三弟，没有让我吃苦。先见过你的家人吧。”

文天祥的夫人欧阳氏上前与他见面。她拉了文天祥的儿子道生、佛生，女儿柳娘、环娘、监娘，奉娘来叩见他。文天祥抚摸这一排子女，后来问为什么不见定娘和寿娘。欧阳氏未语泪先落，说这两个女儿体弱，不堪路途劳累，在惠州因病夭折了。文天祥突然闻此噩耗，半晌说不出话来，唯有叹息。他的妾颜氏和黄氏上来拜见他，叫声“老爷”，让他缓过神来。

文璋报告路途情况说，还是旧年十一月二哥知道文天祥在福建南剑州开同督府，就派他带了一家人来投奔，不料元军攻入福建广东，道路阻隔，兄长也几次转移驻地，因此一家人颠沛辗转，现在才到达梅州见面团聚。文天祥听说路途艰苦，连呼“不容易”。他要先安顿家人，让他们休息。文璋说他还带来一个人，是同里张弘毅家的女子顾氏，现在里屋。文天祥说他知道的，他安排顾氏女与张弘毅到书房见面。

张弘毅是知道顾玉纾跟随文家一起来的，一直等候在院子里。他看到一个又黑又瘦，衣着平常的女子从堂屋出来，并没有在意，直到那女子朝着他走来，引起他注意，他才惊讶地发现这是顾玉纾。

“你不认识我了。”

“哎呀呀，你变瘦了。”张弘毅握住她的手，“路上辛苦了。”

“你离开家乡两年了。”顾玉纾抽出手，“两年里发生了多少事情。”

他们到书房坐下。张弘毅仔细观看顾玉纾，又找回来以前的感觉，发现自己一直是在想念着她，不自觉地激动起来。顾玉纾感觉到了，心里充满安慰。

张弘毅从脖子上取下一直贴身佩带的香囊给顾玉纾看："我一直想念着你。"

"我也是。你在外面打仗，我总是记挂。你过得还好吗？我见到你平安就高兴了。"

"我还过得去。我在文丞相身边，聆听教诲，自己觉得有很大长进。"

顾玉纾说了父亲去世后她在张家的生活，说张家如亲人般照顾她。她没有说因为误会受的气，她认为总的来说自己应该感恩。她很坚强，没有诉苦，没有流泪。张弘毅一直为她存的担心消除了。

"我的兄长呢，他还好吗？"

"他比我的境遇好多了。只是我们没有见面。"他详细说了顾玉杼当了卫王的贴身侍卫的过程，说他现在有着官衔，前程远大。

文天祥一家人在乱世中得以团聚都很高兴，大家喜笑颜开，有说不完的话。离别后的苦难化作了笑谈。丰盛的晚餐使大家忘记了颠沛流离的辛苦。大家以为从此就可以过上安定的生活，就像在老家时一样。

晚上文天祥与欧阳夫人在卧房里点着明亮的蜡烛说话，感叹唏嘘。欧阳夫人倾诉苦水，说到爱女夭折还不免泣涕涟涟，说见到夫君，有了依靠，以后说什么也不分离了。文天祥安慰她说以后再也不会分离了。他忽然觉得自己说的话很空洞，心里充满矛盾。

两天以后文璋带了护送的士兵告辞回惠州去了。

晚上，文天祥把张弘毅招来书房谈话。书桌上点燃一支蜡烛，驱不散黑暗。天气闷热，两人摇着蒲扇也散不了汗。

"这两天我的心里好烦闷。"文天祥喝了一口茶，放下碗说，"到梅州以后我对你说过，我要整顿军队，把随军的家属安置在山里。军人没有挂牵才好专心打仗。将军们行军拖着一家老小，大箱子小箱子的行李，遇到敌军怎么应对？这本来是显而易见的道理，可是我自己的家眷来了，倒叫我不知道该怎么办。天下扰攘，没有一片宁静的地方，我把他们安置在哪里我才可以放心？我的老母如此高龄，我怎么好离开不管？"他说了一会，见张弘毅没有应答，就接着说，"我只好以后不提这事，大家都这样。要死就死在一起。"

张弘毅见文天祥说得很感伤，也想不出解决办法，只是泛泛地说："也许不会那么糟糕。我们会战胜胡虏，还天下太平。"

文天祥摇摇头，转换话题说："前天我见到顾氏女，你的未婚妻是个秀丽端庄的女子，我很为你高兴。能够与这样的女子结为眷属是终身的福气。你们应该完婚了。”

“两年前在家里父母也是要我们完婚，我以‘胡虏未灭，何以家为’推辞了，投军到了师相的麾下。”

“不能这样。我朝不能与大汉比较。现在匈奴势盛，占据了大半国土。我们被压迫到南方一线，要想翻转非数年不能成功。等到仗打完再成婚恐怕人已白头。你先成婚，然后一心一意打仗也可。”

“师相所言甚是，确实也是学生所想。只是婚姻大事需禀告父母。”

“战乱之时，不必拘泥，”文天祥打断他的话说。“想吾年龄与令尊仿佛，可以代为主持。”

“那是学生的荣幸。”

“我看趁此时有段安定时间，可以为你们把大事办了。现在就积极筹备，内事由我妻子操办，外事委托子敬。我让他找套房屋，作为你们的新房。你先搬去，准备迎娶。”

战争时期生活节奏急迫。三天后，经过仓促的准备，张弘毅的婚礼成功举行。一来是他坚持简朴办事，二来是战时物资匮乏，更重要的是战争的乌云笼罩，人们没有欢乐的心情，婚事办得相当平淡。后来张弘毅常常与顾玉纾道歉说对不起她。除了张弘毅常常交往的文天祥座下的几位将军和幕僚，没有请多少宾客参加婚礼。主婚人是文天祥，男傧相请的是李时龙，女傧相请的是管秋芬。

黄昏时分，张弘毅穿了吉服骑马带了一顶花轿来府衙迎亲。李时龙徒步跟随。来到二堂，他们见到张灯结彩，鲜花盈庭，红烛高烧，宾客满堂。文天祥坐在上方。司仪宣布吉时已到，婚礼开始。女傧相管秋芬捧出了搭着红盖头的新娘。司仪高唱赞歌，喝叫：“一拜天地。”张弘毅和顾玉纾拜了下去，李时龙也拜了下去，管秋芬莫名其妙地跟随拜了。司仪对李时龙摇手，暗示傧相不必拜。司仪喝叫：“二拜高堂。”张弘毅和顾玉纾拜了下去，李时龙也拜了下去，管秋芬为了顾全场面，被迫地跟随拜了。司仪对李时龙摇手，小声说傧相不必拜。司仪喝叫：“夫妻对拜。”张弘毅和顾玉纾对拜。李时龙也嬉皮笑脸对管秋芬拜揖。管秋芬这次知道上当，不跟随拜了。她气恼地横了他一眼。

文天祥讲了几句祝贺的话，婚礼便结束了。张弘毅领顾玉纾上花轿，花轿出了府衙，一直抬到新房。众人散去后，张弘毅关了房门，揭开盖头，看到了满面娇羞的新娘。

“娘子。”张弘毅一揖到地。

“官人。”顾玉纾回礼。

“今日里成了婚，遂了多年的心愿，我好高兴。人间美事莫过于此。只是可惜婚事太简略，实在对不起你。我连聘礼都没有，好是难堪。”

“郎君不必内疚，战乱时期，无法讲究。我也没有陪嫁。我带来的衣箱中有我们家在无锡的房产地契，父亲临终时交于我的。他说兄长会分部分与我。等到天下太平，回到家乡，我们会有安身立命之所在。”

“我家也有房产，将来回去当然是住在我的家。我从小的梦想就是与美丽贤惠的妻过花前月下的诗意生活。”

“我从小的梦想是有位温柔体贴的夫君，我们一起生活，他吟诗作画，我弹琴刺绣。”

“我们的梦想会实现的。现在我们喜结良缘，成了夫妻就是圆了梦。将来回到故乡，我们过平静的生活。无论贫穷富贵，我与你不离不弃。”

五月下旬，文天祥的大军开拔向江西。三万人马浩浩荡荡行进在大道上。张弘毅跟随在文天祥马后。文天祥带了带马，等张弘毅上来与他并辔而行。

“‘暮婚晨告别，无乃太匆忙。’杜甫这首《新婚别》似乎是为君写的。都是战争造成的，没有办法。”

“哪里。师相安排我们完婚，了却我人生大事，我已经很满足。对师相恩情终身感佩。”

“你知道我们为什么要向江西进军吗？”

“知道的。师相和将军们研究了局势，认为闽粤敌军势力盛大，江西空虚，且是我们熟悉的地方，民心可用，我们应该先向江西发展，然后回师广东，与朝廷会合。而且我们进攻江西，敌军要抽调兵力应付，这就减轻了对朝廷的压力。”

“是的。据情报说，元军因为高层内讧，忽必烈抽调了兵力去北方，江西守备松弛，这是我们进军的好时机。只要打几个胜仗，攻占几个城市，我们的士气就会上扬。百姓受到鼓舞，会更加支持我们抗元。”

经过几天的行军文天祥的军队进入江西，顺利攻占了一些城市。这一日到达雩都,在雩都东面的野外扎营。士兵们忙忙碌碌地支起营帐。连绵不断的营帐在田野和丘陵铺展开。军营里"宋"的旗帜和书写有"文"的军旗迎风飘扬。伙头军埋锅造饭,四处炊烟升腾。中军帐里,文天祥召集十余名将军在讲话。他身着戎装,精神抖擞。

"我们奉旨于旧年七月到南剑州开同督府,得到了广大仁人义士响应,迅速成为一支兵强马壮的军队。一年来,我们转战闽北赣南,取得一场又一场胜利,收复大量国土。这个月我们从梅州出师,来到江西,攻取了会昌,进军雩都。

"各位须认清此战意义。雩都地处赣南中央,取得雩都以后,兴国、赣州即为我们囊中之物。今日我们到达雩都,稍事休整即围城攻打。巩信将军带本部人马攻南门,赵时赏将军攻西门,林琦将军攻东门,北门只派曾明儒将军带少数人虚张声势,逼元军从北门突围。曾良儒将军带本部人马埋伏在北门外五里,候敌到来即予以全歼。邹洬将军作为游击,四处接应。各位整顿人马,待士兵饱餐后拔营出发。"

各位将军连声诺诺出帐外,分头行动。一个时辰后,宋军行进在去往雩都的大道上,烈日之下,旗帜飘扬,鼓点沉着,静寂无哗。一队队的马队、盾牌手、斧兵、长枪兵、弓箭手,军容严整。文天祥骑白马,佩雌雄双剑,神采奕奕。左右有骑马的护卫,张弘毅骑黄骠马在他马后。

宋军到雩都城下,劝说守军投降无效,立即全面攻城,战斗激烈。双方死伤惨重。李时龙首先攻上城头。大批宋兵跟上。李时龙杀到城门,把城门打开。宋兵呐喊着冲入城内。一宋兵在城头插宋旗帜,被射死。另一宋兵把旗帜牢牢插好。宋军欢呼。元兵自北门逃出。宋兵追击掩杀。

宋军列队入城,秩序井然,纪律严明,秋毫无犯,受到市民欢迎。文天祥来到衙门下马,上到大堂,立即召集将军布置接管市政及守备工作。张弘毅提了一罐茶来到文天祥面前,倾倒一碗献上。

文天祥接过茶碗喝茶,轻松地对张弘毅说:"这次又可以不用羊脑。"

张弘毅不解地看着文天祥。

文天祥从怀中拿出一个小包,平静地说:"这是二两羊脑,是位高人赠予,说是在紧急时吞下即可毙命。我就常备怀中。战争胜负难以预料,若有失利立即自尽。君子一生不为追求富贵享乐,而是修身明德,追求仁义。义即是正确,所以义叫作正义。君子行事得问是否符合仁义,合则做,成败利钝在所不计。君子为正义而战,不以胜喜,不以败忧。”

文天祥将战果具表上奏朝廷。他很快就任命了地方官员,让他们安抚百姓,恢复大宋制度,使生活走上正轨。他举行了庆功会,表彰立功将士。李时龙因为第一个攻上城头,有目共睹,记了大功,得到奖赏,可是因为平素纪律涣散未能获得升官。

军队得到短期休整。进入江西以来,从五月到六月取得的节节胜利使得将士们兴高采烈,充满乐观。将军们带眷属住进大户人家的庄园里,享受几天安宁舒适的生活。文天祥一大家子人当然有适当的住处。张弘毅夫妇也有一套小房。顾玉纾天生有持家能力,短时间就将房间收拾得干净整洁。每天张弘毅回来,她都要烧热水让他洗净征尘,换上洁净衣履,恢复秀士风度,然后进以可口的饭菜。晚上二人秉烛谈话,完全像是在和平年代一样。张弘毅战场搏杀,迁徙漂泊过后特别享受顾玉纾给予他的舒适温柔的生活。

这天晚上,天气闷热。刚才洗过澡身上又是黏糊糊的。夜空滚过隐隐雷声,凉风吹进房间,人才感觉透过气来。张弘毅见到顾玉纾蜷曲在自己怀里,脸上洋溢着幸福的光芒,忍不住问:“你愉悦吗?”

“当然啦。”

“为什么?”

“就因为和你在一起。就因为你平安回到我身边。”顾玉纾变得严肃地说,“你们去攻城,我们家眷营留在一二十里之外,不知道你们胜负的消息,怎么能够不担心?后来传话回来说,城已经攻破,我军进了城,大获全胜,我还是不放心。直到我们被拉进城,我在衙门见到一个完完整整的你,我的一颗悬着的心才放下。两年前你参军去打仗,从那时起,我在家里每天烧香拜佛,祈求菩萨保佑你。”

“我知道的。我能够感觉到菩萨受了你诚心的感动,是在保佑我。”

“这战争不知道还要打多久?文丞相带领我们打了这么多胜仗,收复了大片国土,他能够实现复国吗?我们眷属都希望早日回到家乡,过上安稳的日子。”

“不要盲目乐观。要知道大厦之倾独木难支。大宋朝已经是这样了,师相一人也没有回天之力。”

“啊,我们不是一直在打胜仗吗?”

“是倒是的。不过这要看清楚是什么样的胜仗。我们现在的对手其实是北方的汉人军队和刚投降过去的我朝军队，不怎么能够打仗的。真正的蒙古军队最近调回北方去了，因为他们闹内讧。我与蒙古军队打过仗的。他们真的是凶悍，我们打不过的。根据情报说，他们内部已经平定了，不久蒙古人就会回头来收拾我们。我们的好日子不长了。”

“真的吗？”顾玉纾惊恐不已。

“蒙古军队一过来就是十万二十万铁骑，装备精良，排山倒海而来。而我们只有一两万人，装备简陋，真的是不够打的。我亲身经历过几仗，知道仅仅凭勇气不行，我们的军队可以说是一触即溃。”

“丞相不明白吗？”

“我跟随师相多年，知道他对大势了然于胸，不可能不明白宋的运势已经走到尽头，他是知其不可为而为之。他的忠义感动我，我也是鞠躬尽瘁，死而后已。”

“不可以胡言乱语。你应该想到我。你死了我怎么办？”顾玉纾急忙捂住他的嘴。

“我当然想到你的。我在前方打仗也想到你。你，还有师相的眷属，将军们的眷属都没有安排。打仗时都拖在一起，很是危险。师相以前提过家属的安排，后来他的家属一来，就不提了。实在是没有办法。”

“是啊，确实是想不出办法安排。怎么办？打起仗来怎么办？我是说，打了败仗怎么办？我们家属都会死。”

“不死也会被打散了。死的死，散的散。”

“万一我们失散了，要互相寻找。我一定要找到你。古时候有破镜重圆的故事。我们要有一个信物，以后好重逢相认。”

“不要想得那么浪漫。”

“不是浪漫。万一失散了，你一定要来找我。”

“一定的。我一定要找你的，走遍天涯海角我也要找到你。”

“我相信你。”顾玉纾停了一会说，“我们婚礼上的那位女傧相，我从惠州来就见到她在丞相家。我去丞相家她总是对我很好，总是笑脸相迎，是为什么？”

“每个人见了你都很喜欢你，都对你好。”

“我感觉她看你的时候带有情意。”

“你敏感了。”

“你们是认识的。”

“你是怎么看出来的？”

“她当我的傧相，协助我收拾打扮的时候与我聊天，说了很多关于你的事情。”

张弘毅见瞒不住了，就承认说：“是的，我与她是相识。我还没有时间把事情告诉你。”

他把从前如何同丞相被元军押到京口，如何设计逃脱，如何得到管氏父女的帮助，后来如何一同逃往南方的事情讲了。顾玉纾听到惊险处，很激动；听到管秋芬的仗义，不由得发出赞叹。

“一路上几个月，你们俊男靓女在一起没有产生情愫吗？”

“没有。”见顾玉纾表示不相信，张弘毅说，“我没有，她有没有动情，我不知道。我向你保证，我们之间决无苟且之事。”

“郎君休得误会。我决无追查你的过往的意思。说真的，我喜欢这女子，有点想让你收她为妾。我看丞相家一妻二妾，和睦相处，也是极好的。”

张弘毅感到好尴尬，说同意也不是，推却也不是，只有一个劲地表忠诚。

十七

文天祥从雩都继续进军，收复了兴国等地。七月，他派张汴监军，率赵时赏、赵孟荣等进攻赣州。同时派邹沨攻打永丰、吉水。邹沨在文天祥大妹夫孙臬、二妹夫彭震龙配合下，相继收复龙泉、永新、永丰、吉水、万安。邹沨即驻兵于此，招兵买马，兵员很快就扩充到数万。江西各地士民纷纷起兵抗元，来与同督府联系。宋军大有席卷江西之势。

江西大捷的影响波及长江南北，受其鼓舞，江西、福建、广东、湖南，以及两淮地区的抗元斗争如野火燎原似的展开。淮民张德兴、刘源起兵收复了黄州、樊口。在湖南有张虎起兵收复了邵州的新化和潭州的安化、益阳、宁乡、湘潭等县，可惜后来遭到失败。湘潭人熊桂、刘斗元起兵收复了潭州的衡山、湘潭、攸县。攸县人陈子全、王梦应聚众数千人，收复了袁州。

福建的蒙古军已经撤走，张世杰率军来攻打泉州，得到地方起义农民军陈吊眼、许夫人响应，率兵前来助攻。无奈蒲寿庚闭城坚守，久攻不下。张世杰派部将收复了邵武军。

南方抗元的烽火震动元朝朝廷。此时蒙古北方内乱平定，元朝朝廷增派大量兵力南下，形势急转直下，文天祥和南方抗元军民处境极为不利。八月里，李恒率领大军南下，来势汹汹。元军到达江西，轻易拿下几个州县，然后向文天祥军驻地兴国开发。

这一日，文天祥接到军情报告，正与将军们讨论对策。将军们认为元军强大，兴国守不住，提议撤退转移。文天祥坚决不同意，说撤退会动摇军心，应该组织抵抗。如果不站牢足跟，遇敌即退，很快将退无可退之地。文天祥平素对部下宽松，善于听取将军们的意见，因此将军们敢于说出心中忧虑。同意文天祥御敌的将军只是少数，大多数人主张避敌锋芒，保存实力，寻机再战。争论激烈之时，门卫来报告，赵时赏将军回来了。

赵时赏是由一副肩舆抬进来的。他形容枯槁，一脸沮丧。有两名部将跟随他进来。肩舆在院子里落地，赵时赏欲挣扎站起，被迎上前的文天祥按住了。文天祥同时扶起跪下去的部将。将军们也下座到院子里来，把他们迎到厅里，纷纷问是怎么了。

一名部将述说他们战败逃回的过程。原来上个月赵时赏被派去收复赣州，久攻不下，陷于僵持。不料前日上午他们正在攻城，背后一支元军杀来，我军顿时混乱。城里的守军趁势杀出，里应外合，将我军包围。我军四散突围，惨遭杀戮。赵将军腿被刺伤，血流如注，被抢救出来。我军几千人只剩三百人回来。

赵时赏愧疚地说："末将无能，遭此惨败。上有负丞相重托，下有愧牺牲的将士，特来请罪。"

"胜败乃兵家常事，将军不必自责。"文天祥沉吟着说，"是啊，敌强我弱，敌强我弱。看来是蒙古大军回转来了。"

"是的，丞相早做准备。"

"好的，知道的。先安排你们休息。"

经过与将军们研讨，文天祥移师永丰，意图与邹沨合军。邹沨有义兵数万。

那天，当他们接近永丰，达到空坑时，邹沨却已经先被打败了。败兵从大道上跑来,冲散文军。后来跑来的邹沨骑在马上气喘吁吁地向文天祥报告。他在永丰守城。元军来攻城,他坚守了一昼夜,还是没有能够守住。他们突围出来,现在元军在后面追赶。

文天祥举目一观,败兵像潮水排山倒海而来。大道本来就不宽,自己在道上的军队被冲乱了阵脚。有的士兵也跟着向后跑。

张弘毅只是担心文天祥的安全,说:"师相,我们得赶紧撤。元军的旗帜都已经可以看到了。"

将军们也是要撤。文天祥当机立断地说:"现在不能撤。士兵跑乱了,元军追上来时就毫无抵抗能力,只有等待被砍杀。我们要抢时机占领那小山,元军到来时还可以抵抗。"他命令道,"巩信将军,快组织军队上小山,做好工事。各位将军,集合人马上山。乱跑者斩。"

文天祥打马上山。将军们也指挥士兵上山。可是他们的号召力和命令作用有限。大道上一片混乱,邹沨的兵继续逃窜,带动部分文天祥的兵跟着跑。大部分的兵还是上了山。所谓的小山只是一个土丘。士兵像一团找不到窝的蚂蚁挤在土丘上。巩信命令士兵构筑工事,砍下树枝埋在山坡,形成鹿角阻挡敌人的骑兵。

文天祥的军队还来不及布阵,工事没有构筑好,敌军就已经出现在大道上。胡笳凄厉,战旗飘荡,铁蹄声声震原野,元军骑兵像狂风骤雨般席卷而来。宋军射出密集的箭并没能阻挡抑或是减缓铁骑的前进。元军到达山下,立即马不停蹄地攻上来,与宋军展开白刃战。用不了多久,宋军支持不住,四散逃跑。将军们骑马跑得更快。张弘毅拉转文天祥战马向山下跑去。

没有跑的是巩信将军。他与他的亲信士兵守在高处大石后面射箭,阻挡追击文天祥的敌军。元军见绕不过此处,便猛烈攻击。不久,他们发现宋军不反击了,便慢慢接近该地,走到石头后面一看,几百名宋兵已经全部死亡。巩信犹自挺立不倒,双目圆睁。他们又补射数箭,巩信仍然挺立。他们再走近一看,巩信将军确实是早就断气了。

宋兵边跑边抵抗追来的元兵。宋军是步兵,仰头对抗骑着马的蒙古兵。宋兵一把单刀,一张盾牌,而每个蒙古兵配备有两张弓、两个装满箭的箭囊、一支带钩的长矛、一把弯形马刀、一把短柄手斧、一把悬挂在马鞍上的铁钉头锤。凭着一腔热血作战的宋兵只是像羊羔被杀戮,没有招架能力,唯一求生之道就是逃跑。大道上只见到血肉横飞,只听到一方的欢呼声与另一方的惨叫声。

文天祥一手握剑，一手提缰绳，骑马飞跑。张弘毅等卫士骑马跟随，有时回身射箭。元军骑兵高呼："抓住文天祥！活捉文天祥！"已经追到身后。张弘毅等卫士回身接战。文天祥骑马快跑。张弘毅等卫士不敢恋战，追去跟随文天祥。元兵呐喊着追上，越来越接近。这时候发生了一件奇异的事情，天上一声巨响，一巨石从天而降，落在文天祥等人马后。那巨石大如数间房屋，堵塞道路。元军绕过巨石后，发现文天祥已经跑远。

宋兵丢盔弃甲，只顾逃命。保卫家眷和辎重的士兵不堪一击，死的死逃的逃。而那些随军家眷吓破了胆，束手就擒。有些跑得动的跑了几步就被杀或被抓。

顾玉纾在家眷中，见到敌军攻打来，保护他们的宋军溃散，她就跳下车逃跑。她杂在人群中跑，后面一士兵喊叫"快跑"，将顾玉纾撞倒不理跑了过去。另一士兵践踏她跑了过去。又一士兵托起她。她不顾疼痛继续跑。她见到文天祥的妾颜氏，小脚跑得艰难，她上去扶持颜氏快跑。颜氏推开她，跳下山坡，撞着巨石，头破血流而死。顾玉纾跟着跳下山坡，翻滚到水田里，浑身泥污。后来被元兵抓住，成了俘虏。

管秋芬跳下车去找父亲。伙头军已经跑散了。管福跑来随军家眷里找女儿。在乱跑的人群之中，二人迎向而跑，都已经互相看到了，互相呼唤，但就是被冲散了，离得越来越远。管秋芬看到父亲被元兵一刀砍倒的时候就瘫倒了。她被人践踏，被人拉起，被人带着跑。她什么也不知道。

战斗结束。在山坡前的一片开阔地里，元军元帅、江西抚慰使李恒和几个将领骑在马上，看着俘虏被押解着走过。俘虏主要是妇女，有些老年男子，有一些士兵，但是没有伤兵。伤兵全被杀了。李恒指点俘虏中看似官员的，把他们拉到一旁，打算杀害。一顶肩舆抬着赵时赏走过，他腿伤未愈，不能行走。李恒见他体貌丰伟，就问他是谁。赵时赏说他行不更名坐不改姓，是文天祥。李恒大喜说，到底抓到你了，随即进行劝降。赵时赏只是鄙夷地笑而不答。李恒要他指认被拉到一旁的官员。赵时赏说这些都是小小的签厅官员，算不得什么。李恒一挥手，让这些官员去到普通俘虏里去了。

一位元军将领飞马回来报告，文天祥逃脱了。李恒知道受骗大怒，立即将赵时赏处斩。赵时赏毫无畏惧，临死都大骂元军禽兽。

看着走过面前的俘虏，李恒点出一个衣着高贵，约四十岁的妇女问：

“出来，你是谁？”

“我姓欧阳。”

“是干什么的？你是什么人？”

“我是文天祥夫人。”欧阳氏坦然承认。

“哈，我一眼就看出你不一般。”李恒命令，“将她押去大都，好好对待。”

欧阳夫人回到俘虏中，挽起十二岁的女儿柳娘和同是十二岁的环娘，还有儿子佛生往前走。后来佛生在途中失散。

俘虏中还有顾玉纾，她浑身泥污，显得黑瘦，就是一个民间小丫头模样。

俘虏们被押送去大都。长途跋涉，很多人半路死去。

八月二十七，文天祥从永丰空坑败逃，沿途不敢歇脚，一直跑到万安赣江边上。一路上只能以兵荒马乱来形容。队伍不整，将军无法号令。伤兵能够走的自己走，不能够自己走的有人搀扶背负。兵士丢盔弃甲是想减轻负担，一切为了逃命。失散的士兵陆陆续续跟上来，找到自己的将军，加入队伍。也有原来跟着队伍的趁人不注意，溜进路旁树林做了逃兵。

队伍到达江边，文天祥命令将军们积极安排渡江。将军们去找船只。他们沿江上下征用来不少大小木船。船户听说是文天祥的军队要渡江，纷纷前来应征。花了两个时辰，人马全部安全渡到江对岸。

见到前有大江横亘，后有追兵，文天祥心里万分惶恐。这里两岸山峰林立，江水湍急，声如惊雷，浊浪滔天，而天上是滚滚乌云。文天祥问这是什么地方。曾凤说这里是“惶恐滩”。曾凤饱学之儒，曾经是文天祥的老师。

“这惶恐滩是赣江十八滩之最后一滩。与长江三峡、黄河三门峡合称为三大险滩。它原名黄公滩。当地人说，‘黄公滩，阎王滩。十船过滩九船翻，一船过滩吓破胆。’当年苏东坡被贬谪黄州，经过这里，把‘黄公滩’误听为‘惶恐滩’，还写了一首诗：‘七千里外二毛人，十八滩头一叶身。山忆喜欢劳远梦，地名惶恐泣孤臣。’从那以后这里就叫作‘惶恐滩’了。”

“唉，要说惶恐，只怕我今日比坡公当年更为惶恐，”文天祥垂头丧气地说，“我发现这二年我衰老得很快。白发长了出来，我也是二毛人了。我数年来耗尽心血精力聚集的兵力，这一战就折损殆尽。一出江西，取得战场大捷，这一下就崩溃了，我还能够有精力重整旗鼓，东山再起吗？我何以向皇帝交代，何以向上苍交代？”

曾凤鼓励他说：“丞相不可因为一次败绩泄气。想沛公提三尺剑，在芒砀斩白蛇起义，反对暴秦，率兵先进咸阳，声威煊赫，后来与霸王项羽争战，四年里屡屡败北，却不曾气馁，终于取得天下。丞相应当上念皇室数世养育之恩，下念苍生疾苦，再接再厉，扶大厦于将倾，重整山河。”

这时让文天祥喜出望外的是看到萧资将军护送曾氏老太太和十二岁的长子道生来了。文天祥下马迎接，跪倒在老太太面前，说是让母亲受惊了，请求恕罪。他立即安排母亲和儿子过江。文天祥后来查明，他的妻欧阳夫人、女儿柳娘和环娘被敌军俘虏。另外两个女儿遭到杀害。次子佛生下落不明，恐怕是凶多吉少。

文天祥站在岸边看将士都已经渡江，才召唤殿后的邹沨部队前来和自己一同渡江。过了惶恐滩，文天祥集合残兵败将，一清点犹有五千余人。他将军队重新组合，循进军原路退回广东。他再次收复梅州，驻扎下来。

文天祥在梅州驻扎下来后，做的第一件事情就是为死难将士举行了隆重的追悼会。为抵御元军，保卫梅州，文天祥做了许多工作。他招兵买马，重新组成义军，部署在梅州东北部的蕉岭、武平间和正北面梅平间，加强守卫。

军务之外，文天祥还大力安抚梅州人民。他知道只有得到民众的支持，抗元大业才能持久进行。此外，像平常人一样，他还有家务事让他分心。他的亲人在几年的兵荒马乱中有的死亡，有的失散。现在留在他身边的只有老母和长子。他虽然事母极孝，但现在除了晨昏定省，他很少有时间陪伴母亲。对儿子道生他也难以顾及，只得延请曾凤教诲，安排奴婢照护他的生活。

文天祥忙碌，张弘毅也不能闲着。忙碌的时候好受一些，闲下来反而痛苦。白天忙碌一天，做着有意义的事情，心里舒坦，可是到晚上一闲下来，他就思念顾玉纾，还有管秋芬，不知道她们怎么样了。他也记挂祖母，父母亲和妹妹。他听家乡来的人说，永和镇是投降了的，居民没有遭到杀戮，保全了性命。他以为家里人也应该是安全的，还不知道都已经遇难。他庆幸自己没有像文丞相和一些将军一样把家眷带在一起，没有遭遇空坑兵败的劫难。

他想到：文丞相这次一败涂地，是其人生中遇到的最大打击。数年辛苦毁于一旦，抗元中兴的大业遭到巨大挫折，几乎可以说是难以东山再起。可是他挺住了，回到梅州又开始招兵买马，从头再来。这是何等的精神力量。还有他的家人有的被杀，有的被俘，这对于常人是难以忍受的事情，他却能够忍受住。他也有常人的情感,独处时也会黯然神伤,叹息流泪,可是在人面前他一点哀伤的表情也没有显现出来,给人看到的永远是乐观开朗的样子。这是因为他知道他是军队的主心骨,他绝对不能垮了。他的情绪会影响全军。这是何等的浩然正气。张弘毅对文丞相更为敬佩了。

到梅州后,又有些逃散了的士兵陆续归队。这天晚上,张弘毅听说李时龙来了,在大门外要见他。张弘毅立即跑到门口,两个老朋友见面分外高兴。张弘毅要拉李时龙进屋坐。李时龙要拉他去自己临时住的旅社,说要他见一个人。李时龙是那天才到梅州,想归队,没有找到原来的支队,所以临时在旅社落脚,先来找张弘毅。他说了一路找来梅州的曲折过程。

李时龙带张弘毅到旅社,来到房间门口,推开房门请他进去。张弘毅一进门,惊讶地看见床上坐着的是管秋芬。管秋芬缓缓站起,眼里噙着泪。张弘毅惊喜交集,也不顾男女授受不亲,一把抓住管秋芬的手问:“你怎么回来的? 还好吗? ”

“你还知道问我,”管秋芬憋了一肚子的委屈,喷涌而出地说,“现在问是不是迟了? 元兵要杀我的时候,你在哪里? 我需要你保护的时候,你在哪里? ”

张弘毅木然说不出话, 他没有想到元兵打来的时候他在保护文天祥。他只知道说些没有意义的话:“太突然了,太突然了。”

房间里没有桌椅,李时龙让张弘毅和管秋芬坐在床上,自己站在窗口。他说:“你不要错怪毅甫,我早对你解释过了。他是文丞相的侍卫,打起仗来,他首先要保卫的是丞相。自己的命都可以不要,哪里能够想到别的人。”他接着骄傲地说,“是派我保卫家眷和辎重的。仗一打起来,北方兵冲过来,我首先想到的是保卫你。我提刀就上了,连命都不顾,就是要救你。”

张弘毅与管秋芬互相对视,一个满面愧疚,一个满面哀怨。

管秋芬说:“我要告诉你,你妻子的情况。”

张弘毅迫不及待地追问:“你知道吗? 请快告诉我。”

“北方兵打来的时候,我们那些草包兵挡不住,一下就四散逃跑了,丢下我们不管。我们女流之辈有的吓得战战兢兢地坐着不动等死,有的就跳下车跑。跑也是跑不动,跑不了多远就被砍倒了,被抓住了。我跑去找父亲,看到父亲被杀死,我就拼命地跑。我看到你的夫人也在跑。她跟在丞相的颜夫人后面跑。我本来要拉住她,让她和我一起跑,我可以扶住她。可是她看到颜夫人跳到山下,她也接着跳了。我跑过去一看,颜夫人头撞到石头上流出一大摊子血,瞬间死了。你的夫人恐怕也死了。"她叹了口气,"我正打算跟着跳,一个元兵抓住了我。他正举刀杀我的时候,被这个家伙杀死了。"

"我是个家伙吗?"

"他把我拖到树林里,等元兵走了,天黑了我们才出来。我们连夜离开那个地方,找了个山沟躲起来。我疲劳得倒地就睡,睡得人事不知,这个家伙就强占了我。"

"不要这么说。我救了你的命,你应该知恩图报。"

"不如让我死在北方兵手里好。"

"我是爱你的。我想你那么久。我不是害你。我会娶你的。"

张弘毅转圜说:"事情已经这样。李公子也是好人,不算辱没你。你就跟了他吧。"

"你这么说吗?你真的不是个男人。"管秋芬眼泪夺眶而出,"我的父亲也死了,我在这世界上没有亲人了。不跟他,我跟谁?"

"李公子是个重情义的人,他不会欺骗你的。"

"如果不是看他这几天对我好,我早就闹了。"

张弘毅起身说:"我要回去了,听到妻子遇难,心里难受。"

李时龙送他出旅社,安慰他说:"先别难过。秋芬只是看到她倒在地上,还不能够确定说就是死了。以后再打听寻访吧。"

"你转去吧。以后你要对管女好。有一点对不起她,我饶不了你。"

"哥,我保证。"他嬉皮笑脸地说,"哥,你真是个君子,她跟随你那么长时间还是白璧无瑕。"

张弘毅不假思索出手就是一拳打在他脸上。他平时温文尔雅,可是性子来得急,会突然爆发。李时龙站起来,擦去嘴角的血,依然是嬉皮笑脸。

张弘毅一夜辗转无眠。想到爱妻遇难,心爱的姑娘被夺,他心中的痛苦难以名状。

次日清晨,梅州南面城门一打开,李时龙就带管秋芬出去了。他明白张弘毅对他的恨是不可能泯灭的,他待在文天祥军队里双方见面都难堪,就决定出走。他没有想回永和镇去过顺民的日子,他要去南方追寻皇室。永和镇一起出来的伙伴有在那里的,顾玉杼也在那里。

李时龙带了管秋芬出了梅州,打听到皇室在惠州,急于前去投奔,可是路途为元军阻隔。后来知道张世杰带兵在攻打泉州,他就往这一路来。那天傍晚他们到了泉州,远远望去,连片的军营包围了泉州城,营房里火把通明,寂静无声。他们在辕门受到盘问,被带来见值夜军官。李时龙本来就是这军队的兵,他说了军队的情况,说了方兴将军、永和镇的人和顾玉杼。军官就让人去请顾玉杼来。

顾玉杼见了李时龙很高兴,带他们去自己的住地。他不住在军营,随广王赵昺住在山坡的民房里。知道李时龙夫妇奔波一天,没有吃饭,他让人送来酒食,与李时龙边饮酒边讲述各自别后的事情。李时龙说了文天祥军队的惨败。他说军队被打散,自己流亡,寻找和投奔皇室军队,没有说离开文天祥军队的真实原因。他给顾玉杼介绍了管秋芬,说他们两人成婚了,虽然没有拜堂,是事实夫妇。以后安定了会补办仪式,不然对不起妻子,也对不起自己。顾玉杼想了想,说可以把管秋芬安排到卫王的女侍里去。后来管秋芬到了卫王身边,由于她粗活细事都能够对付,很快就受到重用,职务升了上去。

三杯酒过话语多。顾玉杼讲了张世杰回军攻打泉州的经过。行朝已经到了惠州,张世杰将军认为总是在海上漂泊没有出路,要争取一陆上立足点。而选择立足点莫若泉州,泉州兼顾着浙闽粤三地。泉州富庶,可以从经济上支撑行朝。他对泉州蒲寿庚上次不许皇帝入城耿耿于怀,一定要去讨伐他的罪行。而丞相陈宜中不认可他的方案,说军事打击应该针对胡人。于是张世杰将军只率领了数万军士,六百艘战船前来。卫王赵昺是恭帝原来封的广王,判泉州,兼判南外宗正,而赵氏在泉州的宗亲一直有相当势力,张世杰打泉州,让他出镇福建,对福建人民有号召力,所以请了他一同前来。顾玉杼就跟着来了。

但是攻打泉州很不顺利。泉州的赵氏宗族得知张世杰回师攻打泉州的消息欢欣鼓舞,准备做内应,被蒲寿庚设计诱捕杀尽,手段非常残酷。蒲寿庚还杀了城内的三千淮军,胁迫人民守城。张将军攻打了七十多天都没有打下。现在旷日持久,弹尽粮绝,军士厌战,本来就打不下去了,又知道蒲寿庚派人去杭州求援,元军大队人马已经开过来了,只好撤兵。顾玉杼说,"我们这一两天就要走,回广东去。你来得正是时候,来晚了又找不到我们了。你还是去方兴将军帐下,我现在就带你去。"

方兴见了李时龙很高兴,毕竟是几年的老部下。他让李时龙做了亲兵,职务不高,权力不小,李时龙很满意,以后就随同方兴将军出生入死。

张世杰一连攻打泉州七十余日未能破城，又接谍报，蒲寿庚派人往杭州求救，元朝唆都元帅率大军来援，只有长叹一声，命令撤军。泉州城内守军也是精疲力竭，无法追击，所以宋军可以不慌不忙安全撤退。

六百余艘战船沿海岸向西行驶。前军是苏刘义将军，后军是方兴将军，张世杰将军保护卫王在中军。舰队沿途补给粮食蔬菜淡水，缓缓前行。这一日来到陆丰，再往前一两日就到达惠州，回到行朝。

方兴接到报告说海面上发现敌军舰船踪迹，就上舰桥来观看。海上雾浓，等到方兴看清楚疾驶而来的确实是元军的战船，有三十余艘时，敌船已经到了近处。箭矢和火箭纷纷飞来自己船上。胡笳战鼓声响彻海面。方兴立即组织抵抗，并且报告主帅。

敌军只是放箭，并不贴近攻击，但是火箭使船只起火燃烧，宋军要还击敌人，又要扑灭大火，一时间混乱不堪。忽然，元军战船掉头逃窜，原来他们侧后方出现三十来艘船向他们发起攻击，使得无数士兵伤亡。元军以为中了埋伏，仓惶撤退逃离。

那三十来艘船靠拢宋军战船，头目过船来叩见方兴将军。那是一位50岁的渔民，自我介绍说姓郑名复，是当地渔民，知道皇室沿海南巡，他组织了一批义民，打算追随皇帝抗元。义军每日操练，今日刚好见到元军偷袭宋军，就冲上前解围，打跑了元军。方兴听了很高兴，大大赞扬他的一片忠心，带他来觐见卫王。

张世杰在舰桥上，他早就看到了后军作战的情况，见到义民郑复即表扬其义举。他没有时间与郑复谈话，神色紧张地对方兴说，这一小股元军的骚扰是试探性地攻击，大部队的元军随后即将跟来。他要方兴立即回去，全军要全速前进，不让敌军追上。他把郑复的义军编入方兴军中，成为正规军。郑复高兴地随方兴去了。这批义民五百余人，是南方特有的被称为“疍民”的渔民。他们以船为家，终身不上岸。船到哪里，家到哪里。所以他们能够当下就随宋军出发。

宋军舰船全速前进，可是不到半个时辰就被元军追上。海平线上，元军舰船似汹涌的海浪卷来。昔日草原帝国只有马背上的雄师，而今已经建立起一支强大的水军。在宋度宗时，奸相贾似道利用“打算法”打压武将，逼反了泸州知府兼潼川路安抚副使刘整。刘整帮忽必烈建立和训练了水师。元朝的水师在顺长江而下的战斗中打败了宋的水师。元朝占领临安,势力扩大到浙江福建,又有大批宋的官员投降,给元朝水师带来了大量的战船、水手和进行水战的武器装备。这时候元朝的水师已经比南宋的流亡朝廷的水师强大得多。所以南宋的小朝廷每战必败,被打得在海上流窜。

张世杰看到元军水师庞大。大的舰船桅杆高耸,巨大的帆为风鼓满。大船长度足有三十丈,装有二十四个车轮桨,每个桨由三名水手摇动,船行如飞。其他中小船舰无数,有双车船、四车船,有的船旁设四轮,每轮八叶片。有的船舰十桨,配水手四十二人,披甲将士百余人。另外有海鳅、舢板小船被拖行。

元军的箭矢从空中飞来造成宋军伤亡,火箭使战船起火,宋军不得不迎战。他们边打边退,最后被围在甲子门的海湾里,无路可退。敌军一千余艘船把海面围了个水泄不通,宋军成了瓮中之鳖。

宋军依然负隅顽抗,战斗一直进行到天黑。次日,宋军士气不减。元军舰船逼近靠上,元兵跳过船来,与宋兵短兵相接,杀声震天。宋兵毫无畏惧,前面船上的宋兵消灭了跳过船来的元兵,后面的宋兵放箭阻止敌船的接近。就这样宋军打退了元军一波又一波的攻击。战斗从早到晚打了一天,元军蒙受很大损失也未能打败宋军,未能让宋军屈服。

天黑以后,元军停止攻击,大海恢复平静。宋军迅速收拾战船,从海里提水冲洗甲板,处理死伤战士,然后吃饭休息,准备迎接明天的战斗。军官们清点部下,重新编队,逐级向上汇报。

卫王仅仅七岁,亲历如此激烈的海战而不惊慌,显示出了王者风范。张世杰来向他汇报一天的战况,候他就寝才退下王舟。跟随卫王一同来泉州的陆秀夫跟他来到他的船上。

将军们在张世杰的船舱内等候他归来。他们一同分析战情,拟定次日作战方案。有的人提出弃船,从陆路逃走,很快被否定了。因为沿海陆上全是元军势力。有的人提出突围,拼尽全力突围,总会有部分战船能够逃出去。大家同意这个方案,实施的办法是次日晚上,乘敌不备之时出发。这时候郑复来求见张世杰枢密。他献上了新的方案。

郑复参见了张世杰、陆秀夫和各位将军。张世杰即赐他坐,赞扬他的忠义:"郑义士前日见鞑虏追赶我军,即率领儿郎冲入敌阵,驱逐敌兵,与我解危,真的是忠义之士。我已经为义士申请褒奖,封义士为水师都统,回到朝廷即报与皇帝批准。已经请陆大人写好了奏章。”

陆秀夫随声附和。

“谢谢将军。愚民率犬子郑永、郑义和五百多名打鱼晒盐之人投奔将军就为了抵抗鞑虏。现在看到我军被围困在海港，形势危急，特来献计解围。”

“义士有何良策？”张世杰急迫地问。

“愚民系本地土生土长，对此地地形了如指掌。此地是海丰碣石湾。因为海上有六十块礁石露出水面，六十为甲子之数，此地地名就叫作甲子门。我军被困之地是大德港。敌军舰船密集，军容强盛，冲突不出。本县有东西二溪，东溪流出碣石湾，西溪以红海湾为出口。二溪之间距离仅二里余，且平原沙土松软，极易挖掘。地势低于海面，一旦凿通，海水涌入即可行舟。我军可从运河出红海湾远遁。”

“啊，此策甚佳。然而是否可行？”

“我意先进行勘测，找出最短路程，最易开挖地段。我军数万人，沿线开挖。”

张世杰打断他说，“不行，将士们要打仗，抽不出人挖土。”

“那就多请民工来挖，昼夜不停。”

“昼夜不停地挖，要挖通，还要能行大船，得要多少天？”张世杰又打断他问。

“如果进展顺利，愚下认为半个月够了。”

“不行，我们顶不了那么多天。”张世杰望望将军们。将军们悲观地摇头。

“要挖那么宽，那么深，拼命也得十天。”

张世杰长叹一口气：“计谋是好，难以施行呀。将军们都在这里，说句真心话，大家看得很清楚，敌军强大，我不知道我们能够顶住多少天。谢谢义士忠心。”

海战进行数日，这一天，宋军早早吃饱饭，列阵待敌。奇怪的是海面上异常平静，一直等到红日当空，敌军也没有发动攻击。这反而引起宋军不安，猜不透敌人玩什么花样。

后来，敌军船阵中划出来一支舢板，一直朝宋军划来。舢板到了近处，大家看到上面只载了一个人。很明显，这是敌人派来劝降的。果不其然，来人自报姓名为孙安甫，是张世杰将军故人，求见张将军。

孙安甫见了张世杰，说了些叙旧的话便开始劝降。张世杰早知他来意，不耐烦听，立即加以遣返。孙安甫不甘心，临去还请张世杰好好考虑。

这时候将军们都在场，纷纷表示宁为玉碎不为瓦全，支持张世杰。只有陆秀夫说要大家多考虑，也许应该投降。张世杰表示惊讶不解，一向忠心的陆秀夫怎么会意图变节。

“将军不要急，听我慢慢说明接受劝降的理由。将军们也不要急，不要用鄙视眼光看我。我得先说明，投降是假的，只是缓兵之计。投降只是表面的，让元军暂时不来攻打我们，我们就可以争取时间做一点事情。”

“做什么事呢？”将军们急不可耐地问。

“郑义士提的妙计大家都听到了。那确实是条妙计，实施的困难就是时间，要十天半月，我们拖不了那么久。”

“我懂你的意思，”张世杰说，“我们接受劝降，让元军暂时停止攻击，我们就开挖运河，然后逃之夭夭。可是敌人会听我们的吗？我们一表明投降，他们就会来收缴武器，把人带走。该杀该剐都听他们的了。我们能够有机会挖运河吗？”

“是啊，这是要考虑的。我们可以与他们谈条件，要满足我们的条件才投降。而我们提的条件是敌人很难接受的。这样就可以通过谈判拖时间。”

方兴说，“我们拖得敌人不耐烦了，他们不会打吗？”

“能够不打他们就不会打。”陆秀夫冷静地分析，“敌人为什么要劝降？因为我们数日来反击厉害，使他们死伤惨重。他们明白，如果想打败我们，他们还要付出惨重的代价，所以才来劝降。”

张世杰气恼地问：“你想到假投降，当时你为什么不说？现在我们已经义正词严地拒绝投降了，敌人的使节也走了，还说有什么用呢？”

“是啊，我脑筋没有那么转得快。”

“事后诸葛亮。”

天无绝人之路。众人正要散去，回各自船上准备战斗，小兵来报告，敌军使节又来了。

孙安甫见了张世杰便说：“鄙人回去汇报将军们宁为玉碎不为瓦全的精神，唆都元帅好佩服。元帅惜才，佩服将军们的神勇和忠心耿耿，但是不愿意看到美玉破碎，所以令我再来商谈。将军们可以提出条件，只要归顺，成了一家人，什么要求都好商量。”

张世杰做出为难的样子说:“感谢你不辞劳苦,来往斡旋。我们已经明白表示,我们绝对不会投降。如果要投降,我们就不会从临安跑出来。现在两军对垒,我们尚有余勇与你们周旋。但是为了避免无谓牺牲,我们也可以考虑休兵。我们可以谈判。但是你方的诚意尚不足信。如果在谈判期间,你们趁我们不备,突然袭击,将怎么说?我要求你们按古时候习惯,先退避三舍。你先返回,容我禀报卫王,得到钧旨后,我派人去你方会谈。”

孙安甫见张世杰口气松动,劝降可望成功,自己立下大功,非常高兴地离去了。

孙安甫一离去,众人立即商议如何依计而行。虽然是假投降也得报于卫王知道。陆秀夫援笔以卫王名义书写降表。其中提出的条件要求很高,比如宋的皇室要裂土封地。抗元的将士要封官赐田。这些不是军营里的官员能够当家做主拍板的,必须报于忽必烈定夺,这样就给了张世杰充裕的时间施行计划。

降表写好,张世杰派了架阁倪宙送至元营。唆都元帅留住倪宙,派了孙安甫来回话,说如此大事不敢自专,须报于朝廷裁夺,要他们耐心等待。唆都派了儿子百家努陪伴倪宙赍了降表北上去大都。元军舰船退后,仍然将海面封锁使宋军无法逃逸。此日平安无事过去,张世杰即布置挖运河。

宋军将士竭尽全力,不到旬日,一条两三里路的人工运河贯通。一个晚上,宋军大小舰船六百余艘全部从碣石湾转移到红海湾,安全向西远飏。

次日清晨,元军看到蓝天无云,海面平静,波涛不兴,宋军舰船消失得无影无踪,海面上了无痕迹。

景炎二年冬十二月,宋军与元军首次海战,甲子门海战以宋军宵遁结束。

十八

宋军与元军第二次大海战发生在十字门,史书上称为十字门海战。十字门在澳门与珠海横琴岛之间,又称为井澳,故此次海战又称为井澳海战。此次海战历时一个月,双方投入的兵力达五十万人之多,是世界上最大规模的一次海战。

澳门南有四山相对峙而立，海水东西南北成十字纵横其间，曰十字门。“四山”指的是路环叠石塘山、氹仔小潭山、大横琴山和小横琴山。

张世杰回到浅湾，向景炎帝报告了攻打泉州不利，甲子门海战损兵折将的经过。他说明了作为缓兵之计的假投降。陈宜中说此事朝廷也有耳闻，虽然是不予置信，还是不免有些惶恐不安。现在元帅归来，合兵一处，应当做下一步战略部署。

于是，次日陈宜中独自去到广州。他协助地方官员加强广州的防守，意图以州治为行宫，迎接帝昰至广州驻跸，将广州作为抗元中心。可是这样的救亡图存的部署却难以顺利实施。

陈宜中回来带领行朝离开浅湾，船队浩浩荡荡沿着珠江北上途中接到情报，元军由左丞相塔出率领在攻打广州。行朝无奈，中途停在香山。

元军主帅塔出围困广州多日后，十二月十二日（丙寅），宋的守将张镇孙见孤守无援，献城投降。塔出进城，将广州城墙拆毁。

宋军从香山转移到井澳，受到当地人民热烈欢迎。百姓青壮纷纷参军。富豪马南宝、高添、赵若举等人前来拜谒，贡献千石粮食作军粮。景炎帝住到马南宝家中。不久，元军水师从海上对宋军发起攻击。

元军将领刘深是张世杰的老对手。刘深参加过元军攻打襄阳的战争，在顺长江而下，与宋军的焦山会战中彻底打败张世杰。现在作为元军汉军左副都统的刘深率领庞大的水师前来，意图一举消灭宋的皇室。

景炎二年十一月中旬，元军水师前锋突然出现，袭击宋军。作为试探性战斗，元军获得小胜后即退走。这是井澳海战的初战。

第二次战斗发生在十一月中旬。元将哈喇歹、宣抚使梁雄飞、招讨使王天禄合兵围攻香山岛南端的濠镜澳（今澳门）。宋军大败，被夺去大批战船和军资器械。陈宜中、张世杰带领 800 艘战船突围而出，急护端宗北逃秀山。战事未完，又遇天灾。飓风吹袭十字门，宋军无数船只翻沉，半数宋军被滔天巨浪卷走，葬身鱼腹。景炎帝也落水，几乎溺死，虽被救起，但惊悸成疾。

飓风之后十余日，诸兵士始稍稍来集，死亡减员几近一半。天公不会偏向哪方。飓风也使得元军水师遭到巨大损失。

第三次战斗发生在十二月十八日，元将刘深来袭井澳。元军战船从路环岛南北两边水道向西猛攻。停泊在大小横琴之间水道的岸边的景炎帝的御舟,长五十丈,分外显眼,成为元军攻击的重点。驻守在了哥崖一带的宋军发矢石火炮猛击,阻止了元军的攻击。战斗激烈之时,天刮起西风,宋师顺风放火反攻,击退元军,取得一次难得的胜利。

第四次战斗发生在十二月下旬。刘深重整队伍进攻谢女峡(今小横琴岛),宋军溃败向大洋逃跑。元军追至七洲洋,今澳门东北部九洲洋,再夺宋船两百艘,但误把俘获的帝舅俞如珪当作端宗,立即停止追击,端宗从而侥幸脱险。

在十字门一个月的海战中,数股元军合力轮番攻打宋军,给宋军造成极大挫伤,而已方也在宋军顽强抵抗中和飓风海浪袭击中损失巨大,无力组织兵力穷追宋的皇室。因此宋军船舰得以缓缓向西航行。

景炎二年十二月尾,宋军来到吴川硇洲,即今湛江东硇洲岛。硇洲岛古称硭,位于广东省湛江市东南约四十公里处,北傍东海岛,西依雷州湾,东南面是南海,纵深是太平洋,总面积约五十六平方公里。

先锋船舰靠岸后,即派军士上岛查看,见此是无人荒岛,树木丛生,无巨兽猛禽。海岛是否适合居住取决于有无淡水。士兵们四处寻找水源,终于在东南部发现一处洼地有清泉冒出,即掘井取水,发现水甘美无比,且取之不尽,若为天赐。这样,宋军即登岛,在岛上安营扎寨住下。

随端宗逃亡到硇洲岛上的朝臣、官兵、船民、宫女、太监达十余万之众。张世杰遂命军士伐木建行宫,造军屋三千余间。现在遗迹无存,只有当地地名仍为宋皇村。那口井保存较好,七百多年来一直为乡民所用。村民为了纪念宋皇,立石碑把井称为"宋皇井"。

景炎帝年幼体弱,出临安以来一路上疲于奔命,担惊受怕。在井澳海战中,飓风吹袭,船舰倾翻,他被卷入海里。虽然被士兵救起,却得下惊悸怔忡之症。硇洲岛上行宫建好以后,他上岛来住,得到安息,而病却日益严重。他听到附近建房的噪声便惊恐不安,张世杰即叫军士把敲敲打打的活抬到远处去做,再抬回来拼装。景炎帝卧床不起,疲惫倦怠,食欲不振,山珍海味也难下咽。御医束手无策。杨太妃见状焦急万分。

这一日午后,天气温和,却有些潮湿闷热。景炎帝病恹恹地欹卧床上。一个宫女持长柄羽毛扇为他送来凉爽的风。另一个宫女从床旁的茶几上的果盘里取了一只米蕉剥了给他吃,他皱眉摇头。宫女望着坐在一旁的椅子里的杨太妃求助。杨太妃劝他说,这是很好的米蕉,润肠通便,应该吃。帝昰说想喝茶。宫女即斟茶与他饮。

杨太妃试探地问:“今天天气很好。外面没有风。想不想起床出去走一走?”

帝昰摇摇头说:“母后,我浑身无力。”他闭目无语,有一阵室内寂静得叫人难受。

“让汪弥莲给你唱歌跳舞如何?”

“我想见那位壮士,把我从海里救起来的壮士。”帝昰还是摇头。

“哦,那好。他名叫……”

“他叫顾玉杼,我记得的。”

“对,他是卫王的护卫。也叫卫王来吗?”

“是的,我也想见他。”

杨太妃吩咐宣卫王觐见,并带护卫顾玉杼一同前来。一名太监领旨去了。

卫王居所只在邻近。不一会,卫王就带顾玉杼过来了。他们拜见帝昰和杨太妃,被赐座。顾玉杼一瞟眼见到汪弥莲侍立在杨太妃身后,不禁一阵狂喜。他连忙低下眼睛,屏住呼吸。帝昰与顾玉杼谈话。

“壮士,你那天真的是勇敢。大海狂风巨浪,波涛汹涌,你敢于跳下来救朕。要不是你来得快,朕已经是葬身海洋了。”

“当时见到飓风吹浪,颠覆御舟,陛下落水,小的惊恐万分,来不及想就跳入海浪中救驾。同时跳下去的人很多,都要救驾,只是小的最近,就有幸救到陛下。”

“波浪好高,打过头顶。朕一落到海里就呛水。气都闭过去了。海水真咸真苦,你没有喝到海水吗?”

“喝到了,那是不可避免的。不过小的深谙水性,立即调整好呼吸就不在乎了。”

“是的,朕被你举起就没有喝水了。很快就被你救上船。你的水上功夫真好。”

“启奏皇兄,顾侍卫不仅水上功夫好,他武艺也是高超。现在他教我习武。”

“学习武艺很有益。你有这么好的师傅教你,就应该好好学。顾侍卫,像朕这样体弱多病之人可以学习武艺吗？”

“回皇上话，当然是可以学习的。学习武艺就是为了强身健体。”

“朕现在病的时间长了，身体好虚弱，站立久了就受不了。”

“有些武术的基础功，尤其是强健身体的基础功，可以坐着练习，甚至于躺着都可以练习。比如八段锦。”

“哦，你练来朕瞧瞧。”

顾玉杼练了一趟八段锦，一边做一边讲解动作要领。帝昰见不难，且看似不费力，就叫顾玉杼一节节地教他。顾玉杼指导他在卧榻上端正坐好，调理好呼吸，一个一个的动作教。帝昰学习一会就累了，说今天够了，以后逐步学习。

“这八段锦真的有效。陛下练习一会脸色就红润了，精神也旺盛了。八段锦调理阴阳，舒经活络，持之以恒地练习，身体自然强壮，就可以学习武术套路了。”

“谢谢卿家。”帝昰呷了一口茶说，“朕还没有好好谢你。你现在官居何职？”

“启禀皇兄，他是五品护卫。”

“朕封你为四品御前带刀护卫。另外赏赐你白银千两，内库房立即支付。”

顾玉杼立即叩谢拜受：“谢主隆恩。不过臣辞谢银两，战乱之中，银两要来无用。”

“那么你需要什么赏赐？”

“臣不敢说。”

“恕你无罪。只管言来。”

顾玉杼知道如果不说就很难再有更好的时机了，于是大着胆子讲：“臣望陛下开恩，望太后开恩，将太后身边的那位侍女赏赐与臣。”

帝昰不解其意，望着母后。

杨太妃问汪弥莲说：“顾侍卫多次请求将你配与他。哀家见他一表人才，年轻有为，多次立功，也有此心。不知道你是否愿意？”

汪弥莲粉面通红地说：“奴婢听从太后安排。”她见到几位宫女露出羡慕的眼神。

杨太妃对顾玉杼说：“你倒真的是一片痴心，锲而不舍。哀家就成全了你们吧。"

顾玉杼连连叩头谢恩。小房间里霎时间充满一直以来难得有的欢乐气氛。帝昰宣布赐婚,让太监总管负责操办婚事。择得吉日,不几天顾玉杼和汪弥莲就圆房了。洞房花烛夜,二人感到人生圆满,无比幸福。

本来,顾玉杼救驾的事迹传开,流亡朝廷的人们就把他看作英雄。现在他娶得美女,英雄配美人更是让人们羡慕不已。更有甚者,奉旨成婚,给美满的婚姻加上天大的荣耀,都是常人梦想得到的。人们分享着英雄美人、神仙眷属的欢乐,暂时忘记了多年来战争的残酷、颠沛流离的苦难。

顾玉杼双喜临门,升了官又娶得美女。汪弥莲收获皇室眷顾的美满婚姻,得与青年将军结为连理。二人喜气洋洋。他们有一间房作为洞房。成婚那天,婚礼举办得简单而热闹。陆秀夫做了主婚人。顾玉杼请李时龙做男傧相,管秋芬做女傧相。很多人前来祝贺,包括几位高官。张世杰、陈宜中、苏刘义、方兴等人送来名帖贺仪,这都是看皇帝的面子。顾玉杼不敢收,都一一退回。

从圆房那天算起他们有十天的婚假。这几天二人沉浸在幸福中,感觉生活蜜一般的甜。他们过着小家庭的生活。白天他们自己买菜做饭,接待李时龙这样的朋友。晚上,众人回军营里安歇后,海岛上一片寂静,他们就去海边漫步。他们携手从飘拂长叶的椰子树林走到洁白柔软的沙滩。金黄色的圆月照亮蓝色的大海。温暖的海风拂面,吹动他们的长发。阵阵海浪拍打着岸边,发出哗哗声。他们下到凉爽的海水里游泳嬉戏。

汪弥莲说:"我想现在就死,沉到海里再也不要出来。"

顾玉杼说:"我陪着你。"

二人相拥游往海水深处。

景炎三年正月,帝昰、陈宜中、张世杰一行到达广东湛江的硇洲岛,在东南面海边举行过一次南下誓师大会,并竖立一座南下誓师纪念碑。遗碑与其他不少南宋史迹,如:宋皇城、宋皇井、宋皇亭、宋皇村、赤马村、翔龙书院等至今犹存。

南宋小朝廷驻跸硇洲岛时尚有二十余万众。在岛上几个月的这段时间里,元军没有来攻击,相对比较安定。宋军得以积极休整。此时最大的问题是粮食供给。附近民众支持皇室,踊跃献粮,解决很大问题。附近州县官员也贡献粮食,但是途中常常为元军劫夺,不能保证押解到。硇洲小岛,终非久留之地，人心渐渐不安。此时丞相陈宜中提出继续西行去占城。

占城在今越南中部，已经是外国。占城与南宋之间的交通十分便捷，往来朝贡也十分频繁，两国关系较为良好。陈宜中说元军势力强大，宋军屡战屡败，在国内已经难以存留，不如暂避锋芒，流亡国外，积蓄力量，以期卷土重来。

他的意见在朝廷上并没有获得全面支持。一个国家的几十万人突然去到别国能否被接纳当然是不可预期的。最后大家勉强同意让丞相先去联系，表达意愿。于是十二月丙子(二十二日)，陈宜中带领几艘船，带了礼品启程前往占城。他刚一离开，原主管殿前司苏刘义等人不以为然，就要追回陈宜中，可是没有赶上。苏刘义说："丞相此去必不返矣。"后人据此推论说陈宜中此行是逃跑。陈宜中确实是一去不返，然而他经吴川(广东西南部)时留有诗一首："颠风吹雨过吴川，极浦亭前望远大。有路可通环屿外，无山堪并首阳巅。溪云起处潮初长，夜月高时人未眠。异日北归许记取，平芜尽处一峰圆。"其中还是说了"异日北归"。不能肯定地说他就是存心逃跑。

陈宜中离去后，帝昰病情日益严重。药石罔效，御医束手无策。他卧床不起，白天有时昏睡，晚上有时惊醒。一点小声音就吓得他惊慌不已，心脏狂跳。饮食少进，日渐羸弱。眼看是时日无多了。

皇帝的病情牵动军民的心。这一天，大臣们在行宫的金殿里朝会结束后被告知皇帝今日情况不妙，大家都不离开，等候信息。看到御案后的御座是空的，大臣们的心也是空的。时间长了，他们窃窃私语，显得焦虑不安。铜香炉的仙鹤喙里吐着香烟，袅袅不绝。

而在后花园的亭子里，卫王赵昺呆呆地坐在石凳上，有二名宫女陪伴。他近来情绪压抑。顾玉杼随侍左右，也想不到办法让他心情轻松。

后院的房屋内，一个宫女推开景炎帝卧房的门，蹑手蹑脚地出来，对一个小太监说："快好出来了。"

小太监往外走去。他来到前面大堂，对门口的一个太监说："快好出来了。"

那太监到前面金殿与大臣报告："快好出来了。"大臣们一片紧张。

后院里屋的房里，景炎帝躺在床上，看着坐在床沿的母亲杨太妃，转眼看看房间里静静守候的一圈人。他脸色忽然红润。

“妈妈。”现在他不称呼母后。他是杨太妃的亲生子。

“哎,乖儿子。”杨太妃也不呼其为皇儿了。

“妈妈,我们回临安去。妈妈,送我回临安。”赵昰头一歪,断气了,眼泪从睁着的眼里流出来。这是个十一岁的少年。

一个宫女上前跪在床前,行礼后,拿一小团丝棉放在赵昰鼻端,过了好一会,摇摇头退下。

“儿子,我的儿子,我的亲骨肉。你们将他简单装殓,我要带着他。走遍天涯海角,我也带着他。将来也和他在一起。”杨太妃紧紧抓住他的手。

二宫女扶起杨太妃。一宫女抚合上赵昰眼睛,拿白绫盖了他的脸,放下帐子。

前庭的大堂里,小太监来报告给太监。太监宣告:“景炎帝宾天了。”

大堂里发出哭声。“天啊,天塌了。天不佑我大宋,怎么办?”

“哥哥,哥哥!”赵昺跑进后房里,他被宫女抱出去。

在前庭大堂内,众人嗡嗡议论,很是悲观失望。

不知道哪一个大臣咕噜着说:“完了。走吧。”

一些大臣也附和着说:“完了。走吧。”可是没有人离开,都垂头丧气,不知所措。

在这人心涣散,大局即将崩溃之时,陆秀夫走到御案前,振臂一呼:“各位大人,大行皇帝重病缠身,已非一日。大家皆对此日变故心有准备,不会六神无主才是。想起大行皇帝聪明睿智,仁爱孝道,我们难免哀痛,但是认为天崩地裂,万念俱灰,却是不该。度宗皇帝一子尚在,将焉置之?古人有以一旅成中兴者。今百官有司皆具,士卒数万,天若未欲绝宋,此岂不可为国耶?国不可一日无主,吾等宜速立卫王为帝,忠心拥戴,则复兴大宋有望矣。”

众大臣纷纷表示赞同。张世杰表态支持陆秀夫意见,拥戴卫王赵昺继位。丧事与登基相继举行。

宋景炎三年四月十五日(1278 年 5 月 8 日),景炎帝赵昰崩于广东雷州半岛东的硇洲岛,年仅九岁。次日,张世杰、赵潜、林永年、潘岳、丁应张、陶士逊、辛大济、陆秀夫、苏景瞻、辛岩、方兴等群臣依制行三献祭礼奏祭天地、宗庙。谥号裕文昭武滑孝皇帝,庙号端宗。端宗灵柩暂厝于香山马南宝家庙。

四月十七日,在大行皇帝灵柩前,七岁的卫王赵昺继帝位,发布《皇帝登位宝诏》。二十一日举行登基仪式，封陆秀夫为丞相，主持政务；张世杰为太傅，成为宋军最高统帅；文天祥为少保，在外发展军事。五月一日改元祥兴。升硇洲为翔龙县，隶属化州。

朝廷最大的问题是几十万人的口粮，去琼州征粮，返途中粮食常常为雷州的元军截获。张世杰派遣张应科和王用去攻打雷州，数次不成功。旷日持久，王用投降，张应科战斗中牺牲。而元军又攻占了高州、化州。硇洲小岛孤立无援，势难久居。朝廷何去何从？

朝廷原本打算去占城。但是陈宜中前去疏通却一去不返，连信也未回。按情理来说，陈宜中此行不可能成功。占城要考虑的不仅是接纳二十余万人这样颇为繁重的事情，更要考虑允许一个流亡朝廷进入的难以预测的后果。因此朝廷不可以贸然迁移去。而关键的问题是，广大将士厌于漂泊，拒绝西行，说“宁可死在国土，不愿活在外邦”。张世杰虽然身为统帅，也必须服从广大将士的决心。船长指挥巨轮在海上航行，必须顺应风向、水流，还有就是依靠水手的努力。恰逢此时，都统凌震攻占了广州。张世杰认为崖山在新会县南八十里的大海中，便于防守，又背托广州，于是奉了帝昺朝廷于六月初七起航，迁驻崖山。升广州为翔龙府。朝廷迁往崖山不是轻易采取的行动，而是经过了深思熟虑，全面衡量的。整个朝廷大队人马迁移之前肯定有完整而漫长的提议、商讨、实地考察、达成决议的过程。这是在其他路子明显不可行以后做出的抉择，不是完善的，但是应该是最佳的抉择。也可以说是无奈的抉择。后人应该根据当时的具体情况评点是非。

十九

崖山是广东省江门市新会区的南部海上的一座岛屿，位于江水入海口处，离岸四十千米。明代黄淳等重修《崖山志》记载：“崖山在新会大海中，非舟楫莫能至。”崖山颇大，据《崖山志》记载的原文是：“周八十余里，延二十八里，袤三十四里。”其南面耸起如高山，向海之面形成陡峭的悬崖，故名崖山。崖山与古兜山之汤瓶嘴对峙，像一道门，又被称之为崖门。入海口处有无数小岛、礁石，水流紊乱凶险，之外是一望无际的汪洋大海。崖门宽仅里许,形成天然港口,内可藏舟舰。每当大风自南而来,海水排闼而入,怒涛奔腾,浪涌如山。其北面水浅,只能行小船。大船只有在早晨和中午涨潮时分才可以顺潮而入,待落潮时顺潮而出。崖门外散落着洲石小岛,据此可控制崖山海上而至乌猪洋一带,地理形势十分重要。“张公世杰以为天险可扼”的记载多见于典籍。文天祥也说“世杰以为形胜安之”。

行朝于六月初七从硇洲始发,二十三日到达崖山。崖山原来就有宋军把守,称为崖山寨。朝廷一到,即派人入山伐木,在西边山麓建造起行宫三十间,其中正殿因为是杨太后居住,故名为“慈元殿”,是朝廷上朝议事的场所。宫外设立行朝草市,建军屋三千间,让文武百官得以安顿。此时除逃走和死亡外,尚有官军民二十余万。大部分人安住在舟船内。粮食资给从粤西和琼州等地取办。朝廷组织工匠加造战船,制作兵器,同时,步兵、水师加紧操练,准备迎敌。

朝廷调整了官员,八月十八日,封少傅张世杰为越国公,封在外作战的右丞相文天祥为信国公,以姚良臣为右丞相,夏士林为参政知事,王德为同知枢密院事,张德为殿前都检点。陆秀夫内筹军旅,外调工匠,在颠沛流离之际,他还书写和注释四书《大学》章句,教帝昺学习,与之建立了良好的师生关系。

宋朝丧礼明确规定,皇帝去世后七个月内必须安葬。帝昰的遗体原于五月运往香山(今中山市)马南宝家庙暂厝。宋军迁移到崖山后,以观文殿大学士曾渊子充当山陵使,于崖山建造陵寝,名永福陵,安葬端宗。

风水师点的吉地在岛的西南部,而杨太后坚持定在岛的北面。她说大行皇帝遗旨是要回临安,要让他望到北方。八月里永福陵建成,派了曾渊子去迎接先帝灵柩运到崖山,九月初一举行奉安大典,隆重安葬。

那一天全岛遍布白绫、白花、白幡。曾渊子担任主祭,陆秀夫宣读祭文。灵柩缓缓进入墓道时,全体军民跪送,哀声遍岛。灵柩落座陵台,地宫最后封门之时,有的宫女哭晕过去。而杨太后始终忍住悲痛,没有掉泪。

在整个大典中,汪弥莲泪眼婆娑。回到住处后,她不再克制,发出哀哀哭声,眼泪像断了线的珍珠般扑簌簌地掉落。顾玉杼是祥兴帝的侍卫,在宫殿里享有一间住房,和汪弥莲住在一起。

顾玉杼劝解说:“先帝驾崩近半年了,不必还如此悲伤。”

汪弥莲抽泣地回答:“自从出临安以来,我一直侍候杨太后,在太后身旁也和先帝朝夕相处。尽管是王是帝,他终究是个不足十岁的孩子,天真可爱。他常常要我唱歌跳舞弹琵琶,我们玩得很开心。我得到他不少赏赐。我感觉他对我有种依赖。”

顾玉杼说:“你聪明美丽,善解人意,比一般宫女自然强多了。”

“有时忘掉了君臣关系,我们就是姐弟。见他染病,病重,直到去世,我十分难过。看着他安葬,我的心都碎了。我真的想殉葬,如果不是有你。”

顾玉杼揽她在怀里:“我对今上祥兴皇帝也是除了忠诚以外,还有种亲情的感觉,真的是奇怪。如果有必要,我是会为皇帝去死的。”

那天晚上,汪弥莲从梦中醒来,摇醒顾玉杼,与他说梦:“夫君。”

“什么?要起夜吗?”

“不是的。我做了一个梦,好甜蜜的梦。”

“那很好。夜夜有好梦。自从与你美梦成真,我是夜夜得安眠,夜夜有好梦。”

“我梦到我在临安皇宫的御花园里。”

“那是你没有到过的地方,胡思乱想。”

“我偏巧是到过的。离开临安那天,父亲送我进宫,把我托付给一个宫女,是在御花园见面。我梦到先帝和我蹴鞠。”

“他与你讲过这游戏。他喜欢蹴鞠。”

“他跑去一蹴,脚下一滑倒在地上。我去扶他起来,他扑进我的怀里。”

“啊哈,救驾有功。后来呢?”

“后来我就醒了。”

十月里,汪弥莲出现妊娠反应。她嗜酸,恶心,呕吐。小两口不懂,去看御医。御医略一把脉就与他们道恭喜。顾玉杼喜不起来,说来得不是时候。汪弥莲不知道该喜该忧。

那段时间里,汪弥莲妊娠反应很强烈,情绪不稳。

“这小子这么厉害,弄得我吃不好睡不好。”

“你怎么知道是小子?”

“只有小子这么闹人。”

“我希望是女孩。头一个是女孩好。依我看是个女孩。”

“是女孩也会是个假小子。”

“你受罪了,对不起。”

"还有这个鬼地方。"

"这地方怎么了？海岛，景色优美，气候宜人，有什么不好？"

"这里潮湿得要命。衣服是湿的，身上黏乎乎的。缺少淡水，不能每天洗澡，怎么受得了。平时还可以克服忍受，现在这样真的是要了我的命。"

"没有办法。我又不能分担你的痛苦。"

"我们走吧，我们离开这里。"

"你说什么？"

"我是说，我们先去岸上住一阵，等我反应期过了再回来。"

"不行，那是不可以的。我跟你说过，现在人心不稳。表面上看来平静，实际上人心是散的，全靠几位大臣苦苦支撑着。不少人想跑。如果我们一动，不了解情况的人会说我们当了逃兵，引起波动是不得了的事情。你得坚持挺住。过去了就好了。你多歇着，有事情我来做。"

这段时间相对安定。十月里，李时龙与管秋芬补行了婚礼。婚礼由顾玉杼一手操办。李时龙地位不高，婚礼规模不大。由于顾玉杼的活动，他们夫妇得到自己的一间小房，比一般低级军官还强。他们也满足了。婚后，管秋芬继续在宫里供职。李时龙还是得住在军营里。在新房团聚的时间不多。

崖山成为南宋流亡行朝的最后一个根据地，是皇朝驻跸最久的一站，从祥兴元年六月上岛到祥兴二年二月兵败，共八个月时间。

文天祥经历江西永丰空坑之败以后，率残部退至汀州龙岩等地，经过梅州的短期休整，出兵光复循州，然后向广东潮阳迁移。途经长乐县廉峰嶂(今五华与紫金交界的五顿山)时，文天祥听到深林中有黄麖鸣叫，心中一动，他循着黄麖的鸣声进入岭南的深山峻岭。他看到这里山高四百丈，周遭百余里，山中唯有一条路通向山外，易守难攻。文天祥与朝廷失去联系，无法与朝廷会合，为保存力量，他将军队驻扎山中过冬。冬天粮食短缺，将士们生活异常艰苦。

祥兴元年三月，天气转暖，文天祥的军队经过休整，恢复元气，走出大山，进兵海丰。这支队伍百折不挠，打不垮，打不散，永不言败。如果说前一年的江西大捷是这支军队第一次军事上的辉煌，现在可以说是迎来了第二次的辉煌。但是这是夕阳的辉煌，已经没有什么威力了。文天祥遭遇了他一生中最悲惨的时期，受到人生中最残酷的打击，他承受凡人难以承受的痛苦,以超乎凡人的坚毅继续战斗,可是他的抗元复宋的军事斗争还是走到了尽头。

文天祥出兵惠州海丰,势力所及,使得曾经被元军占领的潮州、循州、梅州复归南宋。五月里,文天祥移军驻屯在船澳港(今惠东县稔山镇,大亚湾亚婆角北岸)。他终于与帝昺朝廷联系上了。他向朝廷上表章,报告空坑兵败,自请降罪。报告中列举遇难将士的姓名事迹,请求朝廷封赏抚恤。他请求准许进入崖山侍卫朝廷。本来大家都知道两支军队合兵抗敌的战略决策是对的,但是张世杰、陆秀夫等臣多忌文天祥职高威重,以准备迎候去占城的陈宜中丞相还朝为理由推托了,不予批准,文天祥遂不得朝见祥兴皇帝。文天祥大为失望,气恼地写信指责陆秀夫等人曰:“天子幼冲,宰相遁荒,制训敕令出诸公口,奈何不恤国事,以游辞相拒耶?”

是年八月,朝廷为了安慰文天祥,封其母曾氏为齐魏国夫人,赐黄金三百两以慰劳之。

是年九月,文天祥的军队里发生瘟疫,死者数百人。齐魏国夫人及文道生相继病卒。文璧与弟文璋、次妹淑孙奉母柩葬于河源义合乡。文天祥的次子佛生在空坑之败中失踪,现在长子道生也去世了。古人认为“不孝有三,无后为大”,他请文璧把他的儿子文升过继给自己。

是年十一月,文天祥进屯潮州潮阳县,消灭地方盗匪,安定民心。由于长途跋涉,天气酷热,长女、六女病死。再加上在空坑之败中,他的夫人和两个女儿被俘虏,妾死难,次子失踪,一大家人死的死,亡的亡,只剩下他和四女鉴娘、五女奉娘,他的内心的悲痛应该是难以言状的。他没有崩溃,还是领导他的军队抗战。

他没有被不幸打倒,没有露出悲伤的迹象。作为丞相和统帅,他谋划军事,指挥战斗,鞍马劳顿,他要管地方政务,日理万机,他没有时间沉陷于个人的感情中。他总是显得精力充沛,乐观开朗,眼神明亮。只有张弘毅可以看到晚上人散后,文天祥和女儿在房间里围桌吃饭,互相安慰。女儿就寝以后,他孤灯枯坐,黯然神伤,自抹眼泪。但他还是沉下心来读书,读杜甫诗集,修习《黄庭经》。他把感情倾注于诗歌写作。

张弘毅自己也是不幸的,爱妻下落不明,多半已经死于空坑兵败。他另一个钟爱的女人也永远地失去了。受到师相榜样无言的感召,张弘毅忘掉个人的悲伤,全身心投入工作。他决心保护好师相,哪怕为之献出生命。

在潮州时，文天祥接到谍报，元大军蒙古汉军都元帅张弘范、副帅李恒率水陆步骑大举进逼。张弘范军已经至漳州、泉州，势不可当。文天祥自度力量悬殊，决定带义军回南岭山中，暂避锋芒。

张弘范的大军是怎么来的？祥兴元年、元至元十五年（1278年）六月，元朝皇室内讧结束，北方平定，元世祖忽必烈着手收拾南宋小朝廷。他召集群臣议事，商讨派谁领兵去南方。那个时候，委派中书省刘秉忠建造的大都尚未建成，忽必烈住在城外的大宁宫。

忽必烈坐在金殿的龙椅中，望着下面站立的文武大臣："众卿，现在天下渐趋大定，只有南方一隅尚有残宋势力顽抗。二王伪朝逃到广东新会的海上，在粤东一带骚扰。如果不歼灭，民心不稳，野火燎原，后患无穷。是也不是？不知道哪位将军愿意与朕分忧，自告奋勇，带兵南下？"

蒙古人苏赫巴鲁元帅抢着出班回答："老臣愿往。"他自称老臣，其实他只有四十余岁。

忽必烈眯缝着丹凤眼看看他："你可以休息了。你多年来征西讨北，功劳甚大，也很辛苦，现在剩下些许小事，不用劳烦你了。伯颜爱卿，你愿意二下江南吗？"

伯颜出班答道："陛下有命，微臣敢不效命。只是围襄阳，下长江，陷临安，灭宋朝，臣已经尽心尽力，劳累成疾，不堪重任。陛下曾有言，扫平天下之事，不欲一人专其功。这次改派能臣干将可也。"

"卿言甚是。卿多年鞍马劳顿，辛苦了，也立功不小，可以休息了。但是派谁为是？"

"臣举荐一人，圣上考虑。江东宣慰使张弘范文武全才，年富力强，富于谋略，屡建奇功，堪当重任。"

"朕深知此人。虽然是汉人，他父子均忠于本朝，可以信任。即刻宣他上殿。"忽必烈接着说，"伯颜丞相进军江南，扫平宋朝，功勋卓著。回朝后即交出兵权，不再与人争功，安享荣华富贵，是具有大智慧之人。"

庞钞赤儿将军趁忽必烈说话间隙，出班奏道："陛下，臣以为张弘范乃汉人，不可委此重任。我蒙古人中大有人在，任意挑一个都比汉人强。汉人与我难有真心。"

忽必烈抹一抹胡须说："卿此言甚谬。看看你的左右，列于朝班之人，一大半是汉人。打仗可能不如你，治国之才是我们蒙古人比不上的。汉人只要忠于我朝，同样可以重用。你以为南宋是伯颜丞相灭的？是朕灭的？都不是。是汉人刘整灭的，是汉人打汉人。”

忽必烈扫视下面群臣，见他们露出惊讶迷惑的神色，详细解释说，“尔等可记得，先帝蒙哥汗帅大军征伐南宋，兵困四川合川钓鱼城，病逝于彼？此后我朝丧失吞并宋的信心，无有敢议此事者。及至宋泸州节度使刘整带十五郡三十万户来降，与朕言，‘宋主弱臣悖，立国一隅，今天启混一之机，臣愿效犬马之劳。’当时朝廷对他一片嘘声。是他力劝朕，说‘灭宋易如反掌’，朕才下定决心灭宋。这是第一。

“其次，先帝惧长江天堑，先攻四川，意图四川得手后再顺江而下。而刘整提出的战略是打中路。他说：‘先攻襄阳，撤其捍蔽。无襄则无淮，无淮则江南唾手可下也。’后来是按此方案打的。伯颜只是执行了这一方案。

“刘整的另一大功劳是帮朕建立水军。攻打南人确非易事。吾人善骑射，南人善水。攻襄阳遭遇失败，六年不下，是水战不利。刘整造战船五千艘，训练水军，才让我军取得战争胜利。

“那以后，朕不欲使他得全功，把他撤了回来。丞相伯颜入鄂，捷报传来，整失声曰，‘首帅止我，顾使我成功后人。善作者不必善成，果然。’他箭伤复发，愤惋而卒。朕有亏欠于他，遂赠他龙虎上将军、中书右丞。所以灭宋者非朕，非伯颜，乃刘整也。此非汉人打汉人吗？怎么说汉人不可信任？”

庞钞赤儿将军无言退下。

张弘范听宣来到金殿，叩见皇帝被赐平身后起立听命。

“张将军，如今山河一统，仅有宋室余孽尚流窜南方一隅，朕欲斩草除根，派兵剪灭之，将军可愿领兵前往？”

张弘范道：“臣理当为主分忧。臣亦是想到此事，正欲请缨。”

“朕欲组织二万兵的一支军队，任命你为元帅，可否？”

“启禀圣上，二万兵力是够了，只不过臣系汉人，军队历来没有汉人任帅的。请圣上派蒙古人将军为帅，臣附麾下效力可也。”

庞钞赤儿和几位蒙古将军听了点头称是。

“卿认为蒙古人比汉人强吗？”

“那是毫无疑问的。蒙古人对陛下忠心，骁勇善战，比汉人强。”

“卿言甚是，但是此去南方，我蒙古骑兵优势不能展现。派去的军队以汉军为主，只配一千蒙古兵，加强力量。所以任命你为蒙古汉军都元帅。应该没有问题。”

“启禀圣上，有蒙古军就可以保证胜利。但是从来没有汉人指挥蒙古军的，祈请圣上还是指派一蒙古信臣为统帅的好。”

“张将军所言极是，请陛下派蒙古人为帅。”庞钞赤儿出班，他的发言得到蒙古将军们的附和。

“朕意已决，不必多言。以往安丰之战，朕委任张将军之父张柔将军为帅，又任蒙古主将察罕捍格监军，委任不专，以至于二人意见不合，进退失据。所以此次需全权任命。张将军忧虑有蒙古军在，怕指挥不动。朕赐你尚方宝剑，见剑如见朕。有不听命者，先斩后奏。”

金殿侍卫请出尚方宝剑。忽必烈亲自授予张弘范。张弘范再也不能推辞，接受了任命。他选了西夏降将李恒为副帅。庞钞赤儿请命出征。忽必烈准了。当月二十七日，元军以江东宣慰使张弘范为蒙古汉军都元帅，李恒和庞钞赤儿为副元帅，率领汉军步军四千人，汉军水军一万五千人，蒙古军一千人，共计两万人，这样一支大军从扬州分水陆两道南下。张弘范从沿海攻福建、广东，舟师袭击漳州、潮州、惠州。李恒由陆路攻江西，度梅岭袭击广州。

此时，宋朝尚有广州、琼州、四川合州等重要战略城市和一些零散地区。七月里，湖南制置使张烈良及提刑刘应龙，起兵呼应抗元。雷州、琼州、全州、永州、潭州等地的民众也纷纷响应，大者数万人，小者不下数千，但很快就被元军消灭。海南岛琼州安抚赵与珞及冉安国、黄之杰等率兵抵抗于白沙口，相约誓死固守，但久望援兵不到，赵与珞坚守至十一月，州民反叛，捉住他献城投降。十月，张弘范以水军从水路攻漳、潮、惠三州，李恒以步骑兵由梅岭入广东。闰十一月，打败宋将王道夫、凌震，进占广州。十二月，王道夫反攻广州时兵败被捕。凌震再攻广州遭失败。

二十

张弘范的船队浩浩荡荡沿海岸行驶。这一日傍晚停靠于潮州濠江外。警戒立即在岸上布置开。可是有一个壮汉偏偏要闯入警戒，声称自己来投诚,要见元帅。士兵报告获准后,将此人带到了张弘范的船上。

此人进到船舱,看到里面坐了几位元朝的将军,门口有带刀的卫兵。

“你是何人?擅闯军营,该当何罪?”问话的是张弘正,他是张弘范的亲弟弟。他见来人满脸横肉,衣衫不整,满不在乎的样子中露出一股匪气,想给来人个下马威。

“大人不必吓唬我,我是见过一些风浪的海鸥。在下姓陈名懿,是这一带地方有名的海盗,问起来,无人不知,无人不晓。连三岁儿童听了我的名字都不敢哭了。”他泰然的坦白出人意料。

张弘正问:“你来此干什么?”

“我来投靠大人。文天祥打得我无路可走了。”见他的话立即调起大家的兴趣,陈懿接着说:“我有兄弟五人,手下弟兄数千,一贯横行于潮州一带地方,什么害人的事情都做。宋朝皇帝老子来到这里,张世杰来招安,让我当了地方官。后来唆都元帅来了,我就投降了,当着元朝的官。再后来是文天祥来了,他把我举荐给宋朝,封我当了右骁卫将军知潮州兼管内安抚使。是个不小的衔头,可是拘束不了我,我和把兄弟刘兴还是无恶不作。我们亦官亦匪,无人奈何。前十天,文天祥带兵来收拾我,把我的人打散了,把刘兴杀了。我独自一人逃到山里躲起来。现在听说大人来了,我就来投靠大人。请大人接纳。”

张弘正听了他的来意,相信了他:“来人,看座。你坐下说话。这些话是你自己说的,叫我们怎么相信你?你来投诚很好,有没有带来进见礼?”

“小人听说大人们来讨伐文天祥,你们可知道文天祥军队现在哪里?”

张弘范与张弘正点点头。张弘正就问:“文天祥的军队现在在什么地方,你能够告诉我们吗?”

“文天祥打散了我的弟兄,杀了我的人,还在追捕我,搜寻我,这时候,他打听到大人的军队下来了,吓得赶快收兵,往潮阳逃窜去了。”

“走了几天?”

“三天了。”

“我们能够追上他吗?”

“如果是你们追可能追不上。我追就能够追上。”

“那是为何?”

“我是在这里土生土长的,对这里的沟沟坎坎都摸得清清楚楚。我可以翻山抄小路去追。”

“你愿意为我们带路吗？”

“小人愿意效劳。抓住文天祥才解我心头之恨。”

“好的，我相信你，只要抓住文天祥就是你立了大功。你先去休息，明天一大早我们启程。”

陈懿起身离开，张弘范把他叫住了，问：“你说抓住文天祥才解你心头之恨，那么你恨文天祥吗？”

“不，不恨的。说老实话，文丞相是好人。他举荐我当了潮阳知州。我知道他是好人，我是坏人。你以为坏人不知道自己是坏人，是在干坏事吗？我们心里知道自己是坏人。我就是海盗，杀人越货。去年张世杰招安我，宋朝任命我为都统。你们来了，我投降，带你们打潮州。后来宋朝收复了广州，好像又要兴起了，我又归顺宋。文丞相举荐我当了潮阳知州。你们一来，我又投靠你们，文丞相就带兵来打我，把我的搭档杀了，我逃到山里。大人们来了，我就出头了。我就是这么反反复复。我知道什么叫仁义道德，但是我们不讲那玩意，只是见着白花花的银子就高兴了。为了银子，别说文丞相，就是亲爹娘也是可以卖的。”

“你去吧。”张弘范挥挥手。

陈懿走了后，张弘范厌恶地说：“我见的小人多了，还从来没有见过这么令人恶心的小人。”

“没有办法。只有这种人才愿意与我们合作。哪一个投降过来的人不叫人恶心？”

“你相信他吗？是否担心是诈降？”

“那有什么？即使是诈降，我何惧之有。我就是要找文天祥主力作战。”

“那好。将军们，我们来策划吧。”

张弘范最后决定，派张弘正率领两千人去袭击文天祥军队。主力还是留在船上，因为他们的主要目标是宋皇室。

次日一大早，这支军队就出发了，由陈懿领路。在急行军的途中，张弘正仍然嫌慢，又从这两千人分出二百人作为前锋，奔袭文天祥军队。他这样做还有一个原因，就是如果中了诱敌之计，陷入埋伏的是小股人，后面还有人来解救。

祥兴元年十二月十五日，文天祥在潮阳剿灭盗匪陈懿途中，接到谍报说元蒙古汉军张弘范元帅带着大军从粤东过来了，自知兵力悬殊，带着兵将五千人撤退，打算进入南岭暂避锋芒。

十二月二十日，他们到了海丰。广东沿海十二月里仍然风和日丽，山岭一片葱茏。文天祥的军队行进在大道上，这是中军，士卒不足千人。大多数军士作为前军先行了。几天的行军使得人马疲惫。将军们的家眷的车队拖缓了行军的速度。

行军中身着戎装的文天祥用马鞭一指，对刘子俊说："刘将军，我们到海丰了。一路行军累吗？"

刘子俊回道："也还好。这一带我们来回多次了。"

"邹将军，累吗？"

邹溉也道："还好。元军来势汹汹，我们不得不撤退，暂避锋芒。"

文天祥感慨道："我们真是艰苦。自去年空坑溃败后，我们召集残部，十月到了福建汀州，经过江西，十一月到广东循州，然后在紫金的南岭过冬。到今年二月屯兵海丰。接着我们收复了惠州、潮阳、循州、梅州也反正归了宋。十月潮阳知州陈懿叛变，我们平叛来到潮阳，斩了刘兴，跑了陈懿。这样劳累奔波，又加上碰到瘟疫流行，我们士兵减员不少。据谍报说，元军张弘范的水师攻击潮阳。李恒步兵骑兵从漳州出发进攻广州。我们自度无力抵抗，拟先去南岭休整，扩充人马，再打回来。张弘范的元军也快到潮阳了，我们快走，进了南岭就不怕了。"

"是的，元军还隔得远，来得及的。"

中午时分，军队到一个山岭下停步，准备吃饭。山岭旁的石碣上刻着"五坡岭"。哨兵立刻被布置出去。

兵士们又饿又累，只想早点吃完饭抓紧时间休息。他们取下刀枪、弓箭、盾牌，架在地上，按十个人一组围着吃饭。饭菜是先行一步的伙头军刚刚做好的，尽管粗粝却能够填饱士兵的肚子。几十台灶散落在平地。伙头军此刻忙碌着，搬下大铁锅，给炉灶熄火。

文天祥和将军们下马。马夫把马匹牵去小溪饮水，还要给马刷洗，马鞍卸下来放在一旁。文天祥骑的是一匹白马，这不是他以前骑了多年的那匹白马，那匹马在潮阳时突然倒地死亡。

文天祥去看与家眷同行的四女鉴娘、五女奉娘，安慰她们，然后让丫头带她们去吃饭。他没有很多时间和她们在一起，他去到自己的营帐，除了吃饭，还有好多军务要处理。这是他最后一次见到她们。可怜这两个不足十岁的女孩刚开始吃饭就死于乱兵之中。

张弘毅下马后，首先去看了师相的营帐。那是先头部队的士兵搭建好的，里面有师相的床和他的床，还有个小木箱当桌子用。饭菜送来后，文天祥就进来了。他取下头盔放在木箱上，招呼张弘毅一同吃饭。

太阳当头，山上两名哨兵聚精会神地四处瞭望。山下士兵吃饭有些混乱，到处静悄悄，他们没有发现异常情况。可是，此时树林里暗箭飞来，两名哨兵同时被射死，来不及报警。大批的元兵从树林里出来，整理好队形。张弘正指点几处攻击的方向。

将士们在吃饭。他们吃饭速度很快，很少有人讲话，都是在埋头吃饭。突然间，山坡上箭如飞蝗射来，很多人发出惨叫倒下。大量元兵呐喊着从山坡上冲下来，乱砍乱杀。宋兵毫无抵抗能力，大部分被杀，很多跑散了。反应快，能够拿起武器抵抗的是少数，是那些离得远的士兵。

营帐里，文天祥听到喊杀声与惨叫声，知道是遭到袭击，立即丢下碗筷，拔剑在手。

张弘毅拔刀冲到外面，抵抗杀到营帐边的元兵。他叫喊："师相，快跑。"他撕翻了几个元兵。更多的元兵围上来。张弘毅和几个亲兵联手御敌。

刘子俊早就脱了盔甲和士兵们一同吃饭。元兵杀来时他手无寸铁，只得随士兵乱跑，很快就被活捉了。他年岁比士兵长，气派也不同，一看就是当官的。元兵就喝问他："你是何人？"

"我是文天祥。"

元兵兴奋地乱叫："抓住文天祥了。活捉文天祥了。"他们拖刘子俊去见张弘正。

邹沨离山坡较远，发现元兵袭击，有时间抓了一把刀在手进行抵抗。不久他负了重伤，不愿意当俘虏，就挥刀自刎。他的部下架着他逃跑，可是他终于气绝身亡。

张弘毅施展武功杀敌，抵抗了好一阵。可是难敌元兵人多，他被一棒击中头部，昏倒在地，又被戳了一枪，鲜血从腹部流出。

文天祥见大势已去，丢下剑，掏出怀中羊脑粉吞了，喝水咽下，以求一死。元军千户王惟义冲进营帐，抓住了他。他被捆绑，拖出营帐。

文天祥看到张弘毅倒在地上，浑身鲜血，双目圆睁。他痛苦地叫唤："毅甫，毅甫。"他想上前去看看，但是立即被元兵粗鲁地拖走了。

战斗基本上结束了。元兵清理战场，杀死还没有断气的宋兵，收集有价值的财物，集中马匹辎重。

在山坡下，刻有"五坡岭"的石碑旁，张弘正拄剑立在那里，和他的将军们谈笑。他们说的是这场战斗结束得这么快，胜利来得如此容易。

刘子俊被捆绑着拖了过来。元兵高兴地叫唤："报告将军，文天祥被抓住了。"

张弘正急不可耐地直接问刘子俊："你是何人？"

刘子俊叫喊："我是文天祥。"

由于刘子俊与文天祥年龄仿佛，长相相似，张弘正信了："你果真是文天祥？你受惊了。"他与刘子俊松绑，并且安慰他。刘子俊却骂个不停。

"报告将军，文天祥抓住了。"这时候，王惟义押着文天祥来了。

"你们谁是文天祥？"张弘正感到愕然。他看看文天祥，看看刘子俊。

刘子俊大叫道："我是文天祥。你们把他放了。他不是文天祥。"

文天祥说："我是文天祥。他是假的。你们把他放了。"

他们两人争着说自己是真的文天祥，把张弘正弄糊涂了。

文天祥对刘子俊说："民章兄，他们抓的是我，你替我死无益，还是逃命去吧。"

刘子俊叫嚷："我就是文天祥，你不能冒名顶替。你们把他放了，要杀就杀我。"

他们争执不下。张弘正和他的将军们难辨真假。这时候刘懿过来了，他清理完战场，寻找财物，有了满意的收获。

"张将军，大获全胜呀。"

"刘将军，你来了很好。这两个人都说自己是文天祥。你看看究竟谁是真的文天祥。"

"文丞相，别来无恙乎？"刘懿一眼看见文天祥，挖苦地说。

文天祥哼了一声，只是不理睬。

张弘正高兴地说："好了。这就弄清楚了。"

刘子俊叫唤："弄清楚什么？我就是文天祥。你个笨蛋。"

张弘正气愤地喊叫："把这个假文天祥拖去烹了。"

刘子俊被拖走，他仍然叫唤："我就是文天祥，杀了我，我还是文天祥。"

文天祥挣扎着要一同去："民章兄，慢走。我和你一同去。民章兄，我们地下相见。"

文天祥被拉住，捆绑在树上。他破口大骂。两位宋臣此刻只有用怒骂来发泄悲愤。

惨不忍睹的战场上，一个宋军刚才埋锅造饭的炉灶旁围着一堆元兵，他们给灶膛添柴，把火烧旺，锅里是一满锅油。刘子俊坐在地上，身负重伤，血流满面，仍然骂不绝口："忠臣不怕死，你们这些野兽、屠夫、刽子手、杀人不眨眼的魔王，把老爷烹了，老爷也不怕。老爷就是文天祥。"

一个元兵用棍棒打他："马上锅里的油烧开了就烹了你这个文天祥，看你还叫唤。"

"文丞相受惊了。天下人都敬仰文丞相，元帅吩咐要礼貌对待。"张弘正欲给文天祥松绑。

文天祥对他也是骂，骂得张弘正灰溜溜地转身走了。

然后，文天祥可能是药效发作了，欲呕吐，头脑晕眩，说不出话。

原野上尸身纵横，血流成河。元军在其间践踏，杀死还没有断气的宋兵。这一天是宋祥兴元年(1278 年)十二月二十日。

那天夜里，原野一片死寂。五坡岭周围村落家家关门闭户，没有人敢外出，连犬吠声都不闻。一户人家的门被敲响，主人掌灯开门一看，见一个受伤的宋将昏倒在门口，浑身血污。主人家抬他到屋里，救活了他。那个人是张弘毅。

五坡岭事变，文天祥的部将邹沨、陈龙复、萧明哲、萧资都战死。刘子俊、张唐、熊桂、吴希奭、陈子全被活捉处死。仅有赵孟溁率领前军走了，得以幸免。担任前锋及后续部队的义军将士幸免于难。他们大多便散失于零丁洋域至香港、澳门间，及至东南亚。

次日，元军高唱凯歌从海丰回潮阳。将军们骑马，一千士兵步行。

文天祥骑着自己的白马。他被捆绑着。看着熟悉的古道，他垂头不语。这两年他来回奔走在这一带，不辞劳苦，而现在他终于可以休息了。山川风物依旧，却都没有了生气。一切都结束了，他起兵勤王以来的努力结束了，他的生命实际上也已经结束。他这一支军队覆灭了，抗元复国的希望在于流亡的小朝廷。他对那小朝廷看得很透,知道已是日落西山,气息奄奄。大宋的气数真的已经尽了。

张弘范早就接到战报,知道抓获文天祥,非常高兴。这天得知派遣军要到了,他在舱里坐不住了,来到前甲板上等待。他的将军们也来到他的船上,其中便有蒙古元帅庞钞赤儿,他总是不可一世的样子。

张弘范看到自己的战船沿海岸排开,樯橹蔽空,威武雄壮,气势汹汹地对着荒凉的潮阳古城,雄心陡然勃生。现在抓住了文天祥,破了他的这支军队,意义比攻陷一座城池大不知道多少。首战告捷,乘势前行就是消灭残存的南宋小朝廷。建功立业,指日可待。

胡笳声响,旌旗飘扬,军队过来了。在渡口,将军们下马,来到张弘范元帅的船舰上。张弘范迎接他们,请他们到舱内坐下。张弘正正要讲述打胜仗的经过,张弘范拦住他说,那些事情已经知道了,以后细说不迟,现在先看看文天祥。

文天祥被带进来。他不看那些坐着的元朝军官,只是看着船舱一处天花板的花纹。

张弘范开口说:“文丞相,你可认识我?”

文天祥冷眼看着他,什么话也不说。这也许不是故意藐视。他很虚弱,被俘时候服了羊脑,没有死成却闹得胃里难受,几天在路上吃不进饭。

“在临安,伯颜元帅请了你来商谈,留你住下,由唆都元帅陪伴。我也来见过你。我们是老相识了。”

文天祥仍然一言不发,面无表情。

“两年前要你归顺我朝,你不肯。现在被我们俘虏了,你有什么好说的?”

文天祥摇头叹息,仍然一言不发。

他的态度惹恼了庞钞赤儿。他一拍桌子:“呔,那个蛮子,见了老爷们为何不下跪?跪下!”

文天祥的回应只是鼻子里哼了一声。

庞钞赤儿勃然大怒:“跪下。不跪下就推出去斩首!这个蛮子。”

文天祥此时也怒了:“你骂谁是蛮子?我是蛮子,还是你是蛮子?你从北方打到我南方,破坏了我们和平的生活。你们烧杀掳掠,像豺狼一样。不是蛮子是什么?你要我下跪?应该是你们下跪。你们犯了罪,应该对我下跪,求我宽恕。我只要求你们回你们的北方去，从我们的国土滚回去！”

庞钞赤儿气疯了，拔刀下座要来杀文天祥。

张弘范急忙制止他：“元帅休得鲁莽。昔日在临安皋亭山时，伯颜丞相、唆都元帅对文丞相是以礼相待，我在一旁得见。文丞相不比一般宋臣，不得冒犯。”

张弘范下座来与文天祥松绑，命令看座。庞钞赤儿脸都气歪了，提脚就出舱走了。

“丞相受惊了。请坐。上茶。”

张弘范穿着的是常服，走动时腰间悬挂的长剑引起了文天祥的注意。他多看了几眼。

“丞相识得此剑么？”

“这是我的部将张弘毅的剑，是柄宝剑。那年在临安北被无理扣留，不予归还，落到了你手里。”

“这确实是柄宝剑。”张弘范摘下宝剑给文天祥看，“丞相会抽出此剑吗？”

“当然。我知道那个扣。”

“是的。一般人摸不到这机关抽不出剑。”

“宝剑为宝物，唯有德者佩之。无德者据为己有只会折寿。”文天祥念了一句诗，“‘不请长缨，系取天骄种。剑吼西风。’”

“敢问丞相吟的何人词句？”

“此为我朝贺铸、贺方回的句子。他于大观年间曾任承议郎。”

“是好诗。丞相于诗颇精，伯颜丞相、唆都元帅也曾与丞相谈论文章。小帅自幼习诗，平日也胡诌几句。今日有幸得遇丞相，有意讨教。待丞相住下，我即送我自编的诗集来请丞相一阅。”

“要我住下？你还是杀了我。我无意偷生。”

“请丞相安心住下，随我们去崖山。我安排人伺候您，送书与您读，还像我朝丞相伯颜一样对您。”

祥兴二年正月初六日，张弘范统领大小战船五百艘，兵力两万人，从潮阳出发追剿宋行朝。至甲子门时，抓获宋军斥候刘青和顾凯，盘问得知宋主在崖山。十三日，张弘范率领三百艘战船到达崖山，还有两百艘因航行迷失方向，很多天后才到达集结。

二十一

文天祥遭遇袭击,全军覆没的谍报传到朝廷,引起上下一片恐慌。

祥兴二年正月刚一开年,又接到报告说张弘范的舰队已经到了陆丰,正向崖山进发,朝廷就急着商量对策。

广东沿海在冬季也有寒冷时期。北风呼啸,寒冷不亚于北方。当地人习惯于抗住,瑟瑟发抖也是科头跣足。他们知道只几天以后气温就会大幅回升。流亡朝廷的人是从北方来的,全部换了冬装。金殿空旷开敞,与露天无异,全仗几盆烧得旺旺的火让上朝的君臣们得以安心议事。

祥兴帝端坐在龙椅上,他年仅八岁,却安稳镇定。杨太后依然垂帘听政。顾玉杼立在御案一旁,他职位低下,无权参与议论军国大事。

陆秀夫此刻奏道:“信国公全军覆没,为国捐躯。朝廷决定祭祀,现在祭祀仪式已经准备妥当。他属下将士牺牲了的按以前呈报的名册旌表,抚恤家眷,都在进行。”

杨太后说:“信国公是理宗皇帝钦点的状元。他二十岁当状元,四十岁当丞相,是我朝大忠臣。祭祀要隆重。他是否入宗庙配祀,你们可以仔细讨论。”

张世杰出班奏道:“启禀皇上、太后,未曾开言,臣先请恕罪。形势危急,臣所言恐有惊圣上,但又不得不言。信国公遇难后,元军已经分两路扑来。元军汉军都元帅张弘范率水师从潮阳出发,已经到了陆丰。副元帅李恒从陆路,已经攻陷了广州。我们以前来崖山,是以广州为依靠,向北方发展。现在陆地已经没有了依托,崖山孤岛难守。形势是变化的,战略也随之而变。

“臣与将军们忧虑难已,商议如何应对。一致认为走为上。我们将放弃崖山,向西去占城,或者海外。但是目前敌军逼近,尚不能漂流海上,如果遭到追击,宫室安全无法维护。所以我们将在海湾结阵待敌,先挫败敌军,再安全撤离。崖门与汤瓶嘴之间的海湾易守难攻。臣等有信心粉碎敌军进攻。请圣上无虑。”

张世杰详细解释了放弃崖山孤岛,拆毁行朝草市,以及宫室军民全部上船，将船集结成阵的方案。朝廷的事情，尤其是现在紧急状态下的军国大事基本上是张世杰说了算。大臣们提不出异议。杨太后只会说准奏。然后张世杰就雷厉风行地贯彻他的方案。

广东新会崖山浩大宽阔的海面上，潮流汹涌澎湃，击打着一座座小岛上的礁石，声如雷鸣。上午的阳光照射崖山。崖山与汤瓶嘴山之间的银洲湖浩瀚辽阔。湖里面，宋军用粗大的绳索把"黄鹄""白鹞"等大小船只一千四百余艘，或三十一排，或五十一排，首尾以粗大绳索连接，铺以阔板，形成绵延十数里的一座气势宏伟的海上城堡。连环船下有石碇或铁锚固定于海中。城堡四周舰船中舳外舻，也就是船尾向里，船头向外，建有栅栏和箭垛，就像城堞一般。城头旗帜飘扬，站立着盔甲鲜明的宋军。

宋少帝赵昺所居的帝舟在正当中。帝舟有五层，是最高的，少帝居住在最上层。帝舟是最大的，住了很多侍候帝昺的人。与帝舟相连接的一排船上住着众大臣，如陆秀夫等。杨太妃居住的船在帝舟后一排。外层是各级官员的船。再外是轻型战船、供应船。近二十万人就住在这海上城堡，任何时候都可以看到人们为生活忙碌，处处冒着炊烟。战船上士兵在操习水战。

一艘有八车十六支橹的战船飞驶在海上。张世杰与几位将军乘船巡视海上城堡的外围。看着海上城堡，张世杰颇为自得，其他将领却有感到困惑的。

江钲说："枢密大人，属下刚才看了，此海上之城堡结构严谨，牢不可摧，足以固守。但是那入海口若被敌军以舟师堵塞，则我不能进退，应该先行派兵占据。"

张世杰道："吾已考虑到了。若要占据入海口，必须得派去相当多之战船，而战时分兵，恐非所宜。且入海口的控制仅仅是在海上吗？"

总是英姿勃勃的苏刘义抢着回答："否，入海口的控制是在两岸。"

"对，而要把守两岸，就得士卒数万，我们派不出这多兵力。吾最担心的是久在海中，士卒离心，一上岸，动则必散。"

江钲道："倒也是的，我们也能看得出来。不容易啊，大家都不容易。"停了一会，他说："现在蒙古汉军元帅张弘范率舟师从海上杀来，副元帅李恒率兵占据了广州，也将从北方压过来。我们为什么不往西去，暂避锋芒？"

张世杰道："我们离开福安，到泉州、潮阳、九龙、硇洲，频年航海。本来想以崖山建行宫，以广州为依托，进行抗元。而今统制凌震已经丢失广州，崖山孤岛难守。我们是要向西去。所以待船阵建好，全军上船，我们即将焚毁崖山行宫。元军水师到来，须与之一决胜负。我们已经摆好阵势，迎击敌军。待消灭敌军后，我们才能安全撤离。”

“但是属下看这大船都用绳索相连，失去机动，只能被动挨打，不能主动出击，并非良策。焦山之战的前车之鉴不远，枢密大人考虑。”

张世杰被触到痛处，失去耐心：“你可想到我军的构成吗？我们号称有二十万人，其中能够拿刀打仗的仅有七万，其他大部分为文官、平民，还有妇婴。更重要的是有皇室、太监、嫔妃需要保护。这些人上船，日夜颠簸，受得了吗？现在船只连环相接，如陆地般才能安全。不要忘了，在十字门时，海浪打来，先皇被掀入海中。被救起也是惊悸得病。我们先要安全生存，才能打击敌人。”沉默一会以后，他说，“我知道我的部署不是十全十美。限于条件，打仗没有完美的方案，只有最佳方案。”

张世杰的部署是出于对实力的判断。宋军与元军在陆上作战是节节败退，他自己带兵攻打泉州三个月不下，部下攻广州、雷州都失败。在海上也打不过，在甲子门、十字门的多次较量中，宋军仅有一次取得小胜。元军是由刘整建立水师后又加以训练，绝不是只习骑射。要说现在宋军水师占绝对优势，那完全是臆测而已。

后来，张世杰嫌江钲与己意见不合，恐怕扰乱军心，以杨太后的名义调他去福建募兵筹晌，以苏刘义接替江钲任殿前禁军都指挥使职位，掌管殿前司。

宋军于正月初一举行“元会礼”，初九全部登船。崖山上的行朝草市数千间房舍立即焚毁。从这举措来看，张世杰没有打算以崖山为基地死守。后世评价他时应该作全面分析。

上船后的困难可想而知。十几万人在船上的日常食用消耗非同小可。仅淡水，每天都需要有超过一百艘船由岸上运来。张世杰总是鼓励大家说，困难是暂时的。打退敌军后，他们就会西行去七洲洋，另图发展。

上船以后的生活不方便且不舒适，人们有很多牢骚怨言。不几天，汪弥莲就向顾玉杼哭诉她受不了。船上空间有限，他们没有自己的住处。顾玉杼住在帝昺舟上，执行保卫任务。汪弥莲住在杨太后那一排舟上，伺候太后。在前后两排上，他们经常可以见面。

“受不了了。”他们站在船首，海上波纹反射的月光在汪弥莲俏丽的面庞上荡漾。海风拂动她柔软的头发，孕妇特有的怠惰使得她开始微微发福，显得雍容华贵，“在岸上我就受不了，现在在船上整天摇晃颠簸，我更是头晕作呕，吃一点点就吐。怎么办呀？”

“我知道你难受。”顾玉杼抚摸她的肩，让她平静，“我帮不了你，又不能代替你，我心里也急。只有忍受，熬。”

“这样不能吃，不能睡，我真的要死了。能不能让我上岸住几天，缓个气来？”

“那是绝对不可能的。想都不要想。”

“为什么？”

“现在的情况看起来不稳定。好多人有怨言，在发牢骚。就怕人心涣散。发现有逃兵是会杀头的。”

“我不是想逃。我只是想缓口气。上岸后是要回来的。”

“怕影响不好。皇帝、太后对我们恩重如山，我们要以死报答。哪里会有困难不能克服。”

“我不会离开太后。太后视我如女儿。我愿意为她而死。”

后来他们看了太医。太医开了安中理气的药，汪弥莲服了才缓解过来。

上午的阳光照耀着零丁洋。水天一色，极目处几簇白云飘浮显示为天，几粒小岛屹立显示为海。海面上，张弘范的五百多艘舰船的舰队列成阵势，从东向西行驶。

在舰队中间的一艘小船上，有二十多元兵严加把守，文天祥穿着南方人的平常衣服，来到船头观望。四周的船遮挡了视线，他只能看到旗舰上飘扬的“张”字帅旗，觉得兴趣索然，就回到船舱里。船舱前后三间，他住了中间一间，前后两间是元兵居住。他的船舱外有元兵把守。

文天祥到木床上坐下，修习道家气功。不论环境如何，他总是能够静下心来。木床对面有一张桌子，上面摆放有书籍和文房四宝。张弘范的手抄诗集赫然在目。

他听到舱外一个元兵说：“今天是正月十二日。”

另一元兵说：“是啊，我们现在进人零丁洋了。”

”这是外零丁洋。我们明天就可以到崖山。”

文天祥沉吟：“啊，零丁洋，零丁洋。零丁啊，孤苦伶仃，为什么古人取这个名,是等着我来吗?我若是不来,你也是叫零丁吗?我走过以后,你还是叫零丁吗?现在山河破碎,家破人亡,我孤身飘零,经过你零丁洋,叫我情何以堪?这地名零丁是在说我零丁,以前那惶恐滩的地名是说我惶恐。都是天意的安排吗?

“空坑之败,我的将士死难无数,我的妻女被俘。我带残兵败将逃跑,经过惶恐滩。望着汹涌的波浪,我感觉如坠深渊。我还能够振作起来,收拾残兵,再图大业吗? 我的心真的是惶恐。

”五坡岭遭遇袭击,我的将士死散殆尽,我的亲人全死散,剩下我孤苦零丁。经过这平静的海洋,它偏偏名叫零丁。是在可怜我吗?

“我的一生是天意安排的吗? 天命、国运、家事、个人遭遇竟然息息相关。想我自幼读书明理,二十岁即考中状元。本想以才学上报天子,下报庶民,虽然仕途坎坷,不得伸展抱负,但总是可以尽心尽力。谁知道外族入侵,打破国人平静的生活。山河破碎,干戈遍地,家破人亡,身世飘零。而今自己兵败被俘,沦为阶下囚,自忖必死。我并不怕死。到此地步,别无所求,唯求一死。”

他见过太多的死亡,早已不是贪生怕死之辈。五牧一战,他派出去的尹玉、朱华、麻士龙及三千貂锦丧于胡尘。空坑兵败,五坡岭遭袭,使得他的将士死伤殆尽。张弘毅为保护他而死。刘子俊替他而死。他若苟且偷生,将有何面目见这些人于地下?他想起他少年求学时,来到学宫乡贤祠,见到供奉的同里先贤欧阳修、杨邦乂、胡铨的遗像,读到他们的事迹,内心无比钦佩。他们的谥号里都有一个“忠”字,欧阳修为文忠公,杨邦乂为忠襄公,胡铨为忠简公。他当即起誓:“没不俎豆其间,非夫也。”就是说,死了如果不被供奉其间,非丈夫也。他想起留梦炎这样的降臣。他们活着是只满足口腹之欲,是行尸走肉,死后遗臭万年。在临安皋亭山他曾经骂得叛贼吕文焕抬不起头来,而蒙古人称赞他骂得好。可见得人们有普世道德观,是非分明。丧尽气节的软骨头连敌方也是鄙视的。忠贞不渝的志士连敌方也钦佩。

他想到,人活一生,要对得住天地,对得住祖先,对得住自己良心。活要好好活,死要好好死,不留污点,遭人唾骂。

天风浩浩,海浪滔滔,给了文天祥宽广的胸怀。他来到桌子前奋笔疾书,留下名诗——

过零丁洋

辛苦遭逢起一经，干戈寥落四周星。
山河破碎风飘絮，身世浮沉雨打萍。
惶恐滩头说惶恐，零丁洋里叹零丁。
人生自古谁无死，留取丹心照汗青。

天风海浪，亘古不变。经过零丁洋，每一个中国人都会高唱“人生自古谁无死，留取丹心照汗青”。在民族存亡的时刻，烈士会高唱“人生自古谁无死，留取丹心照汗青”而慷慨就义。在和平时期，经受义与利的考验时，常人会想到“人生自古谁无死，留取丹心照汗青”而毅然正心。

文天祥精神永远照耀着中国人。

正月十三，元军舟师从东面行驶过来，上午到达崖山。三百余艘战船帆篷高张，旗帜飘扬，船的甲板上与船舷上站立的士卒戈甲明亮。

在插着“帅”字旗帜的舰船上，张弘范与张弘正在顶层舱中瞭望。他们前方出现了宋的海上城堡，气势磅礴，显得坚不可摧。看着宋的海上城堡，张弘正知道大战在即，不免激动。

“元帅，宋的舰队看来很壮大，我们是现在就发动攻击吗？我们只有三百多艘战船，还有两百艘没有到，是否等一等呢？”

张弘范胸有成竹地说：“不必等。我们现在先做试探性的攻击，摸清对方情况以便制定战术。现在你来指挥进攻。”

崖山与汤瓶嘴之间的银洲湖宽阔浩瀚，一千五百艘船舰接连成阵，迤逦十余里，距离两岸依然遥远。宋军与岸上联系需要靠船只往来。二十万人在海上的生活从早到晚也是忙忙碌碌，与市井无异。

在帝舟中，帝昺早早起床。太监伺候他洗漱早餐后，他就下来到第二层的书房读书。陆秀夫和顾玉杼早就等候在那里。少帝端坐在御案后，御案上放着文房四宝，面前的书是打开的。陆秀夫在案侧正笏端立开始讲课。这天他给少帝讲授《大学》：“《大学》这一段说：‘一家仁，一国兴仁；一家让，一国兴让；一人贪戾，一国作乱。其机如此。此谓一言偾事，一人定国。尧舜率天下以仁，而民从之；桀纣率天下以暴，而民从之。其所令反其所好，而民不从。’”

他逐字逐句进行讲解。顾玉杼对他的讲解非常佩服。他好像皇帝的一名侍读,一直跟着听讲,无形中学问有了长进。

“太傅,朕不是很懂。”帝昺听了,一脸茫然。

“现在不完全懂没有关系。懂多少是多少。以后陛下岁月增长,经历丰富就会懂了。现在懂不懂都先背下来。”

他带领帝昺背诵此段文章。

元军舰队先是从崖山东北面驶入,发现水浅,战船不能通过,转而来南面进攻。他们接近海上城堡,箭如飞蝗射去。宋军不还击,等候元军接近了才万箭齐发,消灭了很多元兵。元军船舰靠近宋船,元兵跳过去,与宋兵进行白刃战。

在帝舟中,陆秀夫在给少帝讲授《大学》。八岁的少帝端坐在御案后,听到外面远远传来的呐喊,脸色苍白,浑身微微颤抖。

陆秀夫安慰他道:“圣上安心读书,打仗是将士之事。陛下不应该为凶杀之声分心。陛下应修得心正,才能治理天下。《大学》这一章云:‘所谓修身在正其心者:身有所忿懥,则不得其正;有所恐惧,则不得其正;有所好乐,则不得其正;有所忧患,则不得其正。’”

“朕非恐惧,乃是激动。”

“陛下应该镇静。”

“是。朕思饮茶。”

太监上茶。少帝啜饮一口后,渐渐平静:“朕自南来后,喜欢上了这北苑茶。”

外面喊杀声一直不断。

战斗进行了一个时辰。元军没有讨到便宜,白白死伤一些人。海面上空响起胡笳声,元兵纷纷撤退,舰船很快逃离。

宋军欢呼。他们治理己方伤兵,清理船面,把元兵尸体抛入海里。

文天祥被押同行。在元军的船舰进攻时,他所在的船和一些供应船留在远处。文天祥在船上目睹了这场战斗。他看到了对面宋军的水寨,本朝的将士在抵御元军的进攻,他心是悬着的。他看到水寨摆的是一字横排。元军水师进攻是长蛇直冲。宋军舰船连环锁定,没有机动性。只能守不能攻。在敌军舰船败退时,也不能追击。他感叹张世杰的失策。他看到一贯渴望见到的帝君近在咫尺,却不能拜谒,好丧气。

二十二

这一天，元军的火攻从上午开始。他们停泊在南面，将一百余艘装满柴草的小船推出，小船随着涨潮冲向海上城堡。火燃烧起来，将碧浪映照得非常美丽。

火船撞上海上城堡，它们比宋的大船矮了很多，刚好顶着船头下燃烧。

可是火船烧了半个时辰，没有能点燃宋的大船，反而烧毁了自身。更想不到的是，随着退潮，几只火船脱离海上城堡，冲向元军舰船。元军急忙提起下在海里的铁锚石碇，让舰船疏散躲避。他们大叫："退潮了。火船随着退潮冲回来了。"

宋兵哈哈大笑："我们的大船顶住了火烧，是因为涂了厚厚的海泥。"

在旗舰上，张世杰也是抚弄胡须，对自己的高招颇为自得："怎么样？仗是越打才能越老到。我早就想到，木畏火，木船怕火烧，就用厚泥涂了船帮，破了敌人的火攻。"

苏刘义附和着说："枢密大人思考精细，面面俱到，使得敌人无计可施。然而千虑一失的事情人人都会有。末将通过这两天的战斗看出，我军的不足之处是机动差。我军船锁连环，防守坚固固然是优点，可惜的是欠灵活。我军面向外是一字阵，而敌方来攻是长蛇阵，攻的是一点。我两翼不能够支援。仗打起来好艰苦。敌方败退时，我军亦不能追击消灭之。"

张世杰不悦地问："依你之见，便当如何？"

"愚意以为，可以解绑一下作战的船只，灵活游动，仗会打得更机动。"

张世杰沉吟之时，停泊在海上的元军船舰中钻出来一只小船，向海上城堡迅速划来。船上插着白旗，一个下级军官站在船头。张世杰和站立在他身旁的几位将领看了感到奇怪。

苏刘义说："是来投降的吗？"

刘师勇说："不，是来劝降的。"

敌船靠了上来，那元军小军官，三十岁左右，尖嘴猴腮，被带到张世杰面前。他立即拜倒："外甥韩新，拜见舅父大人。"

张世杰惊讶地问:“你是小柱子?”

“是啊,舅父好记性。我的大名叫韩新,小名柱子。舅父离家时我还小。”

“二十年一晃过去了。我姐姐好吗?她守寡拉扯你长大成人,含辛茹苦的不容易呀。你小子混出个人样来了,干什么事情呢?当了个什么大官呢?”

“外甥在元帅张弘范、仲畴舅舅手下当一名百夫长,混饭吃。张元帅说,他与舅父您是同乡,而且是同宗同族,您是他的堂兄。你们小时候一起长大。”

“是的,我曾经在仲畴父亲的麾下当一名军官,那是金朝时候的事,后来他们归顺蒙古人,我就跑到南方来了。不提这些了,你此来何事?”

“知道舅父在这里,我高兴得不得了,特地来看望舅父。”

“谢谢你,难得有心。现在见过面,你可以走了。”

“外甥还有一事与舅父说,请舅父屏退左右。”

“有什么事你就说吧,我没有什么瞒着人的。”

韩新的小眼睛滴溜溜地转,看了看众人道:“张元帅说,这仗打下去,双方死伤损失都大,是什么‘玉石俱焚’。宋朝已经是气运尽了,不如大家归顺北朝。元帅说,只要归顺,既往不咎,还官升一级,赏银千两。像舅父这样能够过去,地位不会在他之下。”

张世杰喝断他道:“够了,休得废话。回去给你们元帅说,我知道投降不仅可以活命,而且还有富贵,但是我为我主效死的意志不可动摇。你快滚,下次来就不能活着回去了。”

韩新退走,下到自己的小船,船很快划走。

忽然,刘师勇命令士兵:“快放箭,射死这小子!”

张世杰吃惊地问:“干什么?两国交战,不斩来使呀。”

“这小子不仅是来劝降的,还是来策反的。”

箭已经射不到小船了。

元军一连进攻了几天,没有能够攻破海上城堡。张弘范还是每天攻打,目的是消耗宋军实力,另外就是等待李恒前来增援。这时候他想到了他带文天祥一同前来的用意,是利用文天祥的时候了。

文天祥的船舱里烛火明亮。文天祥坐在桌后写诗,愁容满面。桌上堆放有他写的诗稿。他听到元兵喊敬礼,甲板上靴声橐橐,是有人来了。

“文丞相，我张弘范前来看你。”

“请进。”文天祥说。

张弘范和张弘正进来。文天祥与他们见礼，让张弘范坐木凳，自己坐床边。张弘正只能站立在张弘范身旁。

“请坐。”

“谢坐。文丞相是我们的客人，到您住的这舱房里，我们是客人，您是主人。”

“张元帅说笑，我一个阶下囚而已。”

“我没有把丞相看作囚犯。丞相如果归顺我朝，一定是保留原职，地位在我之上。我们劝说无用，丞相只是不肯回心转意。”

“如果你们此来还是意图劝我投降，就不必浪费口舌，请回好了。”

“丞相毫不留情，我们就直说好了。”张弘范把凳子移近一点，“我想请丞相写一封信，劝南朝剩余的这些人放下武器言和。不必再抵抗，抵抗是无益的。”

“那办不到。我不会写这样的信，他们也绝对不会投降。”

“丞相还是写吧。您写了是给他们一个机会，投降不投降是看他们是否识时务。你看你们这些人，把船围在一起，像守城一样守住，能够保得了命吗？我们就打不进去吗？一旦攻进去了，老老少少，全部杀光，一个不留，你不为他们担忧吗？你不想办法救他们吗？”

“我要是能想到办法，就从这里跑出去，到那里和他们一起坚守。”

“那是不可能的。你要想救他们唯一的办法是劝他们停止抵抗，进行和谈，归顺我朝。你是有声望的，你写信劝他们，他们会听。”见文天祥不理，他又说：“你起码可以写信给张世杰，让他投降，不要再打了。”

文天祥道：“宋家朝廷有如我们父母。吾不能捍卫父母，乃教人反叛父母，可乎？”

张弘正不耐烦了，威胁说：“你不写也得写。”

“为什么？”

“你难道不怕死吗？”

文天祥微微一笑：“怕死就可以不死吗？你可以不死吗？人生自古谁无死？喏，这是我前天写的诗，给你看。”

他从桌上诗稿中抽出一张给张弘范，那是《过零丁洋》。张弘范读后摇动手中的纸道:“好人,好诗。好人,好诗。好个‘人生自古谁无死,留取丹心照汗青’。”他知道继续劝或施压没有用,于是转换话题,“我是一介武夫,打仗之余也写几首歪诗。”

“子曰:‘不学诗,无以言。’诗、书、礼、乐、易、春秋的六经之中,以诗为首。中国人,上自皇帝,下至平民,没有不能读诗写诗的。连道士、和尚、妓女都会写诗。武将能诗,也属正常。”

“可惜的是,这么个礼乐诗书之邦就这么一败涂地了。”

“这确实叫人痛心。究其原因,乃是自己腐败了,内有奸相贾似道搅乱朝政,外有刘整、吕文焕叛将引狼入室。现在……”

“现在怎么?”

“现在么?现在我看到的不是蒙古人带兵打来,而是你这样的汉人带了蒙古人来打宋人。这不是自己人打自己人吗?我看了痛心。”

“你是说我是背叛自己人,是自己人打自己人。你要知道,我不是宋朝子民。我亦读史,懂史,知道燕云十六州自后唐即割让给辽。我祖辈世居燕山之下。我父在金为官宦,归顺蒙元。我出生在金,长大在元,不知道有辽金,遑论赵宋。何来背叛之说?”

“你不视己为宋人,而宋人惦记着你们。你饱读诗书,相信你知道陆游、陆放翁的这句诗:‘遗民泪尽胡尘里,南望王师又一年。’”

“我说了,我不是遗民。我亦不南望流泪。蒙圣上恩典,世代为官宦,享尽荣华富贵。”

文天祥说:“我闻将军受封领兵南征。大汗拨蒙军一千归你麾下。你奏曰,‘汉人无统蒙军者’,是自知为奴,低人一等,乃鹰犬之类,何来荣华富贵?你为虎作伥,博得主子一杯残羹的赏赐,可知道千里荒芜,十室九空,白骨蔽野,都是你们残暴杀戮所致?我看将军诗稿,中有诗句,‘百万将士战袍红,尽是江南儿女血。’为什么不是男儿血,而是儿女血?这是说明你们连不上战场的妇女都杀吗?这是你嗜血的豪迈,还是你内心的自责?”

“丞相一定知道,诗为感情的自然流露。我随口吟此句并没有想到慈悲或残暴。丞相注意到此句,看出这里写的是江南儿女血。我们不仅在战场上杀宋的士兵,也在城破之后杀平民,不论男女老少。也许这就是丞相说的我军的残暴。丞相体会不到宝剑挥去,鲜血喷溅的那股痛快劲。”张弘范哈哈一笑,将腰悬宝剑抽出一半,剑光芒四射。

正月二十三日，李恒率军到了崖山 。这一天风和日丽，天清气朗，海上风平浪静，一望无垠。张弘范接到报告说看到李副帅的船队驶来了。他就与张弘正等将领来舰桥上张望。

蔚蓝的大海上，李恒的船队风帆高张，平静地驶来。英姿飒爽的副帅李恒站立在旗舰上。这位西夏皇室后裔在投靠忽必烈以后，随蒙古军征战，屡立战功，升迁很快。在攻下襄阳后，他被封明远将军、宣威将军。在江西打败文天祥后，他官拜参知政事。此刻他踌躇满志地远眺大洋，心里想的是灭宋立功，殊不知仅仅六年以后，在攻打安南失败的退兵途中，他就中毒箭身亡了。

李恒的船队渐渐靠近时，两支船队的将士都挥手欢呼。李恒与几位将领下到小船，转来张弘范的旗舰上。张弘范热情地欢迎他们，两方将军们互相致敬。张弘范介绍了两位新人给他们认识。一个是泉州的蒲寿庚，一个是海贼陈懿。他们都跟随张弘范来了。

然后，他们进入舱内，一一落座。李恒献上送给主帅的莞香和广绣。当莞香点燃，香气充盈舱内，他们品尝香茶，吃着香蕉、潮州柑的时候，李恒汇报了攻占广州的经过。他的军队攻打英德府、清远县，直指广州，打败了南朝的制置使凌震和转运使王道夫，占领了广州。在他经略梅州、循州时，凌震乘虚夺去广州。他回军击败之，并且夺得船舰三百艘。接到元帅催促来会师的命令，他就带了百余艘船舰过来了。

张弘范听了很高兴：“德卿，你们来得正好。我把这里的形势讲给你们听。我们到外面去吧。”

他们都来到外面。张弘范指着北面海中说：“那北面海中的岛名叫崖山。它西面是银洲湖，湖西面是银瓶嘴山。这两山像一道门，让海水出入，所以这里叫崖门。那银洲湖中连环锁定的就是宋的船舰，有一千四百余艘，连绵十余里。

“我们十三日到达。我先是打算从崖山东北面进入，但是东北面水浅，战船胶着不能前进，于是转到南面。我一看宋军舰船连成一片，限在银洲湖里，立即占领入海口，把他们关在里面。我们从海口进入，与宋军交战。那只是试探性进攻，摸清对方虚实。对方确实防备严谨。后来几天交战，互有胜负。

“我看出，宋军住在船上，每天的生活饮食是从崖山取淡水与薪柴，我派遣乐总管去占领崖山，不让宋军来获得柴薪和淡水补给。”

李恒问：“崖山上面没有宋军把守吗？这么重要的地方？”

“有倒是有。那么几个小兵不够我们打的。一下子全都赶到海里去了。”

“他们没有反攻，夺回崖山吗？”

“来打了几次，打不上来。乐总管后来在山上立了营寨，让他们只能叹气。”

“怎么不从山头炮轰他们的水寨呢？”

“我们试过的。炮只能打出二三百步，距离太远，打不到。我们阻止了宋军上崖山取淡水，还没有完全扼死他们。他们以快船在崖山东北面潭江入海口汲取淡水，解决了饮水煮饭的问题。我们缺少轻型小船，没有办法阻拦。我想，只要能够断了宋军樵汲之路，就可以困死他们。”

李恒喜悦地说：“那好办。我们带来的拔都船比较小，快速灵活，一定可以打退他们，不让他们获得一滴淡水。”

“那好。你们初到疲乏，先休息。明天一早出兵。我们备下了酒宴欢迎你们。我们下去吧。”

次日辰时，二三十条轻便小船从宋军水寨中划出，像前些日子一样，去崖山东北面潭江入海口的地方取淡水。潮退的时候，潭江清澈的水流入大海，必须在淡水混入海水前汲取。在快要到海口时，他们遭到守候在那里的元军的攻击。箭如蝗虫般飞来，船上没有遮挡，很多人中箭伤亡。宋兵毫无防备，没有抵抗能力，只得迅速撤退。

宋军派出轻捷快船来争夺这条生命线，与元军发生激战。一天里多番攻击未能打败元军。从那天开始他们的樵汲之路就被彻底切断。

岸边的百姓观看了这一天海上的战斗，知道朝廷的人没有水喝了。他们次日划着乌篷船运了淡水供给水寨。可惜这救援未能持久。元军很快发现，射箭杀死那些船民，再无人敢出海了。

宋军被困在银洲湖里，没有淡水柴薪的供应。于是“舟人茹干糗余十日，渴甚，则下掬海水饮之，海咸不可饮，饮者亦辄病呕泄，军中大困。”

元军天天不停地攻击，宋军仍然英勇抵抗。宋军也派兵出击元军的大营，有时候取得小的胜利，大多数是失败。上十天后，宋军军心动摇的现象不可避免地出现了。

二十三

二月初一这一天，一个宋军的军官站在元军一条船的甲板上。见张弘范和张弘正来到，立即解下佩刀放在脚边，脱了帽子拿在手中，跪下行礼，口称："小人陈宝拜见元帅大人。"

张弘范问："你是何人？此来何事？起来说话。"

"小人陈宝，是宋军的统制。现在宋朝几个人困守在这里，摆出挨打的态势，守不长的。我听说归顺北朝，可以官升一级就过来了。我趁夜色掩护偷偷下水，游了过来，无人发觉。我以前是海贼，被招安的，水性颇好。我这次来投靠，望元帅接纳。"

"好的，欢迎。你从那边来，有什么可以告诉我？"

"可笑那些人不知死到临头，还规矩不乱。小朝廷没有几个官，还每天一本正经上朝。士兵们在操练，儿童们在读书，都有什么用？我与元帅献上一计，保管叫他们立即灭亡。"

"哦，说来听听。"

"小朝廷二十万人住在海上，生活成很大问题。据我所知，他们的军粮储备充足，足够支持半年。而淡水和烧柴的道被截断后，二十万人就被困死了。每天吃干粮，饮海水，受折磨，士兵站立不住，连刀也举不起来，一打就垮。消灭他们的时机到了。

"不过，我看了这几天打的仗。你们只是从南面海上去的。如果你们派人从北面进攻，南北夹击，使得张世杰腹背受敌，必然一下子打垮他。"

"你说的方案我们也想到的，"张弘范说，"但是东北面水浅，大舟过不去。"

"大人说得不错。但是大人不知道海潮涨落的规律。这里的海潮一天有两次。潮水涨了有一段平潮时候，大舟可以出进的。"

"但是每天涨潮的时间不同。怎么掌握呢？"

"这好办。第二天涨潮时间比头一天要迟小半个时辰。"

"好，好计谋。你的情报很清楚，对我们帮助不小。你先去休息。来人，带他去歇息,赏他一千两银子,好好款待他。”

陈宝很高兴,起身离开。他打算拾起佩刀,却被一只大脚踩住。他抬头看见一张凶恶的脸,吓得急忙跟人走了。

张弘范感慨地说:“我这些时见到宋朝的两种人,一种人像文天祥那样对我冷若冰霜,我却尊敬他;一种人像这陈宝对我胁肩谄笑,我却厌恶他。这人真的是面目可憎,言语可厌。都是人,为什么有这么大的差别?”

陈宝被带到一条船上,元军安排他睡进一小小的舱房,连空气都透不进来。他非常失望。过一会,有人送一包银子来。陈宝看着白花花的银子笑了。他抱着包袱睡,做了甜美的梦。

二月初四下午,张弘范命令早早地收兵,召集他的将领来他的船上商议总攻计划。当他得知将领们都已经到齐,就下到底舱内来见他们。大家落座后,他开门见山讲到主题:“大家辛苦了。一连打了这么多天都累了吧。其实这都只是消耗战,要削弱敌军的意志而已。真正的战斗才开始哩。我与大家讲讲形势。这一带地名叫冈州,是潭江的入海口。海岸外的这个岛是崖山,宋军以前把行宫建造在这岛上,知道我们要来了,就把行宫拆了,在岛的西面银洲湖建造了那座海上城堡。二十万人困守在这一片银洲湖上,我们现在断了他们的取水打柴的道路,十余日来他们只能吃干粮,喝海水。”

众人哄笑:“海水能喝吗?那要喝多少有多少。”

张弘范接着讲:“他们应该已经没有什么抵抗能力了。现在李副帅来了,带来一百六十艘舰船,还有六门火炮,决战时机成熟。我决定明日休整一天,后日发起总攻,一举灭宋。”

庞钞赤儿打断张弘范的话,发表不同意见。他没有深思熟虑,不管意见对不对,只是想挑战张弘范的权威:“为什么要打?我们只用围住他们,不发一兵,他们也会饿死困死。要我的将士去攻打,难免有伤亡。不必付出那代价。”

张弘范尚未回答,李恒就反驳说:“我军虽围贼,贼船正当海港,日逐潮水上下,宜急攻之。不然,彼薪水既绝,自知力屈,恐乘风潮之势遁去,徒费军力,不能成功也。”

“是的,”张弘范斩钉截铁地说,“我们要对贼发动最后的总攻。我的安排是,后日兵分四路,从东南西北四面围攻。我们从南面先发起进攻。李副帅率领他的那支舰船从崖山东面绕过去,趁早上涨潮渡过平时水浅过不去的海湾，再绕到西面，待机而动。随着辰时退潮南下，攻击宋军北面。宋军腹背受敌，必然大乱，只有俯首就擒。

“如果这攻击没有奏效，则施行二计。到中午涨潮时，李副帅随潮流向北撤退，装出被击退模样，以麻痹敌军。我们南面的军队趁涨潮而进，发动进攻。轮番攻打。如果还是攻打不下，到午时暂停进攻，船上扯起布幔遮挡，奏起音乐。他们知道我们奏乐是进餐，他们已经是筋疲力尽，巴不得抓紧时间歇息。我们躲在布幔后，以盾掩身。待敌方箭矢射尽，我们鸣锣为号，撤去布幔，突然发起进攻，打他们措手不及，必然得胜。有先于锣声动者定斩不赦。听到锣声，李副帅杀回来，南北夹击。

“敌舰高大，我舰矮小。我们以船尾对敌舰，高构战楼于船尾，压住敌方。明日休战，即作准备。”

众将领纷纷叫好。

“西面出海口是重要地方。敌军如果防守不住，很可能趁退潮突围南遁。降将陈宝告诉我，敌军知道西南重要，派大将左大守之。其人骁勇善战，吾自攻之。”

诸将听了，纷纷表示不赞同，说元帅掌握全盘，号令全军，不宜自轻，某等当效力。

张弘范道：“帅当先其难者。无须多言。明日休战，养精蓄锐。后日五更誓师出击，无得懈怠。”

众将散去。

二月初五日夜，元军三面逼近水寨，与宋军只相距一里多。

张世杰看到初五这一天没有动静，知道是大战前的平静。就像暴风雨降临前的寂静，空气沉闷，令人窒息。晚上的时候，他看到敌舟围了上来，像狼群一般，蓄势待发，他吩咐全军积极准备应战。

祥兴二年二月初六（1279 年 3 月 19 日），清晨，崖山西面有一股黑气冒出，漫延海上，满天凄风冷雨。张弘范闻报这自然异象说：“此吉兆也。”

天尚未亮，陈宝在船舱内睡觉，被人摇醒。他惊慌地问：“干什么？”

“我们今天对宋发起总攻，即将出发，举行誓师，请你参加观礼。”

天亮的时候，海面上笼罩黑雾。元军五百艘舰船分作四队在海面上排开，间隔里许。“帅”字旗帜飘扬的舰船上准备举行誓师、祭旗等仪式。张弘范、李恒和主要将领都在场。将士们已经饱餐，收拾停当，精神抖擞，待命出征。只听旗牌高声报，"时间到！"张弘范即上正位，发表誓师演说："众将官，我大元膺天命立国，混一江山。今仍有小股南蛮负隅顽抗，被我穷追猛打，困于一方水域。他们不投降就坚决消灭之。今日发起总攻，务必全歼，无使漏网。现在各就各位，听命出征。"

将士们高呼万岁，旗牌高叫："祭旗！"

张弘正喊叫："把陈宝拖过来。"

早已被安排好站在一旁的陈宝大惊失色。他被拖到大旗前，腿被狠狠地踢了一脚，他就跪下了。

"小人无罪，小人无罪。"

"知道你无罪，只不过是借你衅鼓。衅鼓要用恶人的血，我们这里只有你一个人是恶人。立即执行。"

已经吓得瘫软的陈宝被拖到船头。他被戮数刀，他的血被蘸了涂在鼓面，尸体被抛进大海。

鼓槌重重击打鼓面，宏大鼓声响起。五百艘舰船起航，驶入黑雾中，随涨潮时的滚滚波涛迅速接近水寨。李恒的一百六十艘舰船转向东北方，随涨潮进入崖山北面。

文天祥所在的船与十余条供应船留在后面。文天祥透过船舱的窗看着远去的元军舰船，忧心如焚。

天亮时分，元军三支船队接近宋军水寨。六门火炮齐射，铁壳炮弹落在宋军舰船上爆炸，火光闪耀，硝烟弥漫。炮弹落在宋军舰船甲板上，并未引起燃烧，只是炸死炸伤一些宋兵。同时箭矢如飞蝗射向宋军舰船。宋军同样开炮射箭，积极还击。

元军舰船冲向海上城堡，全面展开攻击。在箭矢的掩护下，元兵爬上宋军舰船，在宽阔的甲板上，两军进行白刃战，血肉横飞，杀声震天。两军接触后，火炮停止攻击。元军的火箭使舰船多处燃起大火，宋兵迎战敌军的同时还要灭火。体力衰弱的宋军顽强抵抗，双方死伤惨重。

张弘范全身披挂，亲自率军攻打西南面。左大将军指挥着士兵迎战敌人，抵住了元军的轮番进攻。

李恒的舰船顺应涨潮，顺利通过东北面海湾，折向西行。到卯时退潮时候，海水明显向南流，李恒的舰船向宋军极快地发起进攻。北面防守较弱，李恒的船顺流冲击，一直冲进宋军水寨。李恒命令船掉头，以船尾对宋军，居高临下攻击，矢石如雨落于宋船。元兵跃登宋船进行白刃战。此处宋军是江淮劲旅，毫无惧色，英勇迎击敌军，双方死伤相当。张世杰接到报告，亲自带兵前来支援。他指挥作战，还挥舞一把大剑，砍杀敌兵，显得武艺娴熟。

南面守军抵挡三路敌军的猛烈攻击，牢牢守住水寨。苏刘义挥舞关公大刀，劈，削，砍，扫，所向披靡。刘师勇无人能敌，跳到他的船上的元兵都被他和他的身经百战的士兵杀死。

北面的战斗打到巳时，也就是中午十点多钟。宋军有些支持不住。此时李恒的舰船被涨潮流水卷去，他们取得小的胜利，夺走了几艘船。

北面的敌军随潮水退去。南面的敌军趁潮而来。张世杰调北部兵力来支援，士卒经过激战，伤残严重，均无斗志。即使如此，他们也依然奋力战斗，与敌人拼命。

这一番战斗一直打到中午。宋军看到敌军退回他们的船上，他们船的四面扯起布幔，不知道他们干什么。过一会听到他们船上奏乐了，士兵就懈怠了，放下武器休息。

左大看到士兵坐下，急得大骂。他说：“敌军没有退走，你们怎么坐下了？”他扯起一个士兵，让他拿起刀。他扯下一个士兵的时候，前一个兵又放下刀坐下了。他气得大骂。

一个下级军官对他发牢骚说：“兄弟们上十天没有吃饭，哪里来的力气打仗？敌军奏乐就是在吃饭，前几天都是这样。趁此时让兄弟们休息一下也是可以的。”

“你说什么？”左大大叫，“敌军没有退走，马上就会再打来。你不趁此机会做好下一场战斗的准备，敌军打来就等死吗？起来呀，起来。把你们的箭袋装满，刀缺了的换把好刀。各就各位，把守好自己的阵地。队长检查自己的兵。快呀！”

士兵们听到他的吼叫，不顾疲劳，都行动起来。果然不假，他们看到敌船又过来了。他们纷纷射箭，箭矢射在布幔上、桅索上，弄得敌船像刺猬。到他们箭矢射尽，敌船上响起锣声，布幔撤除。敌船一起拥上，箭矢火炮射了过来。元军舰船靠上后，元兵跳到宋军舰船上，双方开始了白刃战。

宋军毫不示弱地杀敌，高喊：“拼了，跟他们拼了！”双方厮杀，呐喊声震海天。到后来宋兵没有力气喊了，只是一刀一枪，一来一往地打。双方很多人倒下，甲板上流满鲜血。

李恒的舰船趁退潮卷土重来，他的将士经过休整更为锐不可当。他们突破水寨的前沿防线，向纵深发展。水寨有如城市街道一样，宋军与他们进行巷战，双方一条船一条船地争夺。

战斗从中午打到傍晚。黑雾从海上卷来，带了斜风细雨，使得打仗更艰难。火倒是渐渐熄灭了。

斜风细雨中，一宋兵用无力的胳膊举刀来挡元兵的狼牙棒，被打倒，打死。一宋兵被元兵的盾牌一扫就倒了。一宋兵被元兵举起抛下海里。

张弘范夺了左大的七艘舰船，放倒了船上的桅杆。宋军犹殊死混战。有记载说这场战斗打了一整天，“自巳至申”，“战至晡，海雾四昏，咫尺不辨，风雨大作”。宋军一艘又一艘舰船上的桅杆倒下。黑雾四塞，风雨交加，疲惫不堪的宋军终于被击溃。

文天祥远远地亲眼看见海上城堡被攻击的惨状，失声痛哭：“天呀，老天爷呀！”

岸上聚集无数村民在观战。他们痛苦地流泪，喊叫。有的人到土地庙烧香祈祷。

有记载说：“会有仆其樯竿之旗者，诸船风靡，樯旗俱仆。诸船奔溃，招抚翟国秀、团练使刘浚解甲降。贵官士女多腰金赴水自沉，死者数万人。”

张世杰知道大势已去，即抽调精锐入中军自卫，并且做突围准备。

苏刘义越战越勇。传令兵来喊话，要他到中军与张世杰会合。他杀出了重围。

张世杰对传令兵大叫：“去找方兴将军，让他派人驾小船去接皇帝来。去找张达将军，让他派人驾小船去接杨太妃到这里来。速去无误。”

中间一排舰船的中央是御舟。御舟最为高大显著，是元军进攻的目标，他们逐渐打到了这一排。顾玉杼指挥御林军拼死抵抗。他们喊叫着“保卫皇上”，与敌军血战，让敌军每进一步都付出血的代价。

顾玉杼有过实战经验，曾与敌军面对面交锋，毫不畏惧，知道如何指挥御林军接战。但是他看形势也能明白是到了最后关头。前天晚上见到汪弥莲，他明确地说，到紧急关头他要保护皇上，顾不上她了。汪弥莲表示她将随他而去，决不苟活。

御林军三人一组，三组一班，三班一队，互保互助，有效地阻挡敌军的进攻。然而他们从早到晚，滴水未进，粒米未沾，已经是疲惫不堪。他们一个个倒下，一条条船丢失。

顾玉杼不记得杀死了多少敌人，手中刀换了几把。他明显地感觉到手砍下去轻飘飘地，不得不用双手握刀。他的反应迟缓了，腾挪闪躲不那么灵活。他已经数处受伤。

一个敌兵一个狼牙棒挥舞来，他用刀一挡，刀被打飞了，他倒在地上。敌兵一棒打下，眼看他性命不保，却见横地里来了一枪，挒翻了那敌兵。那人拉起顾玉杼。顾玉杼一看，是张全将军。

“我带兵护驾来了。”张全喊叫。

“谢了。”顾玉杼说。

他们返身投入战斗。

陆秀夫所住的船在御舟这一排，他见元兵已经攻到这一排，急忙跑到御舟上。他进到舱房，看到少帝穿戴整齐坐在龙椅上，吓得战战兢兢，太监和宫女陪侍着他。

陆秀夫跪下叩头说：“老臣来迟，请皇上恕罪。”

少帝看到陆秀夫，恐惧地问：“太傅，怎么办？”

陆秀夫说：“现在元兵已经打过来了，皇上的御舟太大，四周又被船只堵塞，看来是跑不出去了。国事至此，陛下当为国死。德祐皇帝受辱已甚，陛下不可再受辱。”

少帝惊恐地问：“怎么办？”

“与臣一起蹈海。”陆秀夫平静地说。

“朕宁死也不当俘虏，不愿有辱祖先。朕将赴海。”少帝也平静了。

陆秀夫对太监总管说：“请出国玺。”

太监总管到楼上把国玺取来，放在御案上。陆秀夫让他从盒子里取出金印，用黄绫包好，系在少帝腰间。他请少帝出舱房，自己跟随在后。

这时候，李时龙带领的一只被方兴派来接少帝的小船到了。小船低，御舟船头高，李时龙扯起嗓子大叫：“皇上，皇上，张枢密派我们来接。请下到我们船上来。”

他喊了又喊。陆秀夫来船头，在黄昏风雨中，看不清，听不明，陆秀夫不认识李时龙，不敢相信是自己的人。他怕受骗，拒绝送少帝下船。

船上只有顾玉杼认识李时龙，可惜他在另外一艘船上苦苦作战，根本听不到御舟这边的喊叫。没有人可以证明小船上是自己人。陆秀夫不再理睬小船，他没有时间了。当时非常混乱，敌军已经快打到船上来了。御林军在步步为营地抵抗，杀喊声使得人心惊肉跳。

太监扶着少帝走向船头。船微微颠簸，甲板很滑，少帝数次滑倒。

陆秀夫来到他面前，背对他跪下："请皇上抱住臣背，臣将背负皇上蹈海。"

少帝上到陆秀夫背上。陆秀夫站起身，坚定地走向船头。

海面黑雾滚滚，海浪冲击船头，发出轰鸣。在黄昏的斜风细雨中，四十三岁的陆秀夫丞相背着八岁的少帝跃向空中，少帝的黄龙袍十分显眼。他们落进海浪里，为海浪吞没。

"皇上蹈海了，皇上蹈海了！"四周发出惊呼。御舟上文官、太监、宫女等十余人先后跳海，悲痛地喊着"皇上，皇上！"他们之中有管秋芬。其他船上的人也纷纷跳海。其中有很多大臣，如翰林学士刘鼎孙、礼部尚书徐宗仁、兵部侍郎茅湘、吏部侍郎赵樵、枢密使高桂等。

顾玉杼听到悲惨的叫声，回头一看，稍一分神之间被元兵杀伤倒下。张全上前抱住他，想要救他命。顾玉杼对他感激地一笑就断气了。

张全喊叫着说："你前面走，我后面就来。"

宋兵还在战斗，与敌兵拼命。刀枪撞击，血肉横飞。张全带来三十多人，不过是杯水车薪，宋军还是节节败退。张全不是生力军，他也曾鏖战终日。在从一艘船退到另一艘船的时候，他要躲避敌兵的一刀，失足从跳板滑落，跌入海中，生死不明。

被派来接少帝的李时龙对士兵说："皇上蹈海了，回去告知枢密。"

小船划走。李时龙听到海中有人叫唤，看到海浪中有个人影，急忙命水手划船前去救起。那人是管秋芬。这渔家女识水性，扑腾一阵居然没有沉下去。李时龙救了她很高兴。两人相拥而泣。

李时龙回到中军，与方兴复命。此时，杨太后已经被接来了。

"斩断缆绳，突围。"张世杰下令。

士兵们挥动斧头将缆绳砍断，用绞车收起铁锚石碇，扯起帆篷，船帆迎风鼓起。张世杰与殿前司少保苏刘义、都统张达、尚书苏景瞻、安抚方兴等乘三十艘左右的舰船向东突围。元船围追堵截，船只激烈地冲撞。有的船被元军截下，船上宋兵当了俘虏。最终有十六艘成功逃脱。张弘范和李恒等追至崖山口,值天晚风雨骤至,烟雾四塞,诸将各相失。张弘范退回,李恒独自追到大洋,追之不及而返。

海上响起凄厉的胡笳声,元军收兵了。

张弘正的船与张弘范的船会合,他跳到这边船上来。

“元帅,胜利了,胜利了。打了整整一天,好不容易赢来胜利。哥,你这满身是血,没有受伤吧?”

张弘范哈哈一笑:“毫发无损,这都是蛮子的血。我以前写过一首诗,其中有一句是‘我军百万征袍红,尽是江南儿女血’,多么豪迈。今天,我镇国大将军张弘范灭宋于此,为大元朝立下不世之功,哈哈。”他一阵阵狂笑。

黑夜里,在宋的一条船上,横七竖八躺满尸体,满甲板是凝固的血。一个宋兵手持一支火把在船上查找活着的宋兵。到处没有生命迹象,他带着火把跳入水中。火把熄灭。天地一片漆黑沉寂。

宋祥兴二年二月初六(1279 年 3 月 19 日)崖山海战结束。宋亡。

二十四

二月六日,文天祥在元军船上中目睹这一整天的战争惨景。他恨不能挣脱牢笼,飞去和自家人一同杀敌。他只有痛哭流涕。一夜无眠,第二天他挥毫写下一首长歌——

二月六日,海上大战,国事不济。孤臣天祥,坐北舟中,向南恸哭,为之诗曰——

长平一坑四十万,秦人欢欣赵人怨。
大风扬沙水不流,为楚者乐为汉愁。
兵家胜负常不一,纷纷干戈何时毕。
必有天吏将明威,不嗜杀人能一之。
我生之初尚无疚,我生之后遭阳九。
厥角稽首并二州,正气扫地山河羞。

身为大臣义当死，城下师盟愧牛耳。
间关归国洗日光，白麻重宣不敢当。
出师三年劳且苦，咫尺长安不得睹。
非无虓虎士如林，一日不戈为人擒。
楼船千艘下天角，两雄相遭争夺搏。
古来何代无战争，未有锋蝟交沧溟。
游兵日来复日往，相持一月为鹬蚌。
南人志欲扶昆仑，北人气欲黄河吞。
一朝天昏风雨恶，炮火雷飞箭星落。
谁雌谁雄顷刻分，流尸漂血洋水浑。
昨朝南船满崖海，今朝只有北船在。
昨夜两边桴鼓鸣，今朝船船鼾睡声。
北兵去家八千里，椎牛酾酒人人喜。
惟有孤臣雨泪垂，冥冥不敢向人啼。
六龙杳霭知何处，大海茫茫隔烟雾。
我欲借剑斩佞臣，黄金横带为何人？

在这首长诗里，他没有控诉北兵的罪行，因为他们侵略成性，已经说来无益。他责骂的是佞臣汉奸，他们为了保住黄金横带的高官厚禄而背叛祖宗，背叛国人，引狼入室，残害自家人。

元军收拾战场。宋行朝一千五百艘大小船只焚溺之余尚有好船八百余艘，尽归张弘范所得。元军椎牛酾酒，举行了庆功宴，放假数日，让军士恣意欢乐。

七日以后，崖门海域腥风血浪。海面漂浮尸体十余万。他们曾是宋朝的文臣武将、士卒宫女、杂工挑夫。他们中，只有赵昺、陆秀夫等少数人留下了名字，但他们有个流芳千古的共同的名字——大宋的义士烈女。

尸体有的仰面蓝天，有的俯面水中，随海浪起伏，被潮水推到岸边。渔民船户流泪收拾尸体，清洗安葬。此前数日，他们曾救护受伤落水的战士，掩护他们住下。因此，至今新会一带有很多宋代从浙江、江西、福建、广东来的人的后裔，其中还有赵姓宗室。

元兵大量拥来海边，在尸体中搜寻财物，收获颇丰。一个小兵看见一个儿童尸体，身着黄色衣服，他在其腰间搜出一枚金印。因为很多人在场得见，他不得不上交。金印到了张弘范手中，他认出印文是“诏书之宝”。一问宋的降臣，知道这是宋的国玺。他大喜过望，找来小兵问发现的情景。他们判断那具童尸就是少帝赵昺，但再去寻找已经不见踪影。

数日后，惠州宝安赤湾海岸有几位僧人看见海面漂来一具童尸，身着黄色龙袍。他们知道是宋少帝的遗体，就打捞起来，予以清洗装殓，安葬于深山密林中，并且为之做法事超度。

战场清理完毕后，张弘范命人在崖山的奇石上镌刻“镇国大将军张弘范灭宋于此”十二字，以扬其威。后来有人在前面加刻了一个“宋”字，成了“宋张弘范灭宋于此”，来讽刺他。其实张弘范出生的时候，金朝已经亡了四年，他不是金朝的人，更不是宋朝的人。明朝成化二十二年（1486 年），御史徐瑁命人将此十二字凿去，改刻为“宋丞相陆秀夫死于此”九字。20 世纪时，又被改为“宋少帝与丞相陆秀夫殉国于此”。现在此石已经不存在了。

张世杰突围后，带领残余部队向西航行，到达硇洲。他的手下只有将士，没有文臣。每天早上，他还是率大将来杨太后舟上上早朝议事。少帝不在了，太后就是朝廷。杨太后坚持要回崖山打听少帝的下落。杨太后也曾听人喊叫皇帝蹈海了，知道是绝无生还的可能，但是她终究不死心，一定要回海边查找打探，活要见人，死要见尸。他不得不从。大将们也要回去看看自己同僚部下兄弟的情况。因此，张世杰奉杨太后带领十余艘战船回来崖山。

下午时分，天气晴朗，海上风平浪静。这已经是三月下旬，崖山海战结束后一个多月了。元军已经撤离。他们看到崖山银洲湖里已经空空荡荡，汤瓶嘴山脚下增添了无数的新坟，触目惊心。

张世杰和众将领乘小船来到岸上。百姓见到宋的将军来了，从屋子里跑来，从船上跑来，围住他们。未曾开言，已经是号啕大哭，惹得将军们也是泣涕涟涟。

张世杰首先询问少帝下落。一位船民说他亲眼见过少帝遗体。张世杰即让人送他去向杨太后禀报，他自己带将军们去看新坟，准备祭奠牺牲的烈士。百姓带他们看了刘师勇等将军的墓。

那船民被带到杨太后舟上。他在甲板上叩头，向舱房里的太后讲述他看到的情况。

杨太后听了很平静,这是意料之中的事情,她早有思想准备。她让人赏赐船民,送他下船去。

“皇上死了,都完了,一切都完了。我也不活了,我要跟着去。”

杨太后向船头走去。宫女们都跪下拦阻,祈求她不要死。

“祥兴帝是俞昭容的儿子。我和俞昭容像亲姊妹。她去世后,我待祥兴帝如同己出。景炎帝是我亲生。我的两个儿子都死了,我还活着干什么?我要随他们去海上。”

众宫女苦苦劝阻都无效。

“我忍死间关至此者,止为赵氏一块肉耳。今无望矣!那么多人死了,皇上也死了,我为什么不死?”

她摘下满头金饰抛到海里,披散头发,取下胸前的赤金镶宝长命锁、玉臂上的金臂勒,抛到海里。她像一只彩凤腾起空中。

宫女们哭喊:“太妃蹈海了!”她们跑进船舱里,拿出首饰盒,将珠宝首饰抛入海中,然后纷纷跳海。

张世杰闻报赶来已经迟了。杨太后的遗体被打捞起来,安放在舱房内的桌子上,覆盖了金凤被面。她身旁排列着好几个宫女的遗体。

一个宫女对张世杰说:“太后升天了,好多我的姐妹护驾去了,请好好安葬她们。奴家没有跟随,因为怀有丈夫骨血。丈夫为国捐躯,我要为他保留后人。”她是汪弥莲。

“是的,”张世杰说,“你是顾侍卫的夫人。顾大人英勇就义,千古流芳,你要好好抚养他的孩子。朝廷会封你诰位,给予俸禄,还要给你们后人抚恤金。望你节哀顺变。”

张世杰主持安葬了杨太后。汤瓶嘴山麓多了一座坟墓,墓前有碑无字,供桌上摆放祭品,村民点燃香烛,烧纸钱。张世杰等人拜祭后离去。汪弥莲和另一个宫女在村里买了一所宅院住下,为杨太后守陵。她足月后产下一子。

杨太后懿寿三十六岁,谥号为仁慈圣节皇后,葬于广东省江门市新会区古井镇崖山之寿星塘。后人奉她为国母。明朝弘治四年新会崖山建大忠祠,祠内建有慈元殿,祭祀杨太后。现在每年四月二十七日国母诞辰的日期,很多赵氏宗亲,义士后人前来祭拜。

张世杰率军复往西行,不幸遭到元朝广东宣慰使帖木儿不花的追击。

张世杰本想拼个鱼死网破，但是残余部队寡不敌众，部将方遇龙、叶秀荣、章文秀等四十多人被俘。张世杰只得扬帆脱逃。

这一仗不算是大仗，却是对他的最后一击。他不是铁打的金刚，终于崩溃了。数年来连连作战，连连战败，从江淮步步退走至天涯海角。崖山大败使得他的军队损耗净尽，毁灭了他扶助赵氏中兴的雄心壮志。而这次一小股敌军也打得他狼狈不堪。他像连根拔起的大树，一阵小风就可以吹倒。

他原计划去占城，再图谋复兴，但部属还是不愿意去异国他乡，强迫他回广东。五月初四，他的船队到南恩州平章港（今阳江海陵岛）附近时遭遇台风。飓风卷来，海变得凶暴。飓风追上船队，狂风暴雨，恶浪翻空，打上甲板，船上将士都躲进船舱。他绝望地叫喊："有什么害怕的？不就是狂风暴雨吗？我拿命顶住。"

张世杰登上舵楼，拔剑向天挥舞："我为赵氏亦已至矣，一君亡，复立一君，今又亡。苍天，苍天，此是何意？你若真是要灭大宋，我也无意活，你就赐我一死吧！"

雷雨交加，狂风怒号，暴雨倾盆。张世杰站在颠簸摇晃的舵楼，向天挥舞大剑，发出怒吼。云层闪过一道耀眼的闪电，霹雳炸裂天地，船为飓风吹翻，张世杰落水。

"张枢密！"

"越国公！"

船队的人都惊呼。

在另一船上的苏刘义高呼："越国公，我苏刘义跟随你来了。"他纵身跳海。

其他船上的方兴、张达诸将士也纷纷跳海。

张世杰遗体漂流到岸边。目睹海难的渔民将他葬于平彰山下力岸村海滨。

从临安随二王南巡的数位忠烈的情况补充交代如下：

陆秀夫蹈海后，他的遗体被人发现，予以安葬。现在他的陵墓在新会二城区台山村都斛镇义城村。

刘师勇伤重落水而死，遗体漂浮至钦头湾海滩。村民见海滩上成千上万只蚂蚁含细沙掩盖刘师勇尸体，于是收葬村前，谓为刘太保墓，并就地建太保庙。

江钲于战前被差遣去福建。他募得几百豪杰士卒赶去崖山。到广东海丰时，崖门之战已结束七天，江钲闻知宋已经全军覆没，投海而死。当地居民根据其部属的叫唤立岩公庙以纪念，遗迹至今仍存。

秀王赵与檡为两浙闽广察访使。元兵逼浙东时，赵与檡被派去瑞安，与守臣方洪共任备御。景炎二年冬十月，瑞安被围。赵与檡和方洪誓死以守。小校李雄夜开门纳元兵。赵与檡、方洪率众巷战，兵败被执。元参政董文炳问之曰："汝为秀王耶？今能降乎？"赵与檡叱之曰："我乃国之近亲。恨不能杀汝以报陛下。今力屈而死，分也，尚何问焉？"他慷慨就义。方洪亦不屈而死。

景炎二年，泉州市舶司蒲寿庚拥兵作乱。张世杰回军讨伐，三个月攻打泉州不下。杨亮节父子四人因军务离开泉州，及归，张世杰已经率军退走，到了潮州。杨亮节遂携三个儿子世昌、世耀、世隆追到漳州。因第三子途劳染疾，寄养于漳浦佛潭农家。杨亮节与长子、次子来到厦门，想觅船前往广东崖山与少帝会合。此时传来崖山兵败，少帝投海的不幸消息，杨亮节悲愤不已，遂与两子渡海到浯洲（今金门），隐居于官澳珠宝石下，郁郁而终。

由临安一直跟随二王到海边的忠烈义士全部保持节义，千古流芳。

崖山海战结束，宋朝灭亡确实是中国历史上的一次巨大震荡。人们对它的意义至今还不能有一致的认识。有的人说，它不仅标志着存在有 320 年的宋朝的灭亡，而且是汉人政权的中断。有的人说，"崖山之后无中华"，中国文化自此灭亡了。有的人说，至少可以说是，自此古典意义的中国灭亡了。相反的意见是，神州大地自古以来存在着多民族组成的中华民族的大家庭，这次事件是国家内部的斗争，不是外族入侵。

明末思想家黄宗羲是这样分析的，他说："夫古今之变，至秦而一尽，至元而又一尽。经此二尽之后，古圣王之所恻隐爱人而经营者荡然无具。"

黄宗羲此说没有以民族划分政权的正统，而是强调文化与精神的传承。他看到了秦之一尽，元之二尽，他还没有看到清朝的入主中原。不知道他是否会把那看作是第三尽。

另外一位明末思想家王夫之说："二汉、唐之亡，皆自亡也。宋亡，则举黄帝、尧、舜以来道法相传之天下而亡之也。"他指出以前汉唐之亡是一般的改朝换代，而宋朝的亡是自黄帝、尧、舜以来的道法文化的灭亡。他的认识与黄宗羲的基本上一致。毋庸讳言，宋朝已经产生的民主萌芽被彻底摧毁,代之而起的是元朝从草原带来的野蛮残暴的主奴制度。

然而崖山留给后世的还有可贵的崖山精神,那就是宁为玉碎,不为瓦全;就是文天祥光照千古的诗句:“人生自古谁无死,留取丹心照汗青。”

崖山义士受到后人广泛崇敬。蔡东藩在他著作的《宋史通俗演义》中,对宋朝三忠烈文天祥、张世杰、陆秀夫的评论比较中肯,现在抄录如下——

> 及文、张、陆三人之奔波海陆,百折不回,尤为可歌可泣,可悲可慕。六合全覆而争之一隅,城守不能而争之海岛。明知无益事,翻作有情痴。后人或笑其迂拙,不知时局至此,已万无可存之理,文、张、陆三忠亦不过吾尽吾心已耳。读诸葛武侯《后出师表》,结末云:“鞠躬尽瘁,死而后已。成败利钝,非所逆睹。”千古忠臣义士大都如此,于文、张、陆何尤乎?宋亡而纲常不亡,故胡运不及百年而又归于明。是为一代计,固足悲;而为百世计,则犹足幸也。

崖山战败,宋朝失国固然是千古遗恨,崖山精神也是光昭千古。“崖山多忠魂,后先照古人。”(陈邦彦语)数百年来人们来此地凭吊。亡宋遗迹,历代修建的国母殿、大忠祠、义士祠,得以保存至今,则体现崖山精神长存。“崖山之后无中华”的说法有失偏颇。崖山之后中国人民的正气、文化未被打灭,从中国人抗日的事迹中就可以看出。

我于2012年去广东省江门市新会区凭吊崖山海战遗址。这里是珠江三角洲。珠江三角洲在远古时代是广州溺谷湾,后来被北江、东江、西江带下来的泥沙淤平,成为陆地。以前的海中岛屿与大陆连接。珠江三角洲的海岸线不断向海中延伸,向外海拓展。这个进程,今天仍在继续。由于700多年来珠江三角洲沙田形成速度很快,当年新会南临大海,而崖山当年还是处在新会县城以南40公里海上的一个大岛屿,现在这一片海已经成了陆地。曾经是高高的崖山已经被淤没不见,没有人可以想象现在的古兜镇下面是以前的汤瓶嘴山。而它们之间的40里的银洲湖,曾经容纳二千战船,漂浮十万尸体的海面已经成了陆地。

我站在崖山海战遗址纪念馆的一座楼上,看着远远的海岸线,真切地感受沧海桑田的变迁,写了一首词——

临江仙·崖山怀古

2012年2月访新会崖山,12月填词

拍岸惊涛珠玉碎,袅袅犹是腥风。楼船蔽海炮交轰。流星飞箭雨,杀喊震长空。

恶浪狂澜樯橹断,可怜蹈海金龙,忠魂十万踏波从。崖山节义在,正气贯长虹。

二十五

哭泣是伤心。伤心才哭泣。心痛会撕心裂肺般地哭,泪水止不住地流。都说泪是水,那是心血化的。心一揪痛,心里的血就化作水从眼里流出。泪水流尽就流的是血。

二月六日以来,惨绝人寰的海战、亡国之痛使得文天祥恸哭不已。他从号啕大哭到声嘶力竭,只有抽泣,无声地流泪,到泪水流尽。他长歌当哭,写了一首哀痛的长诗。他昼夜泣涕涟涟,茶饭不思。他双眼哭红哭肿。他哭得浑身像散了架一般无力。

他如同坠落深渊,暗无天日。数年内奋斗失败,复国的希望破灭,他的人生已经完结。他像活死人,对周围发生的事情一无所知,任凭别人摆布。他昏天黑地,不知道日期,不知道三月十三日那一天,张弘范的船队离开崖山,更不知道船行是去广州。一千多艘船浩浩荡荡行进,他乘的只是其中小小的一艘。别的船上发生什么,他不知道,也不关心。他闷坐在船舱里,四面都有元兵把守。他想跳海也不可能。

出发后第二天,张弘范派人来把他带到一艘大船上。他看到甲板上摆开了酒席,元军的将士们吃吃喝喝,说说笑笑的好热闹。他被带到张弘范席上。张弘范请他坐,请他饮酒吃菜,他没有回应。他闻不到酒香菜香。他勉强举箸也是食不知味。

张弘范进一步劝降,说宋已经亡了,你还效忠谁呢?像你这样贤能有才的人,只要归顺,一定可以安居相位。文天祥又被触动了,眼泪扑簌簌地往下落。他说,我生是大宋人,死是大宋鬼。大宋亡了,我就死了,哪里想当官?

绝不会起二心。

张弘范前后多次劝降无效，知道文天祥真是忠贞不渝，对他打心眼里佩服。他具表上奏崖山海战的战果，其中专门陈述宋丞相文天祥情况。请示如何处置。

张弘范驻扎广州时，四月十一日，忽必烈的批示转来了，他说"何家无忠臣"，让把文天祥押解到大都。自此，张弘范对文天祥好好看护，不敢出什么差错，准备安排人把他安全送去。

文天祥随张弘范住在广州。这一天，门卫进来说，有人来看他。接着有两个人进来屋里。他一看是文璧和文璋，大感意外："啊，宋珍，你们怎么来了？"

文璧和文璋一进门就伏地不起。

"你们起来说话呀。"

"哥哥原谅我，我才起来。"

"什么事要我原谅？起来说清楚。"

"哥哥不说原谅，我不起来。"

"好吧，我原谅你。"文天祥扶起两个弟弟，"我知道，你们不会做错事的。"

看守送来了凳子和茶，让他们坐下谈话。

"先说你们是怎么找到我的。"

文璧说："崖山战败的消息不胫而走，百姓早已传遍。士人草民颇多自缢投井殉国的。兄长被俘，押来广州也是众人皆知。我们听说哥哥不久要北上，即赶来见面。我们先到帅府求张元帅恩准，张元帅即派人送我们来了。"

文天祥突然醒悟似的问："你们不是守惠州的吗？"

"我们献城投降了。"文璧又跪下了，文璋也随着跪下。

"啊。"文天祥一下子站立起来。

文璧和文璋以头触地："我们没有办法。崖山败了，神州陆沉。惠州无兵无粮，叫我们拿什么守？一片孤城，城墙高不过一丈。守兵不过五百。元军兵临城下，说不投降就屠城。我们为惠州生灵计，只有开门投降。"

"你们起来。"文天祥平静下来，扶起他们说，"国事如此，不怪你们。"

"元军进城虽然有惊扰，大体上没有烧杀劫掠，市面平静。三天后市民百姓生活正常了。"

“凡事心安就好。你们不是卖国求荣，问心无愧。现在你们将何以安身？”

“我们是大宋的官员,不属于他们管辖。”文璋说,“我们把事务与元人平稳交接了,让百姓无惊,我们就引退。”

文璧说:“我们不当他们的官。我们收拾好了就带家里人回老家去,住在山里不出来了。”

“很好,很好。”

送文璧和文璋来的小兵说时间到了,让他们离开。文璧和文璋只得走。他们知道这是与哥哥的永别,临行时候哭了。

文天祥送他们到房门口,他是不许出门的。

“别哭。崖山以后,我的眼泪已经流尽了。再别招我哭。”他对文璧说,“我与你说过,道生、佛生死在战乱中。我两个女儿死在逃难中,两个女儿被掳去。我没有后人了。我与你写信说过,要你过继一个儿子予我。你答应把升儿给我。升儿敦厚诚信,我看很好的。今天恐怕是我们最后见面,把这事情说定吧。文瑞在此可以为证。”

三兄弟洒泪而别。文璧和文璋后来没有能够回去江西老家,那时世道仍不平静。据《宝安县文氏族谱》记载:“元始祖璧,号文溪,字世安,与胞兄文山公同登甲榜,历官知广东惠州府。……厓州玺失师溃,文山公被执,公潜往燕京与兄难,文山公有忠孝之别,嘱弟养母抚后。公乃携家丁十六人及妻子家私官物,潜至东莞三都六图黄松岗鹤仔园,荒莆筑室。”今东莞涌头,松岗的布尾、山尾、潭头,福水的岭下、白石下,上步的岗夏,新界的新田等地均有文姓族人。

文天祥自从五坡岭被俘,遭到囚禁,失去自由,非常痛苦,而更使他感到痛苦的是崖山战败后的亡国。他每日以泪洗面,直到眼泪流干。张弘范一直想劝他投降,吩咐看守要善待他,因此他没有受什么虐待。他被关在囚室里,无人打扰,每天就读书,思考,写诗。他读的书包括《道德经》《黄庭经》,他有很深的道家学养。我相信,是超然物外的思想给予了他精神上很大的定力。

四月十一日晚,张弘范来看他,与他谈诗论文。张弘范细读了文天祥近一段时间创作的诗篇,对这大宋的状元丞相的才学,尤其是人品非常钦佩。他说,他自幼学习儒家文化,也舞文弄墨,自诩是文武全才。到南方后才知道真正的文化的精髓在南方。他得虚心学习。他希望以后能够师事文丞相。

张弘范说他把丞相的情况具表上奏给了皇帝。皇帝感叹说，谁家无忠臣，要他把丞相送去大都，面觐皇帝。

四月二十二日张弘范派都镇抚石嵩押送文天祥去大都。这一天，看守来说要上路了，给他戴上了镣铐，把他的衣物书籍打了个包袱给他带上。他上了一辆大车，车上有押送他的兵。旧历四月就是公历的五月，广州天气很炎热了。他出来户外就感觉阳光烤人。大车在一个广场停下。他看到还有一些大车载了一些俘虏。有的车上挤满年轻女子，也是被送往大都去的。

中午过后，来了一队兵马。看守说，那是囊加歹元帅抓了一些南方的工匠带去大都。那些人会造巨大的回回炮。

队伍整理好了以后就出发，向北方前进。没有行进多远，队伍到北郊的越秀山的越王台就停下了，趁天色还亮，安营扎寨，埋锅造饭。文天祥看到广州的郊区经过铁蹄蹂躏后一片衰败荒凉，感叹地写下“烟横古道人行少，月堕荒村鬼哭哀”的真实描述。

次日，队伍出发，一直北行。经过英德、韶关出广东到进入江西。这一路道路蜿蜒曲折，有时翻山越岭。道路状况极差，泥土的路，晴天灰尘飞扬，雨天泥泞。路面坑坑洼洼，大车颠簸得让文天祥很难受。有时是羊肠小道，道旁荒草丛生。经过的城市衰败不堪。

在这段路途中，文天祥曾有一次绝食。那不是为了抗议什么，争取什么。他只是求死。他感觉到此地步，已经生无所恋，不如了此残生。押送他的小兵像平常一样把饭菜安排他面前就出去了，回头一看，他连筷子也没有动。他只简单地说不想吃。第二次又是如此。看守以为他是路途劳顿，胃口不好，或者是患病，不思饮食，也未在意。一连三天如此，看守也慌了。他们劝他吃，强迫他吃都没有用。于是报告上面知道。石嵩来了，先是说好话劝他吃饭，后来就软硬兼施强迫他，手段用尽都没有办法。一气之下石嵩就走了，想看文天祥能够坚持绝食多久。

到第八天，石嵩慌了。他怕文天祥死了，他没办法向上面交差。他让看守强制为文天祥进餐。一个看守捏住文天祥的鼻子，一个看守把竹筒插到文天祥的口里，把稀粥往里面灌，弄得文天祥痛苦不堪，他屈服了。自己主动进餐，结束了绝食。开始他只能够吃点稀的，慢慢地才恢复正常饮食。绝食让他身体瘦弱，他觉得这样死去太没意思，他决定以后再不自绝。

五月二十五日队伍到了江西南安，从此改行水路。五月二十八日他们到了赣州，然后顺赣江而下。六月初一，他们到了吉安。傍晚时分，船队到太和镇码头停靠，元兵上岸，忙忙碌碌地上着食物饮水等补给物品。码头停泊的船不多，没有战前的繁华景象。岸上冷清，没有见到什么人。

在快要到太和镇的时候，文天祥就出来甲板上，贪婪地看着两岸的景物。半江瑟瑟半江红。江风习习，吹散一天的暑热。文天祥一见船队停靠镇上码头，大喜过望。

他央求看守说："这是我的故乡，请允许我上岸看看，以后再也见不到了。"

元兵看守不予理睬。文天祥还是坚决要求："我只在岸上站一站，绝对不走远。我现在身体很差，根本跑不动的，你们可以放心。故乡啊，故乡，我再也见不到了。你们应该理解我的心情。"

文天祥亮一亮手铐，让他们知道自己是不会跑的。看守心软了，把跳板丢到岸上。文天祥谢了谢，走过跳板，上了岸，两个元兵不敢大意，跟随在他身后。

文天祥环视山河萧条景象，夕阳西下，给镇上的颓垣残壁增添一份凄凉。他摇头叹息："昔日的繁华再也见不到了。"

远远地，有家乡人认出了他，跑上前来问候："文魁元，您回来了。您好吗？"

文天祥很高兴，惨笑着显示手铐："是这样回来的，还要被押送到大都去。"

"我们早就听说要把您押送到北方去，会路过这里。我们盼了好多天都想见您。"人越来越多，围住了文天祥。

"文魁元，家乡人民想念您。"

"您离开家乡好几年了。"

"已经四年了，"文天祥回答说，"我当初带了一支子弟兵出去，后来他们被遣散回家，现在他们好吗？"

"都还过得去吧。"

"张弘毅拜见师相。"一个人从人群中出来，见文天祥单膝下跪。

"啊，毅甫，是你？你还活着？"文天祥扶他起身，见到他好高兴。

"是的。我那天受伤昏迷，元兵检查又补了一枪，我真的是死了。"

"我看到你是被杀死了的。"

"后来我苏醒了,爬到老乡家,老乡把我救活。我痊愈以后去打听,都说文丞相被抛入热油锅烹了。我万念俱灰就回来家乡。"

"我没有死。被油锅烹的是刘子俊大人,他代替我死了。"

张弘毅把身旁的朱庆介绍给文天祥:"这位是朱庆。他和我一起参加到您的军队里,后来在五牧受了伤断了一只胳膊,退伍回家了。"

文天祥说他是知道的。他接着说:"海丰那一仗真是太惨了,我们全军覆没,那么好的将士都为国捐躯,现在想来仍是心痛不已。我也被元军俘虏了。此中痛苦,一言难尽。现在是被押解去大都哩。"

"师相的事情我婉转听说了,打听得师相要路过这里,我已经来守候多日。我将陪师相北上,侍候师相。"他从朱庆手中接过大的布囊,"这不,我的行装都准备好了。从海丰回来,我看到家里人都被杀了,房屋也被烧了,我现在是孤身一人。"

"也好,我们曾相处多年。走,随我上船。"

张弘毅与朱庆告别,拉着他的手说:"见到师相我很高兴,要随师相去了。我走后家交给你了。我这一去还不知道什么时候能够回来。也许回不来了。如果我回不来,这个家就是你的了。你要好好对待月涵,两个人一起好好过,都是苦命人。"

朱庆说,他将明媒正娶与月涵成婚。他会把家管理好,等张弘毅回来。

文天祥告别乡亲们下船去,二元兵跟随。在上跳板时,元兵拦住张弘毅,不让他上船,双方发生争执。

文天祥说:"他是我乡亲,要一路照护我。他做的饭菜是家乡味,我吃得来,你们做的我吃不来。如果你们不许他跟随我,我就不吃饭了。"

元兵:"您又要绝食了?做不得的。不把您送到,我们交不了差。"

文天祥带张弘毅径自上船,元兵无可奈何。

朱庆和乡亲们站在岸上不愿离去,久久地望着河上的船,直到天色完全黑了,看不见了才离开。次日早上他们到码头来,看到团队已经走了,带走了他们的文魁元。赣江滚滚向北流淌。

那天晚上,在船上,张弘毅告诉文天祥他回家后看到的家里的情况。他家里的人已经被元兵残杀净尽。现在他只剩下孤身一人,无挂无牵。可以跟随师相,侍奉师相一辈子。

张弘毅讲了太和镇家乡百姓在异族统治下生活的痛苦，没有自由，人分四等，南人最低等情况。

文天祥讲了被俘以后的经历。他目睹崖山海战的惨状。因为敌军严密看守，他自杀不成。在这押送途中，他绝食八天也没有死成。他说，以后杀、剐、斩、锯、烹、投入大水中死都可以，惟不自杀耳。

文天祥以为自己一生已经结束，所欠唯一死。但是他到大都以后被关在牢中两年多，其间受到的折磨与考验让他固有的品质的光辉发扬出来了。

元至元十六年(1279年)十月初一文天祥被押送到了大都。从广州出发时是四月二十二日，路上历经158天，其中曾在建康停留72天。队伍从广州出发走的陆路，到江西改行水路，进入长江后走了大运河。后来从运河过淮河，在淮安换行陆路，穿行江苏、山东、河北，经过卢沟桥，进入大都。那时候运河的通惠河尚未修通。

文天祥和张弘毅被带下车，周围一片漆黑。他们不知道是到了什么地方。有人带他们进入一个院落，把他们关在一间黑屋里就没有人理睬他们了。北方的十一月，朔风阵阵穿窗而入，吹到他们身上，使得他们瑟瑟发抖。他们把带来的衣服都加在身上。晚餐在路上早就吃过，此刻已经消化得无影无踪。一冷就饿，他们饥寒交迫，无法入眠，坐了一夜。

次日也无人来看。直到午时才见一个自称是驿丞的人来了。那驿丞能说会道的，一进门就打躬不迭："文丞相，您好。您昨天到晚了，小丞不知道。委屈了你们一个晚上，实在是有罪。这房间哪里是能够住人的?都怪那些贱人，您昨晚到了，他们不报告与我，说是我就寝了。即使我睡死了也应该告诉我，别人不知道还以为是我有意怠慢大人，我吃罪不起。请大人跟我来。我们换间房。"

文天祥跟随驿丞出门。驿丞见张弘毅提上包袱就说，那不用带。我们给你们准备了新衣。文天祥要张弘毅把包袱带上，说我们习惯穿旧衣服的。

他们来到另外一个房间。一进门就闻到扑鼻的香气。那是香熏炉里氤氲上升的沉香。窗棂蒙着白绡透着光，使得室内明亮。雕花床悬挂着红罗帐，铺陈着锦缎被，显得温暖。八仙桌上搁着没有点燃的红烛，和细瓷茶具。难得的是书架上整齐地放着书籍。

“文丞相,您看这间房还可以将就吧?您住这间。这位大人住隔壁一间。很是方便。请你们现在去吃饭,然后回来休息。”

他们被带领到驿站一间正房用餐。菜肴只供二三个人食用,虽然说不上丰盛,却也罗列着一些山珍海味。大都近海,海产品易得。一鱼一贝就是两个盘。羊肉是北方普通肉食。而驼峰片则是他们没有见过的。遗憾的是没有时令蔬菜,只有发的干蘑菇算是素菜。

驿丞请他们入席,亲自斟酒。文天祥看出了这样安排的用心,坐得远远地,不肯进食。

“丞相,您请上座。这酒这菜都是不错的。”

“我不想吃,没有胃口。”

“您动动筷子,表示一下意思也可以。不要不给面子。”

“我真的是吃不来北方饭菜。我有学生给我做饭。请把你们厨房让我们用用,可以吗?”

“您要这样,我也无法。我的工作做了,吃不吃在您。”

张弘毅出去买菜做饭。自此以后,文天祥没有吃北方饭菜,一直是张弘毅为他做。

驿丞见文天祥不搭理他,馋虫难抑,老着脸皮说:“丞相,这酒菜甚好,一会儿就放凉了。可否允许小丞陪饮一杯?”

“你请自便,”文天祥说,“你是看守,我是囚犯。这酒食是你自己的。”

驿丞坐下就吃,以后每餐照样做,照样摆上,照样还是他自己享用。他说这是上面指令他这样做的,他就照样做。

这样一连几天,驿丞照样安排。张弘毅感到不可理解,左思右想,心中不安。文天祥让他不要想太多,只心如止水,敌人就无奈我何。文天祥每天以被手铐束缚的双手捧读杜甫诗集,每有会意之处常与张弘毅讲解。张弘毅佩服师相不论在什么样的环境下都可以潜心读书。在战争的间隙,在行军途中,食不果腹,或者是现在的金堂华屋的情况下,他都能够读书,写诗。这种修为真的是了不起。他想,自己要向师相学习的不仅是学问,更多的是人品和修养。

到了初九,该来的事情来了。那天文天祥被人用车送到枢密院,丞相博罗要提审他。

车行在新铺设的道路上,平稳舒适。文天祥在车里看到新都城庞大雄伟，气象万千，非临安行在可比。街区方方正正，按功能分区，房舍有不同的设计。道路横直交错，主次分明。路上除行人外，有很多运输砖瓦的大车来往。到处是建筑工地，建设在热火朝天地进行。他更有兴趣看那些奇装异服、奇形怪状的各色人。他知道北朝把人分为四等，即蒙古人、色目人、汉人和南人。色目人就是西域过来的人，眼珠不是黑色的，而是其他颜色的。这座新城是万国人聚集的大都会。

紫禁城有御林军守卫。宫殿雕梁画栋，金碧辉煌。文天祥知道这些宫殿建成启用尚未到十年，所以显得很新。他熟悉北朝历史，知道 1260 年忽必烈登基时是定都于上都。因为元朝疆域包括蒙古本土和中国大部分地区，上都偏北，不便于控制南方，至元元年（1264 年）决定迁都到燕京，原金中都于 1215 年被蒙古军攻破，改名为燕京。1264 年忽必烈改燕京为中都，定为陪都。1267 年，决定迁都中原的中都，1272 年改中都为大都，定上都为陪都。

忽必烈先是住城外的金的离宫——大宁宫。至元四年（1267 年）开始都城兴建。至元八年（1271 年）正月初一忽必烈在新城宫殿上朝，受群臣朝贺。同年，以《易经》的句子“大哉乾元”为汗国取名为大元。至元二十二年（1285 年）大都基本建成。金中都故城四十多万居民迁入。

文天祥被带到枢密院。他进大门，走过庭院，进入正厅，只见厅上坐了一排官员。他听到一名官员说：“文丞相，上坐的是我朝博罗丞相兼枢密副史。上前拜见。”文天祥一看，对他说话的是张弘范。他因为功劳卓著已经升为平章政事。文天祥对博罗作了个揖。

博罗冷冷地说：“文天祥，见了本相，为何不跪？”

文天祥回答说：“你是北朝丞相，我是南朝丞相，没有跪的道理。”

“你的宋朝已经灭亡。你不是丞相了。”

“我没有承认你朝，更说不上你这个丞相。我为宋丞相，国亡职当死，今日被擒，法当死，复何言？“

博罗曰：“有人臣将宗庙社稷城郭土地付与别国，复有逃者否？”

文天祥曰：“谓我曾为丞相，奉国与人而复去之邪？我前除丞相不拜，奉使伯颜军前即被拘执，别有贼臣献国。国亡我本当死，所以不死者，以度宗皇帝二子在浙东，老母在广，故图去耳。”

博罗曰：“德祐幼主非尔君耶？弃嗣君别立二王岂是忠臣？”

文天祥曰:“德祐不幸失国,当此时社稷为重,君为轻,吾别立君为社稷计,何谓不忠?从怀愍而北者非忠,从元帝者为忠,从徽钦而北者非忠,从高宗者为忠。”

博罗曰:“晋元帝、宋高宗俱有来历,二王从何受命?”

张弘范平章曰:“二王逃徙,其立不正,是篡也。”

文天祥曰:“景炎皇帝是度宗之长子、德祐皇帝之亲兄,何谓不正?启位于德祐已去,何谓篡?陈丞相奉二王出宫时,具有太皇太后吩咐言语,何谓无所受命?”

博罗曰:“汝为丞相,若将二王同走,方是忠臣。”

文天祥曰:“此说可以责陈丞相,不可责我,我不曾当国也。”

博罗曰:“汝立二王有何功劳?”

文天祥曰:“家国不幸丧亡,立君以存宗庙,宗庙存一日,则臣尽一日之责,何功劳之有?”

博罗曰:“既知不可为,何必为?”

文天祥曰:“人臣事君如子事父,父不幸有疾,虽明知不可为,岂有不用药之理?尽吾心焉,不可救则天命尔。今日天祥至此,有死而已,何必多言。”

“改朝换代,历来有之。如今国家已亡,丞相忠孝已尽。圣上有言,丞相若能以事宋之心改事今上皇帝,将不失仍为丞相。”

“我生为大宋人,死为大宋鬼,要我降顺,万万不能。”

“文天祥,休得嘴硬。你可知罪?”

“我是有罪。”

“你犯了什么罪?”

“我身为大宋丞相,上不能保朝廷,致使皇帝被胡虏掳掠;下不能保百姓,致使国土遭胡虏铁蹄践踏,百姓遭杀戮,罪莫大焉。”

“胡说!我大军即将进入临安,你朝即将投降之时,二位小王逃出临安,到南方又立小朝廷,与我对抗。我大军征讨,三年才予以平定,损失我将士数万。二王出逃是你献的计谋,是也不是?”

“这是不假。当其时,我大宋尚有数十万兵,李庭芝、姜才坚守扬州,闽粤有广大回旋余地,只要坚持抵抗,总会反败为胜,再得中兴。”

“那只不过是苟延残喘而已。你总是不屈不挠,我大军包围临安,你们太皇太后要投降,你不答应,你还要坚守。凭你那点老弱残兵,能守得住吗?

我大军一过，就会把小小临安碾为齑粉。”

“果真打起来，谁胜谁负，也还难说。如果那时让我守卫临安，我会像王坚守卫钓鱼城一样，让你们撞得头破血流。”

“什么？什么钓鱼城？”博罗大惊失色地问。

“四川合州钓鱼城。我大宋军民在那里打得你们大败而归。你不知道吗？我讲给你听。”

“我知道的。不许讲，不许讲！”博罗气急败坏地说。

四川合州钓鱼城风景秀丽。从天空俯瞰，钓鱼山为嘉陵江、渠江、涪江围绕，三面临江，而东面岩岸陡峭，绝壁千仞，形势险要，是一易守难攻之地。钓鱼城内宋的军民在积极备战。他们知道蒙古大军进入四川，正杀奔前来。

文天祥：“大宋宝祐六年，你们蒙哥汗率领大军进入四川，一路势如破竹，攻占了许多地方，而被阻在钓鱼城下。开庆元年二月，蒙哥汗进驻石子山，亲自督阵，加紧攻城，仍不能破。其先锋大将汪德臣和许多随蒙哥汗东征西讨，立下赫赫战功的将领都战死城下。”

蒙古军日日夜夜攻城，战斗激烈，砲矢横飞，杀声震天，双方死伤惨重。蒙古军攻上城头，又被打下。

蒙古军挖地道夜袭，险些得手，被宋军识破了，又遭惨败。

宋将王坚、张珏指挥战斗，身先士卒，与敌白刃相接。

文天祥：“仗从二月一直打到六月，天气酷暑难当。蒙哥汗心里焦躁，想要早日结束战斗。他让人造了望台，登上望台，一窥钓鱼城中虚实。”

一辆高过城头的木制望台，脚下装有车轮，被士兵推到城下近处。蒙哥汗，50岁，全身披挂，走在望台后。

蒙古军在猛烈攻城，搭云梯上爬。守城的军民射箭抛石。城头王坚在抛石机旁指挥作战，他注视着望台。

蒙哥汗欲进入望台，一将军欲拦阻，被蒙哥汗推开：“不得阻拦我。我是主帅，我要亲自观看宋人城中虚实，才能指挥攻城。”

蒙哥汗进入望台，踏上木板。车外士兵拉绳索，将木板平稳地扯到望台顶上。

蒙哥汗冒着炮矢观看城内。

王坚指挥抛石机对准望台。士兵安装石头，抛石机抛出大石头。石头飞去，砸垮望台。

蒙哥汗坠落，又被飞石击中。蒙古士兵救下他。

蒙哥汗挥手示意撤退。胡笳响起。蒙古军撤退。

守城的宋军民欢呼。王坚、张珏等露出轻松笑容。

文天祥："蒙哥汗受伤，蒙军不能再战，全面撤退。七月二十一日军队行至金剑山温汤峡，蒙哥汗伤重，死于军中。"

蒙古大军行至金剑山温汤峡（今重庆市北温泉）在一座寺庙的僧舍里，蒙哥汗闭目长逝。将士伏地哀哭。

蒙古大军四万人举丧旗，着丧服，行进在山路上，护送蒙哥汗灵柩北返。

1259年钓鱼城保卫战的胜利使得蒙古统治者认识到武力杀戮会激起宋人强烈抵抗，必将付出惨重代价。在西征欧洲的旭烈兀获悉蒙哥汗去世，率领大军撤回亚洲。自此蒙古停止西进，大规模征战结束。蒙哥汗去世引起蒙古政权内部纷争，四分五裂，蒙古帝国自此名存实亡。

四川合州钓鱼城在中国史及世界史上值得大书一笔。

二十六

文天祥被带回驿站。张弘毅把他扶下车送进房里，急切地问："还好吧？没有用刑吧？"

文天祥说："今天很痛快。比打了一个大胜仗还高兴。他们想整我，反而被我奚落了一番。"

驿丞跟随进来，对文天祥恭敬地说："文丞相，您过堂的事我听说了。您真的是有骨气，见了我们丞相都不跪。要是我早就趴下了。不过，您可真是没有福气，请您当高官您不当，宁愿坐牢。我这小地方留不住您了，马上会来人带您去监狱。实话对您说吧。前些日子是博罗丞相嘱咐的，要好好招待您，让您吃好，住好，睡好，布置一个富贵温柔的环境。您是多年沙场奔驰的人，住下来骨头都会酥软，不怕您不投降。可是一连几天您无动于衷，今天对您劝降也没有用。丞相说那就让您去受罪吧，看您能不能经受得起折磨。您呐，今天让博罗丞相真的动怒了。”

那天下午就有人来带文天祥去监狱。文天祥成为囚犯，被关押在北兵马司监狱，戴了木枷和脚镣手铐。那间土牢房宽八尺，长三丈，门低窗窄，不通风，不见日光。靠墙的一张木床铺了稻草，丢一床薄被。寒冬腊月就这么睡。一个破烂桌子、一个书架堆放文天祥的书籍和杂物，一张小凳，墙角还有一个便桶。这就是他生活的空间。

张弘毅在附近一个四合院里租了一间房。房东是五十余岁的一对老夫妻，汉人，有多余的房，正想有人为伴。

张弘毅住下来，每天买菜做饭，一日两餐给文天祥送饭。文天祥不吃牢里饭，只吃他送的饭。时间一长，张弘毅就得筹划了。他从家乡出来时不知道在外面会有多长时间，带的盘缠不多，也真是没有多少钱可带。现在房租费生活费开支不小，难以为继。他得想办法谋生。

他本性勤快。住下后每天主动打扫院子，得到房东好感。他待老人一贯尊敬关心，老人把他看作儿子一样。北方进入冬天，每家都得准备大量的烧柴。房东从街上樵夫那里买了柴，堆放在屋檐下。张弘毅抽空把粗的劈细了，让老太婆使用方便。由此他想到一件他可以赚钱的事。他出城去西山打柴，挑回城里沿街叫卖。他当起了樵夫，从此生活不愁，可以长期供养师相。

狱吏名叫乌马尔，五十余岁，身材庞大，显得趾高气扬。但他佩服文天祥人品，待他宽松，允许张弘毅来服侍他。他按监狱规章制度办事，可以通融之处也与人方便。文天祥戴木枷手铐，很难受。后来他病了，请求去掉刑械，狱吏就给他去除了。自此他行动较为自如。每天他读书写诗。这一阵他读杜甫的诗，感到这位唐朝的诗人经历战乱后写的诗好像是说出了自己的心声。他抄录杜甫的诗句，按自己的经历加以重组编辑，成了一部《集杜诗》。他读道家典籍，常读的是《黄庭经》。他像道人一样戴黄冠，身着道衣。早晚进行道家修炼。这也许是他经得起生活折磨的原因。

博罗丞相开展劝降的攻势。有天上午，文天祥在狭长的室内踱步，听到狱吏喊：“文天祥，你的恩师看你来了。”

一个七十余岁的老头从门里挤进来，虽然是便服也显得穿着奢华，油光浮肿的脸上，眼睛只剩下一条线。文天祥一看是留梦炎，猜知他的来意，气不打一处来，没有给他开口说话的机会。

“留梦炎，老而不死是为贼。宋室待你不薄，你是三朝元老，位极人臣，安富尊荣。你却只知安荣享乐，不知廉耻。元兵还没有到临安，你就夜遁出城进了敌营。虽然我考状元时得你看功课，我称你为座师，但你认贼作父，我羞于见你。是北人让你来劝降，是吗？你有何面目来见我？你将来有何面目见你家乡父老？看你这脑肥肠满的样子，你快出去，别把我这地站脏了。”文天祥不用手推他，连连挥手把他赶出去了，之后，气还是久久不能平。

留梦炎像消了气的皮球，灰溜溜地出去了。他是对忽必烈夸了口的，说他是文天祥的座师，文天祥会听他的劝，回心转意。他满怀信心而来，却碰了一鼻子灰回去。他心里恨恨地说，文天祥，你等着，有那么一天要你哭都无泪。

过了几天，张弘毅为文天祥送来饭，二人正将进食，狱吏报告：“文丞相，你的皇帝来探视你。”

文天祥和张弘毅都感到愕然，急忙推开碗筷站起。他们见到九岁的赵㬎怯生生地进来，他的侍卫留在门外。

“文爱卿，吾来探望你。”

张弘毅欲跪下叩头，被文天祥阻止。

文天祥只是长揖：“临安一别经年，您可安好？”

“我很好，谢谢。蒙当今圣上开恩不杀，还封我为瀛国公。现在国家已亡，我这皇帝都投降了，你对谁尽忠呢？他们说，只要你投降，还是让你当丞相，有何不好？”

文天祥并不回答，只是一再长揖：“您请回，您请回。”

赵㬎嗫嚅着说不出什么话。很明显，他的几句话是别人教给他说的，他背诵出来就完成任务，再不会说别的话。文天祥一再作揖，把他送出去了。

他走后，张弘毅还呆呆地站着。文天祥叫他吃饭，他激动地说：“我见到皇上了。好有福气。”

乌马儿推门进来说：“文丞相，您怎么见了皇上不下跪？”

“他以前是皇上，现在不是了。”

“那到底以前是您的皇上，您以前是他的臣，有过君臣的名分，应该下跪的。”

“我们朝见皇帝不跪，上朝是站着说话。我们的圣人说，民为贵，君为轻。”

“皇帝都投降了,臣子也应该跟着投降。您不投降是对谁尽忠呢?”

“我们圣人说,社稷为重,君为轻。我对社稷尽忠。”

又过了几天的一个上午,土牢内文天祥在桌旁捧读《黄庭经》。

“爹爹,爹爹。”随着呼唤,柳娘和环娘进来了,她们已经是十四岁的大姑娘了。

文天祥抛书起身,抱着女儿,三人大哭:“柳娘、环娘,乖乖,宝贝。”

“你们都好吗?”哭定以后,文天祥细看女儿。

柳娘回答:“不好,怎么好得起来?妈妈和我们被抓到这北方来,就分开了。我被拨到一个王爷家当丫头,环娘妹妹去了另一家。他们打我们,用木棍打,用皮鞭抽,要我们做又脏又累的活,还不给我们吃饱。我们前两年还是小姐,我们家也有很多丫头。我们待丫头像亲姐妹一样,不像他们待我们像待牛马。我们好苦呀,爹爹,您要救我们。他们说,只要您投降了就可以当大官,我们可以有大房子住,不再受罪了。爹爹,您要救我们呀!”

“乖女,真的想不到能够见到你们。我无时无刻不在想念你们。你们是怎么来的?”文天祥立即后悔不该问这样的傻问题。

“我们不知道,”环娘回答说,“有人派车让我们来见爹爹,我们就来了。”

“是的,是的。我知道了。”文天祥暗暗佩服博罗的办事效率。

两个女儿同声说:“爹爹,您要救我们。我们受不了啦。”

“我没有办法,我是决不投降的。那么多的人被敌人杀害了。那么多的人为抵抗强暴,宁死不屈牺牲了。我两次起兵勤王,抗击胡虏,带了数万将士,在一次一次的战斗中血染沙场。我如果投降,用卑躬屈膝,求得苟延残喘,换得荣华富贵,我对得住他们吗?我心里会安宁吗?我是人吗?女儿,我只有对不住你们了,我真的救不了你们。我决不投降。”

柳娘说:“爹爹,我们知道您为难。您要想想,两个姐姐死了,两个哥哥死了,您只有我们这两个亲骨肉,您就不要我们了?”

“人谁无妻儿骨肉之情?但今日事到这里,于义当死。我已经是死去的人。你们看,元兵架起了油锅,烧了好大的火。锅里的油翻滚了,冒着油烟。元兵把我抬起来,丢进油锅里。我的皮肉一下就焦了,痛得钻心。这是刘子俊将军代替我死了,我还没有死,但是在那时候我就是死了。我要是现在投降,苟且偷生,得到高官厚禄,我怎么对得起刘子俊?还有我从吉安带出去的三万兵，他们都为我战死，我想起他们就心痛，我是不能投降的。我早就死了，死人不能投降。女儿，原谅我。"文天祥泣不成声。

"爹爹，爹爹。"柳娘、环娘也哭。

"我没有办法。老天爷折磨我，我自己都是只求一死了事。我救不了你们，我心里好痛。你们走吧，我受不了啦！"

两个女儿哭哭啼啼出去。

文天祥送到门边："今生完了，来世再见。我们来世相聚。痴儿莫问今生计，还种来世未了因。女儿呀，好好做人，爹爹管不得了。"

"我们会好好做人的。"两个女儿哭哭啼啼出去。

文天祥呜咽："人谁无骨肉，恨与海俱深。"

乌马儿见此惨状也叹息："丞相，您好苦啊！别人看到您是坚强不屈的汉子。我今天看到您流泪。"

博罗听了乌马儿的报告，长叹一声说："这个人好狠心，不讲亲情，对子女不负责任。我对他用尽办法，以后只有折磨他，让他自己叫饶。"

至元十二年(1279年)十月，张弘范班师还朝，忽必烈予以加官晋爵，升他为平章政事，是二品大员。十月初九，他就是以此官职参与博罗丞相对文天祥的审问。忽必烈还赏赐他极大的府邸，他就把家搬来大都。他仅有独子，名叫张珪，正弱冠之年，文武全才。张弘范为朝廷带兵灭了宋朝，立下不世之功，走上了人生的巅峰。到这年过年，他家里自然是大肆欢庆。他的府邸里张灯结彩，门前车水马龙，宾客盈门，十分热闹。俗话说，月盈则亏，水满则溢，张弘范也逃不脱乐极生悲的命运。

大年初八的早上，经过几天的迎来送往的热闹后，张弘范仍然早起，按习惯去花园舞剑，到书房练字，然后回卧房。他见夫人已经起床，由丫鬟在与她梳妆，就告诉她说自己今天要出门去给同僚贺岁。

张弘范走过后花园时，见几个奴婢在打扫道路落叶，其中有一个女子背影袅娜娉婷，忽然心动。他当时哪知道这女子是他的剋星。他喊她过来。那女子闻唤，急忙躲于女伴中。张弘范还是点着要她前来，她无奈只得转身过来。

"你叫什么名字？"

"奴家张顾氏。见过老爷。"

“你是何时，如何到我家？我怎么没有见过你？”

“奴家原来在宋军中做杂役。前年在江西被俘虏，送来北方，分到老爷家为奴。老爷一直出征在外，没有见到是自然的。”

“知道了，你做活去吧。”

张弘范一下子对她失去兴趣。他很奇怪，先前看那女子扫地的背影十分悦目，转过身来一看正面却是又邋遢又粗俗，倒人胃口。他感叹有的女子可以看背影，不能看正面；有的可以看身材，不能看脸；有的可以看脸，不能看眼，成就一个美女要好多条件。他急着出门，无暇细想。他到门外上马，让仆人挑了贺仪去了。

那女子正是顾玉纾。她自空坑被俘押送来大都，像其他俘虏一样分于官员家作奴婢。到了张府，顾玉纾混迹奴婢中，自污容颜以求自保。她忍辱度日，盼望有一天能够与张弘毅重逢。

张弘范很晚回家。他坐在外书房歇息，更过衣，饮着书童沏的香茶。可能是酒劲上来了，他感到燥热，心神不宁。他回想起上午见到的女奴，想来想去放不下，他派书童去把她叫来。

顾玉纾已经安寝，闻得老爷传唤，知道祸事临头。她一天来惴惴不安，担心有难又期望不至于发生，终于是躲不脱。她拒绝了两次，最后是被拖去的。她被拖进书房，关在里面。看老爷逼近身来，她又抓又咬，可是一个弱女子怎么抵抗得了一个赳赳武夫？她终于被按在床上奸污了。

张弘范兽性发泄后立即泄气，感到没有什么意思，不值得为这女子费这么大的劲。他起床披件长衫去书桌边饮茶。室内生了火，不是很冷。他看到张顾氏坐起在床上，衣衫不整，眼神愤怒地看着他。

“得了，得了。穿上衣服走吧。老爷要去睡了，不留你。”

“你个畜生，我要杀了你。”顾玉纾下床，整理衣衫。

顾玉纾看到了墙上挂着的剑，她想起了什么。这剑似曾相识，她见过的。她想起了，这是张家的那柄松纹剑。她慢慢走过去，把剑取下。

张弘范见张顾氏取剑在手，没有警惕。他太托大。“哈哈，你拿剑干什么？想杀了我吗？你要是能把剑拔出来，算你有本事，我就让你杀了我。”

顾玉纾摸到暗扣，一下子抽出剑，刺向张弘范。张弘范猝不及防，竟然被刺中了。也就只一下，顾玉纾想抽剑再刺，就没有成功。她被踢翻在地，剑甩到了床下。

书童听到 张弘范的惊呼,闯了进来,并叫来了仆人。他们见老爷浑身是鲜红的血,惊骇不已,扶他到床上躺下。

张弘范捂住伤口,大叫:“打死她,打死她。”他要拿剑杀死贱人,把她大卸八块,可是找不到剑。

张珪接到报告跑来。他处变不惊,命人拿来金创药,为父亲涂药包扎,又派人骑马去请御医。

张弘范还是在叫“打死她,打死她。”他督促仆人打死顾玉纾后抛去后街喂狗。

御医从床上被叫起,又赶过来,耗费了一些时间。张弘范流血不止,御医花了很长时间才勉强止住。御医摇头说,受伤的地方不好包扎,只怕体内还在缓慢出血,不好办了。

张弘范夫人也闻讯赶来了。她除了流泪没有别的办法。

次日,张弘范没有上朝。恰值忽必烈有事情问他,散朝后就派一名宦官来查问他不上朝的原因。宦官回去如实上报。忽必烈听说九拔都(拔都为蒙古语,勇士的意思。张弘范行九)受伤严重,大为惊骇。他命那宦官带人去看住张府大门,不许人进入,说张平章患病,不让打扰。又命御医去观察治疗,说一定要保住九拔都的命。

顾玉纾被打至昏死,抛到后街。腊月夜里的寒冷刺激使得她苏醒过来。她不敢在那里久留,挣扎着爬起来,扶着墙往前走。她走过一道道街,转入小巷。路上没有行人,她遇到巡夜的士兵就躲避。后来她看到一个菜市场,里面有人在打扫收拾。一般市民可能不了解,他们白天买菜走了以后,还有人清理市场,做清洁到很晚,然后凌晨时菜贩子才可以进入。顾玉纾呼救,引得做清洁的人跑来。她说是遇到了打劫的,抢了她的包袱,打伤了她。市场里的一对老夫妇可怜她,带她回家休养,她暂时有个栖身之处。那对老夫妇不富裕,窄屋浅房,居住不方便。顾玉纾待棒伤初愈就离开他们,独自流落街头,乞讨为生。

张弘范拖到初十终于去世。他受伤后一直睡在外书房。那天下午,他夫人看守他一日一夜,支持不住,回房去睡。张珪守在床边。他失血过多,脸如白纸。他忽然睁开眼睛,看天花板,看书橱,最后看着明亮的窗。他脸上泛起潮红。御医知道,这是回光返照,不好了。

张弘范要儿子扶他坐起来,给他穿衣服。张珪扶他坐在椅子上,要来茶喂他喝了一口。他告诉张珪，那松纹剑，文天祥曾说有德者佩之，德不配位就会带来灾难，是凶器，不可留，要张珪立即毁掉。

张珪叫人拿来铁锤，他抽出松纹剑，看那剑精光蕴藉，毫无缺损，确系宝物。想到它伤害了父亲，又恨之入骨，立即抡起铁锤砸为几段。他将断剑给父亲看，发现父亲已经溘然长逝。他伏地痛哭，父亲是他的英雄，父亲对他的爱他终生难忘。

张弘范享年四十三岁。元廷赠他银青荣禄大夫、平章政事，追谥武烈。至大四年(1311 年)，加赠推忠效节翊运功臣、太师、开府仪同三司、上柱国、齐国公，改谥忠武。延祐六年(1319 年)，加保大功臣，加封淮阳王，改谥献武。朝廷为他举行公祭，对外谎称他是不适应南方的气候和水土，再加上又得了瘴疠，病重去世。

李恒等官员很诧异，认为大家都是南征，并无人生病。张元帅三月到广州，四月离开广州没有听说有病。十月回朝后参加庆典也是好好的，过年的这几天迎来送往也是好好的，怎么突然病重去世?

张弘范死后，他儿子张珪被忽必烈册封为镇国大将军。但是张弘范这一支的张家族人下场很惨。元明宗兄弟和天顺帝争夺皇位的时候，上都和大都两相对垒。那时候张珪已经去世，他的儿子张景武站在上都的阵营，打死了许多大都的士兵。最后大都方面战胜了上都，王爷额森特带领大军路过保定的时候，把张珪的五个儿子也就是张弘范的孙子等族人都抓住处决，将他们的家产一扫而空。张弘范家三代将军，最后落得如此下场。

二十七

三月的一个下午，张弘毅挎着竹篮来到一个露天集市，从街头走到街尾买了要的菜就匆忙离开，回去做晚餐。他没有发现一个丐女注视他。那丐女坐在茅棚下的地上，衣衫褴褛，露着赤脚，污秽不堪。那丐女欲张口呼叫，却发不出声音。

张弘毅提了饭盒来土牢与文天祥送饭。张弘毅把饭菜摆放在桌上，侍候他进餐，也与他同食。

饭后，张弘毅提了空的饭盒回家。经过那菜市场时，他听到有人唤他："张郎。"

张弘毅大惊，这么熟悉的声音，他条件反射地答应："顾女。"但他四顾不见人。

丐女："张郎。"

张弘毅听到是丐女叫唤，上前细细辨认，大惊地说："顾女，果然是你。"

张弘毅不顾肮脏，一把抱起地上的丐女："顾女，果然是你。你活着。"

顾玉纾流泪不止："我找到你了。我找到你了。"

"走，我们先回家，慢慢再说。"他把顾玉纾的讨饭棍丢掉，半抱半扶地带她走。

菜市场的人见此一幕，感叹唏嘘。他们可以想象得到是夫妇重逢，这是战乱中常见的事。

张弘毅将顾玉纾接回住处——他租住的四合院。房东老先生在院子里莳弄花草，天气暖和，夕阳明媚，花朵艳丽，他的心情特别好。他看到张弘毅带回来一个衣衫褴褛的女子，很诧异。

张弘毅解释说："老先生，这是我的妻子。我找到她了。"

老太太闻声从屋里出来，听张弘毅讲话。

"我告诉过你们的，我是文丞相的兵。前年在江西兵败，我们逃走，我的妻子被俘虏了，谁知道她被押送到了这里。我们今天见面了。我先给她收拾好，回头再拜见你们。"

张弘毅把妻子送进屋，返身出来在院子里面的井里打水，倒到厨房的大锅里。老太太过来帮忙烧火。张弘毅给屋里生了一盆火。他跑出去买衣服，回来时水烧好了，就安排妻子洗头洗澡，把乞丐衣服堆在院子墙边烧了。

顾玉纾梳洗完，张弘毅牵她出来拜见房东二老。老两口看呆了，觉得面前站着一位仙女。他们嘘寒问暖，又问到小娘子吃了晚饭没有。顾玉纾倒真的没有吃，现在洗澡后觉得饿了。老太太去给她做了面食，打了六个鸡蛋。

晚上，夫妇二人在灯下长谈，有着说不尽的话。重逢恍如隔世，似乎是不可能的事。真的是"夜阑更秉烛，相对如梦寐。"（杜甫诗《羌村三首》）

"你还活着，活着就好。空坑战败后，我不知道你的生死，一直记挂在心。活下来不容易，活着就好。"

“好苦啊，我真不想活了，只是想见到你，我总相信能见到你。我在江西被俘虏以后就被押送来大都，分到一个万户家当丫头。我盼望能见到你，真是老天开眼，今天终于等到你来了。早上我就看见你的，一见到你，我突然觉得浑身酸软，喊不出声，你就过去了。我知道你还会来，在那里等着。”

“很奇怪，我相信我会找到你。我听说抓的人都送来了北方，我就要来北方找你。刚好师相被押送来北方，我就跟随来了。我住下来，一边侍候师相，一边在寻找你。真的是老天可怜我的一片诚心，让我终于找到了你。”他激动地说，“我是九死一生的人。我没有死就是要见到你。你看，这是我在五坡岭受的伤。死过去又活过来了。”

“他们也把我打死了。我就是不死。你看。”顾玉纾掀起衣服露出身上的伤痕，她突然崩溃了似的号啕大哭，“我对不起你，对不起。”

“怎么回事？别哭。”

“我真的对不起你。”顾玉纾讲了被凌辱的事。

张弘毅抚慰她说：“别哭，别哭。你哭得我心都碎了。是我对不起你，没有保护好你，我不是个男人。你没有错，这种事情太多了。没有办法，是老天降下的惩罚吧。”

“我杀了他，那个恶棍。我杀了他。”

“啊！”

“我杀了他，那个恶棍。是用的你的剑。”

“啊？”

“你记得吗，你去文丞相军队临行那天，你父亲赠剑？他把你剑的暗扣给我们看，所以我懂得如何抽出剑。我看到你的剑在那墙上挂着，我认出来了，认为是天意要我杀了他。我取下剑，那恶棍以为我不行，就满不在乎。可是我把剑抽出来了，一剑刺去，我面对面看到了他恐慌的眼神。我看到血，手软了，腿也软了，一下子被他踢翻在地。我想他是活不成的。”

“那恶棍是谁？”

“张弘范。仆人告诉我，那家主人是张弘范。”

“天哪！你是巾帼英雄。”张弘毅惊讶得跳起来。

张弘毅脱衣服的时候，顾玉纾看到了露出来的香囊。他们夫妇重逢，说不尽的恩爱。在那小屋里，那个温暖的春宵，两颗心贴在了一起。

次日中午，在土牢中，文天祥同汪元量坐在桌子对面谈话。这是二人离别多年后的首次见面，都好激动。

汪元量道：“一别经年，无时不在念中。昨天才听说你被押解到大都来，关在这牢里，就立即来看望你，以慰思念之渴。”

文天祥笑道：“苦难中见到故人确是开心。你知道，我此刻见到你就想起杜甫的诗《江南逢李龟年》：‘岐王宅里寻常见，崔九堂前几度闻。正是江南好风景，落花时节又逢君。’以前太平盛世，在朝廷大典听到你演奏，在王公贵族宴会上听到你演奏，而现在大家流落飘零，见到你时，我身为阶下囚。”

“那日西湖泛舟，其乐融融，只隔几年便如隔世。再不可能有那欢乐。”

“那欢乐只在无穷的记忆中，想起来增加今日的痛苦。说真的，我现在是靠回忆生活。”

“留梦炎在这新朝为官，像在前朝一样上朝，紫袍玉带。我见着不屑理睬。”

“这老贼曾来牢里劝我投降，被我赶走了。狗豕不如的东西。张世杰坚持抗元，最后是尽忠报国了。我目睹崖山海战，真是惨烈。”

汪元量拿出自己的诗集请文天祥指教。文天祥读了几首，大为赞赏。汪元量请他作跋，他谦虚了几句就答应了，说过几天下精神写好了给汪元量。

张弘毅提着饭盒走进土牢，见到有一中年人在与文天祥谈话。

“师相，吃饭了。”他在桌上摆放饭菜。

“今天有一客人，我介绍你认识，”文天祥说，“这是汪待诏、汪元量大人，是我宋朝的宫廷乐师。”

“久仰，久仰，听师相常常说起。”他与汪元量行礼。

“这是张弘毅，字毅甫，号千载心，文武双全。他是我家乡人，随我起兵勤王的，后来打败仗分散了。我被押解来大都，经过家乡，他又跟随我来这里，专门在这附近租房居住，照护我的生活，是个义士。”他扬起汪元量的诗集对张弘毅说，“这是汪大人的诗集。汪大人诗词写得极好，如风樯阵马，快逸奔放。你以后可以多向他请教。”

“当然，当然。我又多了一位老师。”

汪元量说了客气话。张弘毅请他与文天祥一起用餐，他说用过才来。文天祥强请他再饮点酒，他不再推辞。

文天祥举箸:“咦,今天这菜味道不同,应该说色香味都与你一贯做的不同。”

“吃不来吗?”

“好吃。你怎么一下有这么大的改进?”

“实不相瞒,今天的是拙荆做的。”

“你的夫人?你找到她了?”

张弘毅把巧遇顾玉纾的事情说了,接着说:“她也是怀念师相。我们成婚是师相主婚,师相犹如父亲。她要来探望您的。”

“来呀,我也想见她。”

汪元量叹气说:“你们夫妇重逢了。我的女儿在哪里?她是跟随杨太后南下的。我宋朝的那些人都遇难了,她也是凶多吉少。我听说二十万人还是有逃出的。也许我女儿能够寻找到活路。”

文天祥说:“令爱很有才智,一定会想法逃生。”

“我要去找她。我不死心。这里朝廷能够放我的时候,我就去南方沿海找寻。”

饭后汪元量离去,说以后会常来。他留下一锭银子。文天祥没有推辞,转手给予张弘毅。

张弘毅收拾了碗筷,神神秘秘地对文天祥说:“师相,学生有话告诉您。”

“嗯,请讲。”

“张弘范死了。”张弘范是他们的老对头。他们有时说起。

“知道的。”

“不是病死的,是被杀死的。”

“啊,你怎么知道的?”

“是被我妻子杀死的。”

“有此等事吗?”

“这是天理昭昭,天道好还。不然我妻子这样一个弱女子怎么能够杀死一个孔武有力的将军?是天借我妻子之手杀了他。真的是恶人自有恶报。”张弘毅一五一十地把发生的事情讲了。他隐瞒了妻子被凌辱的事实,说成她在抗拒,自卫中刺伤了人。

“不能这么说。张弘范还不能算是恶人。”

“他这样的人不能算是恶人，哪样的人是恶人？他杀死了我们多少人？”

“那也是各为其主吧。”

“您是因为听说他劝皇帝不杀您，就帮他说好话吗？”张弘毅一反常态，在这事情上不听师相的。师相的话让他大吃一惊，很不理解。

“倒不是你说的。”文天祥承认，“我不清楚应该怎么看。我有时候这样看，有时候那样看。想多了我也犯糊涂。你别问我。”

张弘毅接受了师相的解释，对他更为折服。

文天祥被关押在兵马司土牢里有两年的时间了。开始的日子很难熬，回头一看时间过得却是很快。从土牢里光影的变化来感知时间，由亮到黑是一天过去了。从气候变化来感知，一热一冷就过了一年。因为他的特殊身份，他没有受到虐待。乌马儿因为想到他说不定哪天回心转意，俯首折腰，出了牢房就是高官，所以不仅不欺负他，甚至还有些讨好他。另外乌马儿也着实佩服文丞相的人品，出于本心地愿意对他好，处处善待他。因此文天祥除了不能出牢门一步，其他没有不便。张弘毅为他送饭，他有可口的饮食，足够的营养。他想读什么书也可以得到。他要写诗，有笔墨纸砚供他使用。他还有汪元量这样的一些朋友来探视。他在土牢中反而有很多时间读书，写诗，这段时间里，他留下了大量诗作。可以看出，他有极大的定力，不会想到生命即将结束便停止正常生活。这才是真正的视死如归。敌人折磨他，意图磨灭他的意志，文天祥承受熬煎，毫不动摇。

无论他多么坚强，坐牢还是不堪忍受的。首先，坐牢意味着自由被剥夺。长期禁闭在狭小的空间会让人精神失常，失去健康。另外，艰苦恶劣的生活环境是很大的折磨。冬天风雪刮进土牢，其寒彻骨。夏天暑热蒸人，积水满室。鼠虫不畏人，满室乱窜。晚上睡觉有蚊虫叮咬，老鼠从床上爬过。白天吃饭，苍蝇嗡嗡来争食。真是苦不堪言。

至元十八年(1281 年)五月十七的晚上风雨大作，大水灌进牢房里，漫过木床。文天祥不能睡，站在水里，看到床和木案都漂浮起来。他叫唤乌马儿，可是狱卒都回家了。同监狱的囚犯自顾不暇，且被关在自己牢房里也不能来帮助他。他叫天天不应，叫地地不灵，只有无助地站在水里等待天明。

早上狱卒来了，开沟排水。牢房里水退去了，剩下满地厚厚的泥浆。狱卒就不管了，有好多间牢房，他们顾不上每间都处理。文天祥一筹莫展。他身上衣服透湿，靠体温烘干。

中午张弘毅送饭来了，见那状况立即动手打扫。他把泥浆铲到桶里去倒掉，挑来干土铺在地面，把地垫高夯实，这才能供人站立。他回去拿来干衣服鞋子给师相换了。平时文天祥的衣服都是他拿去洗的。他忙了大半天，终于可以让文天祥舒服地坐下吃饭。文天祥连声道谢。

张弘毅反而不安地说："我那里地势高，没有淹水。没有想到晚上刮起暴风雨，师相这里会被水灌了。您这一夜怎么熬过来的？"

文公不失幽默地说："一下雨我就醒了。看到狂风暴雨，大水灌进来，我无计可施，束手无策，只有站立水中，盼天亮。我看到水灌到老鼠洞里，老鼠纷纷跑出来，跑到外面去了，我倒是高兴了。"

"是的，刚才我垫土时，把老鼠洞堵死了，再不会有老鼠的。"

"我站立在床上，双脚还浸泡在水里。你猜我在想什么？我想到杜甫老先生。我背诵他的《茅屋为秋风所破歌》。感觉到黑夜里他和我站立在一起，和我说话。"

"我让我妻子烧碗姜糖水带来与师相驱除寒气。您如果受凉发烧是不得了的。"

"那当然好。我也真的怕生病。"

"师相身体健康，关在这么恶劣的环境里两年多了，居然没有病倒。"

"余体质非强壮，然而也非多病。"

"师相身体是健康的。一般人住在这里早就受不了。您习惯了，不觉得。我每次一进来闻到这里乱七八糟的气味，我就要倒了。土牢里不通风，充满一股潮湿的霉气。还有一个晚上散不去的屁臭尿骚熏得人站不住。"

"吾非习惯了，不觉得难受，而是无可奈何，默默忍受。"

"啊，是啊。我知道师相一辈子爱洁净。"

"除了霉气、臭气，还有烧火的烟气、人多的汗气、杂物的秽气、死老鼠的腐气，真的是不一而足。为什么我能够抵住，没有生病？因为我有正气在胸。就是孟夫子说的'吾善养吾浩然之气'，是与不是？"

昨夜狂风骤雨，文天祥一夜未眠，思前想后，有许多话要倾吐。张弘毅离开后，他俯仰吟哦，挥毫写下了以下这首传世名作——

余囚北庭，坐一土室，室广八尺，深可四寻，单扉低小，白间短窄，污下而幽暗。当此夏日,诸气萃然,雨潦四集,浮动床几,时则为水气;涂泥半朝,蒸沤历澜,时则为土气;乍晴暴热,风道四塞,时则为日气;檐阴薪爨,助长炎虐,时则为火气;仓腐寄顿,陈陈逼人,时则为米气;骈肩杂遝,腥臊汗垢,时则为人气;或圊溷、或毁尸、或腐鼠,恶气杂出,时则为秽气。叠是数气,当之者鲜不为厉。

而予以孱弱,俯仰其间,于兹二年矣,幸而无恙,是殆有养致然尔。然亦安知所养何哉?孟子曰:“吾善养吾浩然之气。”彼气有七,吾气有一,以一敌七,吾何患焉!况浩然者,乃天地之正气也,作正气歌一首——

天地有正气,杂然赋流形。
下则为河岳,上则为日星。
于人曰浩然,沛乎塞苍冥。
皇路当清夷,含和吐明庭。
时穷节乃见,一一垂丹青。
在齐太史简,在晋董狐笔。
在秦张良椎,在汉苏武节。
为严将军头,为嵇侍中血。
为张睢阳齿,为颜常山舌。
或为辽东帽,清操厉冰雪。
或为出师表,鬼神泣壮烈。
或为渡江楫,慷慨吞胡羯。
或为击贼笏,逆竖头破裂。
是气所磅礴,凛烈万古存。
当其贯日月,生死安足论。
地维赖以立,天柱赖以尊。
三纲实系命,道义为之根。
嗟予遘阳九,隶也实不力。
楚囚缨其冠,传车送穷北。
鼎镬甘如饴,求之不可得。
阴房阗鬼火,春院閟天黑。

牛骥同一皂,鸡栖凤凰食。
一朝蒙雾露,分作沟中瘠。
如此再寒暑,百沴自辟易。
嗟哉沮洳场,为我安乐国。
岂有他缪巧,阴阳不能贼。
顾此耿耿在,仰视浮云白。
悠悠我心悲,苍天曷有极。
哲人日已远,典刑在夙昔。
风檐展书读,古道照颜色。

张弘毅送晚饭,带来了姜糖水。文天祥喝下去温暖了五脏六腑,无比舒服。他把《正气歌》给张弘毅阅读,后来汪元量来了,文天祥又给汪元量看。他自己在牢房里充满激情地背诵,把感情抒发出来。文天祥念完,望着汪元量和张弘毅,希望看到他们的反应。

汪元量感动得坐不住:"太好了,我感到一股充塞天地的阳刚之气在鼓动激荡。我坐不住了,我要赶紧回去为之谱曲。"

汪元量赶在宵禁前回去了。几天后,汪元量带着琴来了。他说为了便于记忆和吟唱,他将文天祥的原诗做了删节。他把歌曲弹奏演唱给文公听,文公很赞赏。

二十八

坐在大都金銮宝殿的龙椅上的忽必烈有双重身份,除了是元朝皇帝,他还是横跨亚欧的蒙古帝国的大汗。蒙古帝国东起太平洋,西至地中海,北到北冰洋,南到波斯湾,包括钦察汗国、窝阔台汗国、伊尔汗国和察合台汗国。

蒙哥死后,忽必烈与弟弟阿里不哥争夺大汗,经过四年战争登上大汗位子。他于公元1260年登基,定年号为"中统"。公元1271年,他建立元朝,改年号为至元。成吉思汗留下的钦察汗国、察合台汗国、窝阔台汗国、伊尔汗国。四大汗国同奉元帝国为宗主国。忽必烈在蒙古大帝国中被尊称为薛禅汗,而他同时是元朝皇帝。他奄有四海,在东方与西方之间选择了东方。在草原游牧文化与中原农耕文化之间,他选择了后者。他选择继承秦汉以降的中原正统。他加速汉化,在此过程中,他感到最缺乏的是管理人才。

八月里的一天,上朝的时候,他问大臣们,谁是最好的丞相之材。前两年在福安投降的王积翁,凭着左右逢源的能力上升很快,此刻他紫袍玉带,位列朝臣之中,出班奏道:“启禀皇上,微臣历经两朝,阅人无数。如论才干,依予之见,北人无如耶律楚材,南人无如文天祥。”

忽必烈问:“耶律楚材是太祖的辅佐,朕知道的。这文天祥是谁?”

“文天祥就是南朝的文丞相。现在被囚禁在大都。”

博罗丞相反驳说:“文天祥败军之将,被你捧得如此高。他有何了不起?”

“在我看来,文丞相真的了不起。”王积翁侃侃而谈,“当伯颜丞相兵压临安,前宋垂亡之际,文丞相以一郡县守臣聚兵三万勤王。屡败屡合,非有控制才能难以聚众。临安将陷落,二小王出走,组成流亡朝廷,亦是文丞相的计谋。不是他无才,是蒙古军队太强大。不是他无才,而是他的才干没有施展出来。在临安的朝廷,他屡遭贬谪。在流亡行朝,他无立足之地,被迫出外开同督府。而且要靠他自己筹建军队,筹集粮饷。在这种情况下,他居然能够很快出兵,获得江西大捷,震荡江淮。他是文武全才,是运筹帷幄的帅才。他到临安之时,上书建议立四督,未为朝廷采用。所以不是他无才,是无识才之人。当时我为之惋惜。”

忽必烈问:“何为四督?”

王积翁答道:“我很赞赏文丞相的奏折,曾背诵于心。其中言道:‘宋惩五季之乱,削藩镇,建郡邑,一时虽足以矫尾大之弊,然国亦以寖弱。故敌至一州则破一州。’”

忽必烈插话说:“这敌指的是我。”

“请恕臣死罪。”王积翁吓得要死。

“尔系背诵文天祥奏折。何罪之有?继续说。”

“是。‘至一县则破一县。中原陆沉,痛悔何及。今宜分天下为四镇,建都督统御于其中。以广西益湖南而建阃于长沙;以广东益江西而建阃于隆兴;以福建益江东而建阃于鄱阳;以淮西益淮东而建阃于扬州。责长沙取鄂;隆兴取蕲黄;鄱阳取江东;扬州取两淮。使其地大力众,足以抗敌。约日齐奋,有进有退。日夜以图之。彼备多分力,疲于奔命。而吾民之豪杰者又伺间出于其中。如此则敌不难却也。'文丞相四督的建议就是这样的。"

忽必烈听完大惊失色,站立起来说:"如此四督如果建立,朕就坐不到这里。老子打了一辈子的仗,看得出来其中厉害。这文天祥果然是文武双全,堪当丞相。好男子不为老子用,奈何?"

"微臣曾为文丞相同僚,彼此惺惺相惜。微臣愿意去劝降。相信凭我三寸不烂之舌可以说动他。"

囚禁文天祥的北兵马司监狱在遭受五月十七日狂风暴雨之灾后,又于七月二日受到暴雨肆虐。房舍遭风吹雨打,浸泡在积水中摇摇欲坠,成了危房,不能住人。囚犯们被转移安置,牢房经过维修,并且有所扩大后才将他们迁回。文公仍旧住在原来的单间,环境仍然恶劣。

八月的一天,文公见牢房的门开了,乌马儿带进来一个元朝官员。那人五十余岁,广额直鼻,疏眉朗目,稀疏的三绺胡须遮不住薄嘴唇。这人一进门就训斥乌马儿。

"这房间这么潮湿闷热,又臊又臭,能够住人吗?你就是这样对待文丞相的?皇上就要接丞相出去了,你能够交代吗?"

乌马儿只知道诺诺连声。文天祥宽解说:"他待我很好的。不怪他,条件只这样,他也没有办法的。"

那人向文公作揖道:"信国公,别来无恙乎?"

文公仔细辨认,那人似曾相识:"阁下是良臣相公吗?"王积翁比文天祥年长五六岁,文天祥以他的字来称呼他。

"信国公好记性。临安一别数年,难得您还记得我。"

"良臣兄朝廷干臣,才识过人,与我有诗词唱和,怎么能忘记?"

"感谢谬奖。非是我狂,我自视甚高,令我一生俯首的也只有信国公您一人而已。"

"只是这一身鲜丽耀眼的官服让我认不出来,不敢认了。"

"惭愧,惭愧。羞对故人,此非我所愿。"

刚好乌马儿推门进来送茶水茶具,文天祥没有看到王积翁难堪的面容。乌马儿不敢打扰,悄悄退出。

王积翁看着床上的铺陈说:"就铺这么张竹簟,您怎么过呀?一张窄床,一个矮几、一个书架,这怎么与您以前曾经过了的日子相比？亏您熬得住。不过,您仍然面色灿然,双目有神采,真是神人。您是怎么做到的？”

“是啊,人家看了都觉得奇怪。我告诉他们,我每日静坐冥想,修道家气功。更重要的是,我前几天还与人讲了的,我有浩然正气,抵得住这污秽浊气,所以不生病。”

“虽然这样说。您何必自苦若是？人不过是一辈子。且乐生前一杯酒,身后是非谁管得。这归顺大元的哪一个不是像我一样紫袍玉带,过得光彩？谁又怕人说？”

“人各有志,按自己意愿活就是。”文公感觉对他实在没有话说。

“投降并非我的意愿。人有时候不得不违背意愿行事。我也读书明理,能够分辨忠奸,知道投降可耻,忠烈为人钦敬。将来史书会将我入贰臣传,而信国公会入忠烈祠。俗话说得好,人心有杆秤。社会存在普世道德观。我知道我是千夫所指,我内心的痛苦无人知道。今天见故人,好想一吐苦衷。”

“请饮茶,慢慢说。我这土牢里有很多人来看我,与我倾吐心声。有人鼓励支持我,有人劝我屈服。还没有人说投降了心里痛苦的。”

“谢谢信国公。您愿意俯视看我屈辱的内心,能够宽宏大量地理解就好。我之所以投降并非出于怯懦,不是为高官厚禄,而是为了苍生而忍辱负重。”

“啊,此话怎讲？我倒要听听。”

“蒙古人起于高原苦寒之地,逐水草而生,刚强爽直。崛起之后,东征西讨,铁蹄践踏四方,像狂飙摧毁城镇。他们挥舞钢刀,血溅战袍,致使尸横遍野,不以为意。而今蒙元雄踞天下,应该有所收敛了。如何提醒他们改变呢?信国公知道陆贾说汉高祖的话,以马上取天下,能马上治天下吗?这话是帮助汉朝立国,而实际是为苍生百姓能够安生。

“从近期例子看,有耶律楚材说太祖的故事。当成吉思汗在甘肃进行他的最后的战争时,一员蒙古将军向他指出,他新征服的这些汉人对他将是无用的,因为他们不适宜战争,因此,最好是把他们都消灭掉——几乎有一千万人——这样,他至少可以将这块土地作为骑兵们的牧场。成吉思汗认为这一提议很中肯,但遭到耶律楚材的反驳,他对蒙古人解释说,百姓从农田和各种劳作中可以获利,这种生活方式是蒙古人不知道的。他指出从对土地和商业的各种税收中,朝廷每年可以得到‘银五十万两、帛八万匹、粟四十余万石’。他说服了成吉思汗,成吉思汗命令他拟定各路的税收制度。

“当今圣上也是从马上取天下,在积极思考治理天下之事。我们如果辅佐他,受益的是天下百姓。信国公理解我的苦衷了吗?

“圣上急需像信国公这样掌管国事,总揽政务之才。圣上钦佩公之为人,并不以公起兵抗拒为意。曾赞扬公之忠心说,‘谁家无忠臣’。今日派在下来是延请信国公。只要公归顺,立时授予丞相之位。望公以百姓为念,能够回心转意,辅佐圣君。”

文天祥望着狭窄的窗户,听王积翁侃侃而谈,有些心动。他最后表示:“国亡,吾分一死矣。倘缘宽假,得以黄冠归故乡,他日以方外备顾问,可也。若遽官之,非直亡国之大夫不可与图存,举其平生而尽弃之,将焉用我?”

王积翁能够得到文天祥如此答复已经觉得自己游说取得成效。他很高兴地回去了。回家换了常服吃饭后,他独自在书房继续饮酒。他嗜酒成性。与朋友一起豪饮也可,独自浅酌也可,一日无酒则不可。他细思文天祥的话,才知道自己没有取得预期的成功。文天祥说只欠一死,没有别的生命的挂牵。还说自己决不俯首称臣,决不为官。如果新朝宽容释放了他,他就回家当道士。顶多只能为新朝备顾问,而且是以方外之人的身份。

想到此,王积翁真的对文天祥有些恼火。一个人为什么要这样倔强,不通融?他曾对忽必烈夸口,说有本事劝降文天祥。现在看来是不能交差了。也罢,他管不了文天祥的事,救不了文天祥。

他自斟自饮,不喜欢有仆人在旁妨碍他思考。他对比文天祥,想到自己投降了,得到什么好处呢?他先被封为刑部尚书,后来擢升为户部尚书。这都是闲职,只是做具体的事务,施展不了他的才能。他是被蒙古人瞧不起的。还不如像文天祥那样不投降,落个忠臣名誉。当然像文天祥那样受苦受难也会是受不了的,到后来还得杀头,值不得。

他由衷地佩服文天祥。他见识过很多丞相,个个都不在他眼里。留梦炎是个猪,陈宜中小肚鸡肠,贾似道更是乡里小人。只有文天祥是完人,既有内美,又有修能,还仪表堂堂,令他这目无下尘的人都钦佩不已。

后来,他惋惜文天祥,不忍心见文天祥去死。他决定救文天祥。应该说王积翁虽然无节,却颇具侠肝义胆。他叫书童准备好笔墨,写了一封奏折,报告劝降文天祥的结果,请求恩释文天祥。奏折一挥而就,情词恳切,但是能否打动皇帝,他毫无把握。他决定联合十人上书。他换上官服出门,乘轿子去拜访同僚，请他们署名。他能够找的是宋的降臣，如谢昌元、程飞卿等人。有八个人署名了。他满怀信心最后来到留梦炎家，心想留梦炎与文天祥交情不一般，肯定会署名，谁知道却遭到留梦炎拒绝，还骂他缺心眼："如果文天祥获得释放，回到江西又起事，将置吾十人于何地？"

次日上朝，王积翁还是把有九个官员联合署名的奏折呈上了。忽必烈阅后发给大臣议论。曾在江西与文天祥打过仗的宰臣麦术丁（敏珠尔丹）坚决反对，认为放文天祥就等于放虎归山。这事情就被否定了。

可叹的是，王积翁的下场不好。至元十九年（1282年），元朝二次出征日本失败。王积翁对忽必烈说："日本难以力服，可以计取。如令臣去说服其纳降，事成，不至劳师丧财；事不成，亦无损于国威。"忽必烈信了他，任命他为赴日宣谕国信使，赍国书赴日。王积翁经过温州出海，强拉县民任甲的船出行，还在途中打骂任甲。任甲怀恨，乘王积翁醉酒，伙同水手杀之。

文天祥精神坚强，可是身体不是铁打的金刚。两年多的囚禁，土牢艰苦环境的折磨摧残了他的健康。他已经四十六七岁了，这年龄在宋代就是进入了老年。他的须发花白了，身体衰弱了。张弘毅看到师相身体瘦弱，精力衰退，想到他前几年还在东征西讨，叱咤风云，心里很难受。那年年底的一天出了件事，刚开始张弘毅还吓了一跳。

张弘毅现在不同文天祥一起吃饭。他把饭送来，看着师相吃完，收拾了餐具回家去，然后和妻子一起吃饭。这天他中午他把饭送来，摆好了请师相吃饭。文天祥一边吃饭一边说话。

"咦，什么东西这么硬？"

张弘毅吓了一跳："不会有什么的。我妻子把米淘得很干净。菜做得很柔和。"

"险些吞下去了。"文天祥从口中取出一粒石头，放在桌子上。

张弘毅心里好不安。他仔细一看，那石头白里透黄。"啊，是牙齿。"可不是吗？是颗连根脱落的牙齿。

"啊，是啊。是我的牙齿。"文天祥用舌头顶一顶牙龈上的空洞，笑了，"它自己脱了，一点都不痛，也没有出血。是我老了。韩愈说：'而发苍苍，齿摇摇。'人就是这样地老了。"

饭后，文天祥把牙齿和梳发时掉下来的一些头发包在一起，郑重其事地交给张弘毅。头发有黑有灰有白，扎成一小卷，看来是文天祥早就留心收集的。古人说“身体发肤，受之父母”，把头发看得很重要。

“千载心。”文天祥用他的号称呼他，“你跟随我多年，忠心地服侍照护我，我把你看作知己友人。”

“不敢当。小子一向尊师相为老师。”

“我自知时日无多，想把后事托付于你。不知可否？”

“师相有何事，吩咐就是。”张弘毅正襟危坐。

“好的。吾知吾大限将至。他们囚禁吾二年有余，丝毫不能令吾低头，他们丧失耐心，将处置吾矣。此正合吾意。吾此行毫无挂牵。二女年幼，吾自身难保，无力顾及。我有后事托付与你。你肯接受否？”

“师相待吾如子，吾亦尊师相如父。如此重托是信任小子，我一定不负重托。师相放心。”

“吾知汝会慨然应允。就是在吾死之后，如果有可能，请你运我遗骸回乡，交与我族人安葬。我知道你不宽裕，如果有困难，就把这牙齿和头发带回去做衣冠冢埋葬也是一样。”

“师相不要忧心。元人会释放您的。”张弘毅控制住不让眼泪掉下来。

“另外还有一要事相托。”文天祥从书架上取来他手书的诗集，放在张弘毅面前，“这是我历年所写的诗，我汇集整理成册。请你带出去，有可能就为我印制传播。这是我的心血，比我生命重要。吾以春秋之义，不得不死。惧斯文之不传而心事湮没也。”

文天祥交给张弘毅的诗集有《指南录》四卷、《指南后录》三卷。他自己说其中的诗是“予在患难中，间以诗记所遭”。所以这些诗有很大的史料价值。另外有《集杜诗》一卷，内含二百多首诗，是文天祥辑录杜甫的诗句，反映文天祥自己的生活。最后就是文天祥撰写的自己的年谱《编年录》。“这些诗如果保存下来，吾虽死是心表白于当世，复何憾哉。”

“师相，您永远是我的老师。您久陷囹圄，志气不堕。每天照样生活，读书写诗。我来监狱，从这些牢房经过，看到里面的那些囚犯都是萎靡不振，唉声叹气，打打闹闹，好像人未死而灵魂已经离开。”

“那些人看不到前途，生命已经结束。他们看不透。要知道庄子说，‘其生若浮，其死若沉’。生和死其实是两个状态。不必怕死。”

文天祥讲了这么多话，显得有些累了。张弘毅与他续茶：“师相放心。您托付的事情我一定办到。"

"最后一件事。你知道吾乡有位贤人邓光荐。此人是我的同窗好友。崖山战败时,他跳海自尽,被元兵从海里勾起。张弘范知道他是宿儒大贤,令儿子拜他为师。在同我一起押送北上,到建康时,他称病,张弘范就放了他。他回乡隐居。你去拜见他,转达我的问候。拜托他为我撰写墓志铭。"

"师相歇着。这些事小子记在心里,一定办到。"

张弘毅来送晚餐的时候,文天祥与他谈起文璧:"交给你带出去的诗稿原来打算是交给我二弟宋珍的。可是他来大都将近一年都没有来看我。我知道他来了。他在老家被召来,元朝的皇帝要封他官。他来了不来见我,到底为什么?我听到他来很高兴,还写了诗《闻季万来》表达心情,其中有句'兄弟一囚一乘马,同父同母不同天'。可能他是怕来见我。他被封为临江路主管,上任去了。临走时他托人送来四百元钞,那是逆物,我不能收,当即让人带回去。他走了。我们兄弟今生见面无望,各自珍惜吧。"

文天祥在监狱,常常有人探望。汪元量是常来的。他和文天祥谈古论今,谈故国往事,谈文学音乐。其间有一次,汪元量携琴来弹奏自己谱曲的胡笳十八拍,求文天祥配词。文天祥花几天时间为他写了。

有一天,汪元量来与文天祥告辞。他多次称病欲致仕还乡,忽必烈终于恩准。他将去江南闽粤一带寻找他的女儿汪弥莲。文天祥对他诗友的离去依依不舍。

张弘毅送饭来,总是多坐一会,把外面发生的事情讲与师相听。这天他说了世道不稳,各地闹事。于是文天祥说出了他伟大的预言:"汉人柔弱但坚韧,不会屈服。蛮夷统治不超过百年。"他随即写了一首诗——

一马渡江开晋土,五龙夹日复唐天。
内家苗裔真隆准,虏运从来无百年。

这首诗被收在文天祥诗集中,可以查到。世界上古今中外的预言很多,这一预言确确实实是应验了的。元朝于公元1271年建立,1368年被驱逐回漠北,只存在了九十八年。

二十九

被长期关押在北兵马司监狱里的文天祥是生活在紫禁城大明殿里的忽必烈的心病。他现在决心亲自处理文天祥，而且要快，不能再拖了。至元十九年十二月初八（1283 年 1 月 8 日）忽必烈召见文天祥。

文天祥被带来金殿。他走进大明门上大明殿。他看到大殿宏伟壮丽，白色的墙配蓝色的屋瓦，显得纯净。殿内装饰金碧辉煌，梁柱雕饰龙和马，龙是几千年来南方和北方民族共同崇奉的图腾，而马是蒙古族的珍爱。忽必烈的龙椅宽大，两厢设有宗王和文武大臣的座位。腊月天寒地冻，官员穿着裘皮，其中紫袍玉带者一半是降臣。文天祥对高高在上的元朝皇帝看不太清楚。

忽必烈坐在龙椅上看到文天祥被内侍带上殿。他见文天祥人物轩昂，英姿潇洒，面如满月，目若朗星，五绺长须，飘拂胸前，不似降臣猥琐，不由得有了几分怜惜。

文天祥对忽必烈长揖不拜。左右上来二武士喝令他拜跪，他不理睬。武士抓住他，压他下跪，他挣扎不从，大声喊叫："休得无礼，老爷是决不下跪的。"

文天祥的叫喊出于自然，不是做作，决非夸张，这种旁若无人地不加掩饰，令金殿上的文武大臣惊愕。

金殿武士以金挝捶其膝。文天祥痛得喊叫，仍坚立不动。棍棒举起时，他眼前出现崖山海战画面：宋兵奋力抗敌，很多人跳海自尽。文天祥坚决不跪，腿痛站立不住就坐在地上。他大声抗议："如此施刑法，安所谓礼？"

"见了朕，你为何不跪？"忽必烈挥手让武士退下。

"尔非我君，岂能跪你。"

"你国已亡，汝乃吾民。"

"国由你占，土由你夺，吾只有吾身而已。若一跪，则此身亦非我有，吾不复为吾矣。"

文天祥面对暴力，坚持不跪的举动为后人敬佩。宋朝诗人李谨思有诗云：

南人不识两膝贵，曲折百态卑且劳。
斯人护膝不护头，故以颈血沾君刀。

忽必烈发问："朕来问你，临安将陷，君立二王，竟成何功？"

"谋事在人，成事在天，我生存一日总要尽我一日为人之事，何论什么功劳。"

"君既然知道事不可成，又何必为？岂不是枉费心机吗？"

"不因时势而灰心，这便是中原人物天生的气魄。"

"汝前年到此，已二年有余，可谓久矣。一直坚持不降，如能改心易虑，以事亡宋者事我，当令汝中书省之任。"

文天祥坐而对曰："天祥受宋朝三帝厚恩，号称状元丞相。今若事二姓，实负此心，非所愿也。"

"你看吾金殿之上文武官员一半都是归顺的汉人，哪一个不是紫袍玉带？为什么偏偏你不降？"

"这得看一个人有无廉耻心。丧失廉耻，哪里是人？"

金殿上的汉人降臣有的不安，有的汗颜，有的无动于衷。

忽必烈云："然则汝何所愿？"

文天祥云："我为大宋丞相，国亡，职当死，复何言。中原有死节之臣，愿与之死足矣。"

忽必烈还不死心："你不为丞相，吾可任你为枢密。"

文天祥断然回答："一死之外，别无所求。"

"朝代更迭是常事。我朝代宋而立，乃是天道革故鼎新。你为何不顺天意，归顺于我？"

"自古朝代更迭是有道伐无道。我大宋不为无道。我太祖立国对后世有圣谕曰，不杀士大夫及进言之士。故贤相立朝，畅所欲言。圣君贤臣，相处融洽，未曾诛杀大臣。曰，轻徭役赋税，故百姓安居乐业，百业繁荣。若你朝不入侵，人民将永享太平。看到大好河山为汝铁骑践踏，无辜百姓遭汝屠戮，吾痛心疾首，安能对汝俯首称臣。"

忽必烈计竭词穷，挥手让文天祥退去。他多年来未曾受到如此顶撞，整日气愤难平。他想治理好国家,真心想聘贤纳能,招降文天祥。曾经耳闻文天祥才干超群,今日面对面领教了,知道确非虚言。然而文天祥誓死不屈,令他无可奈何。更使得他气愤的是文天祥竟然不俯首,不屈膝,不下跪,公然藐视自己,是可忍孰不可忍?

次日,金銮殿上忽必烈闪凤目巡视群臣,说:“昨日提讯文天祥,大家有目共睹。对他应该如何处置?”

太史令出班奏道:“昨夜土星犯帝座,十日之内恐有大变。”又有官员奏道:“民间谣传有人要来夺文丞相。”殿上文武官员听了躁动不安。

参知政事麦术丁力奏曰:“适才各位同僚议论说,这些谣传都应在文天祥,朝廷待他宽厚,希冀他幡然醒悟,一拖二年有余,吾等耐心有限。他既不归附,不若如其请,赐之死。”

忽必烈见众官员愤愤不平的表情,遂准其奏。刑部尚书和大理寺领旨,回去下了杀文天祥的斩立决文书,交付与宣使。宣使领了一队金鼓,也就是一锣、一鼓、一唢呐、一笛和一胡笳,吹吹打打去北兵马司监狱提文天祥。一路上吸引了很多市民跟随。

文天祥在牢房里听到外面街上锣鼓声响,到监狱外停留。过一会,乌马儿打开牢房门进来了。

“文丞相,恭喜了。”

文天祥立即明白时候到了。他坦然地说:“好的。”

这时候张弘毅夫妇进来了。他们跪下哭泣:“太突然了。太突然了。”他们是听到金鼓和路人传说来的。

“别哭。吾求仁得仁,有何不好。应该高兴。”文天祥扶他们起来。

张弘毅说:“师相放心走好。一切后事有我们料理。”

“要上路了。”乌马儿和一个狱卒拿了枷锁进来。

狱卒取下文天祥的黄冠。顾玉纾为文天祥梳理头发,在头顶盘好,整理好他的衣服。狱卒给他戴上木枷。

文天祥与乌马儿告别,谢谢他的照护。乌马儿呜咽地说:“让我送丞相一程。”他领了文天祥出牢房。

在锣鼓声中,文天祥出监狱。他看到天空阴沉,感觉寒意逼人。围观的人呼唤他。他摆脱乌马儿的搀扶,跟随宣使前行。乌马儿一直送到刑场。张弘毅夫妇被隔开了,只能随市民一起走。

在从北兵马司监狱通向柴市刑场的路上,很多人围观。他们看到文天祥丰姿伟岸,蓄五绺长须,穿深灰色长袍,系紫色腰带,昂首挺胸,脸上含着微笑,色扬扬不变,戴着枷锁,顶着隆冬寒风前行。

"色扬扬不变"是《昭忠录》一书的描写。它展现文天祥强大的精神力量。我想到同荆轲去刺秦王的武将秦舞阳上到秦始皇的宫殿里,脸色变得煞白的表现,明白了"色扬扬不变"才是从骨子里的大无畏。

到了刑场,市民被士兵挡住。宣使高声告知市民:"文丞相是南朝忠臣。皇帝要他归顺我朝便封为丞相,他不答应。故此按他的请求,赐他一死。他不能与别的死刑犯人相比。尔等不可闹嚷。"

文天祥被带到行刑官的桌前。行刑官问:"文丞相现在有什么话说?如果请求免死,还可以奏请皇帝赦免。"

文天祥说:"我多次求死,此正合吾愿,何须多言。"

在大明殿金殿上,朝臣在讨论安南局势,忽必烈无心听。他陷入沉思。他看到他身处在旷野中,四顾无人。文天祥站在对面看着他,看得他渐渐变小。

卫士上殿报告:"文天祥已经押赴刑场,等待处死。"

忽必烈忽然醒悟:"文丞相,好男子,不肯为吾用。一时轻信人言杀之,诚可惜也!我好后悔,不能杀文天祥,速速去赦免,不许杀。哪个混蛋要我杀文天祥?"

一校官跑下殿,出宫门后上马,奔向柴市口刑场。

"求大宋列圣在天之灵护佑我的魂灵回到南方。"文天祥走到刑场中间,问市民哪是南方,他向南方跪拜。

这时候乌云翻滚,大风扬尘。刽子手取下木枷,搬张椅子让文天祥坐。文天祥移动椅子,面向南方端坐。两名刽子手持着雪亮的刀站在他身后。

大风扬尘,天昏地暗。校官马失前蹄,摔倒了爬起后又上马前奔。他喊"刀下留人!"可惜他到晚了一步。文天祥已经被执行死刑。

文天祥于公元 1279 年 11 月被押送到大都,监禁在北兵马司土牢里,于公元 1283 年 1 月 9 日就义,享年四十七岁。

张弘毅夫妇跪在文天祥遗骸旁号啕大哭,感动无数市民。有几个人上前安慰他们。当场有仰慕文天祥的十义士凑钱置备棺木安葬。他们为文天祥装殓时候见到他面色如生。

张弘毅在文天祥的衣带上发现他书写的文字——

吾位居将相，不能救社稷，正天下，军败国辱，为囚虏，其当死久矣！顷被执以来，欲引决而无言，今天与之机，谨南向拜以死。

孔曰成仁，孟云取义。
惟其义尽，所以仁至。
读圣贤书，所学何事？
而今而后，庶几无愧。

宋丞相文天祥绝笔

众人读了无不感动。他们看到文天祥为崇奉的“仁”和“义”的信仰付出了生命的代价。后人把这文字称为《衣带赞》。张弘毅把文天祥的衣带收藏起来，以后交给他的家人。

明代学者王世贞对文天祥有这样一段评论：“读者悲文信公之忠，而惜其才之不称也，余以为不然。夫信公非无才者也。当咸淳之末，天下之事已去，而信公以一员郡守，募万余乌合之众，率以勤王而众不溃。此非有驾驭之术不能也。丹徒之役能以智窜免，间关万死，而后至闽复能合其众，以收已失之郡邑。而所遣张汴、邹洬遇李恒悉败，既再败而再合矣。而举军皆大疫，死者过半。五坡之役，复遇张弘范以败。凡天祥之所用将，皆非恒范敌也。”

文天祥暂时被安葬在小南门外五里的路旁，待张弘毅以后迁回家乡。坟墓修得简陋，墓前竖一石碑，上刻“信国公”三字。

旧历四月，今历五月，天气已经稳定向暖。张弘毅夫妇将要返回家乡。他们做好准备启程。

张弘毅去小南门外文天祥墓，烧了香烛纸钱叩头，取出文天祥遗骸送去火化场火化了。他用木盒盛了文天祥颅骨带回家来。他将木盒供在桌子上文天祥的牌位前，牌位上写着“有宋信国公文讳天祥公之位”。夫妇二人进行了祭奠。

他们去给房东辞别，说明天早上就启程回乡。房东老夫妇真是舍不得他们走，他们住了这些年，已经像是自家子女。老夫妇赠送他们一些盘缠。

次日拂晓，天清气朗，祥云满天，鸟在树上鸣叫。张弘毅开门出来，把一个包袱放在独轮车上拴牢。包袱里面只是换洗衣服和一个小包装的文天祥的牙齿和头发以及文天祥的诗集，别无长物。房东老夫妇送他们出门，流泪送别。顾玉纾手捧文天祥的牌位和盛文天祥颅骨的木盒坐上独轮车。张弘毅推车上路。

他们很穷，雇不起车船，得步行，一路上晓行夜宿，十分注意路途安全。未晚先投宿，鸡鸣早看天。古时候道路差，现在从北京到江西吉安只一千多公里，那时候道路弯弯曲曲，竟然有七千多里长，还要翻山越岭。他们四月出发，八月才到达。徒步行走七千里，需要很大毅力，其辛苦可以想象得到，所幸一路平安。

在路上为减轻疲劳，他们唱歌——

我们行走在大地，
融入天地的无边无际。
步步感受大地的托举，
心中充满生命的欣喜。
古老宽广的大地，
你隐藏多少故事传奇？
你见过无数次冲天的火光，
听过洪流般驰过的铁蹄。
你只是沉默不语，
让岁月抹平疮痍。
又用你载物的厚德，
让万物繁衍生息。
生于你复归于你，
芸芸万物生生不息。
繁荣衰败一刹那，
光阴过往不留痕迹。
啊，大地，古老的大地。
啊，大地，古老的大地。

我们行走在大地，
融入天地的无边无际。
步步感受大地的托举，
心中充满生命的欣喜。
我忍受着欺凌践踏，
等你把我从尘埃扶起。
我能够忘记一切苦难，
只因为有你一生相依。
我们携手前行，
栉风沐雨，挨饿忍饥。
风餐露宿，日夜兼程。
只想早日回归故里。
生于你复归于你，
芸芸万物生生不息。
繁荣衰败一刹那，
光阴过往不留痕迹。
啊，大地，古老的大地。
啊，大地，古老的大地。

那天下午他们到了太和镇头，两人都心情激动。进镇之前，张弘毅停下车休息。他和妻子站立在赣江边上，沉默不语，望着滚滚流淌的江水。他们来到镇头，一家包子店铺的老板出来迎接。这是杨富。自从张家帮他摆了施粥的摊子后，他就索性开了个包子铺。

杨富坚决邀请他们进店喝碗粥。他妻子见到张少爷也很高兴。顾玉纾喝粥时，眼泪扑簌簌落下来。

张弘毅到家门口，朱庆把他们接进屋。他早就收到信说他们要回家。现在终于到家了，张弘毅夫妇心里安定了。朱庆夫妇很高兴地迎接主人，正房早就为他们收拾好了。朱庆夫妇住在小院子里，月涵已经有了个小儿子。

次日，朱庆套车送张弘毅去青原。张弘毅将文天祥之颅骨、牙齿、头发和诗文集交于文氏族人。后来元世祖至元二十一年（1284年），文璧卜葬文天祥于富田东南二十里的鹜湖大坑(今青原区木湖村)。文天祥继子文升搭庐守墓三年,以表孝道。明朝推翻元虏之后,明太祖朱元璋颁旨敕封文天祥为天下都城隍之神。城隍神塑像以宋代朝冠,源出于此。文天祥的诗集也得以刊印,传播至今。

文天祥在世的时候,他“宁为玉碎,不为瓦全”,宁死不屈的事迹就已经被广泛传颂。他慷慨就义后,人民哀悼颂扬他,他们的悼念没有受到异族统治者的干预。相反,忽必烈对文天祥有祭祀追封。蒙古人元朝脱脱丞相主编的《宋史》以极大篇幅实事求是地赞扬文天祥,而将投降过去为蒙古人效力的汉奸留梦炎列入了《贰臣传》。

人民对文天祥公的纪念广泛而持久。明朝洪武九年,关押文天祥的北兵马司监狱遗址改建为“文丞相祠”,至今保存。在文公被俘的地方五坡岭建了“方饭亭”。他的故乡和他足迹所到之处江西闽粤一带建立了众多的文天祥纪念馆。深圳南头古城内有信国公祠。深圳南山建有文天祥纪念公园。我们发现除了佛寺道观宗教建筑以外,在纪念奉祀圣贤的祠堂中,“文庙”“武庙”之后,最多的是属于文天祥的。这反映了文公在中国人民心中的地位。

中国人有精神信仰,这是他们行为的准则,可以同样为之奉献,甚至牺牲。而不惜飞溅颈血以坚守信仰的文天祥就成为人们崇拜的英雄,效法的榜样。在抗日战争中,多少英烈高颂“人生自古谁无死,留取丹心照汗青”,慷慨赴难。

甚至在平常的生活中,面对义与利的撕扯,人们想起文天祥的诗句“人生自古谁无死,留取丹心照汗青”会毅然决然做出正确的抉择。

文天祥的伟大精神永垂不朽。

尾 声

张弘毅去看望了李时龙的父亲。他曾经痛恨李时龙,但是现在一切都不重要了。李时龙的父亲说李时龙有信来,说他在东洋安了家,过得很好。

张弘毅知道管秋芬平安活着,心里得到宽慰。

战争风云已经平息，人们要继续生活。张弘毅想到要谋生，还要撑起这个家。顾玉纾住了下来，很长时间都郁郁寡欢。她对丈夫说的勤劳、发奋、重振家声的想法不感兴趣。张弘毅认为是战争给她造成的心灵创伤短期内没有平复，只能尽量安慰她。

十月的一个晚上，张弘毅看到妻子在床上坐起来，呆呆地不言语，就问她是怎么了。顾玉纾说她梦到父亲，父亲说要回家。张弘毅答应她，可以帮她把岳父的遗骨迁回故乡，让她安睡。

事情不像张弘毅想得那么简单。次日上午，顾玉纾对他说，她一夜未眠，想了很多，今天要有事与他商量。这是件大事——顾玉纾想迁居去她无锡老家。她说了充足的理由。首先，她想家，怀念儿时生活的地方。那里各方面比这里好。气候好，风景好，吃得好，适合居住；其次，这里除了一处房屋，什么也没有了，被张弘毅的父亲捐献了。现在经济拮据，要想发家谈何容易。而在她老家，有房屋数处，田地连片，房契地契都在她手中。她兄长已经去世，产业需要她回去继承。他们可以不太辛苦就过上舒适的生活。

张弘毅被妻子说动了，他并不是个没有主见的人，然而妻子说的确实有道理。更主要的是，他心里有个难言之隐，即他不想住在这老屋里。这里几乎处处触目惊心，太多令人伤心的记忆时时泛起。时间长了他会疯的。他不用多说就顺从了妻子的主意。

在古代封闭的社会里，故土难离。而张弘毅是经过了大事的人，一切看得淡。这里有什么放不下的？有什么舍弃不了的？他们现在几乎没有牵挂，可以说走就走。两夫妻就这么商量定了。

张弘毅告诉朱庆，他们夫妇要迁居。朱庆感到突如其来。他不赞同，但他挽留都没有用，只得同意。张弘毅说他们不回来了，此处房产就赠予朱庆。他们是从小到大的兄弟。

张弘毅与顾玉纾迁家倒是不难，他们没有需要带走的。朱庆坚持要护送，说是少奶奶出门应该注意安全。他离开时家里有他姐姐来照护。

长话短说，经过十多天的跋涉，张弘毅、顾玉纾和朱庆三人来到无锡花溪。让顾玉纾想不到的是，她的家里已经有人住进去了。

他们父兄离开家的时候，托了族人照看房屋。顾玉纾回来先去宗祠拜见族长。宗祠里的族人见到顾玉纾很惊喜。顾玉纾介绍了她的丈夫，说他们要回来住。族人欢迎他们回来，说少奶奶已经回来了，早些年回的。顾玉纾大吃一惊。

族人送顾玉纾回家。一路上顾玉纾嘀咕怕不是遇到骗子。族人保证不是的,因为少奶奶说的顾玉杼的事都对。而且关键是她那气派就不是装得出来的。

张弘毅看到顾家的房屋宅院确实很大。清水院墙墙脚的虎皮石显得厚实。黑漆大门紧闭,里面是高深莫测。族人叫门,开门的是一小童。他们进到院子里面。一个丽容华服的少妇从堂上下来,后面跟随着一个丫头。

族人对那夫人道:“少奶奶,姑娘回来了。”

那夫人看了一眼顾玉纾说:“真的是姑娘回来了。你很像你哥哥。我好高兴。这是……”

“这是我丈夫张弘毅。请问你是……”

“我是你的嫂子,名叫汪弥莲。里面坐下慢慢讲。”

他们到堂屋坐下,汪弥莲吩咐上茶,又让人去把少爷领来。

汪弥莲讲了她与顾玉杼的结合过程,后来说到崖山海战:“我亲眼见到郎君被杀落水。我本来想随着跳海,但是为了腹中的孩子我要活着,那是他的骨血。”

这时候奶妈牵着小少爷来了。顾玉纾一看就再也没有什么怀疑,这小孩太像哥哥小时候了,她抱着侄子哭了。

顾玉纾这才拉了丈夫拜见嫂子。族人高兴地离去,立即把姑娘姑爷回来的事传开了。

次日朱庆返回吉安,张弘毅托他运顾父的寿木回这里来安葬。汪弥莲给了他充足的用费。她很富裕,因为有杨太后赏赐的珠宝。后来朱庆把这事很快地办理了,顾父终于回到了祖茔。

顾家姑嫂相处甚得。本来可以安居一堂不分家,可是后来出现了一个人使得他们生活不便,只好分居。

有一天,门童通报门外有个老道人求见。张弘毅感到奇怪,亲自去门口看。他一看那道人背着一张琴,竟然是汪元量,好不高兴,他奇怪汪元量怎么会找到这里来。汪元量说,他自离开大都,一年来如闲云野鹤四处云游,寻访女儿。他听得文天祥遇害,张弘毅运了他的遗骨回家安葬,就去江西给文天祥上坟。他到张弘毅家想见他,被告知他迁居来了这里,于是就寻找来了。

张弘毅一面说话，一面延请他上了大堂。他迫不及待地对汪元量说：“我要让你见个人。”他叫人请出少奶奶。

汪元量疑惑不解是要见什么人。在期盼中他看到汪弥莲从大堂后面转出来了。父女二人乍一相逢便惊呼一声拥抱在一起。原来张弘毅与汪弥莲扯家常时二人弄清楚了，汪弥莲是汪元量的女儿，而汪元量是张弘毅的忘年交，所以张弘毅请汪弥莲出来见她父亲。他们自是喜出望外。

汪元量自此结束四海漂泊，安居下来。人老了能够找到这归宿真的很幸运。他喜欢花溪的山明水秀，这让他心里平和宁静。女儿细心照料他，换着口味做饭菜给他吃，家里奴婢无微不至地服侍他。他吟诗抚琴，还教授外孙文学和音乐。老少都有互相依恋的感情，他此生满足了。

顾玉纾和张弘毅另建房屋居住，由汪弥莲出资。他们分得土地，张弘毅出于多年对树木花草的热爱，和顾玉纾经营花圃，当了花农。顾家和张家子孙繁衍，世代永好。

后 记

选定本书的题材来写是自找麻烦，因为它涉及太多的文艺的、史学的、社会学的理论。其中任何一个理论都没有定论。而对这些理论缺乏足够的理解就不可能对书中人物作褒贬的塑造。

有人说文天祥不是民族英雄。我同意。我想，如果文天祥公听到封他是民族英雄也会一头雾水。即使是饱学之士，他也会问民族是什么。因为他那个时候没有民族这个词。这个概念是十九世纪从西方传来的。为了写此书，我使劲钻研也没有完全懂。我说这话并不觉得难为情。我相信就是学者教授也不完全明白这概念，不然为什么学术杂志上有那么多论文进行讨论。我居然写了文天祥。我是实事求是地按史实来写，抛开戴在文天祥公头上的帽子，身上贴的标签，把他作为一个真实存在过的人来写。

写此书，为求知识正确，事无巨细都要查证落实。这方面极大得益于互联网上的纪念文天祥公的文章所提供的资料。翻阅那些文章我不由得感慨，文天祥就义已经过去近八百年了，人民还对他念念不忘。这证明义烈千秋实非虚言。

写这部历史小说的数年来，我生活在宋代。与当时的人共度城市的花朝月夕，一起逃难到山里，漂流在海上。我看到那些人的眼泪，听到他们的叹息。完稿后我感觉自己还没有回到现实中来。我也没有觉得文天祥那些人已经离我而去。仰望苍穹，我胸充满沛乎塞苍冥的浩然之气。希望本书读者也有这感觉。正是：

痛史书成十年功，心香一瓣祭文公。
沦肌浃髓是正气，但愿品读感受同。